알 기 쉽 게 배 우 는

# AVR ATmega128

신동욱/오창헌 공저

Ohm사

# 머리말

산업 현장 등에서 사용되고 있는 제어장치에는 마이크로프로세서가 널리 사용되고 있으며, 현재 여러 회사로부터 많은 종류의 마이크로프로세서가 생산되고 있다. 이들 마이크로프로세서에는 16비트 또는 32비트 고성능의 것도 있지만, 아직 8비트 마이크로프로세서가 많이 사용되고 있다. 지금까지는 인텔사의 MCS51 계열의 8비트 마이크로프로세서가 많이 사용되어 왔지만, 최근에는 플래시 프로그램 메모리와 ISP (In-System Programmable) 기능을 가지고 있는 Atmel사의 AVR 8 비트 RISC (Reduced Instruction Set Computer) 마이크로프로세서들이 많이 사용되고 있다.

이 책에서는 Atmel사의 AVR RISC 프로세서 ATmega128을 공부하고자 하는 독자들을 위해 ATmega128의 이론뿐만 아니라 실제 사용법에 대해 기초부터 자세히 설명하고 있다. 그리고, MCU 보드와 인터페이스 보드로 구성된 별매의 KUT-128 보드를 구입하면 교육용 키트로 책에 수록된 기초 예제와 응용 예제를 다루면서 학습할 수 있도록 하였다. 또한, 어느 정도의 학습이 끝난 후에는 MCU 보드만을 사용하여 학생들의 졸업 작품 제작이나 또는 회사에서의 응용 시스템 개발에 이용할 수 있도록 하였다.

이 책은 크게 세 부분으로 구성되어 있으며, 다음과 같은 내용을 다루고 있다.

**1부에서는** ATmega128를 이용하여 설계된 KUT-128 보드와 *CodeVisionAVR* C 컴파일러의 사용법에 대해 기술하였다.

**2부에서는** ATmega128의 기본적인 구조에 대해서 기술하였으며, 또한 I/O, 인터럽트, 타이머/카운터, 워치독 타이머, USART 등의 주변기기에 대한 설명과 함께 C 언어로 작성된 예제를 함께 다루었다.

**3부에서는** KUT-128 보드를 이용하여 실험할 수 있는 간단한 응용으로서 LCD, RC 서보 모터, 스텝 모터, RTC에 대한 기초 설명과 함께 C 언어로 작성된 예제를 함께 다루었다.

**부록에서는** KUT-128 보드 제작에 필요한 부품 리스트 및 회로도와 함께 실험에 꼭 필요한 RS-232C 시리얼 통신 케이블과 ISP 케이블 제작법에 대하여 기술하였다.

마지막으로 이 책의 출판을 위해 항상 물심양면으로 애써주신 Ohm사의 곽종학 사장님과 편집부의 직원 여러분들에게 감사의 말씀을 드립니다.

2005년 12월　저자 신동욱 씀.

이 책의 내용이나 기술적인 문의사항은 Ohm사 홈페이지(http://www.ohm.co.kr) 해당 게시판에 공개적으로 질문하여 주시면 성실히 답변해 드리겠습니다.

# 차례

## 제 1 부 KUT-128 보드 및 개발 툴

# 제 2 부 ATmega128의 기초

# 제3부 응용 실험

# 제 4 부 부록

# 제1부

# KUT-128 보드 및 개발 툴

Chapter 01

# KUT-128 보드

KUT-128 보드는 MCU 보드와 인터페이스 보드로 구성되어 있으며, 2개의 보드를 이용하여 ATmega128의 기능을 학습할 수 있도록 하였다.

## 1.1 KUT-128 MCU 보드

MCU 보드를 교육용 키트로 사용할 때는 인터페이스 보드에 장착하여 사용하며, 학생들의 졸업 작품 제작이나 또는 회사에서의 응용 시스템을 개발할 때는 MCU 보드만을 따로 이용할 수 있도록 설계하였다.

### (1) MCU 회로

MCU 회로는 [그림 1-1]과 같이 ATmega128 MCU, 리셋 회로, 클럭 발생 회로로 구성되어 있다. 클럭 발생 회로는 16MHz 크리스탈 발진기를 사용하였으며, ATmega128의 A, B, C, D, E, F, G 포트는 커넥터로 뽑아 인터페이스 보드 또는 사용자들의 개발 보드와 연결할 수 있도록 설계하였다. 리셋 회로는 리셋 스위치를 이용해 MCU에 시스템 리셋을 발생시킬 수 있다.

### (2) ISP 다운로더 커넥터

C 컴파일러에 내장된 프로그래머(Programmer)를 통해 KUT-128 보드에 사용자가 작성한 프로그램을 다운로드 할 수 있도록 ISP(In-System Programming) 커넥터를 [그림 1-2]와 같이 구성하였다. KUT-128 보드에 PC를 연결하여 프로그램을 다운로드 하기 위해서는 ISP 케이블을 반드시 제작해야 하며, ISP 케이블은 부록의 <케이블 제작>을 참조하여 직접 제작하든지 또는 Ohm사에서 판매하는 케이블을 구입하여야 한다.

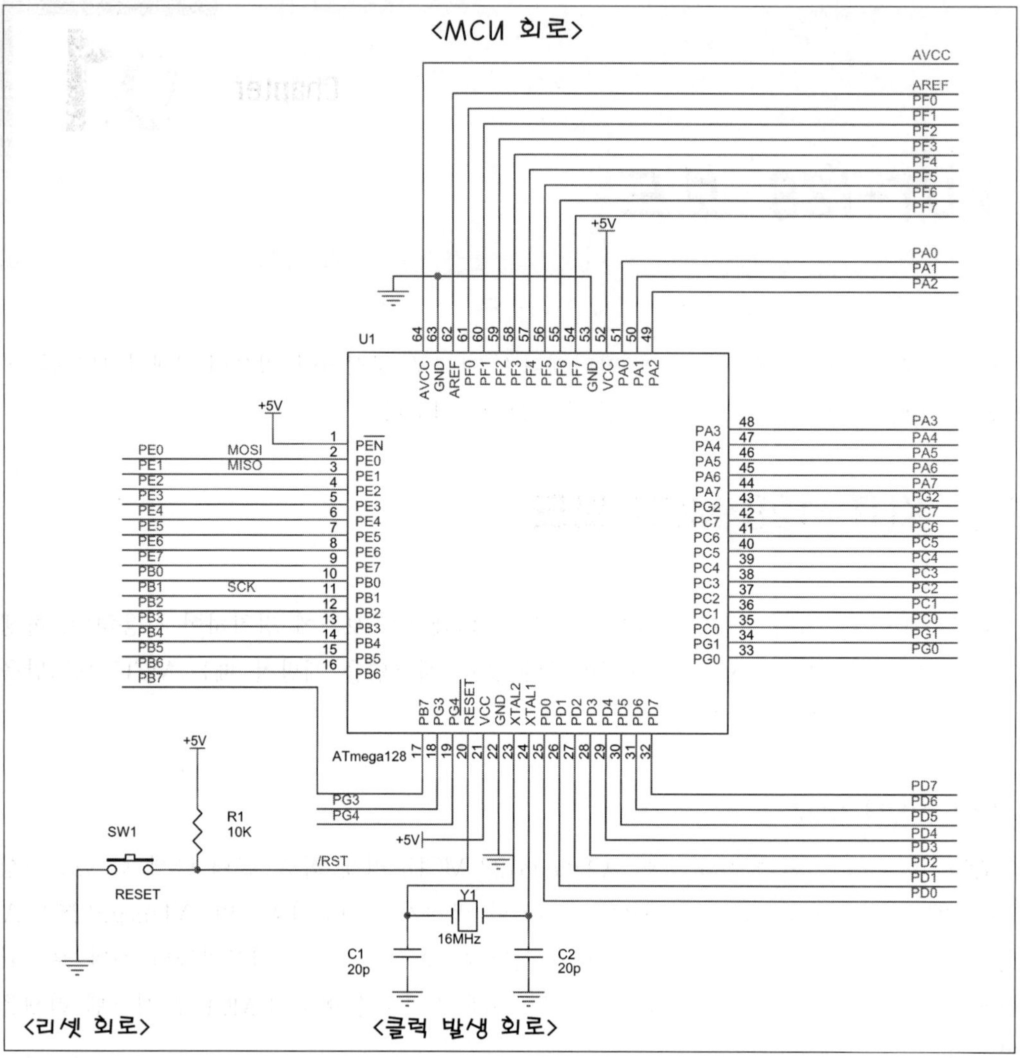


[그림 1-1] ATmega128 MCU 회로

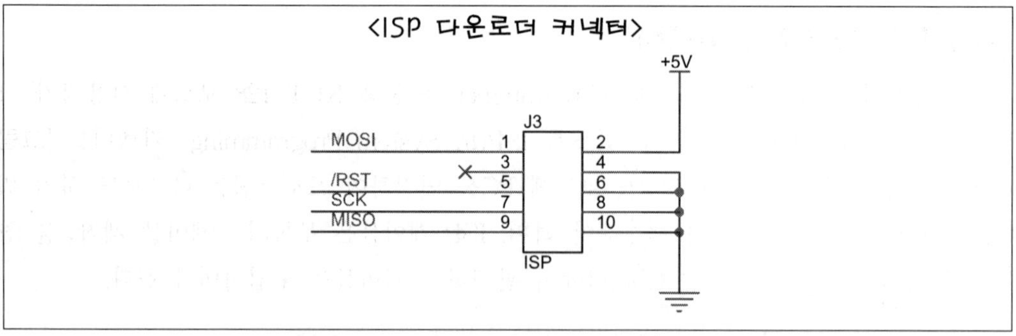


[그림 1-2] ISP 다운로더 커넥터

### (3) 확장 커넥터

ATmega128의 모든 단자를 [그림 1-3]과 같이 커넥터로 뽑아 KUT-128 인터페이스 보드 또는 사용자가 설계하는 확장보드에 연결할 수 있도록 하였다.

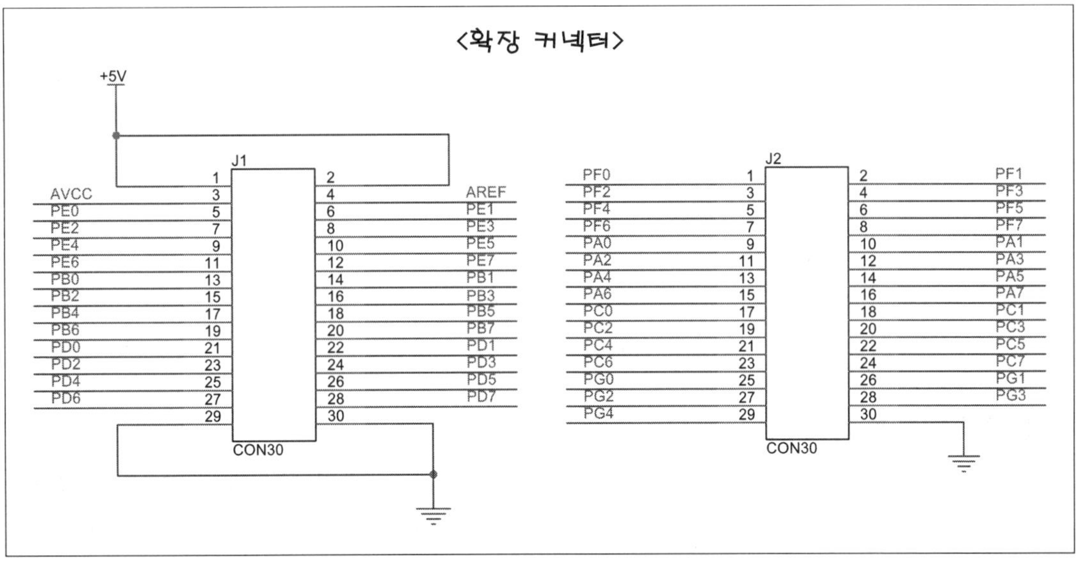


[그림 1-3] 확장 커넥터

### (4) 전원 LED와 바이패스 콘덴서

[그림 1-4]는 전원 LED와 바이패스 콘덴서 회로를 보여준다.

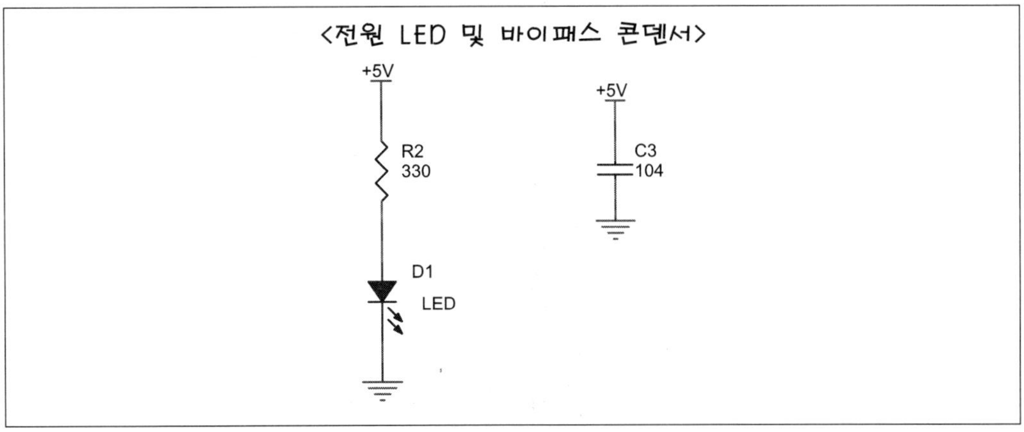


[그림 1-4] 전원 LED 및 바이패스 콘덴서

# 1.2 KUT-128 인터페이스 보드

인터페이스 보드에는 ATmega128의 기능을 가능한 모두 학습할 수 있도록 보드상에 실장하거나 커넥터를 이용하여 추가로 연결할 수 있도록 다음과 같이 구성하였다.

- LED 출력(포트 C) 회로
- 7-Segment(포트 B) 구동 회로
- 스위치 입력 회로(포트 E)
- 아날로그 입력 회로
- A/D 변환기 입력회로
- USART(RS-232 시리얼 통신) 회로
- LCD 커넥터
- 외부에 메모리 또는 I/O를 연결하기 위한 확장 포트 : 포트 A, 포트 C, 포트 G

## (1) LED 출력 회로

포트 출력에 대한 실험을 할 수 있는 부분으로 출력값을 직접 확인할 수 있도록 [그림 1-5]와 같이 포트 C에 8개의 LED를 연결하여 구성하였다. 그리고, 포트 C를 확장 포트로 외부에서 사용할 때 LED가 동작하지 않도록 하기 위해 어레이 저항의 공통 단자를 점퍼 JP1에 의해 ON/OFF 할 수 있게 하였다.

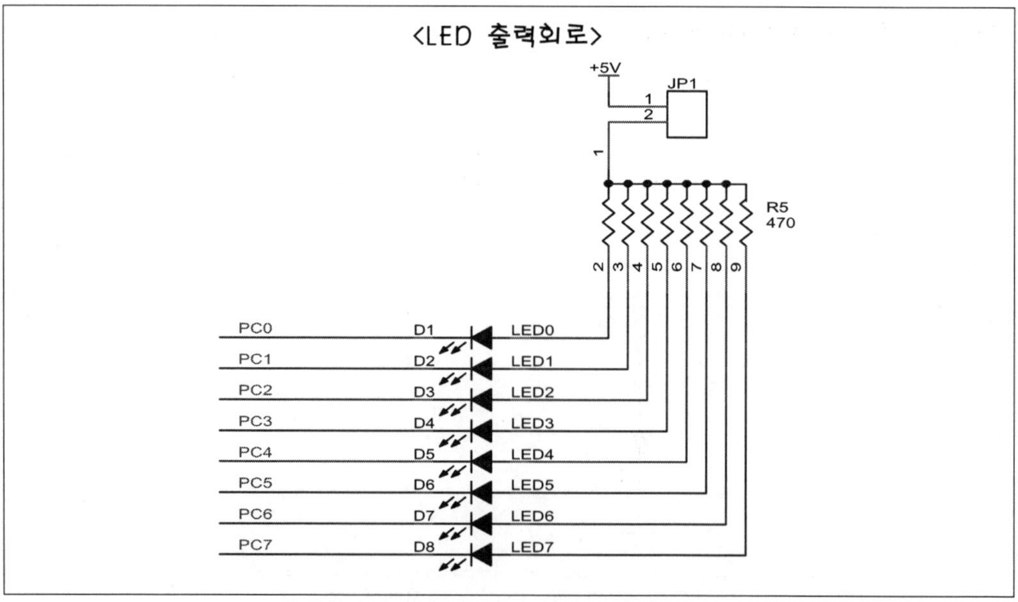


[그림 1-5] LED 출력 회로

## (2) 7-Segment 구동회로

디지털 시계의 제작 또는 A/D 변환기의 변환값 등을 표시할 수 있도록 Common Anode 형의 7-Segment를 4개 장착하였다. [그림 1-6]과 같이 각 Segment의 LED는 ULN2803을 거쳐 포트 B에 연결되어 있으며, 각 Segment의 ON/OFF는 4개의 트랜지스터 2SA1015를 이용하여 동적 구동법에 의해 구동하도록 설계하였다. 각 Segment의 LED를 ON시키기 위해서는 포트 B의 해당비트에 1을 출력해야 하며, Segment를 ON시키기 위해서는 PF4~PF7에 0을 출력시켜 트랜지스터를 ON시켜야 한다. 점퍼 JP2는 좌측 2번째 Segment의 decimal point LED의 표시를 ON/OFF 시킨다.

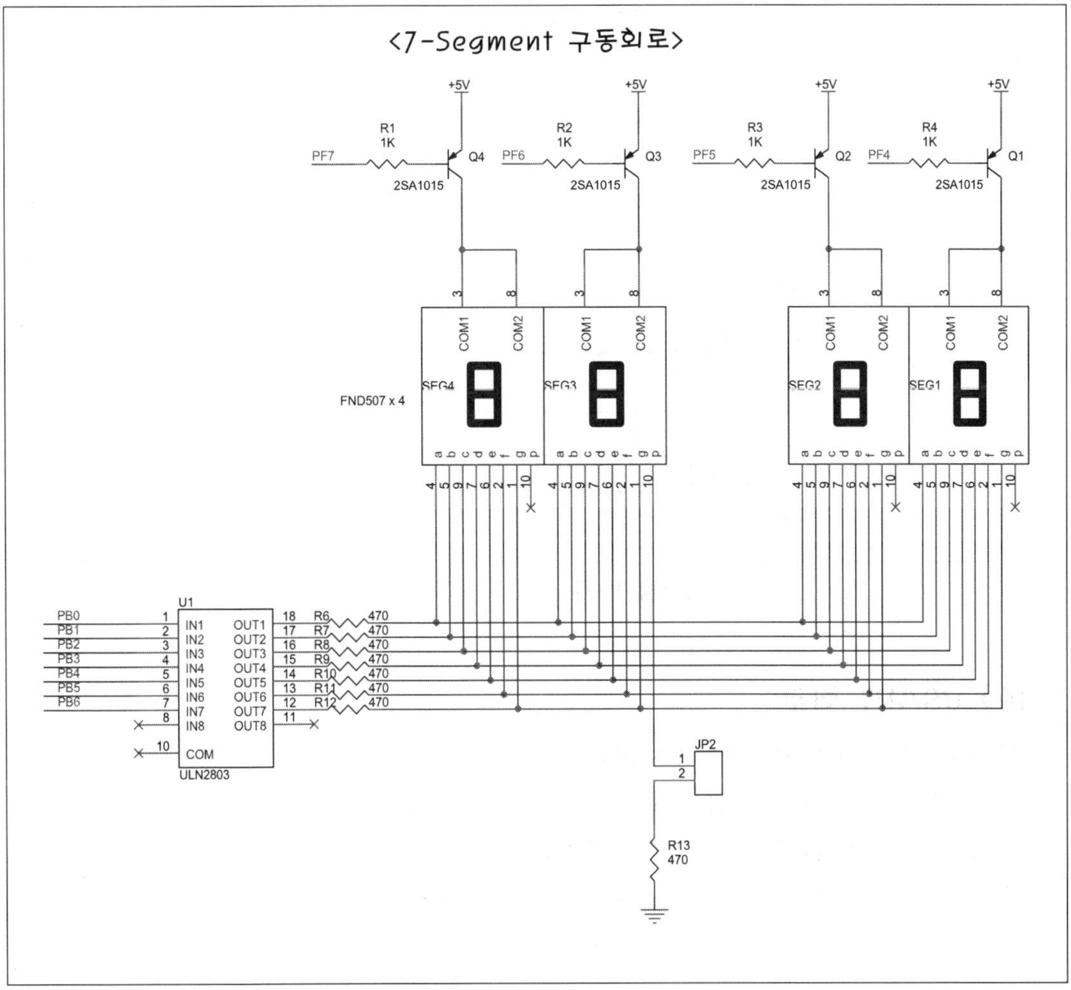


[그림 1-6] 7-Segment 구동회로

## (3) 스위치 입력회로

포트 입력뿐 아니라 인터럽트 실험을 수행할 수 있도록 [그림 1-7]과 같이 4개의 스위치를 포트 E에 연결하여 설계하였다. 이들 스위치들은 일반 스위치 입력핀으로 사용할 수도 있고, 또한 외부 인터럽트 INT4-INT7의 입력핀으로도 사용이 가능하다.

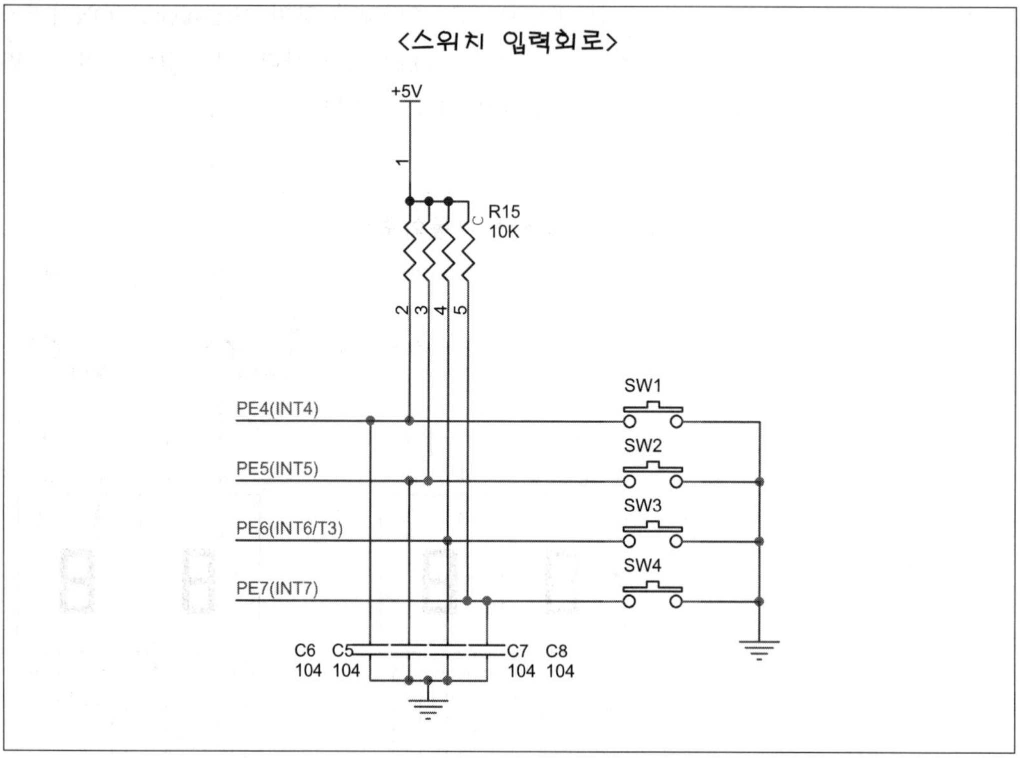


[그림 1-7] 스위치 입력회로

## (4) USART 회로

ATmega128에 내장되어 있는 USART0 시리얼 통신 포트를 사용할 수 있도록 MAX232 드라이버 IC를 사용하여 [그림 1-8]과 같이 회로를 구성하였다. MAX232 드라이버 IC는 RS232C 통신에 적합하도록 전압 레벨을 ±10V로 변환하는 역할을 하며, RS-232C 통신을 위한 케이블 제작은 부록을 참조하기 바란다.

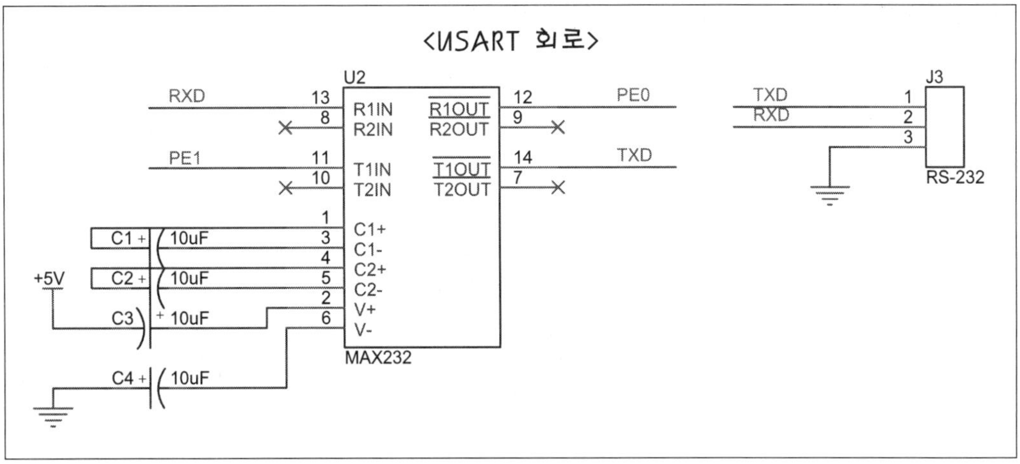


[그림 1-8] USART 회로

## (5) LCD 커넥터

LCD 연결을 위한 커넥터를 [그림 1-9]와 같이 포트 D를 이용하여 구성하였다. LCD는 16문자×2라인을 가지고 있는 캐릭터(Character) LCD를 사용할 수 있으며, 4비트 데이터 버스 방식에 의해 제어된다. 가변저항은 LCD의 밝기 조정용으로 사용된다.

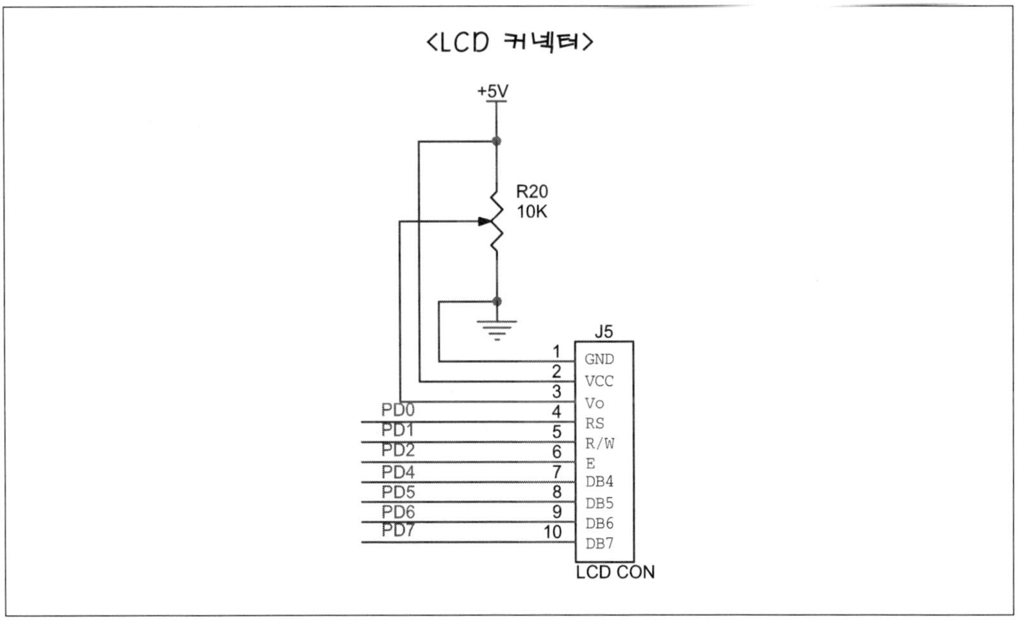


[그림 1-9] LCD 커넥터

### (6) PWM 출력 및 아날로그 입력회로

ATmega128의 타이머/카운터를 이용하여 PWM 출력 실험을 할 수 있도록 [그림 1-10]과 같이 회로를 설계하였으며, 또한 아날로그 비교기와 A/D 변환기의 두 입력신호를 각각 공급하도록 하였다.

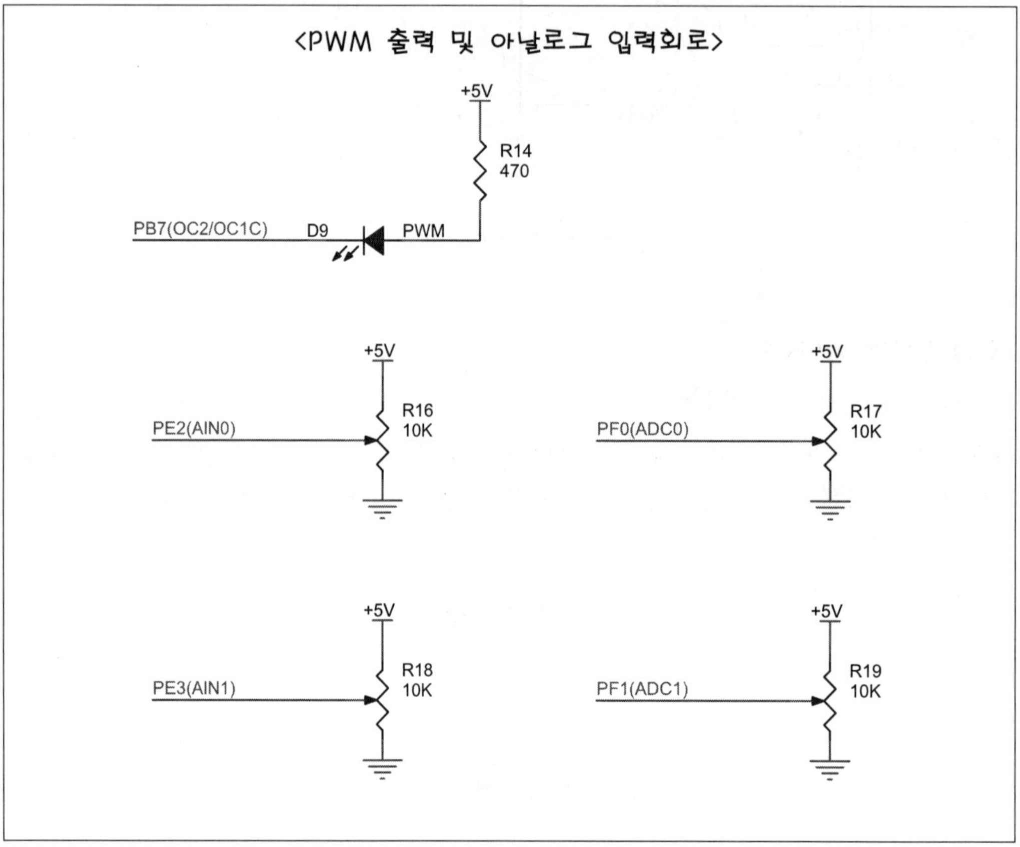


[그림 1-10] PWM 출력 및 아날로그 입력회로

## (7) MCU 보드 연결 커넥터

[그림 1-11]은 KUT-128 MCU 보드와의 연결을 위한 커넥터를 보여준다.

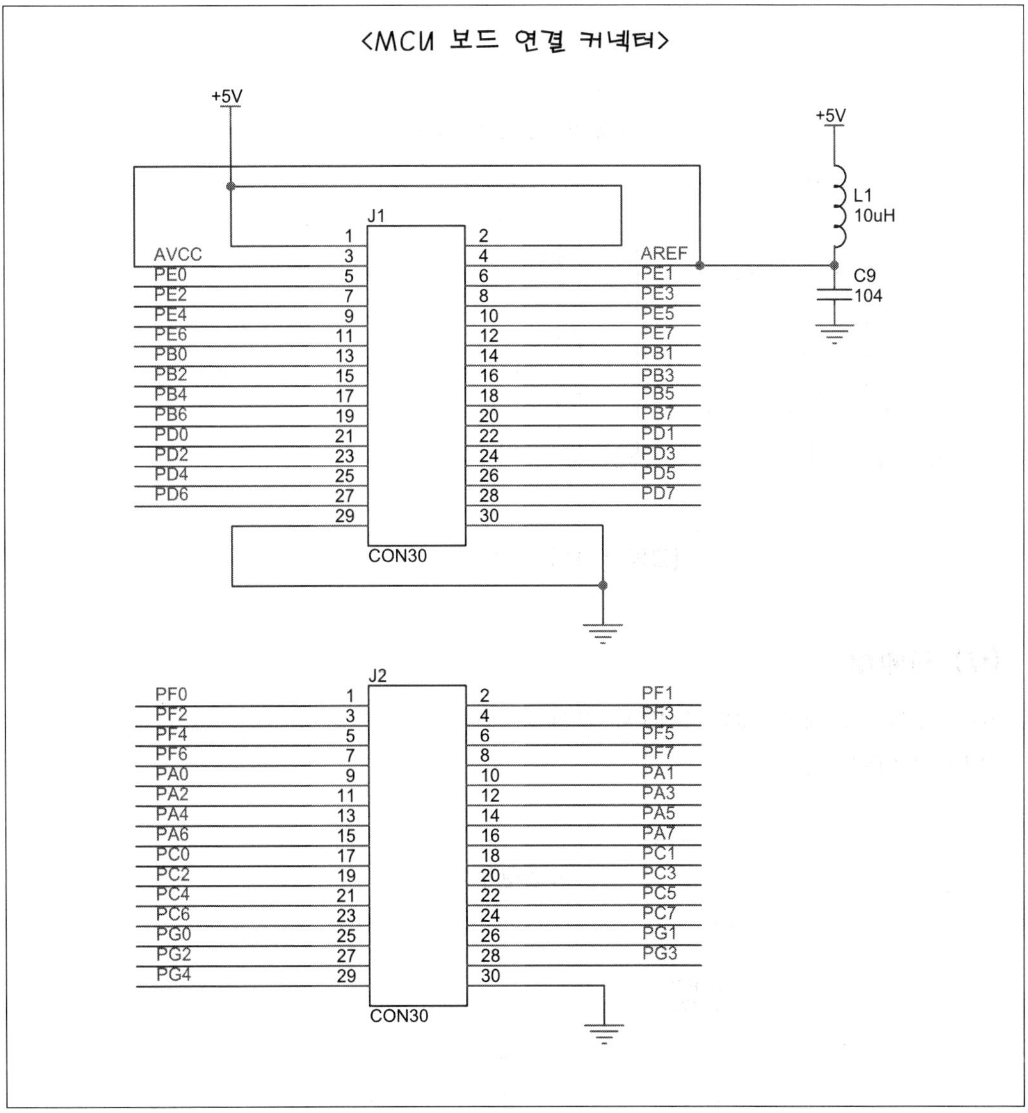


[그림 1-11] MCU 보드 연결 커넥터

### (8) 외부 확장 커넥터

KUT-128 인터페이스 보드에 실장된 기능 이외의 실험을 할 수 있도록 [그림 1-12]와 같이 포트 A와 포트 C 그리고 제어 신호로 구성된 포트 G의 외부 확장 커넥터를 마련하였다.

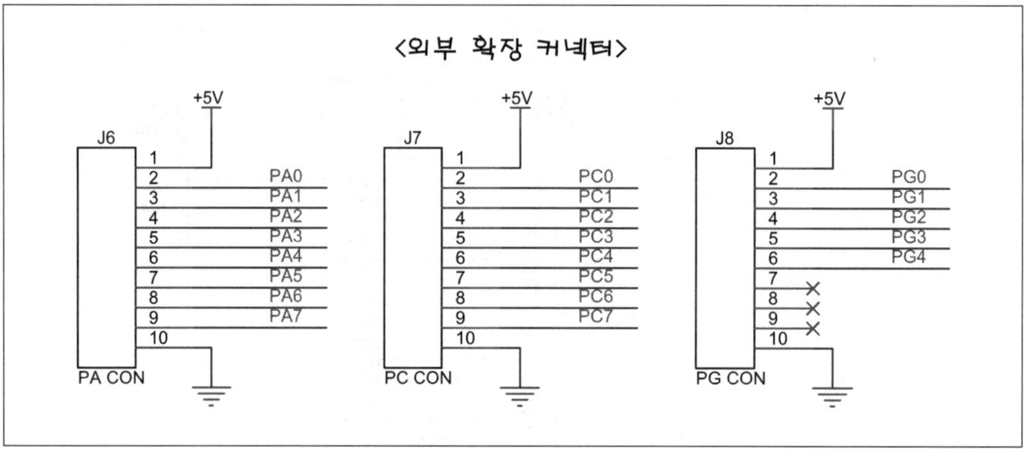


[그림 1-12] 외부 확장 커넥터

### (9) 전원부

KUT-128 보드에는 [그림 1-13]과 같이 5V 단일 전원이 공급되고, 전원이 ON되면 전원 LED가 ON된다.

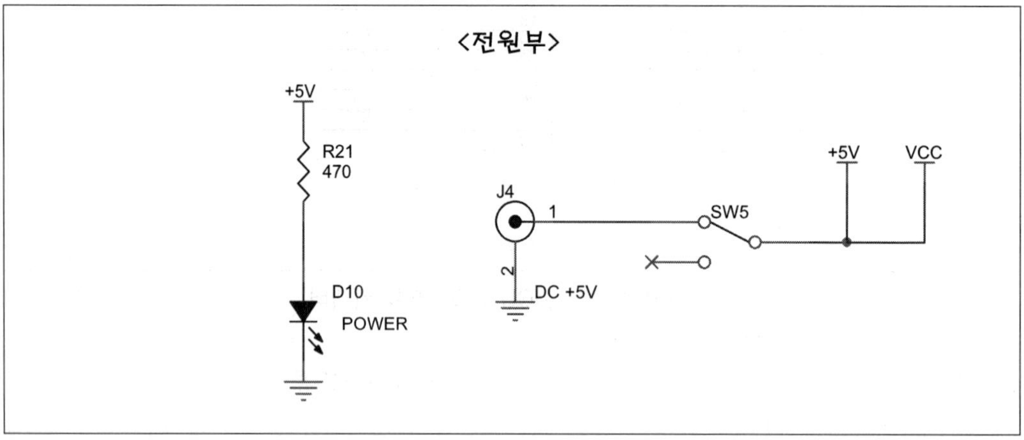


[ 그림 1-13] 전원부

Chapter 02

# CodeVisionAVR C 컴파일러

## 2.1 CodeVisionAVR 특징

이 책에서는 C언어로 프로그램을 작성하여 ATmega128을 학습하며, C 컴파일러는 사용하기 쉽고 편리한 통합 환경을 지원하는 *HP InfoTech* 사의 *CodeVisionAVR*을 사용하기로 한다. 여기서 사용하는 C 컴파일러는 웹사이트에서도 쉽게 얻어 사용할 수 있는 평가판을 사용한다. 평가판은 컴파일된 코드 사이즈에 제한이 있을 뿐 모든 기능을 사용할 수 있으며, 이 책의 예제나 기본적인 동작 실험에는 제약 없이 사용할 수 있다.

*CodeVisionAVR*은 Atmel사의 AVR 마이크로콘트롤러 패밀리를 위해 설계된 통합 개발 환경 및 자동 프로그램 생성기(*CodeWizardAVR*)를 내장한 C 컴파일러이다. 즉, *CodeVisionAVR*에는 에디터, 컴파일러, 프로그램 다운로드 기능을 모두 가지고 있기 때문에, 사용자가 작성한 프로그램을 컴파일한 후에 바로 ATmega128의 플래시 프로그램 메모리에 다운로드하여 실행시켜 볼 수가 있다.

또한, *CodeVisionAVR*은 윈도우즈에서 실행되는 32 비트 어플리케이션 프로그램이며, AVR 구조와 임베디드(embeded) 시스템에 가장 적합하도록 ANSI C 언어의 모든 구성요소와 거의 가깝게 구현되었다.

특히, 표준 C 라이브러리뿐만 아니라 *CodeVisionAVR* C 컴파일러는 다음과 같은 인터페이싱(interfacing) 라이브러리를 가지고 있다.

① 캐릭터 LCD 모듈

② Philips $I^2C$ 버스

③ National Semiconductor의 LM75 온도 센서

④ Philips PCF8563, PCF8583, Dallas Semiconductor DS1302와 DS1307 리얼-타임 클럭

⑤ Dallas Semiconductor 1-Wire 프로토콜

⑥ Dallas Semiconductor DS1820/DS1822 온도 센서
⑦ Dallas Semiconductor DS1621 온도계/온도조절장치
⑧ SPI
⑨ 전원 관리
⑩ 시간 지연 함수

또한, *CodeVisionAVR*은 다음과 같은 기능의 구현에 필요한 모든 코드를 생성하는 *CodeWizardAVR* 자동 프로그램 생성기를 내장하고 있다.

① 외부 메모리 액세스 설정
② 칩 리셋 소스 정의
③ 입·출력 포트 초기화
④ 외부 인터럽트 초기화
⑤ 타이머/카운터 초기화
⑥ 워치-독 타이머 초기화
⑦ UART 초기화
⑧ 아날로그 비교기 초기화
⑨ AD 컨버터 초기화
⑩ SPI 인터페이스 초기화
⑪ $I^2C$ Bus, LM75 온도 센서, DS1621 온도계/온도조절장치 및 PCF8563, PCF8583, DS1302, DS1307 리얼-타임 클럭 초기화
⑫ 1-Wire 버스 및 DS1820/DS1822 온도 센서 초기화
⑬ LCD 모듈 초기화

# 2.2 *CodeVisionAVR* 구성

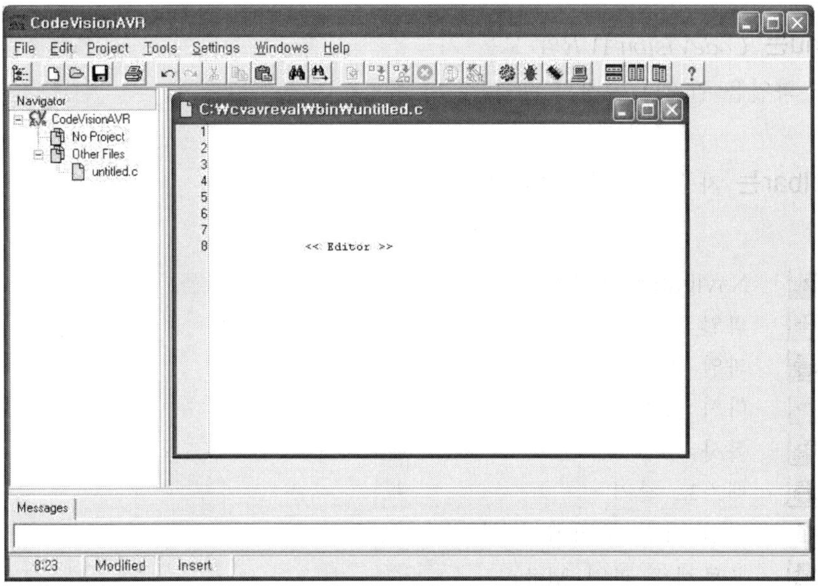

[그림 2-1] *CodeVisionAVR* 통합 개발 환경

*CodeVisionAVR* 통합 개발 환경의 구성은 [그림 2-1]과 같으며, 각 구성 요소에 대한 기능은 다음과 같다.

① **Navigator 윈도우**는 소스 파일을 보다 쉽게 표시하거나 열 수 있게 하며, 파일 이름을 클릭하면 파일이 열리거나 최대화된다. 또한, 컴파일(Compile)이나 메이크(Make) 과정을 거친 후에 전역 변수 리스트와 컴파일 된 C 소스 파일에서 선언된 함수를 보여준다. Project 밑에 있는 파일들은 컴파일 대상파일을 보여주며, 컴파일 과정에서 에러나 경고(Warning)가 발생하면 Navigator 윈도우에서 확인할 수 있다. Others File 밑에 있는 파일은 현재 편집창에 오픈 되어 있는 파일명을 보여줄 뿐이며, 컴파일과는 아무런 관계가 없다.

② **Editor 윈도우**는 사용자가 C 소스 및 헤더 파일을 작성하거나 이미 존재하는 C 소스 파일을 열면 화면상에 표시되는 곳이다. Editor의 맨 왼쪽에는 소스 코드의 라인 수가 표시되고, 주석, 코드, 함수, 정의어 등에 따라 각각 다른 색으로 표시되어 사용자가 이를 쉽게 구별할 수 있다.

③ **Message 윈도우**는 컴파일 과정에서 에러나 경고가 발생했을 경우에 메시지가 표시되는 부분으로 Navigator 윈도우에 표시되는 메시지와 같다.

④ **Menu는** *CodeVisionAVR*의 모든 기능을 사용할 수 있는 메뉴로 프로젝트 파일 및 소스 파일을 열거나 저장할 수 있으며, 컴파일이나 메이크 과정을 수행할 수도 있다.

⑤ **Toolbar는** 자주 사용하는 메뉴를 모아 놓은 부분으로 각각의 기능은 다음과 같다.

| | |
|---|---|
| Navigator 보이기/감추기 | 새 파일 만들기 |
| 파일 열기 | 파일 저장 |
| 파일 인쇄 | 되살리기 |
| 다시 하기 | 오려두기 |
| 복사 | 붙여 넣기 |
| 텍스트 찾기 | 텍스트 바꾸기 |
| 편집 파일 문법에러 체크 | 현재 파일 컴파일 |
| 프로젝트 파일 Make | 컴파일 정지 |
| 컴파일/메이크 정보 | 프로젝트 구성 |
| CodeWizardAVR 실행 | 디버거(Debugger) 실행 |
| 칩 프로그래머 실행 | 시리얼 터미널 실행 |
| 수평 타일 윈도우 | 수직 타일 윈도우 |
| 캐스케이드 윈도우 | 도움말 |

[그림 2-2] 툴바 기능

*CodeVisionAVR* 통합 개발 환경에 대한 구성은 이상과 같으며, 자세한 기능 및 설명은 많은 지면을 필요로 하기 때문에 생략하기로 한다. 데모용 소프트웨어 또는 컴파일러에 대한 자세한 정보를 얻기 위해서는 도움말을 참고하거나 아래의 홈페이지를 참조하기 바란다.

http://www.hpinfotech.ro/html/download.htm : 평가판 다운로드
http://www.roboblock.co.kr : 평가판 다운로드, *CodeVisionAVR* 국내 판매
http://www.ohm.co.kr : 평가판 다운로드

# 2.3 *CodeVisionAVR* 컴파일

이 절에서는 *CodeVisionAVR*을 이용하여 소스 파일을 새로 작성하고 컴파일하여 헥사 파일을 만드는 과정을 소개한다. 통합 개발 환경을 사용하여 C 언어로 소스 파일을 작성하고 컴파일 과정을 거쳐 생성된 헥사 파일은 KUT-128에 다운로드하여 바로 실행해 볼 수 있다.

### 1) *CodeVisionAVR* 실행하기

*CodeVisionAVR*을 실행하면 [그림 2-3]과 같은 초기 화면이 나타난다.

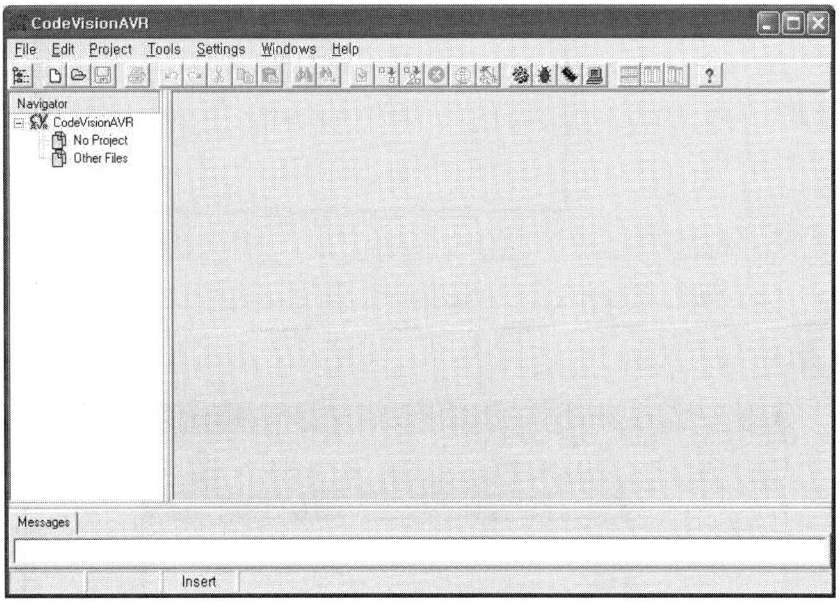


[그림 2-3] *CodeVisionAVR* 초기화면

### 2) 새 파일 작성

File 메뉴의 New 항목이나 툴바의 버튼을 클릭하면 [그림 2-4]와 같은 선택 창이 나타난다. 이 창의 File Type에서 **'Source'** 항목을 선택한 후에 OK 버튼을 클릭하면 [그림 2-5]와 같은 새로운 에디터 창이 생성되고 [그림 2-6]과 같이 여기에 소스 코드를 작성하면 된다. 편집창에서는 여러 개의 파일을 동시에 열어 작업할 수가 있다.

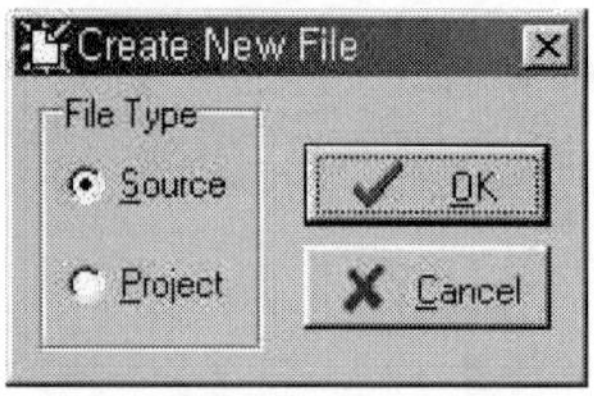


[그림 2-4] 새 파일 선택 창

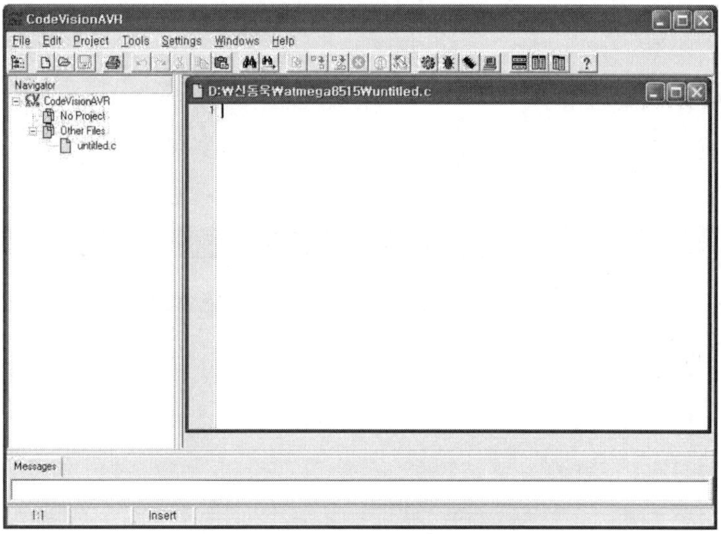


[그림 2-5] 새 파일 생성

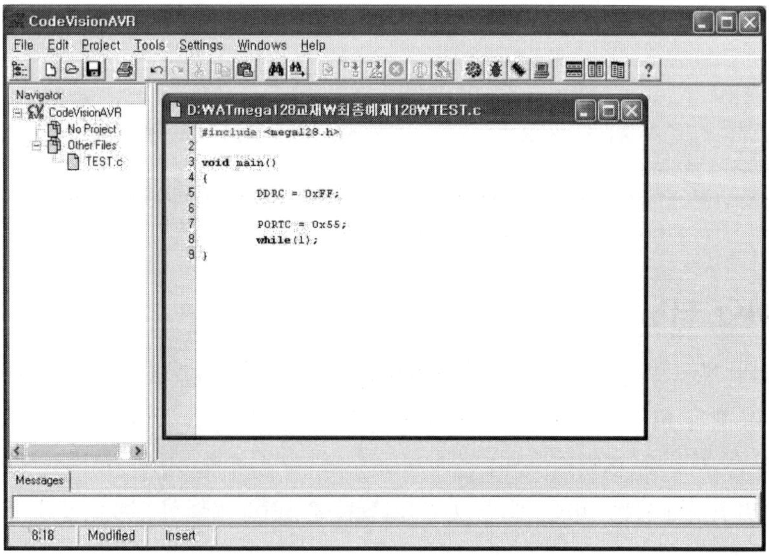


[그림 2-6] 소스 코드 작성

### 3) 저장하기

사용자가 작성한 프로그램을 저장하기 위해 File 메뉴의 'Save As' 항목을 클릭하면 [그림 2-7]과 같은 파일 저장 대화상자가 나타난다. 저장하고자 하는 폴더를 지정한 후에 '파일 이름(N)'에 원하는 파일명으로 저장하면 된다.

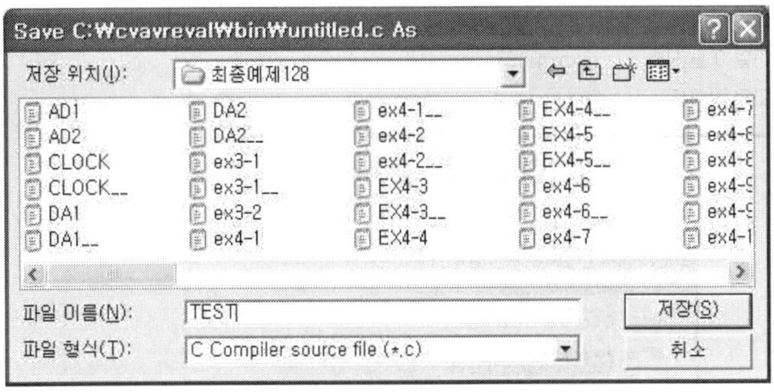


[그림 2-7] 파일 저장하기

### 4) 프로젝트 생성

프로젝트 파일은 한 작업에 필요한 여러 개의 파일이나 목적 파일 등을 통합 관리하며, 또한 사용하는 MCU나 클럭, 출력파일 형식 등을 설정하기도 한다. 소스파일로부터 헥사 파일을 생성하기 위해서는 반드시 프로젝트 파일을 생성하거나 기존의 프로젝트 파일을 오픈하여야 한다.

File 메뉴의 New 항목을 클릭하면 나타나는 [그림 2-4]의 선택 창에서 Project 항목을 선택하면 [그림 2-8]과 같이 *CodeWizardAVR*의 사용여부를 묻는 대화상자가 나타난다. 이 책에서는 *CodeWizardAVR*을 사용하지 않기 때문에 No를 선택한다.

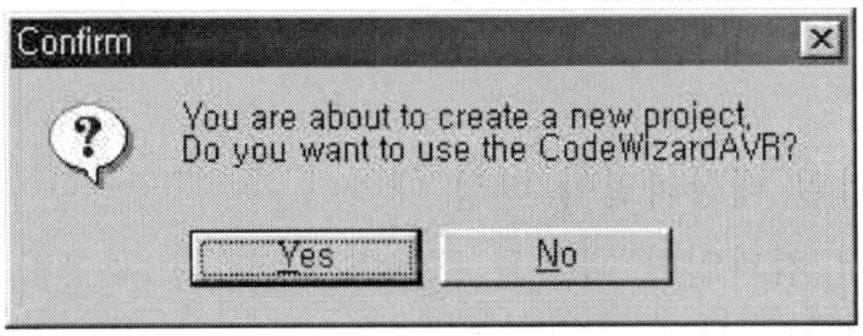


[그림 2-8] *CodeWizardAVR* 실행 대화상자

그러면, [그림 2-9]와 같은 프로젝트 파일 생성에 관한 대화 상자가 나타나며, 프로젝트 파일명을 적은 후에 '저장' 버튼을 클릭하면 [그림 2-10]과 같은 프로젝트 구성 대화 상자가 나타난다.

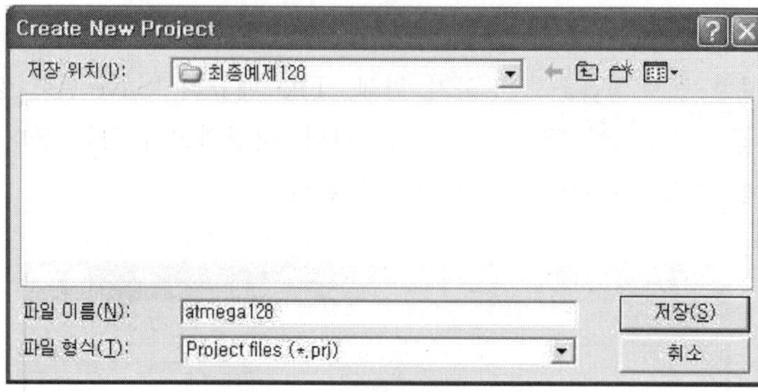


[그림 2-9] 프로젝트 파일 생성

[그림 2-10] 프로젝트 구성 - File

프로젝트 파일은 컴파일 대상파일이 바뀔 때마다 새로 생성할 수도 있지만, 한번만 생성하면 다음부터는 먼저 컴파일한 파일을 프로젝트로부터 제거하고 새로 컴파일할 파일만 추가하여 컴파일을 통해 원하는 헥사 파일을 얻을 수 있다. 이에 대해서는 다음장에서 설명한다.

File 시트 부분의  버튼을 클릭하여 컴파일 대상이 되는 파일을 [그림 2-11]과 같이 대화상자를 통해 추가한다. 추가하면 [그림 2-12]와 같이 Project 밑에 소스파일이 표시되는 것을 알 수 있다.

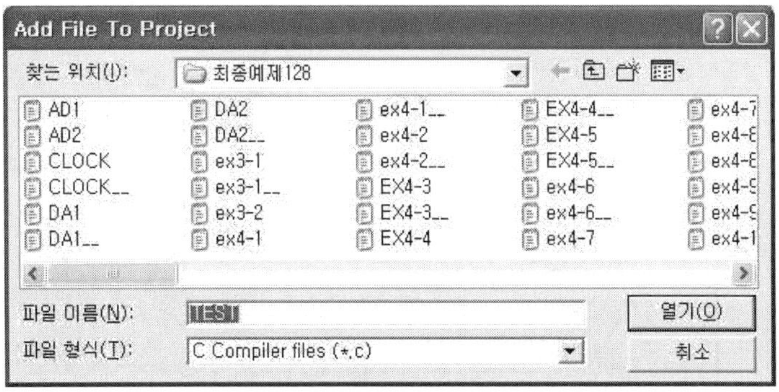

[그림 2-11] 컴파일 대상파일 추가

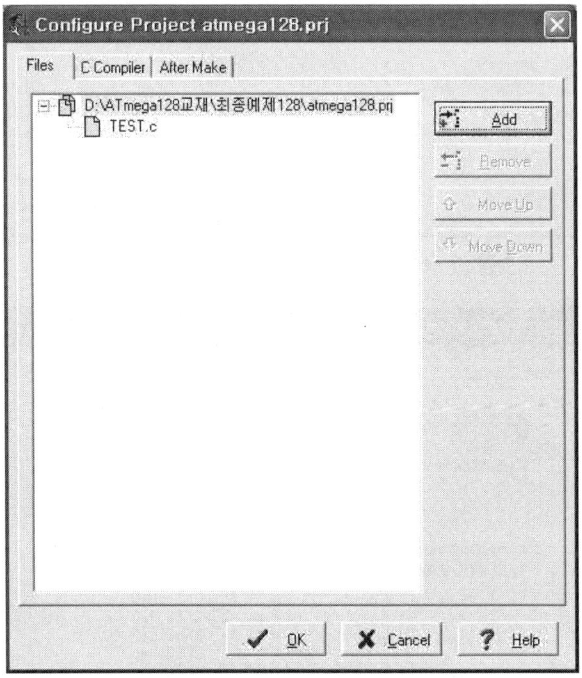

[그림 2-12] 추가된 소스파일

C compiler 시트 부분을 클릭하여 [그림 2-13]과 같이 대화상자가 표시되면 'Chip', 'Clock', 'File Output Format(s)' 항목에 대해서 설정한다. 그리고, SRAM, Memory Model 등의 다른 항목은 필요에 따라 사용자가 알맞게 수정해서 사용하면 된다.

After Make 시트 부분을 클릭하면 [그림 2-14]와 같이 여러 개의 설정 항목이 표시되는데, 여기서는 컴파일이 끝난 후 생성된 파일을 자동적으로 ISP 케이블을 통해 MCU에 다운로드하여 프로그램할지의 여부를 설정하게 된다. Program the Chip을 체크하면 컴파일이 완료된 후에 자동적으로 MCU에 생성된 파일이 다운로드 되어 쓰여지게 된다.

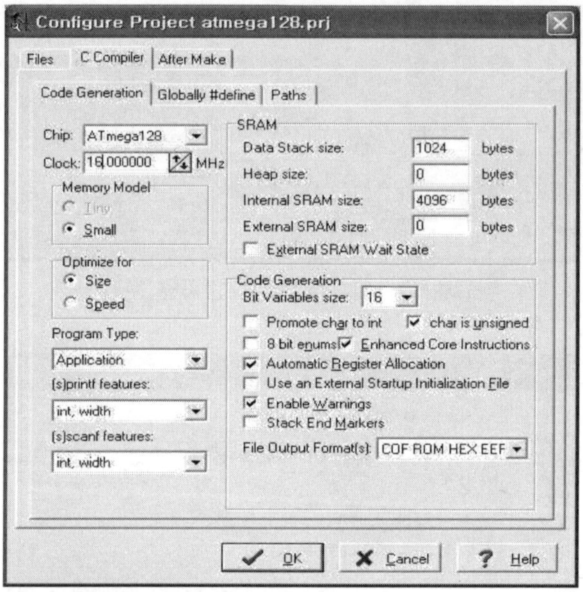

[그림 2-13] 프로젝트 구성 – C Compiler

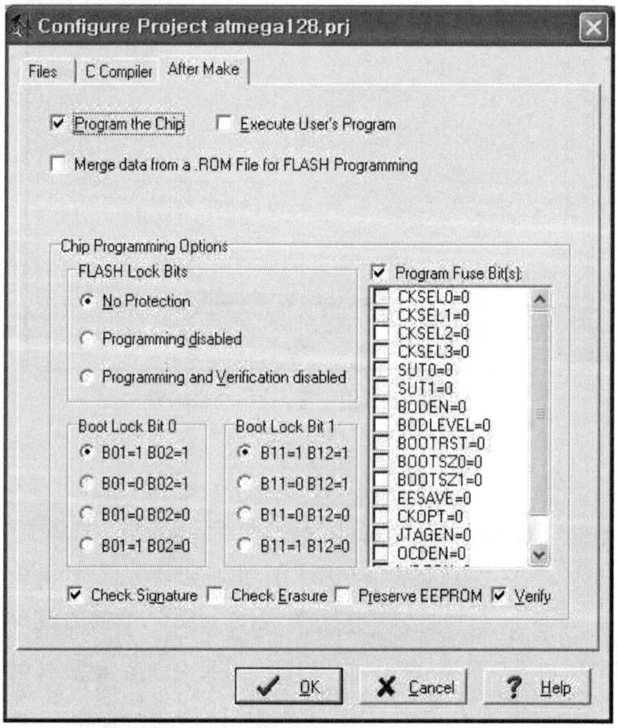

[그림 2-14] 프로젝트 구성 – After Make

[그림 2-15]는 컴파일 대상파일을 프로젝트로부터 제거하는 것을 보여주며, 제거할 파일을 클릭한 후에 Remove 버튼을 클릭하면 된다.

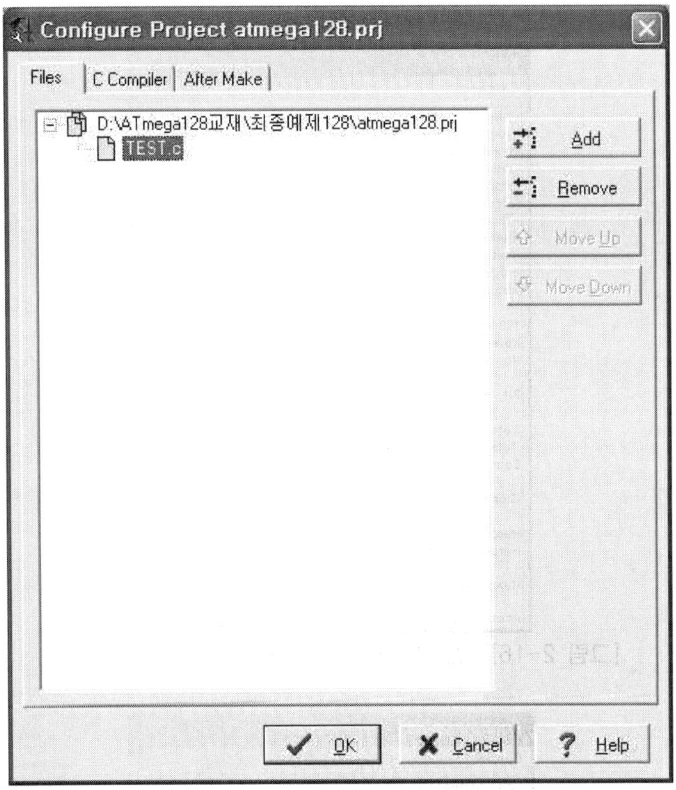


[그림 2-15] 컴파일 대상파일 제거

### 5) 컴파일 하기

프로젝트 파일이 생성되고 소스파일이 작성되어 프로젝트에 등록되면 마지막 작업인 컴파일만 남아 있다. 컴파일에는 최종파일(*.obj, *.hex)을 생성하지 않고 에러 체크와 함께 중간파일만 생성하는 "Compile the Project"와 최종파일을 생성하는 "Make the Project" 가 있다.

컴파일 작업은 'Project' 메뉴의 'Compile' 항목을 클릭하거나 툴바의 아이콘을 클릭하면 되며, 메이크 작업은 'Project' 메뉴의 'Make' 항목을 클릭하거나 툴바의 아이콘을 클릭하면 된다.

"Compile the Project" 가 에러나 경고 메시지 없이 완료되면 [그림 2-16]과 같은 컴파일 출력화면이 표시되며, "Make the Project"가 에러나 경고 메시지 없이 완료되면 [그림 2-17]과 같은 출력화면이 표시된다.

이상과 같은 순서로 소스 파일을 작성해서 프로젝트 파일에 추가시킨 후에 컴파일 과정을 거치면 헥사 파일이 생성되며, KUT-128 보드에는 이렇게 생성된 헥사 파일을 다운로드하면 바로 실행된다.

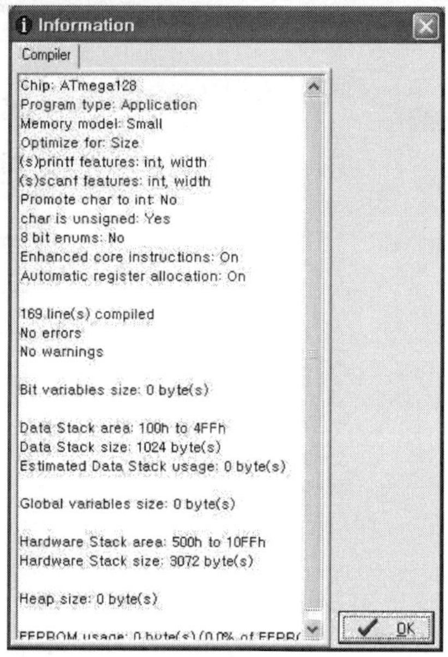


[그림 2-16] 컴파일 출력화면 (Compile the Project)

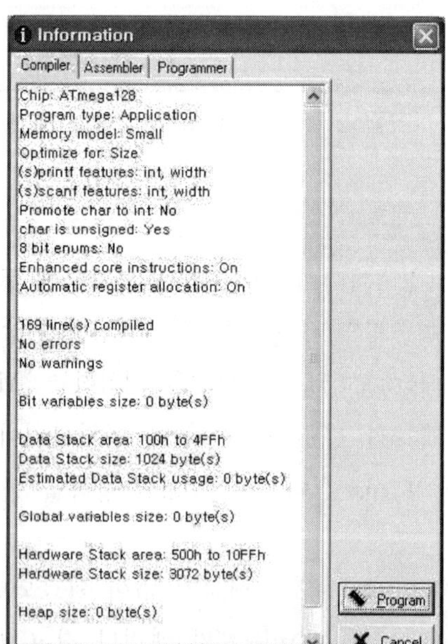


[그림 2-17] 컴파일 출력화면 (Make the Project)

Chapter 03

# 프로그래밍

## 3.1 컴퓨터와 연결하기

앞 장에서는 *CodeVisionAVR*의 대략적인 사용법과 C 언어로 작성된 소스파일을 컴파일하는 방법에 대해 설명하였다. C 컴파일러에 의해서 생성되는 파일은 여러 가지 형식으로 출력될 수 있는데 대표적인 것이 헥사 파일이며, 이 헥사 파일을 ATmega128의 플래시 프로그램 메모리에 다운로드하여 사용자가 원하는 동작을 수행할 수 있게 된다. 이와 같이 생성된 헥사 파일을 ATmega128에 다운로드하는 소프트웨어를 **프로그래머**라 하며, 일반적으로 헥사 파일을 다운로드하기 위해서는 별도의 소프트웨어와 하드웨어 장비가 필요하다. 그러나, AVR의 가장 큰 특징은 ISP(In-System Programming) 기능을 내장하고 있다는 것이며, 사용자는 이를 이용하여 개발한 시스템에 AVR 칩을 장착한 상태에서 바로 프로그램을 할 수 있다.

*CodeVisionAVR*에서는 ISP를 통해 헥사 파일을 다운로드하는 프로그래머를 내장하고 있기 때문에, 사용자는 단지 ISP 기능을 지원할 수 있도록 하드웨어를 구성하면 된다. 즉, *CodeVisionAVR*을 이용하면 프로그램 작성, 컴파일, 다운로드까지 모두 하나의 프로그램에서 실행시킬 수가 있게 된다.

이 책에서 다루고 있는 KUT-128 보드에는 직렬 프로그래밍에 의해 컴퓨터와 [그림 3-1]과 같이 연결할 수 있도록 ISP 다운로더 커넥터가 마련되어 있으며, 부록에서 설명하는 ISP 케이블만 제작하면 사용자는 프로그램을 다운로드하여 원하는 동작을 실행시켜 볼 수 있다.

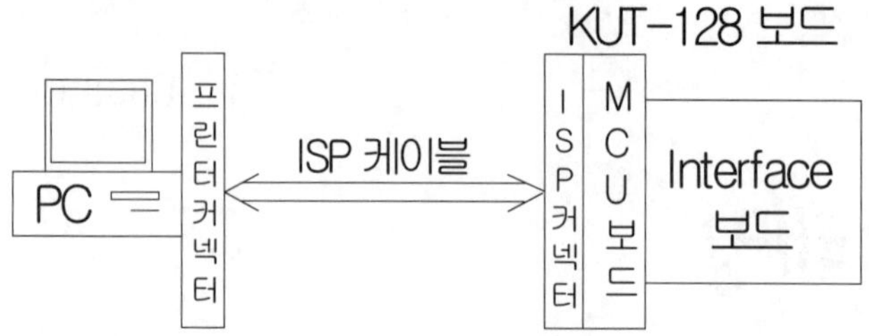


[그림 3-1] 직렬 프로그래밍을 위한 PC와 KUT-128 보드와의 연결

KUT-128 보드에 사용하는 ISP 케이블은 Kanda Systems STK200/300 규격의 ISP와 호환되도록 설계되어 있기 때문에, *CodeVisionAVR*에서 지원하는 프로그래머를 KUT-128 보드에서 사용할 수 있도록 [그림 3-2]와 같이 'Settings' 메뉴의 'Programmer' 항목을 선택하여 <Kanda Systems STK200/300>를 선택하고, 프린터 포트는 사용자 컴퓨터에서 사용하고 있는 주소를 선택하면 된다. 참고로 프린터 포트의 주소는 윈도우즈의 제어판에서 시스템에 관한 항목을 열어보면 알 수 있다.

[그림 3-2] 프로그래머 설정

## 3.2 프로그래밍

앞으로 이 책에서 언급하는 프로그래밍이란 *CodeVisionAVR*을 이용하여 KUT-128 보드에 ISP 케이블을 통해 사용자가 작성한 프로그램을 ATmega128에 다운로드하여 실행시키는 일련의 과정으로 정의한다. 실질적인 프로그래밍은 *CodeVisionAVR*의 프로그래머에 의해서 자동으로 수행되며, 사용자는 약간의 설정으로 쉽게 프로그래밍을 할 수 있다.

ATmega128에 프로그래밍하는 방법에는 컴파일 후에 자동으로 프로그래머를 실행시켜서 쉽게 프로그래밍하는 방법과 프로그래머를 통해서 직접 프로그래밍하는 방법이 있다.

### 3.2.1 자동 프로그래밍 방법

여기서는, 프로젝트 파일을 새로 생성하거나 기존의 프로젝트 파일을 오픈하여 ATmega128에 프로그래밍하는 방법을 설명한다.

① 메뉴의 File-New 항목을 클릭하거나 툴바의 버튼을 클릭하고, [그림 3-3]의 대화상자에서 'Project'를 선택한다.

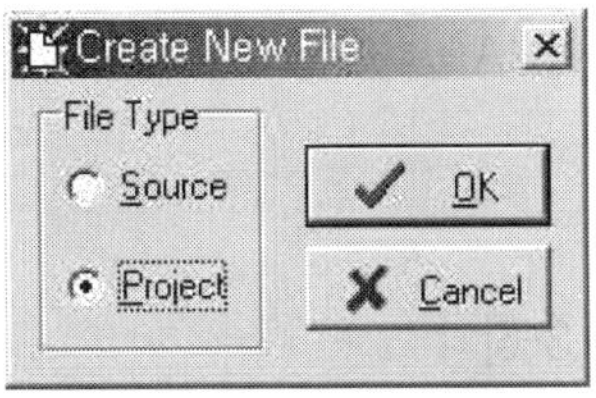


[그림 3-3] 프로젝트 파일 선택

② [그림 3-4]와 같은 *CodeWizardAVR*의 사용 여부를 묻는 대화상자가 나타나면 'No' 버튼을 클릭한다.

[그림 3-4] *CodeWizardAVR* 사용 대화상자

③ [그림 3-5]와 같은 대화상사가 표시되면, 생성하고자 하는 프로젝트명을 입력한다.

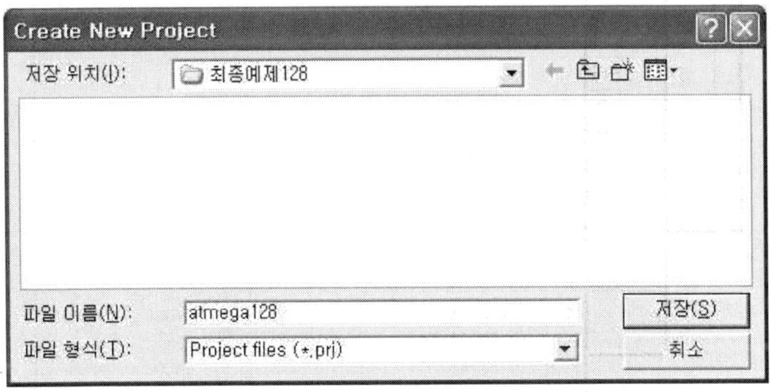


[그림 3-5] 프로젝트 파일명 입력

④ [그림 3-6]의 맨 위 화면과 같은 프로젝트 구성 대화 상자가 나타나면 'Files' 항목에 'Add' 버튼을 클릭하여 TEST.c 파일을 프로젝트에 추가한다.(앞 절의 [그림 2-11], [그림 2-12] 참조)

⑤ 'C Compiler' 항목을 열어 [그림 3-6]의 중간 화면과 같이 'Chip'을 선택하는 곳에서 ATmega128를 선택하고, Clock을 16MHz로 설정한다.

⑥ 마지막으로 [그림 3-6]과 같이 'After Make' 항목을 열어 'Program the Chip'의 체크 박스를 활성화시킨다.

⑦ 모든 설정이 끝났으면 [그림 3-6]의 모든 창을 닫고 툴바의 메이크 버튼 을 클릭한다. 메이크 과정이 끝나면 [그림 3-7]과 같은 'Information' 대화 상자가 나타난다. 대화 상자의 'Program' 버튼을 클릭하면, [그림 3-8]과 같이 프로그래밍 되는 과정이 표시된다.

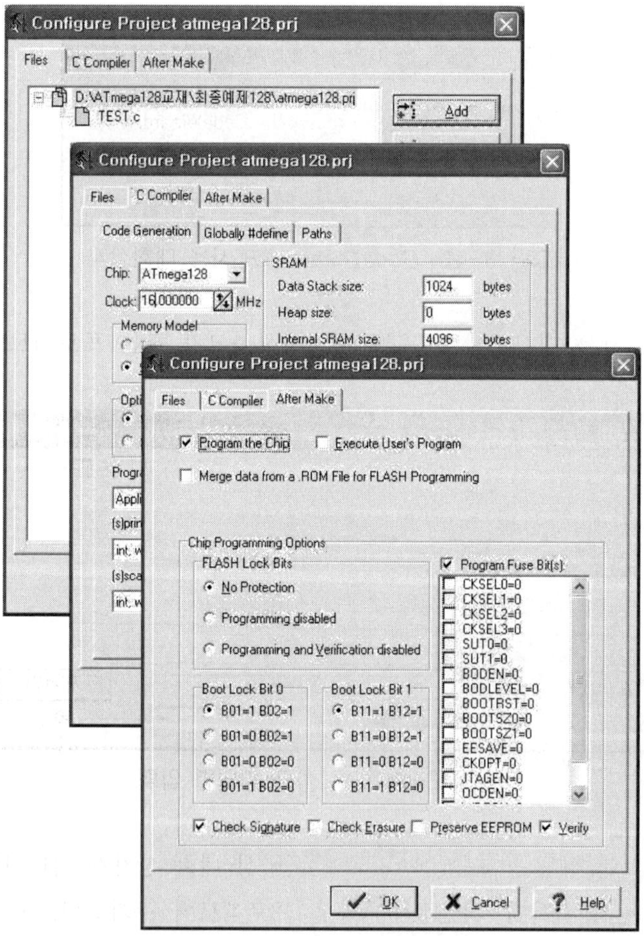

[그림 3-6] 프로젝트 구성

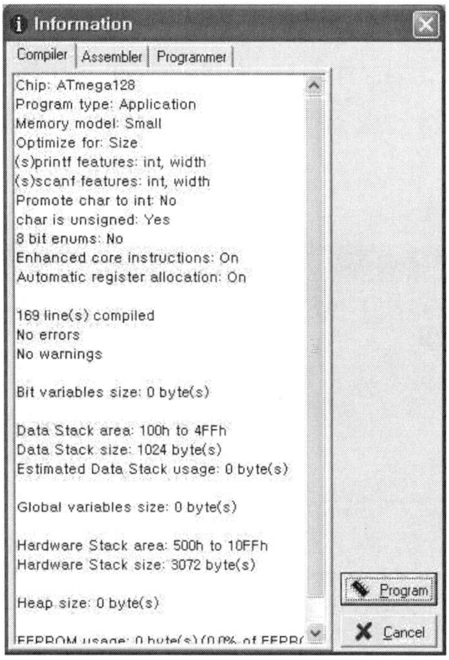


[그림 3-7] 컴파일 정보 대화 상자

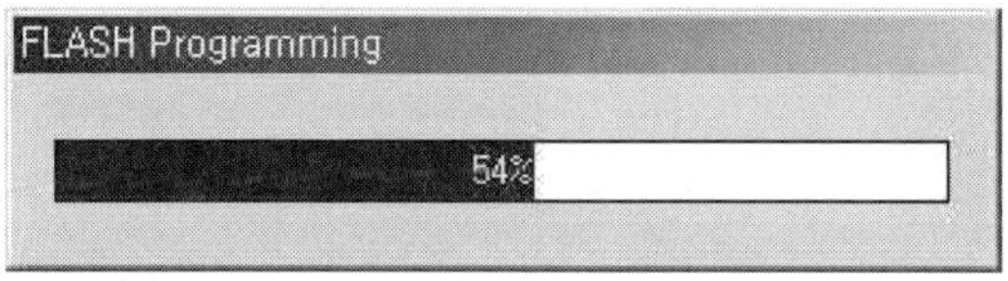


[그림 3-8] 프로그래밍 과정 표시화면

프로그래밍 과정이 끝나면 다운로드한 프로그램이 바로 실행되어 LED가 순차적으로 점멸하는 것을 볼 수 있다.

위와 같은 방법으로 다른 예제나 사용자가 작성한 프로그램을 쉽게 KUT-128 보드에 프로그래밍하여 동작시켜 볼 수 있다.

## 3.2.2 기존의 프로젝트 파일 이용하는 방법

앞 절에서는 프로젝트 파일을 새로 생성하여 프로그래밍하는 방법을 설명하였다. 이 절에서는 기존의 프로젝트를 이용하여 새로운 소스파일을 프로그래밍하는 방법을 설명한다.

① 메뉴의 File-Open 항목을 클릭하거나 툴바의 버튼을 클릭하고 [그림 3-9]의 대화상자에서 오픈할 프로젝트 파일명을 입력한 후 열기 버튼을 클릭한다. 그러면, 기존의 프로젝트 파일에 등록되어 있던 소스파일이 [그림 3-10]과 같이 Navigator 윈도우에 표시된다.

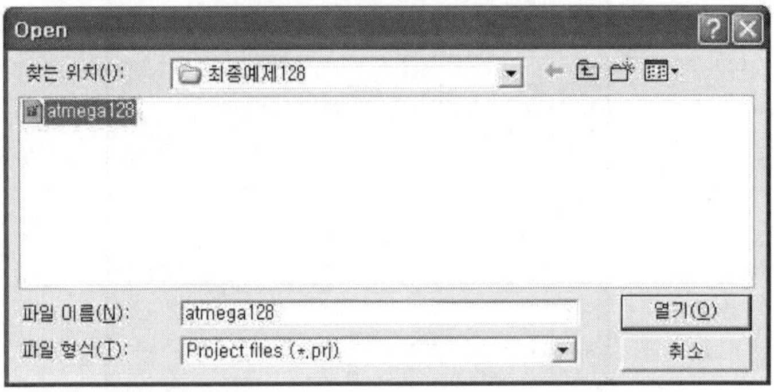


[그림 3-9] 오픈할 프로젝트 파일명 입력

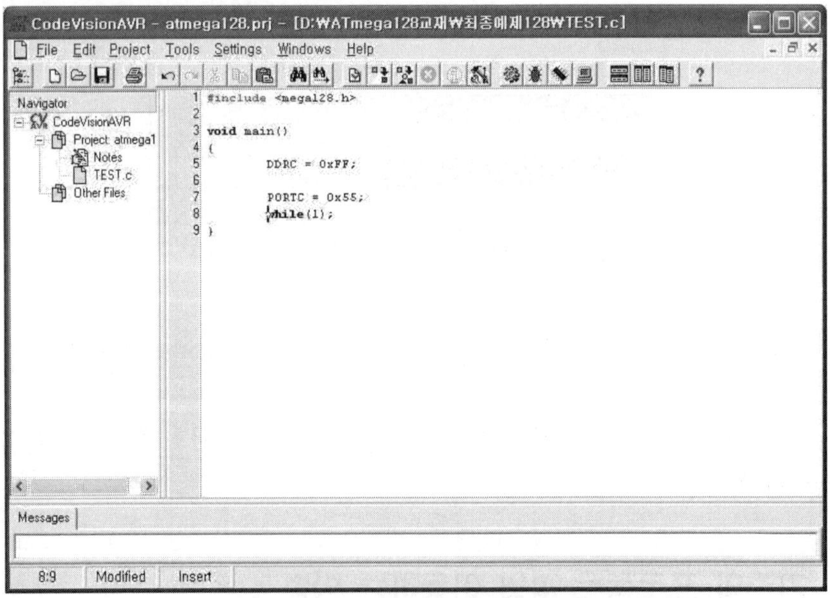


[그림 3-10] 프로젝트 파일 오픈

③ 기존의 소스파일을 제거하고 새로운 파일을 추가하기 위해 'Configure the Project" 버튼 을 클릭하면, [그림 3-11]의 대화상자가 표시된다. 여기서, 프로젝트에 등록되어

있는 파일 TEST.c를 클릭한 후 [Remove] 버튼을 클릭하면, [그림 3-12]와 같이 프로젝트로부터 제거된다.

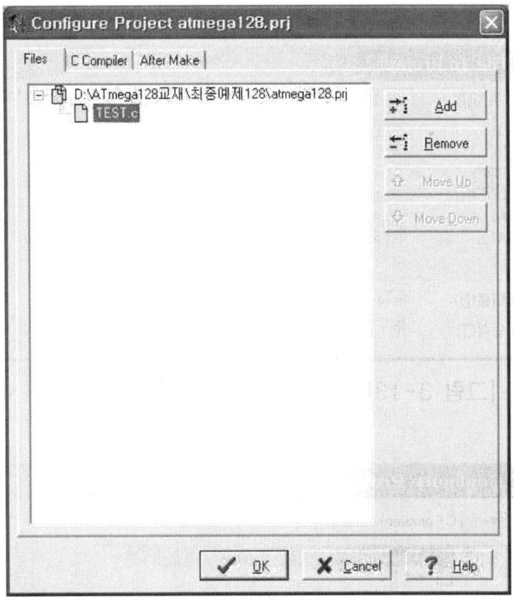


[그림 3-11] 'Configure the Project' 대화상자

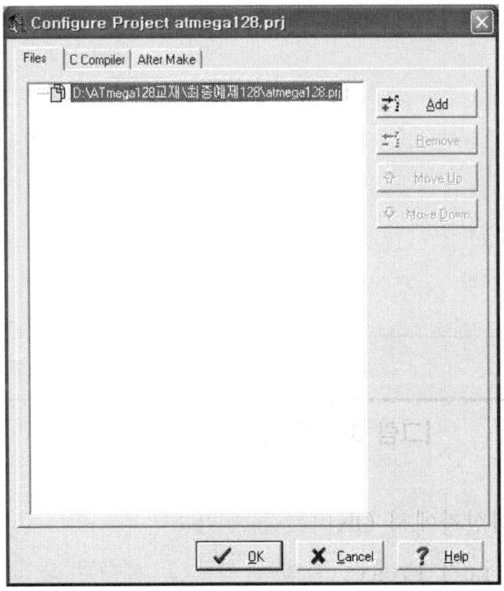


[그림 3-12] 컴파일 대상 파일이 제거된 대화상자

④ 새로운 소스파일을 등록하기 위해 [그림 3-13]의 Add 버튼을 클릭하면, [그림 3-13]의 대화상자가 표시된다. 여기서, 새로 프로젝트에 등록할 파일명 ex4-1.c를 입력한 후 열기 버튼을 클릭하면, [그림 3-14]와 같이 프로젝트에 ex4-1.c 파일이 등록된다.

[그림 3-13] 새로운 소스파일명 입력 대화상자

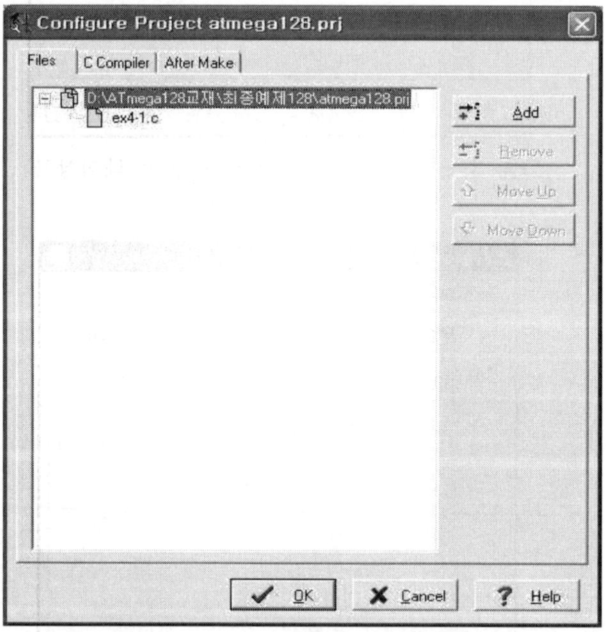


[그림 3-14] 새로 등록된 소스파일

⑤ [그림 3-14]의 대화상자에서 OK버튼을 클릭하면 [그림 3-15]의 메인 화면에서와 같이 새로운 파일 ex4-1.c가 Project 밑에 등록되고 기존의 등록파일 TEST.c는 프로젝트로부터 제거되어 'Other File' 밑에 등록되어 있는 것을 알 수 있다. 이것은 TEST.c

파일이 프로젝트로부터 제거되고 현재 편집창에 오픈되어 있는 것을 나타내며, 편집창에 있는 파일은 컴파일 대상파일이 아니기 때문에 컴파일에 아무런 영향을 주지 않는다. 이 파일을 편집창으로부터 제거하려면 마우스의 커서를 TEST.c 파일명위에서 클릭한 후 오른쪽 버튼을 클릭하여 표시되는 팝업메뉴에서 'Close Current File'을 클릭하면 제거된다.

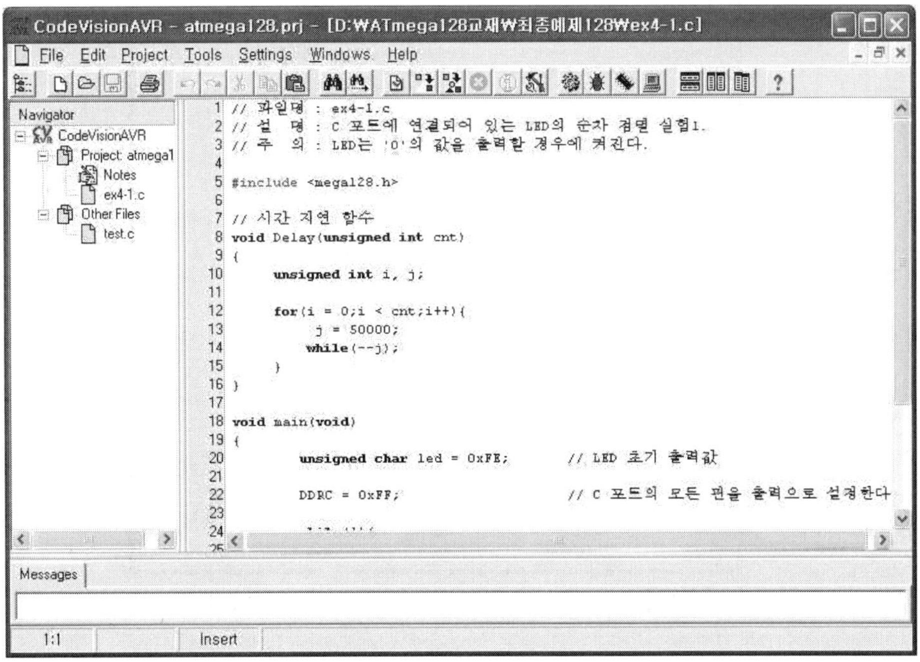

[그림 3-15] 새로 소스파일을 등록시킨 메인 화면

⑥ 기존의 프로젝트 파일에 모든 설정이 되어 있기 때문에 바로 툴바의 메이크 버튼 을 클릭하면, 앞 절에서와 같이 메이크 과정을 끝내고 자동적으로 프로그래밍을 하게 된다.

## 3.2.3 헥사 파일을 바로 프로그래밍 하는 방법

이 절에서는 프로젝트를 새로 생성하거나 기존의 프로젝트를 오픈하지 않고 이미 생성되어 있는 헥사 파일을 ATmega128에 바로 프로그래밍하는 방법을 설명한다.

프로그래머는 메뉴의 'Tools'에서 'Chip Programmer' 항목을 선택하거나 툴바의 버튼을 클릭하면 되며, [그림 3-16]과 같이 표시된다. 메뉴와 입력항목은 다음과 같은 기능을 갖는다.

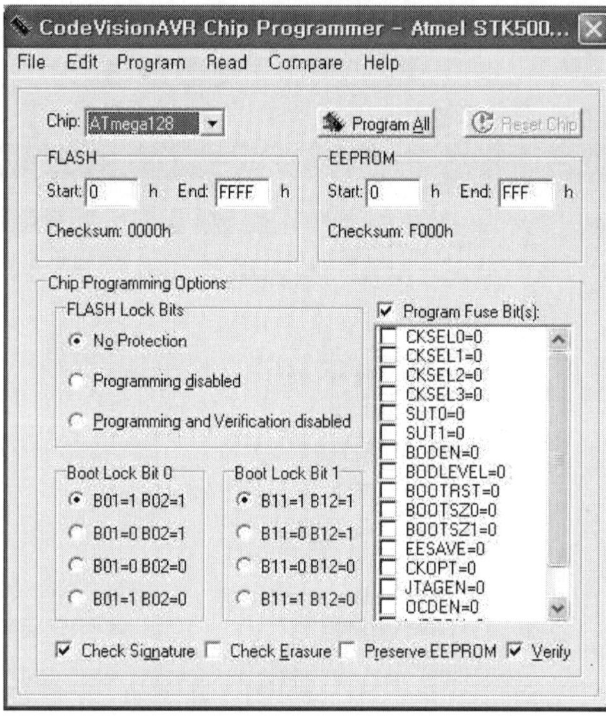


[그림 3-16] *CodeVisionAVR*의 칩 프로그래머

### ▶ File 메뉴

- Load FLASH : ROM(*.rom) 파일, 인텔 헥사(*.hex) 파일, 바이너리(*.bin) 파일 등을 읽어 플래시 버퍼에 저장한다.
- Load EEPROM : EEPROM(*.eep) 파일, 인텔 헥사, 바이너리 파일 등을 읽어 EEPROM 버퍼에 저장한다.
- Save FLASH : 플래시 버퍼에 있는 데이터를 파일로 저장한다.
- Save EEPROM : EEPROM 버퍼에 있는 데이터를 파일로 저장한다.

### ▶ Edit 메뉴

- FLASH : 플래시 버퍼에 있는 데이터를 수정한다.
- EEPROM : EEPROM 버퍼에 있는 데이터를 수정한다.

### ▶ Program 메뉴

- Erase Chip : 칩의 플래시 메모리, EEPROM 메모리의 내용을 한번에 삭제한다.
- Blank Check : 칩이 프로그램 가능한 상태인지를 점검한다.
- FLASH : 플래시 메모리 버퍼에 있는 내용을 칩의 플래시 메모리에 쓴다.
- EEPROM : EEPROM 버퍼에 있는 내용을 칩의 EEPROM 메모리에 쓴다.
- Lock Bit : 플래시 메모리의 내용을 보호할 수 있도록 한다.
- All : 위의 모든 기능을 일괄적으로 처리한다.

### ▶ Read 메뉴

- FLASH : 칩의 플래시 메모리의 내용을 읽어 플래시 버퍼에 저장한다.
- EEPROM : 칩의 EEPROM 버퍼에 있는 내용을 EEPROM 버퍼에 저장한다.
- Chip Signature : 칩의 서명 바이트를 읽는다.

### ▶ Compare 메뉴

- FLASH : 플래시 버퍼와 칩의 플래시 메모리의 내용을 비교한다.
- EEPROM : EEPROM 버퍼와 칩의 EEPROM 메모리의 내용을 비교한다.

### ▶ Help 메뉴

프로그래머의 기능을 요약한 도움말 메뉴로 자세한 기능은 도움말을 참고하라.

기존의 헥사파일을 바로 프로그래밍하는 방법은 다음과 같은 순서로 실행한다.

① [그림 3-16]과 같이 각 항목을 설정한다.
② [그림 3-17]과 같이 메뉴 File의 'Load Flash'를 선택하여 대화상자가 표시되면 [그림 3-18]과 같이 ATmega128에 다운로드할 헥사 파일명을 입력한다.

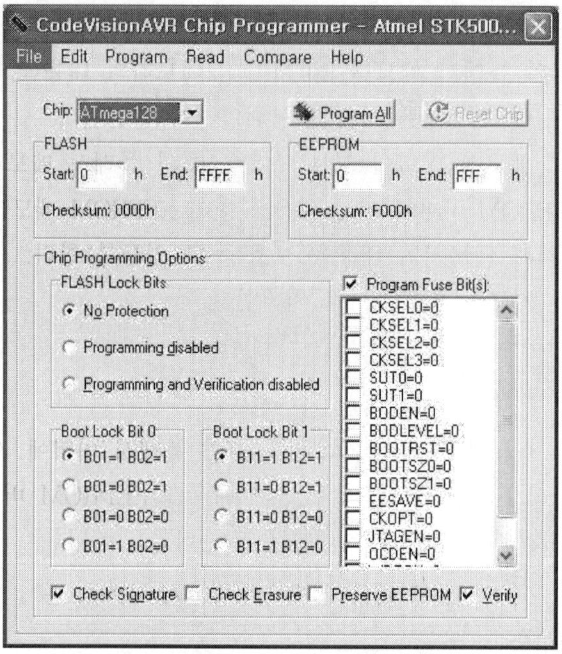

[그림 3-17] 헥사 파일 읽기

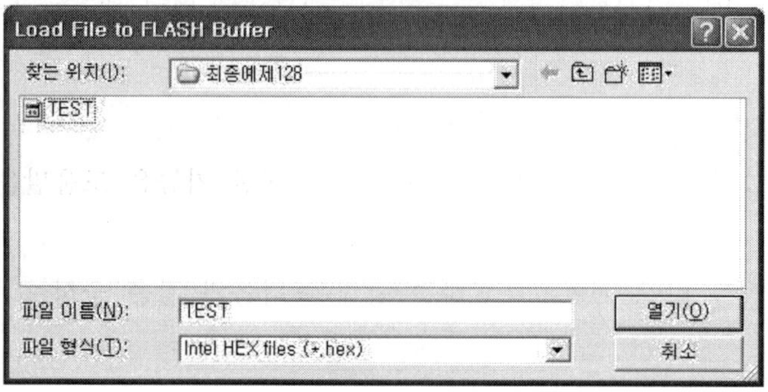

[그림 3-18] 헥사 파일명 입력

③ 메뉴 Program의 'Erase Chip'을 실행하여 ATmega128의 메모리 내용을 지운다.([그림 3-19])

④ 메뉴 Program의 'FLASH'을 클릭하여 ATmega128의 플래시 메모리에 프로그래밍 한다.([그림 3-19])

⑤ 프로그래밍이 완료되면 KUT-128 보드에서 자동적으로 실행된다.

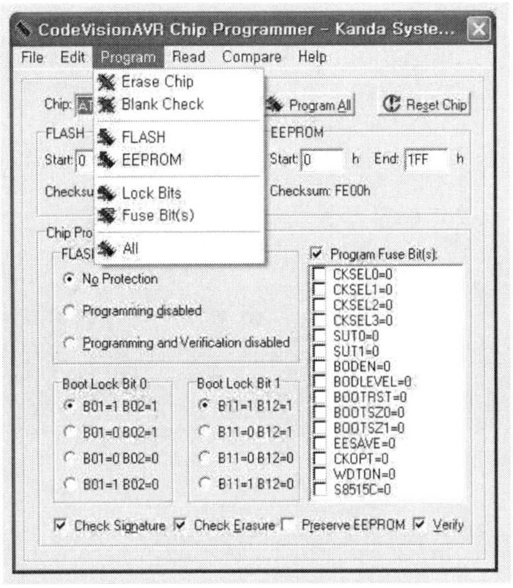


[그림 3-19] 플래시 메모리 프로그래밍

# 제2부

# ATmega128의 기초

Chapter 01

# AVR 패밀리

Atmel사에서 생산되고 있는 AVR RISC 마이크로프로세서의 종류는 [표 1-1], [표 1-2], [표 1-3]과 같이 많으며, 그 특징들도 각각 다르다. AVR은 크게 AT90S 시리즈와 Tiny 시리즈, Mega 시리즈로 나눌 수 있다. 이름에서도 알 수 있듯이 AT90S 시리즈는 일반적인 다른 프로세서와 마찬가지로 적절한 메모리 용량과 I/O를 가지고 있는 것이 특징이며 범용으로 사용하기에 적당하다. 반면에 Tiny 시리즈는 대부분 핀 수가 적고 메모리 용량도 작아서 소형 제어기에 적당하다. Mega 시리즈는 메모리 용량이 AT90S 시리즈와 Tiny 시리즈에 비해 크기 때문에 시스템을 구동하는 코드의 양이 많거나 사용되는 주변기기가 많은 제어기에 적당하다.

[표 1-1] AVR 8비트 RISC Tiny 시리즈

| PART | FLASH | EEPROM | SRAM | 명령어 | I/O | 인터럽트 | 외부인터럽트 | SPI | UART | 8비트 타이머 | 16비트 타이머 | PWM | WDT | RTC 타이머 | 아날로그비교기 | 10비트 AD컨버터 | 내장 오실레이터 | 브라운아웃 검출기 | ISP | 전압 | 클럭 주파수MHz |
|---|---|---|---|---|---|---|---|---|---|---|---|---|---|---|---|---|---|---|---|---|---|
| ATiny11L | 1K | - | - | 90 | 6 | 4 | 1 | - | - | 1 | - | - | Y | - | Y | - | Y | - | Y | 2.7-5.5 | 0-2 |
| ATiny11 | 1K | - | - | 90 | 6 | 4 | 1 | - | - | 1 | - | - | Y | - | Y | - | Y | - | Y | 4.0-5.5 | 0-6 |
| ATiny12V | 1K | 64 | - | 90 | 6 | 5 | 1 | - | - | 1 | - | - | Y | - | Y | - | Y | Y | Y | 1.8-5.5 | 0-1 |
| ATiny12L | 1K | 64 | - | 90 | 6 | 5 | 1 | - | - | 1 | - | - | Y | - | Y | - | Y | Y | Y | 2.7-5.5 | 0-4 |
| ATiny12 | 1K | 64 | - | 90 | 6 | 5 | 1 | - | - | 1 | - | - | Y | - | Y | - | Y | Y | Y | 4.0-5.5 | 0-8 |
| ATiny15L | 1K | 64 | - | 90 | 6 | 8 | 1 | - | - | 2 | - | 1 | Y | - | Y | 4 | Y | Y | Y | 2.7-5.5 | 1.6 |
| ATiny22L | 2K | 128 | 128 | 120 | 5 | 2 | 1 | - | - | 1 | - | - | Y | - | - | - | Y | - | Y | 2.7-6.0 | 0-4 |
| ATiny22 | 2K | 128 | 128 | 120 | 5 | 2 | 1 | - | - | 1 | - | - | Y | - | - | - | Y | - | Y | 4.0-6.0 | 0-8 |
| ATiny28V | 2K | - | - | 90 | 19 | 5 | 2 | - | - | 1 | - | - | Y | - | - | - | Y | - | Y | 1.8-3.6 | 0-1 |
| ATiny28L | 2K | - | - | 90 | 19 | 5 | 2 | - | - | 1 | - | - | Y | - | - | - | Y | - | Y | 2.7-3.6 | 0-4 |

[표 1-2] AVR 8비트 RISC AT90S 시리즈

| PART | FLASH | EEPROM | SRAM | 명령어 | I/O | 인터럽트 | 외부인터럽트 | SPI | UART | 8비트 타이머 | 16비트 타이머 | PWM | WDT | RTC 타이머 | 아날로그비교기 | 10비트 AD컨버터 | 내장 오실레이터 | 브라운아웃 검출기 | ISP | 전압 | 클럭 주파수MHz |
|---|---|---|---|---|---|---|---|---|---|---|---|---|---|---|---|---|---|---|---|---|---|
| AT90S1200 | 1K | 64 | – | 89 | 15 | 3 | 1 | – | – | 1 | – | – | Y | – | Y | – | Y | – | Y | 2.7-6.0 | 0-12 |
| AT90S2313 | 2K | 128 | 128 | 120 | 15 | 10 | 2 | – | 1 | 1 | 1 | 1 | Y | – | Y | – | – | – | Y | 2.7-6.0 | 0-10 |
| AT90LS2323 | 2K | 128 | 128 | 120 | 3 | 2 | 1 | – | – | 1 | – | – | Y | – | – | – | – | – | Y | 2.7-6.0 | 0-4 |
| AT90S2323 | 2K | 128 | 128 | 120 | 3 | 2 | 1 | – | – | 1 | – | – | Y | – | – | – | – | – | Y | 4.0-6.0 | 0-10 |
| AT90LS2343 | 2K | 128 | 128 | 120 | 5 | 2 | 1 | – | – | 1 | – | – | Y | – | – | – | Y | – | Y | 2.7-6.0 | 0-4 |
| AT90S2343 | 2K | 128 | 128 | 120 | 5 | 2 | 1 | – | – | 1 | – | – | Y | – | – | – | Y | – | Y | 4.0-6.0 | 0-10 |
| AT90LS2333 | 2K | 128 | 128 | 120 | 20 | 14 | 2 | 1 | 1 | 1 | 1 | 2 | Y | – | Y | 6 | – | Y | Y | 2.7-6.0 | 0-4 |
| AT90S2333 | 2K | 128 | 128 | 120 | 20 | 14 | 2 | 1 | 1 | 1 | 1 | 2 | Y | – | Y | 6 | – | Y | Y | 4.0-6.0 | 0-8 |
| AT90S4414 | 4K | 256 | 256 | 120 | 32 | 11 | 2 | 1 | 1 | 1 | 1 | 2 | Y | – | Y | – | – | – | Y | 2.7-6.0 | 0-8 |
| AT90LS4433 | 4K | 256 | 128 | 120 | 20 | 14 | 2 | 1 | 1 | 1 | 1 | 2 | Y | – | Y | 6 | – | Y | Y | 2.7-6.0 | 0-4 |
| AT90S4433 | 4K | 256 | 128 | 120 | 20 | 14 | 2 | 1 | 1 | 1 | 1 | 2 | Y | – | Y | 6 | – | Y | Y | 4.0-6.0 | 0-8 |
| AT90LS4434 | 4K | 256 | 256 | 120 | 32 | 15 | 2 | 1 | 1 | 2 | 1 | 3 | Y | Y | Y | 8 | – | – | Y | 2.7-6.0 | 0-4 |
| AT90S4434 | 4K | 256 | 256 | 120 | 32 | 15 | 2 | 1 | 1 | 2 | 1 | 3 | Y | Y | Y | 8 | – | – | Y | 4.0-6.0 | 0-8 |
| AT90S8515 | 8K | 512 | 512 | 120 | 32 | 11 | 2 | 1 | 1 | 1 | 1 | 2 | Y | – | Y | – | – | – | Y | 2.7-6.0 | 0-8 |
| AT90S8534 | 8K | 512 | 256 | 120 | 15 | 7 | 2 | – | – | 1 | 1 | – | Y | – | – | 6 | – | – | – | 3.3-6.0 | 0-1.5 |
| AT90LS8535 | 8K | 512 | 512 | 120 | 32 | 15 | 2 | 1 | 1 | 2 | 1 | 3 | Y | Y | Y | 8 | – | – | Y | 2.7-6.0 | 0-4 |
| AT90S8535 | 8K | 512 | 512 | 120 | 32 | 15 | 2 | 1 | 1 | 2 | 1 | 3 | Y | Y | Y | 8 | – | – | Y | 4.0-6.0 | 0-8 |

[표 1-3] AVR 8비트 RISC Mega 시리즈

| PART | FLASH | EEPROM | SRAM | 명령어 | I/O | 인터럽트 | 외부인터럽트 | SPI | UART | 8비트 타이머 | 16비트 타이머 | PWM | WDT | RTC 타이머 | 아날로그비교기 | 10비트 AD컨버터 | 내장 오실레이터 | 브라운아웃 검출기 | ISP | 전압 | 클럭 주파수MHz |
|---|---|---|---|---|---|---|---|---|---|---|---|---|---|---|---|---|---|---|---|---|---|
| ATmega8 | 8K | 512 | 1K | 130 | 23 | 18 | 2 | 1 | 1 | 2 | 1 | 3 | Y | Y | Y | - | Y | Y | Y | 4.5-5.5 | 0-16 |
| ATmega8L | 8K | 512 | 1K | 130 | 23 | 18 | 2 | 1 | 1 | 2 | 1 | 3 | Y | Y | Y | - | Y | Y | Y | 2.7-5.5 | 0-8 |
| ATmega16 | 16k | 512 | 1k | 131 | 32 | 20 | 3 | 1 | 1 | 2 | 1 | 4 | Y | Y | Y | 8 | Y | Y | Y | 4.5-5.5 | 0-16 |
| ATmega16L | 16k | 512 | 1K | 131 | 32 | 20 | 3 | 1 | 1 | 2 | 1 | 4 | Y | Y | Y | 8 | Y | Y | Y | 2.7-5.5 | 0-8 |
| ATmega32 | 32K | 1K | 2K | 130 | 32 | 19 | 3 | 1 | 1 | 2 | 1 | 4 | Y | Y | Y | 8 | Y | Y | Y | 4.5-5.5 | 0-16 |
| ATmega32L | 32K | 1K | 2K | 130 | 32 | 19 | 3 | 1 | 1 | 2 | 1 | 4 | Y | Y | Y | 8 | Y | Y | Y | 2.7-5.5 | 0-8 |
| ATmega48 | 4K | 256 | 512 | 131 | 23 | 26 | 5 | 1 | 1 | 2 | 1 | 6 | Y | Y | Y | 8 | Y | Y | Y | 1.8-5.5 | 0-20 |
| ATmega64 | 64K | 2K | 4K | 133 | 53 | 34 | 8 | 1 | 2 | 2 | 2 | 8 | Y | Y | Y | 8 | Y | Y | Y | 4.5-5.5 | 0-16 |
| ATmega64L | 64K | 2K | 4K | 133 | 53 | 34 | 8 | 1 | 2 | 2 | 2 | 8 | Y | Y | Y | 8 | Y | Y | Y | 2.7-5.5 | 0-8 |
| ATmega88 | 8K | 512 | 1K | 131 | 23 | 26 | 5 | 1 | 1 | 2 | 1 | 6 | Y | Y | Y | 8 | Y | Y | Y | 1.8-5.5 | 0-20 |
| ATmega103 | 128K | 4K | 4K | 121 | 48 | 23 | 8 | 1 | 1 | 2 | 1 | 4 | Y | Y | Y | 8 | - | - | Y | 4.0-5.5 | 0-6 |
| ATmega103L | 128K | 4K | 4K | 121 | 48 | 23 | 8 | 1 | 1 | 2 | 1 | 4 | Y | Y | Y | 8 | - | - | Y | 2.7-3.6 | 0-4 |
| ATmega128 | 128K | 4K | 4K | 133 | 53 | 34 | 8 | 1 | 2 | 2 | 2 | 8 | Y | Y | Y | 8 | Y | Y | Y | 4.5-5.5 | 0-16 |
| ATmega128L | 128K | 4K | 4K | 133 | 53 | 34 | 8 | 1 | 2 | 2 | 2 | 8 | Y | Y | Y | 8 | Y | Y | Y | 2.7-5.5 | 0-8 |
| ATmega161 | 16K | 512 | 1K | 130 | 35 | 20 | 3 | 1 | 2 | 2 | 1 | 4 | Y | Y | Y | - | - | Y | Y | 4.0-5..5 | 0-8 |
| ATmega161L | 16K | 512 | 1K | 130 | 35 | 20 | 3 | 1 | 2 | 2 | 1 | 4 | Y | Y | Y | - | - | Y | Y | 2.7-5.5 | 0-4 |
| ATmega162 | 16K | 512 | 1K | 130 | 35 | 28 | 3 | 1 | 2 | 2 | 2 | 6 | Y | Y | - |  | Y | Y | Y | 2.7-5.5 | 0-16 |
| ATmega162v | 16K | 512 | 1K | 130 | 35 | 28 | 3 | 1 | 2 | 2 | 2 | 6 | Y | Y | - |  | Y | Y | Y | 1.8-5.5 | 0-8 |
| ATmega163 | 16K | 512 | 1K | 130 | 32 | 17 | 2 | 1 | 1 | 2 | 1 | 4 | Y | Y | Y | 8 | Y | Y | Y | 4.0-3.6 | 0-8 |
| ATmega163L | 16K | 512 | 1K | 130 | 32 | 17 | 2 | 1 | 1 | 2 | 1 | 4 | Y | Y | Y | 8 | Y | Y | Y | 2.7-5.5 | 0-4 |
| ATmega165 | 16K | 512 | 1K | 130 | 53 | 22 | 3 | 1 | 1 | 2 | 1 | 4 | Y | Y | Y | 8 | Y | Y | Y | 4.5-5.5 | 0-16 |
| ATmega165V | 16K | 512 | 1K | 130 | 53 | 22 | 3 | 1 | 1 | 2 | 1 | 4 | Y | Y | Y | 8 | Y | Y | Y | 1.8-5.5 | 0-8 |
| ATmega168 | 16K | 512 | 1K | 131 | 23 | 26 | 5 | 1 | 1 | 2 | 1 | 6 | Y | Y | Y | 8 | Y | Y | Y | 1.8-5.5 | 0-20 |
| ATmega169 | 16K | 512 | 1K | 130 | 54 | 22 | 17 | 1 | 1 | 2 | 1 | 4 | Y | Y | Y | 8 | Y | Y | Y | 4.5-5.5 | 0-16 |
| ATmega169L | 16K | 512 | 1K | 130 | 54 | 22 | 17 | 1 | 1 | 2 | 1 | 4 | Y | Y | Y | 8 | Y | Y | Y | 2.7-5.5 | 0-8 |
| ATmega169V | 16K | 512 | 1K | 130 | 54 | 22 | 17 | 1 | 1 | 2 | 1 | 4 | Y | Y | Y | 8 | Y | Y | Y | 1.8-5.5 | 0-1 |
| ATmega8515 | 8K | 512 | 512 | 130 | 35 | 16 | 3 | 1 | 1 | 1 | 1 | 3 | Y | - | Y | - | Y | Y | Y | 4.5-5.5 | 0-16 |
| ATmega8515L | 8K | 512 | 512 | 130 | 35 | 16 | 3 | 1 | 1 | 1 | 1 | 3 | Y | - | Y | - | Y | Y | Y | 2.7-5.5 | 0-8 |
| ATmega8535 | 8K | 512 | 512 | 130 | 32 | 20 | 3 | 1 | 1 | 2 | 1 | 4 | Y | Y | Y | 8 | Y | Y | Y | 4.5-5.5 | 0-16 |
| ATmega8535L | 8K | 512 | 512 | 130 | 32 | 20 | 3 | 1 | 1 | 2 | 1 | 4 | Y | Y | Y | 8 | Y | Y | Y | 2.7-5.5 | 0-8 |
| ATmega1280 | 128K | 4K | 8K | 135 | 86 | 57 | 11 | 1 | 4 | 2 | 4 | 16 | Y | Y | Y | 16 | Y | Y | Y | 2.7-5.5 | 0-16 |
| ATmega1281 | 128K | 4K | 8K | 135 | 54 | 48 | 11 | 1 | 2 | 2 | 4 | 9 | Y | Y | Y | 8 | Y | Y | Y | 2.7-5.5 | 0-16 |
| ATmega2560 | 256K | 4K | 8K | 135 | 86 | 57 | 11 | 1 | 4 | 2 | 4 | 16 | Y | Y | Y | 16 | Y | Y | Y | 2.7-5.5 | 0-16 |
| ATmega2561 | 256K | 4K | 8K | 135 | 54 | 48 | 11 | 1 | 2 | 2 | 4 | 9 | Y | Y | Y | 8 | Y | Y | Y | 2.7-5.5 | 0-16 |

이 책에서는 ATmega128만 다루고 있으나, 명령어와 내부 기능은 거의 유사하기 때문에 다른 종류의 AVR을 사용할 때도 크게 무리는 없으리라 생각된다.

Chapter 02

# ATmega128의 특징 및 핀 구조

## 2.1 ATmega128의 특징

[표 2-1]은 ATmega128의 특징을 나타낸다.

[표 2-1] ATmega128의 특징

| 구분 | 내용 |
|---|---|
| 고 성능의 저 전력 RISC 구조 | · 133개의 명령어(대부분 한 클럭 사이클로 실행)<br>· 32 x 8 비트 개의 범용 작업 레지스터<br>· 16MHz에서 16MIPS까지의 명령 처리 속도, 곱셈기 2사이클 실행 |
| 데이터 및 비휘발성 메모리 | · 128KB 바이트의 ISP 방식 프로그램용 플래시 메모리 내장<br>- 10,000번까지 쓰기/삭제 가능<br>· 4KB의 SRAM, 4KB의 EEPROM(100,000번 쓰기/삭제 가능)<br>· 외부 64KB의 메모리 영역<br>· 소프트웨어와 EEPROM 데이터 보안을 위한 락(Lock)기능 |
| 주변장치 | · ISP 기능을 위한 SPI 인터페이스<br>· 내장 메모리(플래시. EEPROM)의 프로그래밍과 On-chip 디버그 기능을 위한 JTAG 인터페이스(IEEE std. 1149.1)<br>· 53개의 I/O 핀(A, B, C, D, E, F 포트 - 8 비트, G 포트 - 5 비트)<br>· 리셋을 포함한 35개의 인터럽트 소스<br>· 별도의 프리스케일러를 갖는 2개의 8 비트 타이머/카운터(0, 2)<br>· 별도의 프리스케일러를 갖는 2개의 16 비트 타이머/카운터(1, 3)<br>· 2개의 8비트 PWM 채널과 6개의 2~16비트 PWM 채널<br>· 8채널 10비트 A/D 컨버터와 아날로그 비교기<br>· TWI, SPI 시리얼 인터페이스, 2개의 프로그램이 가능한 시리얼 USART<br>· 독립적인 내장 발진기에 의한 워치독 타이머 |
| 특수 기능 | · 6개의 슬립모드<br>· 내부 RC 오실레이터와 외부 크리스탈을 연결하기 위한 발진회로 내장<br>· 외부, 내부 인터럽트(Interrupt) 소스 |
| 동작 전압 | · 2.7-5.5V (ATmega128L), 4.5-5.5V (ATmega128) |
| 동작 클럭 | · 0-8MHz (ATmega128L), 0-16MHz (ATmega128) |

# 2.2 ATmega128의 핀 구조

AVR RISC 구조에 기초한 ATmega128은 저전력 CMOS형의 8비트 마이크로 콘트롤러로서 ATmega128의 핀 구조는 [그림 2-1]과 같으며, 패키지형은 64핀의 TQFP형과 MLF형이 있다. 분기 명령 등을 제외한 대부분의 명령어는 한 클럭 사이클에 실행되며, ATmega128은 1MIPS/MHz에 가까운 처리속도를 낼 수 있기 때문에 전력 소모를 최적화할 수 있다.

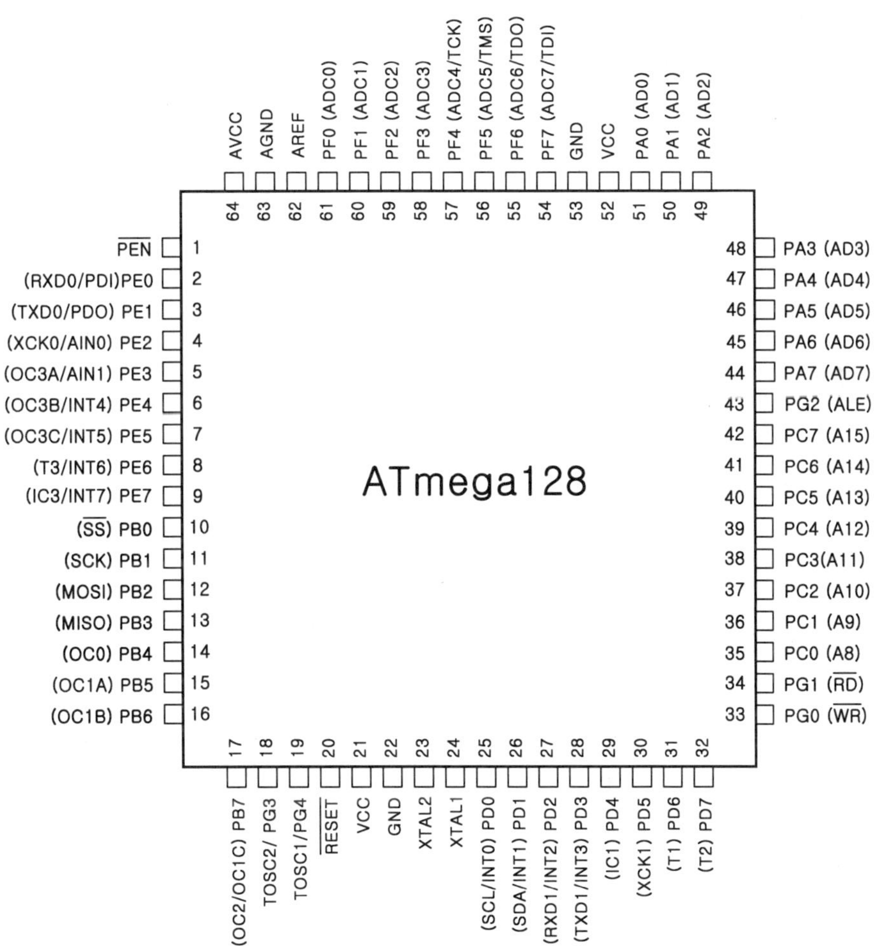


[그림 2-1] ATmega128의 핀 구조

## 2.3 내부 구조

AVR 코어는 32개의 범용 레지스터와 함께 풍부한 명령어를 갖는다. 모든 32개의 레지스터는 ALU(Arithmetic Logic Unit)와 직접 연결되어 있으며, 한 클럭 사이클에 실행되는 한 개의 명령어에서 두 개의 독립된 레지스터를 처리할 수 있다. 결과적으로 이러한 구조는 일반적인 CISC 마이크로콘트롤러에 비해 10배 이상의 빠른 속도로 효과적인 코딩이 가능하다. [그림 2-2]는 ATmega128의 내부 구조를 보여준다.

ATmega128은 프로그램 가능한 플래시 메모리 128K 바이트, EEPROM 4K 바이트, SRAM 4K 바이트, 53개의 범용 I/O 라인, 32개의 범용 레지스터, 비교 모드와 PWM 기능을 갖는 4개의 유연성 있는 타이머/카운터, 내부 및 외부 인터럽트, 프로그램 가능한 2개의 시리얼 USART, 내장 오실레이터에 의한 프로그램 가능한 워치독 타이머, SPI 및 TWI 시리얼 인터페이스와 IEEE std. 1149.1 JTAG 인터페이스, 소프트웨어적으로 선택 가능한 6개의 파워 절약 모드 기능이 있다.

프로그램 가능한 내장 플래시 메모리는 SPI 시리얼 인터페이스나 일반적인 메모리 프로그래머를 통해서 시스템에 장착된 상태로 재 프로그램이 가능하다.

## 2.4 핀 기능

· VCC - 전원.

· GND - 접지.

· **포트** A(PA7..PA0) - 포트 A는 내부 풀업저항(20kΩ-100kΩ)을 갖는 8비트 양방향 I/O 포트이며, 출력버퍼는 sink와 source 능력에 대해 대칭적으로 40mA의 구동특성을 갖는다. 리셋 상태에서는 3-스테이트 상태가 되며, 외부에 SRAM을 사용할 경우에는 하위 어드레스 버스와 데이터 버스로 사용된다.

· **포트** B(PB7..PB0) - 포트 B는 내부 풀업저항을 갖는 8비트 양방향 I/O 포트이며, 출력버퍼는 sink와 source 능력에 대해 대칭적으로 40mA의 구동특성을 갖는다. 리셋 상태에서는 3-스테이트 상태가 된다. 포트 B는 [그림 2-1]의 핀 구성에서와 같이 다양한 기능을 갖는다.

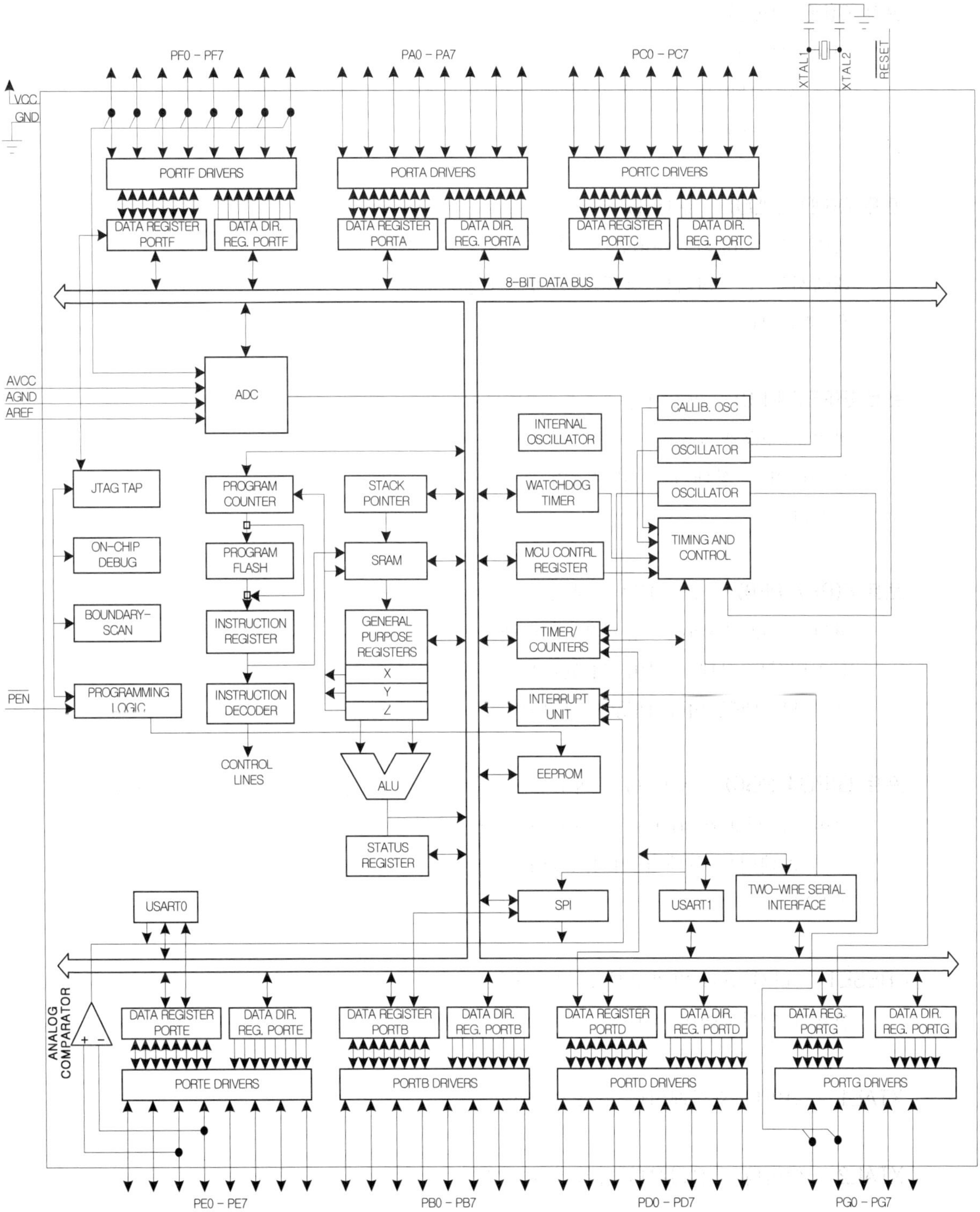


[그림 2-2] ATmega128의 블록도

· **포트** C(PC7..PC0) - 포트 C는 내부 풀업저항을 갖는 8비트 양방향 I/O 포트이며, 출력버퍼는 sink와 source 능력에 대해 대칭적인 구동특성을 갖는다. 리셋 상태에서는 3-스테이트 상태가 되며, 외부에 SRAM을 사용할 경우에는 상위 어드레스 버스로 사용된다.

· **포트** D(PD7..PD0) - 포트 D는 내부 풀업저항을 갖는 8비트 양방향 I/O 포트이며, 출력버퍼는 sink와 source 능력에 대해 대칭적인 구동특성을 갖는다. 리셋 상태에서는 3-스테이트 상태가 되며, [그림 2-1]의 핀 구성에서와 같이 다양한 기능을 제공한다.

· **포트** E(PE7..PE0) - 포트 E는 내부 풀업저항을 갖는 8비트 양방향 I/O 포트이며, 출력버퍼는 sink와 source 능력에 대해 대칭적인 구동특성을 갖는다. 리셋 상태에서는 3-스테이트 상태가 되며, [그림 2-1]의 핀 구성에서와 같이 다양한 기능을 제공한다.

· **포트** F(PF7..PF0) - 포트 F는 내부 풀업저항을 갖는 8비트 양방향 I/O 포트이며, 출력버퍼는 sink와 source 능력에 대해 대칭적인 구동특성을 갖는다. 리셋 상태에서는 3-스테이트 상태가 되며, JTAG 인터페이스가 인에이블 되어 있으면 리셋이 발생할지라도 PF7, PF4, PF5에 연결된 동작상태가 된다.

· **포트** G(PG4..PG0) - 포트 G는 내부 풀업저항을 갖는 8비트 양방향 I/O 포트이며, 출력버퍼는 sink와 source 능력에 대해 대칭적인 구동특성을 갖는다. 리셋 상태에서는 3-스테이트 상태가 되며, [그림 2-1]의 핀 구성에서와 같이 다양한 기능을 제공한다.

· $\overline{\text{RESET}}$ - 리셋 입력 단자로서 리셋동작을 확실하게 하기 위해서는 1.5us 이상의 low 신호가 인가되어야 한다.

· XTAL1 - 인버팅 오실레이터 증폭기와 내부 클록 동작회로에 대한 입력 단자

· XTAL2 - 인버팅 오실레이터 증폭기의 출력 단자

· **AVCC** - A/D 컨버터 및 포트 F의 전원 단자

· **AREF** - A/D 컨버터에 대한 아날로그 기준전압 입력 단자

· **AGND** - AVCC에 대한 전원접지 단자. 반드시 GND와 접지하여 사용한다.

· **$\overline{\text{PEN}}$(Programming Enable)** - SPI 모드를 위한 프로그램 인에이블 핀이며, 내부적으로 High로 풀업되어 있다. 전원 ON에 의한 (파워온) 리셋시에 Low 상태를 유지하면 MCU는 SPI 모드로 들어가게 된다. $\overline{\text{PEN}}$은 정상동작 중에는 기능하지 않는다.

· **ALE(Address Latch Enable)** - 외부에 메모리를 사용할 경우 포트 A를 통해 어드레스가 출력되고 있음을 나타내는 어드레스 래치 인에이블 출력 단자

· **$\overline{\text{RD}}$, $\overline{\text{WR}}$** - 외부 메모리를 액세스하기 위한 읽기/쓰기 제어신호 출력단자

· **SCK(Serial Clock)** - ISP 직렬 프로그래밍 인터페이스에서 마스터(PC)가 ATmega128에 보내는 클럭신호. ATmega128의 직렬 프로그래밍에서는 이 단자를 사용한다.

· **PDI(Programming Data Input)** - ISP 직렬 프로그래밍 인터페이스에서 마스터(PC)가 ATmega128에 보내는 데이터 신호 MOSI(Master Output/Slaver Input). ATmega128의 직렬 프로그래밍에서는 이 단자를 사용한다.

· **PDO(Programming Data Output)** - ISP 직렬 프로그래밍 인터페이스에서 ATmega128이 마스터(PC)에 보내는 데이터 신호 MISO(Master Input/Slaver Output). ATmega128의 직렬 프로그래밍에서는 이 단자를 사용한다.

· **TCK(JTAG Test Clock)** - JTAG ICE가 ATmega128에 보내는 클럭 신호 단자

· **TMS(JTAG Test Mode Select)** - JTAG ICE가 ATmega128에 보내는 모드 선택 신호 단자

- TDO(JTAG Test Data Output) - ATmega128이 JTAG ICE에 보내는 데이터 출력신호 단자

- TDI(JTAG Test Data Input) - JTAG ICE가 ATmega128에 보내는 데이터 입력 신호 단자

- INT0~INT7 - 외부 인터럽트 요청 입력 단자

- TXD0, RXD0 - RS-232C 시리얼 통신 0을 위한 송/수신 단자

- TXD1, RXD1 - RS-232C 시리얼 통신 1을 위한 송/수신 단자

- XCK0 - 시리얼 통신 포트 0이 동기모드로 동작할 때의 클럭 입출력 단자

- XCK1 - 시리얼 통신 포트 1이 동기모드로 동작할 때의 클럭 입출력 단자

- $\overline{SS}$(SPI Slave Slect) - SPI 채널의 슬레이브 선택 입력 단자

- SCK(SPI Serial Clock) - SPI 채널의 마스터 클럭 출력 또는 슬레이브 클럭 입력단자

- MOSI(SPI Master Output Slave Input) - SPI 채널의 마스터 데이터 출력 또는 슬레이브 데이터 입력 단자

- MISO(SPI Master Input Slave Output) - SPI 채널의 마스터 데이터 입력 또는 슬레이브 데이터 출력 단자

- SCL(TWI Serial Clock) - TWI 채널의 클럭 입출력 단자

- SDA(TWI Serial Data) - TWI 채널의 데이터 입출력 단자

- TOSC1, TOSC2(Timer/Counter0 RTC Oscillator) - 타이머/카운터0의 RTC 기능을 사용하는 경우의 클럭 발생을 위한 수정발진자 연결 단자

· T1, T2, T3 - 타이머/카운터1, 2, 3의 외부 클럭 입력 단자

· OC0, OC1A, OC1B, OC1C, OC2, OC3A, OC3B, OC3C(Timer/Counter 0, 1, 2, 3 Output Compare Match and PWM Output) - 타이머/카운터 0, 1, 2, 3의 비교 출력 단자로서 타이머/카운터를 PWM 모드로 설정하면 이 단자들을 통해 PWM 신호를 출력할 수 있다.

· IC1, IC3(Timer/Counter 1, 3 Input Capture Trigger) - 타이머/카운터 1과 3의 캡처 모드에서의 트리거 입력 신호 단자

· ADC0~ADC7(ADC Channel 0~7) - A/D 컨버터의 아날로그 입력 단자

· AIN0, AIN1 - 아날로그 비교기의 입력신호 단자로서, AIN0와 AIN1은 각각 (+)와 (-) 극성을 갖는다.

Chapter 03

# ATmega128의 구조

## 3.1 ATmega128의 구조 개요

[그림 3-1]은 AVR RISC의 내부구조를 보여준다. 고속 액세스가 가능한 32개의 8비트 범용 레지스터는 단일 클럭 사이클의 액세스 시간을 갖는다. 즉, 한 개의 클럭 사이클 동안 1개의 ALU 동작이 가능하다는 것을 의미한다. 한 클럭 사이클 동안 레지스터 파일에서 2개의 오퍼랜드가 출력되는 동시에 오퍼랜드는 실행되고 결과는 다시 레지스터 파일에 저장된다.

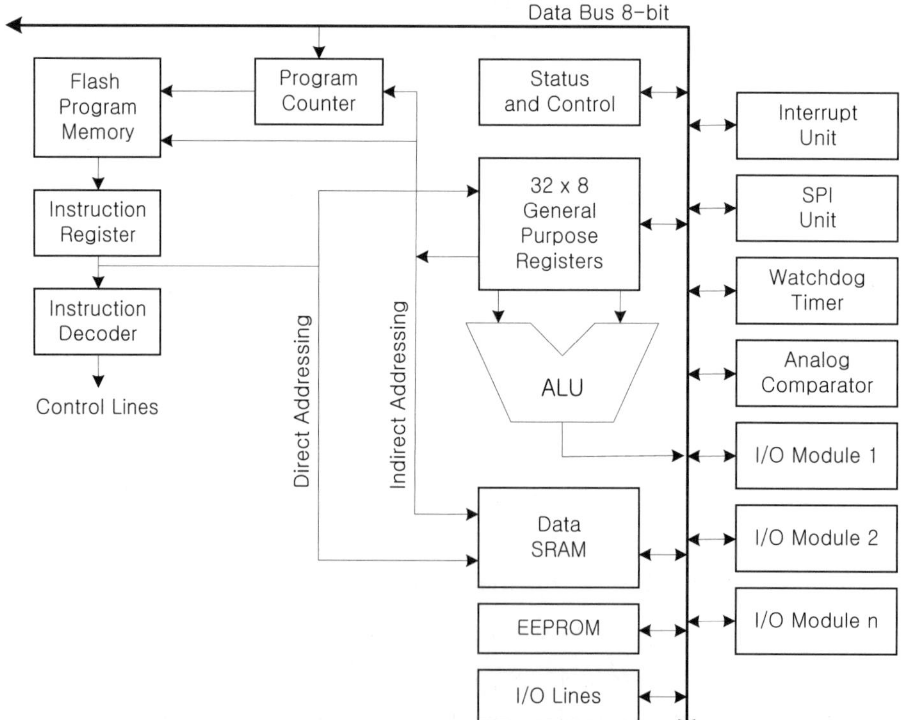


[그림 3-1] AVR RISC 구조

32개의 레지스터 중에 6개의 레지스터는 데이터 영역 주소를 지정하기 위해 16비트 간접 주소 포인터 레지스터로 사용할 수 있으며, 이러한 기능을 갖는 레지스터는 16비트의 X 레지스터, Y 레지스터, Z 레지스터이다.

ALU는 레지스터와 레지스터 또는 레지스터와 상수 사이의 산술 및 논리 연산을 지원하며, 단일 레지스터 연산도 ALU내에서 실행된다. 산술연산 후에는 연산결과에 따라 상태 레지스터의 값이 갱신된다.

## 3.1.1 ALU(Arithmetic Logic Unit)

ATmega128의 ALU는 32개의 범용 레지스터와 직접 연결되어 있다. 범용레지스터 사이의 산술연산 또는 레지스터와 상수의 연산은 단일 클럭 사이클에 실행되며, ALU 연산은 산술, 논리와 비트 연산의 세 범주로 나뉘어진다. ALU 연산이 실행되고 난 후에는 연산결과에 따라 MCU의 상태 레지스터 SREG의 비트값에 영향을 주게 된다.

### ■ SREG(Status Register) : 상태 레지스터

이 레지스터는 일반적으로 산술연산 명령어가 실행될 때마다 값이 변하는 레지스터로서, I/O 메모리 영역 0x3F(0x5F) 번지에 위치하며 각 비트는 다음과 같은 의미를 갖는다.

| 비트 | 7 | 6 | 5 | 4 | 3 | 2 | 1 | 0 | |
|---|---|---|---|---|---|---|---|---|---|
| 0x3F (0x5F) | I | T | H | S | V | N | Z | C | SREG |
| 읽기/쓰기 | 읽기/쓰기 | 읽기/쓰기 | 읽기/쓰기 | 읽기/쓰기 | 읽기/쓰기 | 읽기/쓰기 | 읽기/쓰기 | 읽기/쓰기 | |
| 초기값 | 0 | 0 | 0 | 0 | 0 | 0 | 0 | 0 | |

- Bit 7-I : 전역 인터럽트 인에이블(Global Interrupt Enable) 비트

  이 비트는 인터럽트를 인에이블 시키기 위해서 반드시 셋 되어야 한다. 각각의 인터럽트 인에이블 제어는 별도의 제어 레지스터에서 수행되며, 전역 인터럽트 인에이블 비트가 0이면 개별적인 인터럽트 인에이블의 설정이 의미가 없게 된다. 이 비트는 인터럽트가 발생된 후에 하드웨어에 의해 클리어 되며, 다음 인터럽트 인에이블을 위해서 RETI 명령에 의해 자동적으로 셋 된다.

- Bit 6-T : 비트 복사 저장(Bit Copy Storage) 비트

  이 비트는 비트 복사 저장 명령 BLD(Bit Load)와 BST(Bit Store)의 소스와 목적 비트로서 사용된다. BST 명령에 의해 레지스터 파일 내의 레지스터로부터 T 비트로 복사되며, BLD 명령에 의해 T 비트는 레지스터 파일내의 레지스터로 복사된다.

- Bit 5-H : 하프 캐리 플래그(Half Carry Flag) 비트

  이 비트는 산술 연산에서 발생된 하프 캐리를 가리키며, 3비트째에서 4비트째로 자리 올림이나 자리 빌림이 있을 때 셋 된다.

- Bit 4-S : 부호 비트(Sign Bit), S = N $\oplus$ V

  이 비트는 음수 플래그 N과 2의 보수 오버플로우 플래그 V와의 XOR 연산 결과와 같다.

- Bit 3-V : 2의 보수 오버플로우 플래그(2's Complement Overflow Flag) 비트

  이 비트는 2의 보수 연산에서 오버플로우가 발생했음을 나타낸다.

- Bit 2-N : 음수 플래그(Negative Flag) 비트

  이 비트는 산술 및 논리 연산 후에 음의 결과를 나타낸다.

- Bit 1-Z : 제로 플래그(Zero Flag) 비트

  이 비트는 산술 및 논리 연산 후에 결과가 0 임을 나타낸다.

- Bit 0-C : 캐리 플래그(Carry Flag) 비트

  이 비트는 산술 및 논리 연산에서 캐리의 발생을 나타낸다.

상태 레지스터는 인터럽트 처리 루틴에 들어갈 때 자동으로 저장되지 않으며, 또한 인터럽트 처리 루틴에서 복귀할 때도 자동 복귀되지 않는다는 점에 주의해야 한다. 이것은 사용자에 의해 소프트웨어적으로 처리되어야 한다.

## 3.1.2 범용 레지스터

[그림 3-2]는 CPU내의 32개 범용 레지스터의 구조를 보여준다. 범용 레지스터를 오퍼랜드로 사용하는 대부분의 명령어는 모든 레지스터들을 직접 액세스할 수 있으며, 대부분

의 명령어들이 단일 사이클로 수행된다.

[그림 3-2]에서 보여진 것처럼 각 레지스터는 데이터 메모리 영역에서 직접 맵핑(mapping) 가능하도록 32개의 영역에 대한 데이터 메모리 주소가 할당되어 있다. 비록 SRAM 영역으로서 물리적인 구현이 되어 있지 않지만, 이런 메모리 구성은 유연한 레지스터의 액세스를 가능하게 한다.

레지스터 R26~R31은 범용적인 사용 이외에 추가된 기능을 가지고 있다. 이 레지스터들은 데이터 영역의 간접 주소 지정 방식을 위한 주소 포인터로 사용되며, 이 세 개의 간접 주소 레지스터 X, Y, Z는 [그림 3-3]과 같다. 이 레지스터들은 다른 주소 지정 방식과 달리 고정 변위, 자동 증가 및 자동 감소 기능을 갖는다.

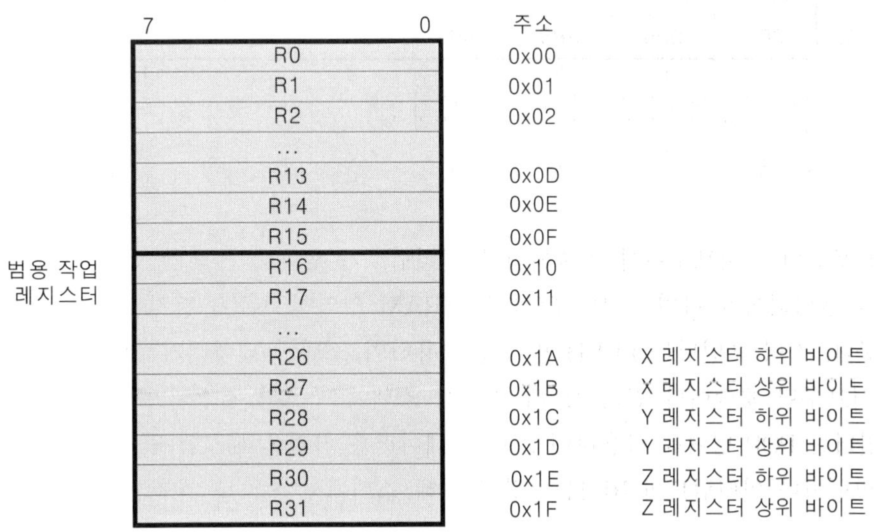


[그림 3-2] ATmega128의 범용 레지스터

**X-레지스터, Y-레지스터, Z-레지스터**

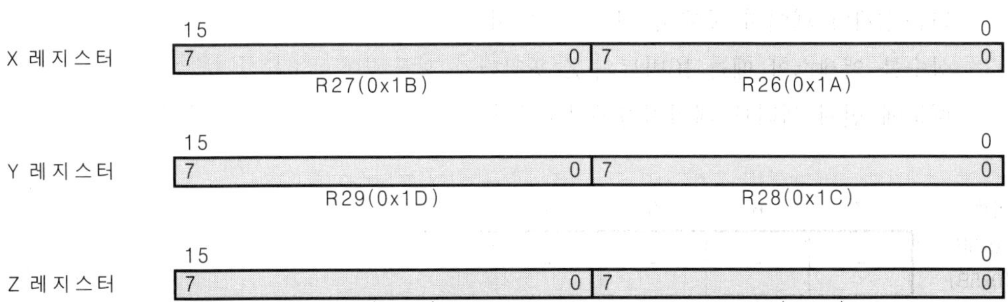


[그림 3-3] X, Y, Z 레지스터

### 3.1.3 스택 포인터(SP : Stack Pointer)

스택은 임시 데이터, 국소 변수, 인터럽트 또는 서브루틴을 실행할 때 리턴 주소를 저장하기 위한 영역이며, 스택 포인터는 이러한 스택을 관리하기 위한 포인터 레지스터이다.

ATmega128의 SP는 16비트의 길이를 가지며, I/O 영역 내에 두 개의 8 비트 레지스터 SPH와 SPL이라는 이름으로 0x3E(0x5E)와 0x3D(0x5D)에 지정되어 있다. 따라서, SP는 64K 바이트의 외부 SRAM을 지원할 수 있다.

| 비트 | 15 | 14 | 13 | 12 | 11 | 10 | 9 | 8 | |
|---|---|---|---|---|---|---|---|---|---|
| 0x3E(0x5E) | SP15 | SP14 | SP13 | SP12 | SP11 | SP10 | SP9 | SP8 | SPH |
| 0x3D(0x5D) | SP7 | SP6 | SP5 | SP4 | SP3 | SP2 | SP1 | SP0 | SPL |
| | 7 | 6 | 5 | 4 | 3 | 2 | 1 | 0 | |
| 읽기/쓰기 | 읽기/쓰기<br>읽기/쓰기 | 읽기/쓰기<br>읽기/쓰기 | 읽기/쓰기<br>읽기/쓰기 | 읽기/쓰기<br>읽기/쓰기 | 읽기/쓰기<br>읽기/쓰기 | 읽기/쓰기<br>읽기/쓰기 | 읽기/쓰기<br>읽기/쓰기 | 읽기/쓰기<br>읽기/쓰기 | |
| 초기값 | 0<br>0 | 0<br>0 | 0<br>0 | 0<br>0 | 0<br>0 | 0<br>0 | 0<br>0 | 0<br>0 | |

스택 포인터는 서브루틴이 호출되거나 인터럽트가 인에이블 되기 전에 프로그램에 의해 미리 정의되어야 하며, 스택 포인터는 SRAM 영역인 0x100 번지 이상을 가리키도록 해야 한다. 스택 포인터는 PUSH 명령을 사용하여 스택에 데이터가 저장될 때 1씩 감소하며, 서브루틴 호출이나 인터럽트에 의해서 스택에 주소가 저장될 때 2씩 감소한다. 스택 포인터는 POP 명령을 사용하여 스택의 데이터를 가져올 때 1씩 증가하며, 서브루틴의 RET 명령이나 인터럽트의 RETI 명령에 의해 스택에서 주소를 가져오면 2씩 증가한다.

#### ■ RAMPZ(RAM Page Z Select Register) 레지스터 : RAM 페이지 선택 레지스터

이 레지스터는 ATmega128의 내부 플래시 프로그램 메모리에서 64KB 단위로 구분되는 2개의 페이지 중에서 어느 것을 사용할지를 지정한다. 프로그램 메모리 영역의 상수를 액세스할 때는 16비트의 Z 포인터가 사용되어 64KB까지밖에 지정할 수 없기 때문에 현재 액티브 페이지가 0인지 1인지를 이 비트로 미리 지정해 주어야 한다.

| 비트 | 7 | 6 | 5 | 4 | 3 | 2 | 1 | 0 | |
|---|---|---|---|---|---|---|---|---|---|
| 0x3B<br>(0x5B) | - | - | - | - | - | - | - | RAMPZ0 | RAMPZ |
| 읽기/쓰기 | 읽기 | 읽기 | 읽기 | 읽기 | 읽기 | 읽기 | 읽기 | 읽기/쓰기 | |
| 초기값 | 0 | 0 | 0 | 0 | 0 | 0 | 0 | 0 | |

• Bit0 – RAMPZ0 : 확장 RAM 페이지 Z 포인터(Extended Ram Page Z-Pointer) 비트

RAMPZ0 = 0 : 0x0000 ~ 0x7FFF의 페이지 0 영역 선택

RAMPZ0 = 1 : 0x8000 ~ 0xFFFF의 페이지 1 영역 선택

## 3.1.4 명령 실행 타이밍

이 절에서는 일반적인 명령 실행과 내부 메모리 액세스를 위한 액세스 타이밍 개념을 설명한다.

AVR MCU는 외부에 연결된 수정발진기에 의해 발생된 시스템 클럭에 의해서 구동된다. [그림 3-4]는 하버드 아키텍처와 고속 액세스 레지스터 파일 개념에 의해 동작하는 병렬 방식의 명령 패치와 명령 실행을 보여준다. 이것은 1MHz에서 1MIPS 이상의 속도를 얻기 위한 기본 파이프라인(pipe-line) 개념이다.

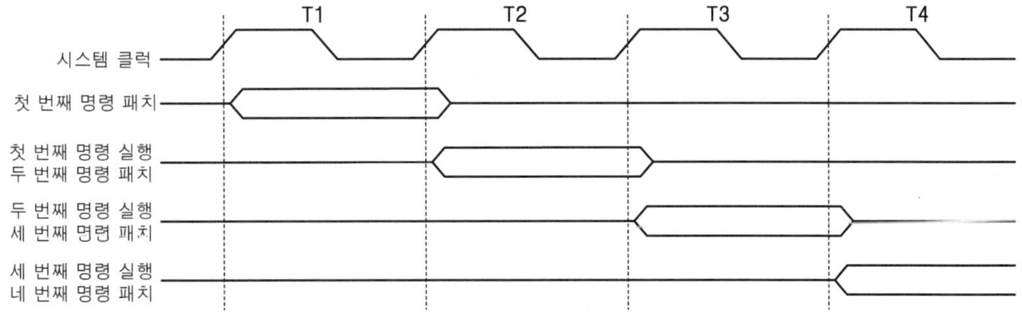


[그림 3-4] 병렬 명령 패치와 명령 실행

[그림 3-5]는 레지스터 파일에 대한 내부 타이밍 개념을 보여준다. 2개의 레지스터를 사용하는 ALU 연산은 단일 클럭 사이클에서 실행되고, 그 결과는 목적 레지스터에 저장된다.

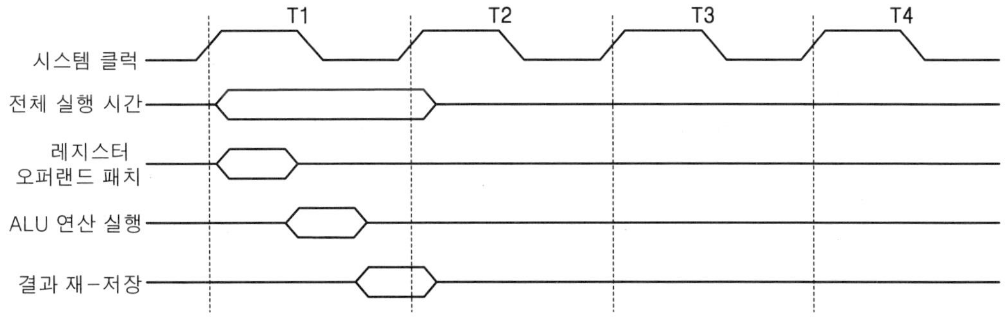


[그림 3-5] 단일 클럭 ALU 연산

### 3.1.5 플래시 프로그램 메모리

ATmega128은 프로그램 저장을 위해 ISP 기능을 갖는 플래시 메모리 128K 바이트를 내장하고 있다. 모든 명령어는 16 비트나 32 비트 워드이기 때문에, 플래시는 64K x 16 비트로 구성되어 있다. 프로그램 메모리는 부트 플래시 섹션과 응용 플래시 섹션으로 나누어 사용할 수 있다. 이 프로그램 메모리는 SPI 시리얼 통신을 이용한 ISP(In-System Programming) 기능을 가지고 있으며, 적어도 10,000번의 쓰기 및 삭제가 가능하다. 플래시 프로그램 메모리의 프로그래밍은 SPI, JTAG, 병렬 프로그래밍 방식을 이용할 수 있다. 프로그램 메모리 영역에 정의된 상수를 액세스할 때 Z 레지스터가 사용되는데 128K x 8비트 형식으로 액세스하기 때문에 2개의 64K x 8비트 영역으로 나누어 액세스하여야 하며, 이를 위해 RAMPZ 레지스터의 RAMPZ0 비트가 미리 설정되어야 한다.

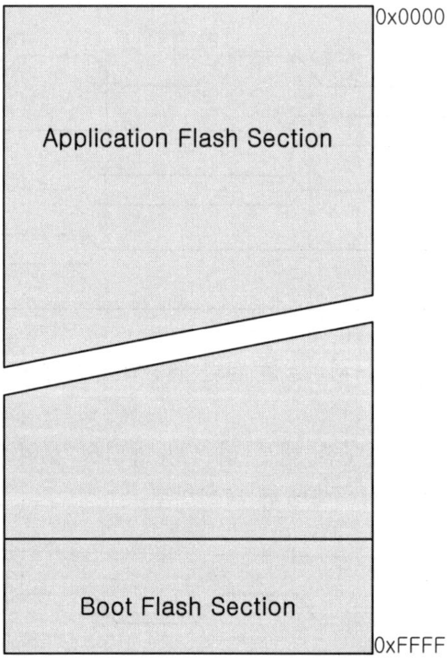


[그림 3-6] ATmega128 플래시 프로그램 메모리

### 3.1.6 SRAM 데이터 메모리

ATmega128의 내부 데이터 메모리 구성은 정상적인 모드와 ATmega103 호환모드의 경우가 다르며, 여기서는 ATmega128 정상모드의 경우만 설명하기로 한다.

[그림 3-7]은 ATmega128의 데이터 메모리의 구성을 나타내며, 32개의 범용 레지스터 영역, 64개의 I/O 레지스터, 160개의 확장 I/O 레지스터, 4KB의 내부 SRAM으로 구성되어 있다.

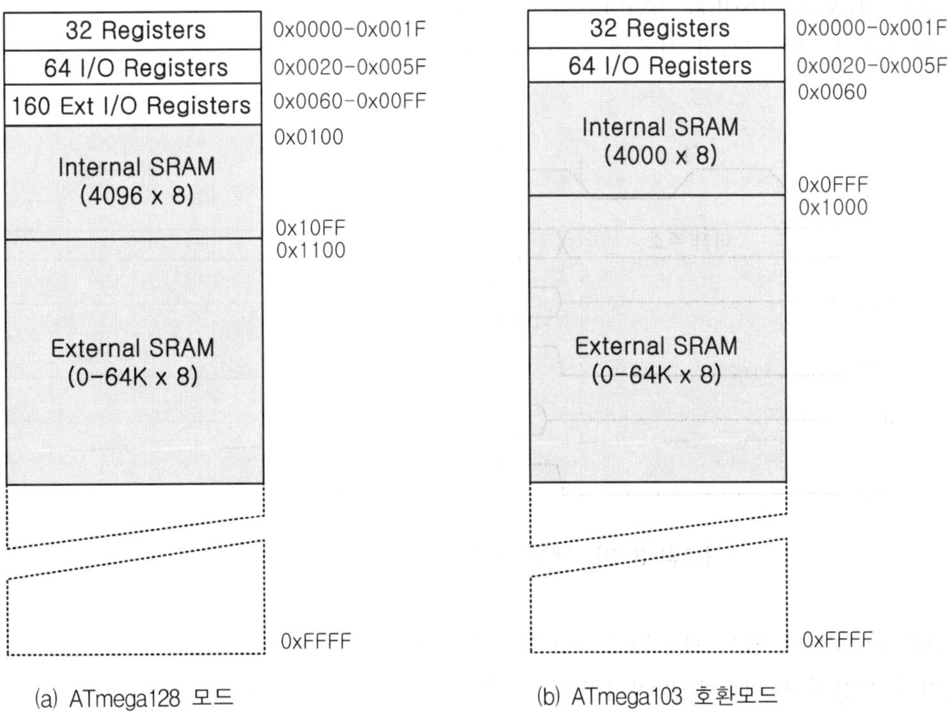


[그림 3-7] ATmega128 데이터 메모리

I/O 레지스터는 ATmega128에 내장된 I/O 기능들을 제어하기 위한 레지스터로서 64개의 영역이 할당되어 있다. 이 레지스터 영역은 [그림 3-7]과 같이 0x0020~0x005F의 어드레스를 가지지만, IN/OUT 명령을 사용하여 지정하는 경우에는 0x00~0x3F의 어드레스로 지정해야 한다. [표 3-1]은 I/O 레지스터를 보여준다.

확장 I/O 레지스터는 ATmega128에 새로 추가된 I/O 기능들을 제어하기 위해 확장된 영역으로서 0x0060~0x00FF 번지에 할당되어 있으며, 이 영역은 외부 데이터 메모리처럼 사용하여야 한다. 따라서, 이 영역에 대해서는 IN/OUT 명령을 사용할 수 없으며, [표 3-2]는 확장 I/O 레지스터를 보여준다.

내부 SRAM은 0x0100~0x10FF 번지의 4KB를 가지며, 이 SRAM를 액세스하는 데는 [그림 3-8]과 같이 2개의 시스템 클럭 내에서 수행된다.

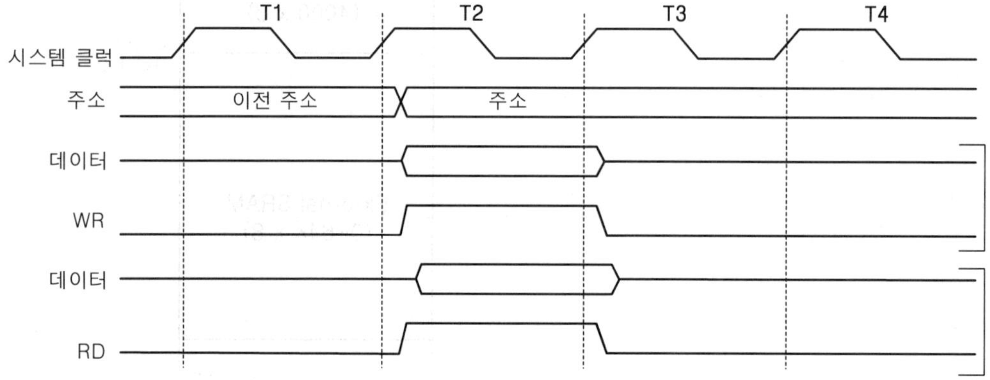


[그림 3-8] 내부 데이터 SRAM 액세스 사이클

ATmega128의 외부 데이터는 0x1100~0xFFFF번지의 약 60KB의 영역을 가지며, 이 영역에 사용자가 필요에 따라 RAM을 접속하여 사용하거나 I/O 영역으로 사용할 수가 있다. 이 외부 데이터 영역을 액세스하는 데는 ALE, $\overline{RD}$, $\overline{WR}$ 신호가 MCU로부터 출력되므로 이들 신호를 이용하여 회로를 설계하여야 한다.

[표 3-1] I/O 레지스터

| 주소 | 레지스터명 | 기 능 | 참조 페이지 |
|---|---|---|---|
| 0x00(0x20) | PINF | 포트 F 데이터 입력 레지스터 | 103 |
| 0x01(0x21) | PINE | 포트 E 데이터 입력 레지스터 | 103 |
| 0x02(0x22) | DDRE | 포트 E 데이터 방향 레지스터 | 103 |
| 0x03(0x23) | PORTE | 포트 E 데이터 출력 레지스터 | 103 |
| 0x04(0x24) | ADCL | A/D 변환 결과 하위 레지스터 | 235 |
| 0x05(0x25) | ADCH | A/D 변환 결과 상위 레지스터 | 235 |
| 0x06(0x26) | ADCSRA | A/D 변환기 제어 및 상태 레지스터 | 234 |
| 0x07(0x27) | ADMUX | A/D 변환기 멀티플렉서 레지스터 | 232 |
| 0x08(0x28) | ACSR | 아날로그 비교기 제어 및 상태 레지스터 | 225 |
| 0x09(0x29) | UBR0OL | USART 0 보우 레지스터(하위 바이트) | 253 |
| 0x0A(0x2A) | UCSR0B | USART 0 제어 및 상태 레지스터 B | 249 |
| 0x0B(0x2B) | UCSR0A | USART 0 제어 및 상태 레지스터 A | 247 |
| 0x0C(0x2C) | UDR0 | USART 0 I/O 데이터 레지스터 | 247 |
| 0x0D(0x2D) | SPCR | SPI 제어 레지스터 | 267 |
| 0x0E(0x2E) | SPSR | SPI 상태 레지스터 | 270 |
| 0x0F(0x2F) | SPDR | SPI I/O 데이터 레지스터 | 270 |
| 0x10(0x30) | PIND | 포트 D 데이터 입력 레지스터 | 102 |
| 0x11(0x31) | DDRD | 포트 D 데이터 방향 레지스터 | 102 |
| 0x12(0x32) | PORTD | 포트 D 데이터 출력 레지스터 | 102 |
| 0x13(0x33) | PINC | 포트 C 데이터 입력 레지스터 | 102 |
| 0x14(0x34) | DDRC | 포트 C 데이터 방향 레지스터 | 102 |
| 0x15(0x35) | PORTC | 포트 C 데이터 출력 레지스터 | 102 |
| 0x16(0x36) | PINB | 포트 B 데이터 입력 레지스터 | 101 |
| 0x17(0x37) | DDRB | 포트 B 데이터 방향 레지스터 | 101 |
| 0x18(0x38) | PORTB | 포트 B 데이터 출력 레지스터 | 101 |
| 0x19(0x39) | PINA | 포트 A 데이터 입력 레지스터 | 101 |
| 0x1A(0x3A) | DDRA | 포트 A 데이터 방향 레지스터 | 101 |
| 0x1B(0x3B) | PORTA | 포트 A 데이터 출력 레지스터 | 100 |
| 0x1C(0x3C) | EECR | EEPROM 제어 레지스터 | 300 |
| 0x1D(0x3D) | EDDR | EEPROM 데이터 레지스터 | 299 |
| 0x1E(0x3E) | EEARL | EEPROM 주소 레지스터(하위 주소) | 299 |
| 0x1F(0x3F) | EEARH | EEPROM 제어 레지스터(상위 주소) | 299 |

[표 3-1] I/O 레지스터(계속)

| 주소 | 레지스터명 | 기 능 | 참조 페이지 |
|---|---|---|---|
| 0x20(0x40) | SFIOR | 특수 기능 I/O 레지스터 | 99,154,167,226 |
| 0x21(0x41) | WDTCR | 워치독 타이머 제어 레지스터 | 218 |
| 0x22(0x42) | OCDR | On-chip 디버그 레지스터 | - |
| 0x23(0x43) | OCR2 | 타이머/카운터2 출력비교 레지스터 | 165 |
| 0x24(0x44) | TCNT2 | 타이머/카운터2 레지스터 | 165 |
| 0x25(0x45) | TCCR2 | 타이머/카운터2 제어 레지스터 | 163 |
| 0x26(0x46) | ICR1L | 타이머/카운터1 입력캡쳐 레지스터 상위 바이트 | 179 |
| 0x27(0x47) | ICR1H | 타이머/카운터1 입력캡쳐 레지스터 상위 바이트 | 179 |
| 0x28(0x48) | OCR1BL | 타이머/카운터1 출력 비교 B 레지스터 하위 바이트 | 178 |
| 0x29(0x49) | OCR1BH | 타이머/카운터1 출력 비교 B 레지스터 상위 바이트 | 178 |
| 0x2A(0x4A) | OCR1AL | 타이머/카운터1 출력 비교 A 레지스터 하위 바이트 | 178 |
| 0x2B(0x4B) | OCR1AH | 타이머/카운터1 출력 비교 A 레지스터 상위 바이트 | 178 |
| 0x2C(0x4C) | TCNT1L | 타이머/카운터1 하위 바이트 | 176 |
| 0x2D(0x4D) | TCNT1H | 타이머/카운터1 상위 바이트 | 176 |
| 0x2E(0x4E) | TCCR1B | 타이머/카운터1 제어 레지스터 B | 182 |
| 0x2F(0x4F) | TCCR1A | 타이머/카운터1 제어 레지스터 A | 180 |
| 0x30(0x50) | ASSR | 비동기 상태 레지스터 | 152 |
| 0x31(0x51) | OCR0 | 타이머/카운터0 출력비교 레지스터 | 151 |
| 0x32(0x52) | TCNT0 | 타이머/카운터0 레지스터 | 151 |
| 0x33(0x53) | TCCR0 | 타이머/카운터0 제어 레지스터 | 148 |
| 0x34(0x54) | MCUCSR | MCU 제어 및 상태 레지스터 | 91,219 |
| 0x35(0x55) | MCUCR | MCU 제어 레지스터 | 76,94,127 |
| 0x36(0x56) | TIFR | 타이머/카운터 인터럽트 플래그 레지스터 | 154,166,187 |
| 0x37(0x57) | TIMSK | 타이머/카운터 인터럽트 마스크 레지스터 | 153,166,185 |
| 0x38(0x58) | EIFR | 확장 인터럽트 플래그 레지스터 | 131 |
| 0x39(0x59) | EIMSK | 확장 인터럽트 인에이블 레지스터 | 130 |
| 0x3A(0x5A) | EICRB | 외부 인터럽트 제어 레지스터 B | 130 |
| 0x3B(0x5B) | RAMPZ | 확장 인터럽트 플래그 레지스터 | 66 |
| 0x3C(0x5C) | XDIV | XTAL Divide 제어 레지스터 | 89 |
| 0x3D(0x5D) | SPL | 스택 포인터 하위 바이트 | 66 |
| 0x3E(0x5E) | SPH | 스택 포인터 상위 바이트 | 66 |
| 0x3F(0x5F) | SREG | 상태 레지스터 | 63,131 |

[표 3-2] 확장 I/O 레지스터

| 주소 | 레지스터명 | 기 능 | 참조 페이지 |
|---|---|---|---|
| 0x60 | Reserved | - | - |
| 0x61 | DDRF | F 포트 데이터 방향 레지스터 | 103 |
| 0x62 | PORTF | F 포트 데이터 출력 레지스터 | 103 |
| 0x63 | PING | G 포트 데이터 입력 레지스터 | 104 |
| 0x64 | DDRG | G 포트 데이터 방향 레지스터 | 104 |
| 0x65 | PORTG | G 포트 데이터 출력 레지스터 | 104 |
| 0x66 | Reserved | - | - |
| 0x67 | Reserved | - | - |
| 0x68 | SPMCSR | Store 프로그램 제어 및 상태 레지스터 | - |
| 0x69 | Reserved | - | - |
| 0x6A | EICRA | 외부 인터럽트 제어 레지스터 A | 129 |
| 0x6B | Reserved | - | - |
| 0x6C | XMCRB | 외부 메모리 제어 레지스터 B | 78 |
| 0x6D | XMCRA | 외부 메모리 제어 레지스터 A | 76 |
| 0x6E | Reserved | - | - |
| 0x6F | OSCCAL | 오실레이터 캘리브레이션 레지스터 | 88 |
| 0x70 | TWBR | TWI 비트 레이트 레지스터 | 279 |
| 0x71 | TWSR | TWI 상태 레지스터 | 281 |
| 0x72 | TWAR | TWI 어드레스 레지스터 | 283 |
| 0x73 | TWDR | TWI 데이터 레지스터 | 282 |
| 0x74 | TWCR | TWI 제어 레지스터 | 280 |
| 0x75 | Reserved | - | - |
| 0x76 | Reserved | - | - |
| 0x77 | Reserved | - | - |
| 0x78 | OCR1CL | 타이머/카운터1 출력비교 C 레지스터 하위 바이트 | 178 |
| 0x79 | OCR1CH | 타이머/카운터1 출력비교 C 레지스터 상위 바이트 | 178 |
| 0x7A | TCCR1C | 타이머/카운터1 제어 레지스터 C | 184 |
| 0x7B | Reserved | - | - |
| 0x7C | ETIFR | 확장 타이머/카운터 인터럽트 플래그 레지스터 | 188 |
| 0x7D | ETIMSK | 확장 타이머/카운터 인터럽트 마스크 레지스터 | 186 |
| 0x7E | Reserved | - | - |
| 0x7F | Reserved | - | - |

[표 3-2] 확장 I/O 레지스터(계속)

| 주소 | 레지스터명 | 기 능 | 참조 페이지 |
|---|---|---|---|
| 0x80 | ICR3L | 타이머/카운터3 입력캡쳐 레지스터 하위 바이트 | 180 |
| 0x81 | ICR3H | 타이머/카운터3 입력캡쳐 레지스터 하위 바이트 | 180 |
| 0x82 | OCR3CL | 타이머/카운터3 출력비교 C 레지스터 하위 바이트 | 179 |
| 0x83 | OCR3CH | 타이머/카운터3 출력비교 C 레지스터 상위 바이트 | 179 |
| 0x84 | OCR3BL | 타이머/카운터3 출력비교 B 레지스터 하위 바이트 | 179 |
| 0x85 | OCR3BH | 타이머/카운터3 출력비교 B 레지스터 상위 바이트 | 179 |
| 0x86 | OCR3AL | 타이머/카운터3 출력비교 A 레지스터 하위 바이트 | 178 |
| 0x87 | 0CR3AH | 타이머/카운터3 출력비교 A 레지스터 상위 바이트 | 178 |
| 0x88 | TCNT3L | 타이머/카운터3 레지스터 하위 바이트 | 176 |
| 0x89 | TCNT3H | 타이머/카운터3 레지스터 상위 바이트 | 176 |
| 0x8A | TCCR3B | 타이머/카운터3 제어 레지스터 B | 182 |
| 0x8B | TCCR3A | 타이머/카운터3 제어 레지스터 A | 180 |
| 0x8C | TCCR3C | 타이머/카운터3 제어 레지스터 C | 184 |
| 0x8D | Reserved | - | - |
| 0x8E | Reserved | - | - |
| 0x8F | Reserved | - | - |
| 0x90 | UBRR0H | USART0 보우 레이트 레지스터(상위 바이트) | 253 |
| 0x91 | Reserved | - | - |
| 0x92 | Reserved | - | - |
| 0x93 | Reserved | - | - |
| 0x94 | Reserved | - | - |
| 0x95 | UCSR0C | USART0 제어 및 상태 레지스터 C | 251 |
| 0x96 | Reserved | - | - |
| 0x97 | Reserved | - | - |
| 0x98 | UBRR1H | USART1 보우 레이트 레지스터(상위 바이트) | 253 |
| 0x99 | UBRR1L | USART1 보우 레이트 레지스터(하위 바이트) | 253 |
| 0x9A | UCSR1B | USART1 제어 및 상태 레지스터 B | 249 |
| 0x9B | UCSR1A | USART1 제어 및 상태 레지스터 A | 247 |
| 0x9C | UDR1 | USART1 데이터 레지스터 | 247 |
| 0x9D | UCSR1C | USART1 제어 및 상태 레지스터 C | 251 |
| 0x9E～0xFF | Reserved | - | - |

### 3.1.7 EEPROM 데이터 메모리

ATmega128에는 4K 바이트의 데이터 EEPROM이 내장되어 있으며, 별도의 데이터 영역으로 구성되어 바이트 단위로 읽거나 쓸 수 있다. EEPROM은 적어도 100,000번 정도의 쓰기 및 삭제가 가능하다. EEPROM은 EEPROM 주소 레지스터, EEPROM 데이터 레지스터, EEPROM 제어 레지스터를 이용하여 액세스할 수 있으며, 자세한 내용은 11장에서 설명한다.

### 3.1.8 외부 메모리 인터페이스

ATmega128은 외부 메모리 영역 0x1100~0xFFFF 번지의 약 60KB 영역에 대해 SRAM, LCD, A/D, D/A 등과 같은 주변장치를 사용할 수 있으며, 이를 위한 외부 인터페이스에 대해 다음과 같은 특징을 갖는다.

① 4개의 다른 웨이트 상태 설정 가능
② 외부 데이터 메모리 영역을 2개의 섹터로 나눌 수 있고, 이들 섹터에 대해 각각 독립적인 웨이트 사이클 설정 가능
③ 어드레스 상위 바이트에서 필요한 비트만 동작 설성 가능
④ 전류소비를 최소화하기 위해 데이터 버스에 버스키퍼 기능 설정 가능

그리고, 외부 인터페이스에 사용되는 신호는

① AD0~AD7 : 어드레스 하위 및 데이터 신호
② A8~A15 : 어드레스 상위 신호
③ ALE : 어드레스 래치 인에이블 신호
④ $\overline{\text{RD}}$ : 외부 메모리 읽기 신호
⑤ $\overline{\text{WR}}$ : 외부 메모리 쓰기 신호

이며, [그림 3-9]는 이들 신호를 이용하여 구성한 외부 메모리 영역에 대한 기본 인터페이스를 보여준다. AD0~AD7은 시분할로 어드레스 버스와 데이터 버스로 사용되기 때문에, 데이터 신호는 ALE신호와 래치(D-플립플롭)를 이용하여 구성된 회로를 거쳐 외부 메모리에 연결되어 있는 것을 알 수 있다.

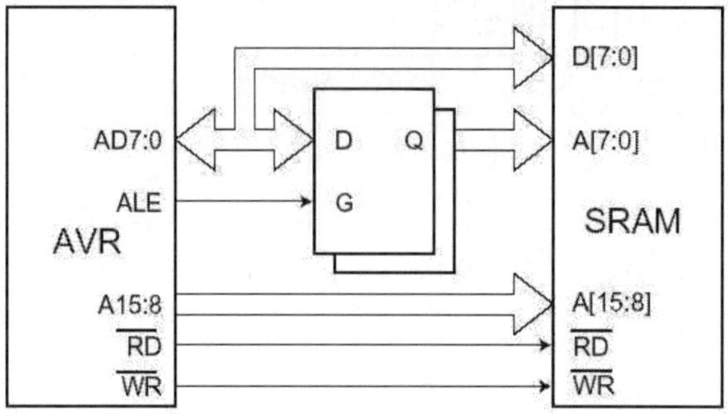


[그림 3-9] 외부 메모리 영역에 대한 기본 인터페이스

외부 메모리에 대한 제어는 3개의 레지스터 MCUCR, XMCRA, XMCRB에 의해 이루어지며, 각 레지스터의 기능은 다음과 같다.

## ■ MCUCR(MCU Control Register) : MCU 제어 레지스터

이 레지스터는 I/O 영역 0x35(0x55) 번지에 위치하며, 외부 메모리에 관련이 있는 비트의 기능은 다음과 같다.

| 비트 | 7 | 6 | 5 | 4 | 3 | 2 | 1 | 0 | |
|---|---|---|---|---|---|---|---|---|---|
| 0x35(0x55) | SRE | SRW10 | SE | SM1 | SM0 | SM2 | IVSEL | IVCE | MCUCR |
| 읽기/쓰기 | 읽기/쓰기 | 읽기/쓰기 | 읽기/쓰기 | 읽기/쓰기 | 읽기/쓰기 | 읽기/쓰기 | 읽기/쓰기 | 읽기/쓰기 | |
| 초기값 | 0 | 0 | 0 | 0 | 0 | 0 | 0 | 0 | |

- Bit 7-SRE(External SRAM/XMEM Enable) : 외부 메모리 사용 인에이블

  1로 하면 외부 데이터 메모리 영역의 인터페이스 신호 AD0~AD7, A8~A15, ALE, $\overline{RD}$, $\overline{WR}$ 가 액티브되며, 0으로 하면 외부 메모리 인터페이스 신호가 아니라 일반 I/O 핀으로 동작하게 된다.

- Bit 6-SRW10 : 웨이트 사이클 수 설정 비트

  XMCRA 레지스터의 SRW11 비트와 조합하여 외부 데이터 메모리 영역을 액세스할 때 부여하는 웨이트 사이클 수를 설정하는데 사용된다.

## ■ XMCRA(External Memory Control Register A) : 외부 메모리 제어 레지스터 A

이 레지스터는 I/O 영역 0x6D 번지에 위치하며, 외부 메모리에 관련이 있는 비트의 기능은 다음과 같다.

| 비트 | 7 | 6 | 5 | 4 | 3 | 2 | 1 | 0 | |
|---|---|---|---|---|---|---|---|---|---|
| 0x6D | - | SRL2 | SRL1 | SRL0 | SRW01 | SRW00 | SRW11 | - | XMCRA |
| 읽기/쓰기 | 읽기 | 읽기/쓰기 | 읽기/쓰기 | 읽기/쓰기 | 읽기/쓰기 | 읽기/쓰기 | 읽기/쓰기 | 읽기 | |
| 초기값 | 0 | 0 | 0 | 0 | 0 | 0 | 0 | * | |

- Bit 6..4–SRL2, SRL1, SRL0 : Wait Sector Limit

  이 비트들은 [그림 3-10]과 같이 외부 메모리 영역을 2개의 섹터로 분할하기 위한 선택비트이며, 이렇게 나누어진 두개의 영역에는 서로 다른 웨이트 사이클 수를 지정할 수가 있다. [표 3-3]은 이 비트들에 의해 나누어진 영역을 보여준다.

- Bit 3..1–SRW01, SRW00, SRW11 : 웨이트 사이클 수 설정 비트

  이 비트들은 외부 메모리 영역의 웨이트 사이클 수를 설정하는 비트로서, SRW01, SRW00은 [그림 3-10]에서 메모리의 하위 섹터에 대한 웨이트 사이클 수를 설정한다. 그리고, SRW11과 MCUCR의 6번째 비트 SRW10는 상위 섹터에 대한 웨이트 사이클 수를 설정하는 비트이다. [표 3-4]는 이를 요약한 것이다.

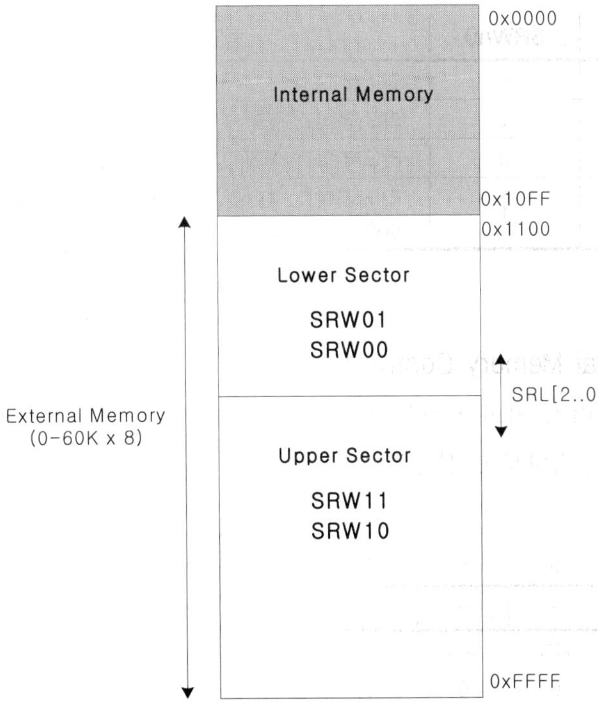


[그림 3-10] 외부 메모리 영역 섹터 분할

[표 3-3] 외부 메모리의 섹터 분할

| SRL2 | SRL1 | SRL0 | 섹터 영역 |
|---|---|---|---|
| 0 | 0 | 0 | lower sector = 없음<br>upper sector = 0x1100 - 0xFFFF |
| 0 | 0 | 1 | lower sector = 0x1100 - 0x1FFF<br>upper sector = 0x2000 - 0xFFFF |
| 0 | 1 | 0 | lower sector = 0x1100 - 0x3FFF<br>upper sector = 0x4000 - 0xFFFF |
| 0 | 1 | 1 | lower sector = 0x1100 - 0x5FFF<br>upper sector = 0x6000 - 0xFFFF |
| 1 | 0 | 0 | lower sector = 0x1100 - 0x7FFF<br>upper sector = 0x8000 - 0xFFFF |
| 1 | 0 | 1 | lower sector = 0x1100 - 0x9FFF<br>upper sector = 0xA000 - 0xFFFF |
| 1 | 1 | 0 | lower sector = 0x1100 - 0xBFFF<br>upper sector = 0xC000 - 0xFFFF |
| 1 | 1 | 1 | lower sector = 0x1100 - 0xDFFF<br>upper sector = 0xE000 - 0xFFFF |

[표 3-4] SRW11..10과 SRW01..00에 의한 웨이트 사이클 수 설정

| SRWn1 | SRWn0 | 웨이트 사이클수 |
|---|---|---|
| 0 | 0 | 웨이트 없음 |
| 0 | 1 | 리드/라이트 중에 1개의 웨이트 |
| 1 | 0 | 리드/라이트 중에 2개의 웨이트 |
| 1 | 1 | 리드/라이트 중에 2개의 웨이트와 다음 어드레스 출력 전에 1개의 웨이트 |

(n : 0 또는 1)

### ■ XMCRB(External Memory Control Register B) : 외부 메모리 제어 레지스터 B

이 레지스터는 버스 키퍼기능의 설정과 외부 메모리 어드레스의 상위 바이트에서 필요한 비트만 동작하도록 설정하는데 사용된다.

| 비트 | 7 | 6 | 5 | 4 | 3 | 2 | 1 | 0 | |
|---|---|---|---|---|---|---|---|---|---|
| 0x6C | XMBK | - | - | - | - | XMM2 | XMM1 | XMM0 | XMCRB |
| 읽기/쓰기 | 읽기/쓰기 | 읽기 | 읽기 | 읽기 | 읽기 | 읽기/쓰기 | 읽기/쓰기 | 읽기/쓰기 | |
| 초기값 | 0 | 0 | 0 | 0 | 0 | 0 | 0 | * | |

- Bit 7–XMBK : 외부 메모리 버스 키퍼 인에이블 비트

  1로 하면 AD0~AD7 버스라인에 버스키퍼 기능이 인에이블 되어 이 버스에 마지막으로 출력한 값이 계속해서 출력된다. 이 버스키퍼 기능은 외부 메모리가 사용되지 않는 경우(MCUCR 레지스터의 7번째 비트 SRE =0의 경우)에도 XMBK가 1이면 버스키퍼 기능은 동작한다.

- Bit 2..0–XMM2, XMM1, XMM0 : 외부 메모리 High Mask

  이 비트들은 외부 메모리의 어드레스 상위 바이트 A8-A15 중에서 어드레스 버스 신호로 어느 비트까지 사용할지를 설정하며, 어드레스 버스 신호로 사용하지 않는 비트들은 I/O 포트의 기능을 갖게 된다. 이것은 외부에 작은 용량의 메모리를 사용하는 경우에 일부의 버스신호를 I/O 포트로 사용할 수 있다는 장점을 갖는다. [표 3-5]는 이들 비트값에 따라 어드레스 버스신호로 사용하는 비트와 I/O 포트로 사용할 수 있는 비트를 나타낸다.

[표 3-5] 외부 메모리 사용이 인에이블 되었을 때 I/O 포트로 사용할 수 있는 비트

| XMM2 | XMM1 | XMM0 | 외부 메모리 어드레스로 사용하는 비트수 (어드레스 신호) | I/O 포트로 사용할 수 있는 비트 |
|---|---|---|---|---|
| 0 | 0 | 0 | 8 (A8-A15) | 없음 |
| 0 | 0 | 1 | 7 (A8-A14) | PC7 |
| 0 | 1 | 0 | 6 (A8-A13) | PC6-PC7 |
| 0 | 1 | 1 | 5 (A8-A12) | PC5-PC7 |
| 1 | 0 | 0 | 4 (A8-A11) | PC4-PC7 |
| 1 | 0 | 1 | 3 (A8-A10) | PC3-PC7 |
| 1 | 1 | 0 | 2 (A8-A9) | PC2-PC7 |
| 1 | 1 | 1 | 0 (없음) | PC0-PC7 |

## 3.2 ATmega128 하드웨어 기본사항

이 절에서는 ATmega128을 이용하여 하드웨어를 구성할 때 기본적으로 알아두어야 할 사항에 대해 설명한다.

## 3.2.1 메모리 Lock 비트와 Fuse 비트

ATmega128에는 메모리의 내용을 보호하기 위한 1바이트의 메모리 Lock 비트를 가지며, 시스템 설정을 위한 3바이트의 퓨즈 비트(Fuse bit)를 갖는다.

### (1) 메모리 Lock 비트

ATmega128에는 메모리의 내용을 보호하기 위해 [표 3-6]과 같이 6개의 메모리 Lock 비트를 가지며, 디폴트 값은 1(unprogrammed)로 되어 있다. 그리고, 칩 지우기(Chip erase) 명령에 의해 디폴트 값 1로 된다. 메모리 Lock 비트에 대한 기능은 [표 3-7]과 같다.

[표 3-6] 메모리 Lock 비트 바이트 값

| 비트 번호 | Lock bit 명 | 기능 | 디폴트 값 |
|---|---|---|---|
| 7 | - | - | 1(unprogrammed) |
| 6 | - | - | 1(unprogrammed) |
| 5 | BLB12 | Boot Lock bit | 1(unprogrammed) |
| 4 | BLB11 | Boot Lock bit | 1(unprogrammed) |
| 3 | BLB02 | Boot Lock bit | 1(unprogrammed) |
| 2 | BLB01 | Boot Lock bit | 1(unprogrammed) |
| 1 | LB2 | Lock bit | 1(unprogrammed) |
| 0 | LB1 | Lock bit | 1(unprogrammed) |

[표 3-7] 메모리 Lock 비트에 대한 메모리 보호 기능

| 메모리 Lock 비트 | | | 기 능 |
|---|---|---|---|
| LB Mode | LB2 | LB1 | 플래시 및 EEPROM 메모리에 대한 Lock 설정 |
| 1 | 1 | 1 | Lock 기능 설정 안함 |
| 2 | 1 | 0 | 메모리 및 퓨즈 비트에 대한 프로그램 금지 |
| 3 | 0 | 0 | · 메모리에 대한 프로그램 및 확인(verify) 금지.<br>· 퓨즈 비트에 대한 프로그램 금지. |
| BLB0 MODE | BLB02 | BLB01 | 응용프로그램 섹션에 대한 액세스 보호 설정 |
| 1 | 1 | 1 | 응용프로그램 섹션을 액세스하기 위한 LPM(load program memory)과 SPM(store program memory) 명령에 대한 제약 없음 |
| 2 | 1 | 0 | SPM명령에 의한 응용프로그램 섹션 쓰기 금지 |
| 3 | 0 | 0 | · SPM명령에 의한 응용프로그램 섹션 쓰기 금지<br>· 부트로더 섹션에서의 LPM명령에 의한 응용프로그램 섹션 읽기 금지<br>· 만일 부트로더 섹션에 인터럽트 벡터가 위치하면 응용 프로그램이 실행되는 동안 모든 인터럽트 금지 |
| 4 | 0 | 1 | · 부트로더 섹션에서의 LPM명령에 의한 응용프로그램 섹션 읽기 금지<br>· 만일 부트로더 섹션에 인터럽트 벡터가 위치하면 응용 프로그램 섹션이 실행되는 동안 보는 인터럽트 금지 |
| BLB1 Mode | BLB12 | BLB11 | 부트로더 섹션에 대한 액세스 보호 설정 |
| 1 | 1 | 1 | 부트로더 섹션을 액세스하기 위한 SPM과 LPM 명령에 대한 제약 없음 |
| 2 | 1 | 0 | SPM명령에 의한 부트로더 섹션 쓰기 금지 |
| 3 | 0 | 0 | · SPM명령에 의한 부트로더 섹션 쓰기 금지<br>· 응용프로그램 섹션에서의 LPM명령에 의한 부트로더 섹션 읽기 금지<br>· 만일 응용프로그램 섹션에 인터럽트 벡터가 위치하면 부트로더 섹션이 실행되는 동안 모든 인터럽트 금지 |
| 4 | 0 | 1 | · 응용프로그램 섹션에서의 LPM명령에 의한 부트로더 섹션 읽기 금지<br>· 만일 응용프로그램 섹션에 인터럽트 벡터가 위치하면 부트로더 섹션이 실행되는 동안 모든 인터럽트 금지 |

## (2) Fuse 비트

ATmega128은 3바이트의 퓨즈 비트를 가지며, 이 비트들은 프로그램하면 0(programmed)이 되며, 프로그램하지 않으면 1(unprogrammed)이 된다. 칩삭제 명령을 실행해도 퓨즈 비트는 영향을 받지 않으며, [표 3-7]에서 나타내듯이 LB1을 0으로 하면 변경할 수 없도록 설정이 가능하다.

퓨즈 비트의 첫 번째 바이트는 확장 퓨즈 바이트(Extended Fuse Byte)로서 [표 3-8]과 같이 ATmega103 호환모드와 워치독 타이머 설정을 위한 2개의 비트만 사용되며, 디폴트 상태에서 ATmega103 호환모드로 설정되어 있다.

[표 3-8] Extended Fuse 바이트

| 비트번호 | 비트명 | 기 능 | 디폴트값 |
|---|---|---|---|
| 7 | | | |
| 6 | | | |
| 5 | | | |
| 4 | | | |
| 3 | | | |
| 2 | | | |
| 1 | M103C | ATmega103 호환모드 | 0(programmed) |
| 0 | WDTON | Watchdog Timer 동작 | 1(unprogrammed) |

퓨즈 비트의 두 번째 바이트는 Fuse High 바이트이며, [표 3-9]와 같다. 디폴트 상태에서 JTAG와 SPI에 의한 직렬 프로그래밍이 가능한 상태이며, 부트로더 영역은 [표 3-10]에 나타낸 것과 같이 0xF000~0xFFFF로 4096워드 사이즈가 기본적으로 설정된다.

[표 3-9] Fuse High 바이트

| 비트번호 | 비트명 | 기 능 | 디폴트값 |
|---|---|---|---|
| 7 | OCDEN | OCD 사용 가능 | 1(unprogrammed) |
| 6 | JTAGEN | JTAG 사용 가능 | 0(programmed) |
| 5 | SPIEN | SPI 직렬 프로그래밍 인에이블 | 0(programmed) |
| 4 | CKOPT | 오실레이터 옵션 | 1(unprogrammed) |
| 3 | EESAVE | Chip Erase EEPROM 내용 보호 | 1(unprogrammed) |
| 2 | BOOTSZ1 | 부트로더 크기 선택 | 0(programmed) |
| 1 | BOOTSZ0 | | 0(programmed) |
| 0 | BOOTRST | RESET 벡터 선택 | 1(unprogrammed) |

[표 3-10] BOOTSZ1..0에 의한 부트로더 크기

| BOOTSZ1 | BOOTSZ0 | 부트로더 사이즈 | 응용프로그램 섹션 | 부트로더 섹션 |
|---|---|---|---|---|
| 0 | 0 | 4096워드 | 0x0000-0xEFFF | 0xF000-0xFFFF |
| 0 | 1 | 2048워드 | 0x0000-0xF7FF | 0xF800-0xFFFF |
| 1 | 0 | 1024워드 | 0x0000-0xFBFF | 0xFC00-0xFFFF |
| 1 | 1 | 512워드 | 0x0000-0xFDFF | 0xFE00-0xFFFF |

퓨즈 비트의 세 번째 바이트는 Fuse Low 바이트이며, [표 3-11]과 같이 주로 시스템 클럭의 선택과 스타트 업 시간에 대한 설정 비트로 구성된다. 클럭 소스는 디폴트로 내부 RC 발진기 1MHz가 설정되며, 스타트 업 시간에 대한 디폴트 값은 가장 긴 시간인 65ms가 설정된다. 그리고, 브라운 아웃 검출기는 동작하지 않도록 설정된다.

[표 3-11] Fuse Low 바이트

| 비트번호 | 비트명 | 기 능 | 디폴트값 |
|---|---|---|---|
| 7 | BODLEVEL | 브라운 아웃 검출기 트리거 레벨 | 1(unprogrammed) |
| 6 | BODEN | 브라운 아웃 검출기 인에이블 | 1(unprogrammed) |
| 5 | SUT1 | 스타트 업 시간 선택 | 1(unprogrammed) |
| 4 | SUT0 | | 0(programmed) |
| 3 | CKSEL3 | 클록 소스 선택(3.2.2 시스템 클럭 참조) | 0(programmed) |
| 2 | CKSEL2 | | 0(programmed) |
| 1 | CKSEL1 | | 0(programmed) |
| 0 | CKSEL0 | | 1(unprogrammed) |

### (3) Signature 바이트

Atmel사의 모든 마이크로콘트롤러는 디바이스를 나타내는 3바이트의 코드를 가지고 있다. 이 코드는 Lock 설정에 관계없이 직렬 프로그램 모드나 병렬 프로그램 모드에서 읽을 수 있으며, 어드레스 공간 0x0000-0x0002에 저장된다.

ATmega128에 대한 이들 값은 다음과 같다.

0x0000 : 0x1E(Atmel을 의미)
0x0001 : 0x97(128KB 플래시 메모리 모델을 나타냄)
0x0002 : 0x02(ATmega128을 나타냄)

## 3.2.2 시스템 클럭

[그림 3-11]은 ATmega128의 클럭 시스템을 보여주며, 시스템 클럭은 5개의 소스원으로부터 선택되어 입력되어진다. 또한 ATmega128 내부에는 워치독 타이머를 위한 1MHz 발진기를 내장하고 있으며, 이것은 MCU가 리셋될 때 전원이 안정되기까지의 추가적인 지연시간을 주기 위해 사용되기도 한다.

[그림 3-11]에 보여진 시스템 클럭의 소스는 퓨즈비트 설정용의 3번째 바이트 (Fuse Low Byte)에 있는 4비트의 플래시 퓨즈 비트 CKSEL3..0에 의해 [표 3-12]와 같이 선택되어진다. 디폴트로는 가장 긴 스타트 업 시간을 갖는 1MHz의 내부 RC 발진기가 설정되어 있으며, 사용자는 ISP나 병렬 프로그래머를 이용하여 희망하는 클럭 소스원을 선택할 수 있다.

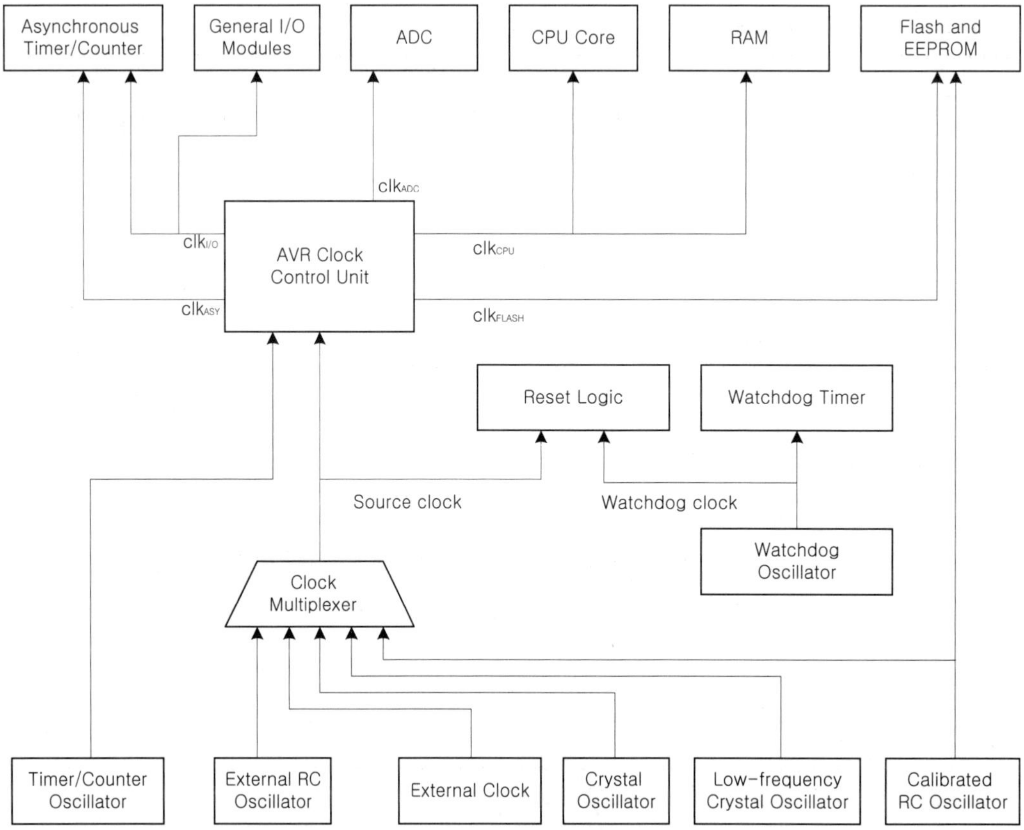


[그림 3-11] ATmega128 클럭 시스템

[표 3-12] 클럭 소스 선택

| 클럭 소스 | CKSEL3..0 |
|---|---|
| 외부 크리스탈/세라믹 레조네이터 | 1111 - 1010 |
| 외부 저주파 크리스탈 발진기 | 1001 |
| 외부 RC 발진기 | 1000 - 0101 |
| 내부 RC 발진기 | 0100 - 0001 |
| 외부 클럭 | 0000 |

## (1) 외부 크리스탈/세라믹 레조네이터 발진기

이것은 [그림 3-12]와 같이 외부에 크리스탈 또는 세라믹 레조네이터를 2개의 콘덴서와 함께 MCU의 XTAL1 단자와 XTAL2 단자에 연결하여 구성한다. 콘덴서 C1, C2는 [표 3-13]에서와 같이 12pF - 22pF의 콘덴서가 권장값으로 되어 있다.

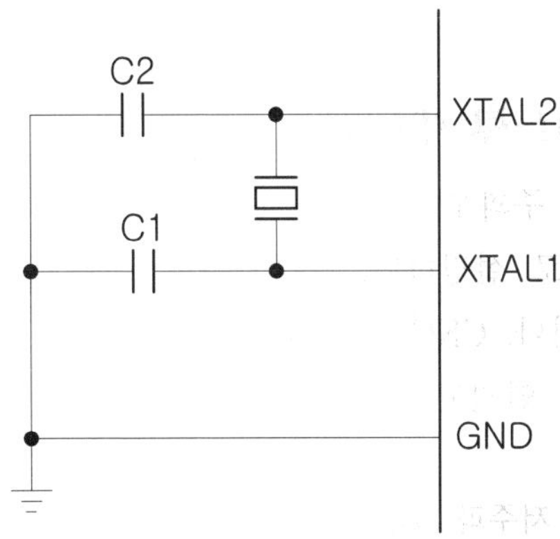


[그림 3-12] 외부 크리스탈/레조네이터 발진기

[표 3-13] 외부 크리스탈 발진기에서의 콘덴서 C1, C2 권장값

| CKOPT | CKSLE3..1 | 주파수 범위(MHz) | 콘텐서 C1, C2 권장값 (pF) |
|---|---|---|---|
| 1 | 101 | 0.4 - 0.9 | 세라믹 레조네이터에서만 사용 (제조회사의 권장치 사용) |
| 1 | 110 | 0.9 - 3.0 | 12 - 22 |
| 1 | 111 | 3.0 - 8.0 | 12 - 22 |
| 0 | 101,110,111 | 1.0 - 16.0 | 12 - 22 |

플래시 퓨즈 비트 CKSEL0은 SUT1..0과 함께 [표 3-14]와 같이 스타트 업 시간을 선택하기 위해 사용된다. 여기서, 스타트 업 시간이란 MCU가 파워 다운모드 또는 파워 세

이브 모드로부터 벗어나 정지해 있던 클럭이 안정되게 발생하여 MCU가 명령을 실행하기 시작할 때까지의 지연시간을 말한다.

[표 3-14] 외부 크리스탈 발진기에서의 스타트 업 시간

| CKSEL0 | SUT1..0 | 스타트 업 시간 | 리셋으로부터 추가 지연시간 | 권장되는 사용 |
|---|---|---|---|---|
| 1 | 00 | 258 클럭 | 4.1ms | 세라믹 레조네이터(Fast rising power) |
| 1 | 01 | 258 클럭 | 65ms | 세라믹 레조네이터(Slowly rising power) |
| 1 | 10 | 1K 클럭 | - | 세라믹 레조네이터(BOD Enabled) |
| 1 | 11 | 1K 클럭 | 4.1ms | 세라믹 레조네이터(Fast rising power) |
| 0 | 00 | 1K 클럭 | 65ms | 세라믹 레조네이터(Slowly rising power) |
| 0 | 01 | 16K 클럭 | - | 크리스탈(BOD Enabled) |
| 0 | 10 | 16K 클럭 | 4.1ms | 크리스탈(Fast rising power) |
| 0 | 11 | 16K 클럭 | 65ms | 크리스탈(Slowly rising power) |

### (2) 외부 저주파 크리스탈 발진기

이것은 32.768KHz의 낮은 주파수를 시스템 클럭으로 사용하는 경우로서 [표 3-12]에서와 같이 CKSEL3..0를 1001로 설정하며, 크리스탈은 외부 크리스탈과 마찬가지로 [그림 3-12]와 같이 연결한다. 그러나, CKOPT를 0으로 설정하는 경우에는 XTAL1과 XTAL2 단자에 내부 콘덴서(36pF)가 연결되므로 외부에 있는 콘덴서는 제거해야 한다.

[표 3-15] 저주파 크리스탈 발진기에서의 스타트 업 시간

| SUT1..0 | 스타트 업 시간 | 리셋으로부터 추가 지연시간 | 권장되는 사용 |
|---|---|---|---|
| 00 | 1K 클럭 | 4.1ms | Fast rising power 또는 BOD Enabled |
| 01 | 1K 클럭 | 65ms | Slowly rising power |
| 10 | 32K 클럭 | 65ms | Stable frequency at start-up |
| 11 | Reserved | | |

### (3) 외부 RC 발진기

외부 RC발진기는 정밀한 타이밍이 요구되지 않는 용도에 사용되며, [그림 3-13]과 같이 외부 저항 R과 콘덴서 C를 MCU의 XTAL1 단자에 연결한다. 발진주파수는 대략 f = 1/(3RC)로 주어지며, C는 적어도 22pF이상의 콘덴서를 사용해야 한다. CKOPT 퓨즈 비트

를 0으로 하면 36pF의 내부 콘덴서가 XTAL1과 GND에 연결되므로 외부 콘덴서는 제거해야 한다. 발진기는 주파수 범위에 따라 [표 3-16]과 같이 네 개의 다른 모드로 사용되며, SUT1..0 퓨즈 비트에 따라 [표 3-17]과 같이 스타트 업 시간과 지연시간이 정해진다.

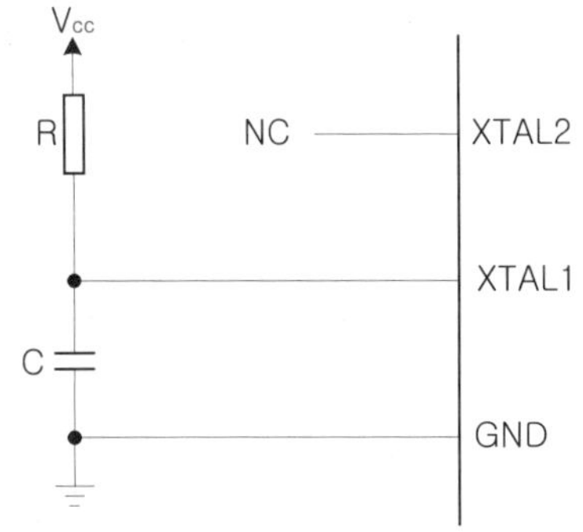


[그림 3-13] 외부 RC 발진기

[표 3-16] 외부 RC 발진기 동작모드

| CKSLE3..0 | 클럭 주파수 (MHz) |
|---|---|
| 0101 | 0.0~0.9 |
| 0110 | 0.9~3.0 |
| 0111 | 3.0~8.0 |
| 1000 | 8.0~12.0 |

[표 3-17] RC 발진기에서의 스타트 업 시간

| SUT1..0 | 스타트 업 시간 | 리셋으로부터 지연시간 | 권장되는 사용 |
|---|---|---|---|
| 00 | 18 클럭 | - | BOD Enabled |
| 01 | 18 클럭 | 4.1ms | Fast rising power |
| 10 | 18 클럭 | 65ms | Slowly rising power |
| 11 | 6 클럭※ | 4.1ms | Fast rising power 또는 BOD Enabled |

(※ 최대주파수 부근에서 동작할 때 이 모드는 사용하지 말아야 함)

### (4) 내부 RC 발진기

내부 RC 발진기는 1.0, 2.0, 4.0, 8.0MHz 중에서 [표 3-18]에서와 같이 퓨즈 비트 CKSEL3..0의 값에 따라 하나의 클럭이 선택되어 공급된다. 이때 CKOPT 퓨즈 비트값은 반드시 1이어야 하며, SUT1..0 퓨즈 비트에 따라 [표 3-19]와 같이 스타트 업 시간과 지연시간이 정해진다. 이 RC 발진기에서 XTAL1 단자와 XTAL2 단자는 아무것도 연결하지 않고 오픈 상태로 둔다.

[표 3-18] 내부 RC 발진기 동작모드

| CKSLE3..0 | 클럭 주파수 (MHz) |
|---|---|
| 0001 | 1.0 |
| 0010 | 2.0 |
| 0011 | 4.0 |
| 0100 | 8.0 |

내부 RC 발진기에서 출력되는 클럭은 시스템 클럭으로도 사용할 수 있지만, 플래시 메모리와 EEPROM을 액세스하는 클럭으로도 사용된다. 그리고, 내부 RC 발진기에서 출력되는 클럭의 주파수는 8비트 OSCCAL 레지스터를 이용하여 조정할 수 있다.

[표 3-19] RC 발진기에서의 스타트 업 시간

| SUT1..0 | 스타트 업 시간 | 리셋으로부터 추가 지연시간 | 권장되는 사용 |
|---|---|---|---|
| 00 | 6 클럭 | - | BOD Enabled |
| 01 | 6 클럭 | 4.1ms | Fast rising power |
| 10 | 6 클럭 | 65ms | Slowly rising power (Default) |
| 11 | Reserved | | |

### ■ OSCCAL(Oscillator Calibration) Register ; 발진기 조정 레지스터

이 레지스터는 클럭 주파수를 조정하는데 사용되며, [표 3-18]에서 설정된 주파수의 50%에서 200%의 범위로 조정이 가능하다. 이 레지스터의 값이 0이면 가장 낮은 주파수로 발진하고, 값이 0xFF이면 가장 높은 주파수로 발진하게 된다. 확장 I/O 영역내 0x6F에 지정되어 있다.

| 비트 | 7 | 6 | 5 | 4 | 3 | 2 | 1 | 0 | |
|---|---|---|---|---|---|---|---|---|---|
| 0x6F | CAL7 | CAL6 | CAL5 | CAL4 | CAL3 | CAL2 | CAL1 | CAL0 | OSCCAL |
| 읽기/쓰기 | 읽기/쓰기 | 읽기/쓰기 | 읽기/쓰기 | 읽기/쓰기 | 읽기/쓰기 | 읽기/쓰기 | 읽기/쓰기 | 읽기/쓰기 | |

## (5) 외부 클럭 발진기

이것은 [그림 3-13]과 같이 외부로부터 클럭이 XTAL1단자로 직접 공급되며, XTAL2 단자는 오픈 상태로 둔다. SUT1..0 퓨즈 비트에 따라 [표 3-20]과 같이 스타트 업 시간과 지연시간이 정해진다.

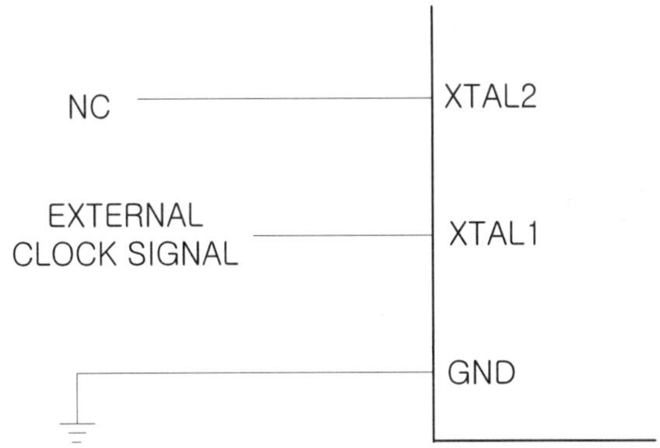


[그림 3-13] 외부 클럭 발진기

[표 3-20] 외부 클럭을 사용하는 경우의 스타트 업 시간

| SUT1..0 | 스타트 업 시간 | 리셋으로부터 추가 지연시간 | 권장되는 사용 |
|---|---|---|---|
| 00 | 6 클럭 | - | BOD Enabled |
| 01 | 6 클럭 | 4.1ms | Fast rising power |
| 10 | 6 클럭 | 65ms | Slowly rising power (Default) |
| 11 | Reserved | | |

### ■ XDIV(XTAL Divide Control) Register : 발진기 분주 제어 레지스터

이 레지스터를 사용하면 소스 클럭을 2~129로 나누어 CPU와 모든 주변장치에 공급되는 클럭의 주파수를 낮출 수 있다.

| 비트 | 7 | 6 | 5 | 4 | 3 | 2 | 1 | 0 | |
|---|---|---|---|---|---|---|---|---|---|
| 0x3C(0x5C) | XDIVEN | XDIV6 | XDIV5 | XDIV4 | XDIV3 | XDIV2 | XDIV1 | XDIV0 | XDIV |
| 읽기/쓰기 | 읽기/쓰기 | 읽기/쓰기 | 읽기/쓰기 | 읽기/쓰기 | 읽기/쓰기 | 읽기/쓰기 | 읽기/쓰기 | 읽기/쓰기 | |

- Bit 7–XDIVEN : XDIV 인에이블 비트

1로 하면 소스클럭의 분주가 허용되며, XDIV0~XDIV6의 값에 따라 분주비가 결정된다.

- Bit 6..0-XDIV6-XDIV0 : 분주비 설정비트

  이 비트들은 분주비를 설정하며, 이 값을 d라고 하면 CPU 및 주변장치에는 다음 식과 같이 분주되어 클럭이 공급된다.

$$f_{clk} = \frac{Source\,Clock}{129 - d}$$

## 3.2.3 리셋(RESET)

ATmega128은 다음과 같이 5개의 리셋 소스를 가지며, [그림 3-14]는 리셋 로직을 보여준다.

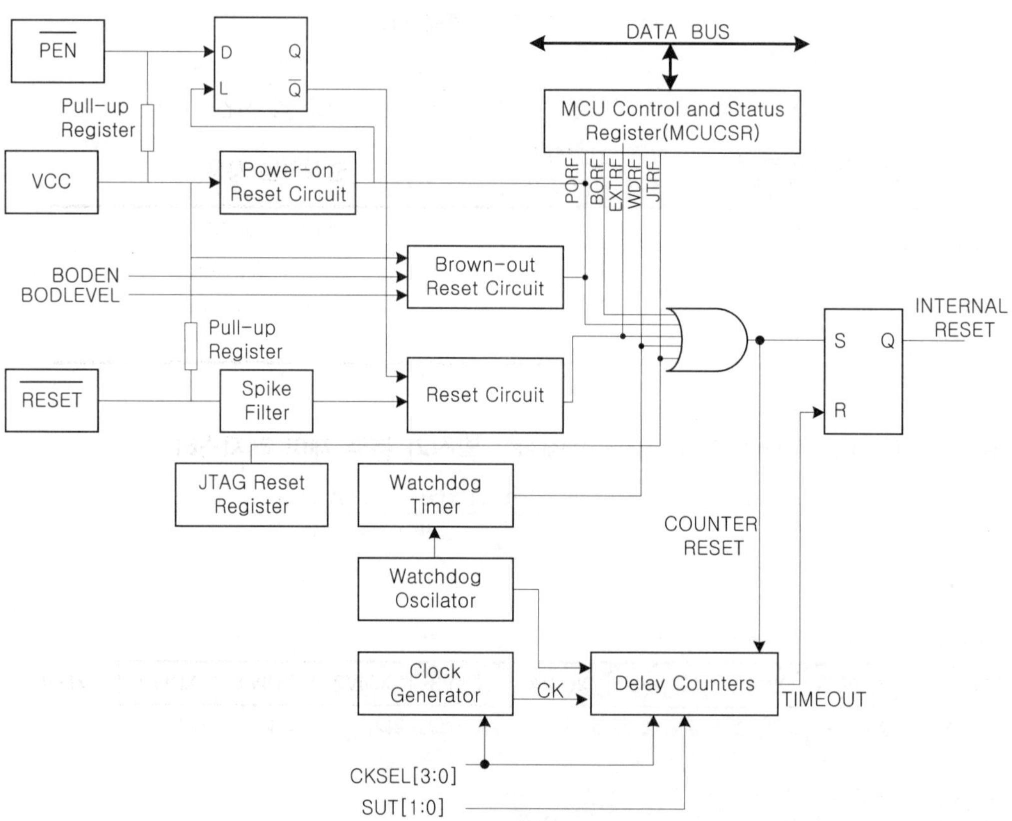


[그림 3-14] 리셋 로직

1) 파워온 리셋 : 전원이 공급될 때 MCU에 걸리는 리셋
2) 외부 리셋 : $\overline{\text{RESET}}$핀에 1.5us 이상의 Low 신호가 인가되었을 때 MCU에 걸리는 리셋
3) 워치독 리셋 : 워치독 타이머에 의해 MCU에 걸리는 리셋
4) 브라운 아웃 검출(Brown-out detection) 리셋 : 전원전압 Vcc가 지정된 최소시간 2us 이상동안 브라운 아웃 리셋 임계 전압(2.7V 또는 4V)보다 낮은 경우 발생한다.
5) JTAG AVR 리셋 : JTAG 시스템에서 리셋 레지스터가 논리값 1인 동안 MCU에 걸리는 리셋

리셋이 어느 원인에 의해 발생되었는지는 MCUCSR 레지스터를 보면 확인할 수 있다

### ■ MCUCSR(MCU Control and Status Register) : MCU 제어 및 상태 레지스터

이 레지스터는 I/O 영역 0x34(0x54) 번지에 위치하며, 각 비트의 기능은 다음과 같다.

| 비트 | 7 | 6 | 5 | 4 | 3 | 2 | 1 | 0 | |
|---|---|---|---|---|---|---|---|---|---|
| 0x34(0x54) | JTD | - | - | JTRF | WDRF | BORF | EXTRF | PORF | MCUCSR |
| 읽기/쓰기 | 읽기/쓰기 | 읽기 | 읽기 | 읽기/쓰기 | 읽기/쓰기 | 읽기/쓰기 | 읽기/쓰기 | 읽기/쓰기 | |
| 초기값 | 0 | 0 | 0 | | | | | | |

- Bit 4 – JTRF : JTAG 리셋 플래그 비트

  JTAG 리셋이 발생했음을 나타낸다.

- Bit 3 – WDRF : 워치독 리셋 플래그 비트

  워치독 리셋이 발생했음을 나타낸다.

- Bit 2 – BORF : 브라운 리셋 플래그 비트

  브라운 리셋이 발생했음을 나타낸다.

- Bit 1 – EXTRF : 워치독 리셋 플래그 비트

  외부 리셋이 발생했음을 나타낸다.

- Bit 0–PORF : 파워온 리셋 플래그 비트

  파워온 리셋이 발생했음을 나타내며, 직접 0을 쓰는 경우에만 리셋된다.

리셋이 걸리는 동안 모든 I/O 레지스터는 초기 값으로 설정되고, 프로그램은 0x0000 번지부터 실행된다. 0x0000 번지의 명령은 리셋 처리 루틴에 대한 RJMP 명령이어야 한다. 만일 프로그램이 인터럽트 소스를 전혀 인에이블 하지 않거나 인터럽트 벡터를 사용하지 않으면 프로그램 코드는 0x0000 번지에 위치할 수도 있다.

### (1) 파워온 리셋(POR : Power On Reset)

파워온 리셋(POR)은 전원전압 Vcc가 POR 임계전압($V_{POT}$)보다 낮을 때 발생한다. 이것은 전원이 공급되기 시작하면 바로 MCU를 리셋시키며, 전원전압이 임계전압에 도달하여도 일정시간 동안 리셋이 유지된다. [그림 3-15]와 [그림 3-16]은 MCU 스타트 업의 파워온 리셋 동작을 보여준다.

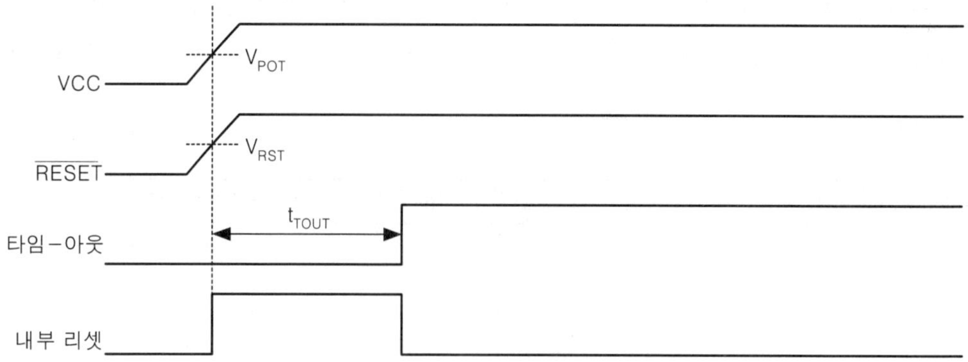


[그림 3-15] MCU 스타트 업, Vcc와 $\overline{\text{RESET}}$ 연결

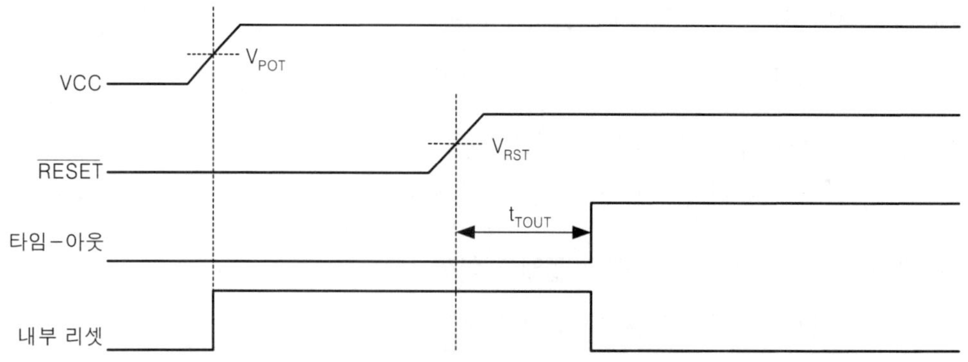


[그림 3-16] MCU 스타트 업, $\overline{\text{RESET}}$ 핀에 외부 리셋신호 연결

### (2) 외부 리셋(External Reset)

외부 리셋은 $\overline{RESET}$ 핀에 1.5us 이상의 low 신호가 입력되면 발생하며, 짧은 리셋 펄스는 리셋 발생을 보증할 수 없다. 인가된 신호의 상승 에지에서 리셋 임계 전압 $V_{RST}$에 이르면 타임아웃 주기 $t_{TOUT}$ 발생 후에 MCU가 동작을 시작한다.([그림 3-17])

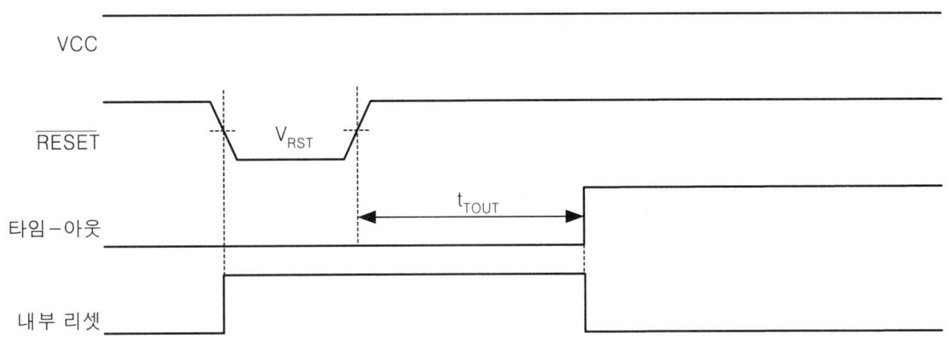


[그림 3-17] 외부 리셋 동작

### (3) 워치독 리셋(Watchdog Reset)

워치독 타이머가 타임아웃이 될 때, [그림 3-18]과 같이 1 클럭 사이클 동안 리셋 펄스가 발생한다. 이 펄스의 상승 에지에서 지연 타이머가 타임아웃 주기 $t_{TOUT}$ 동안 유지된다.

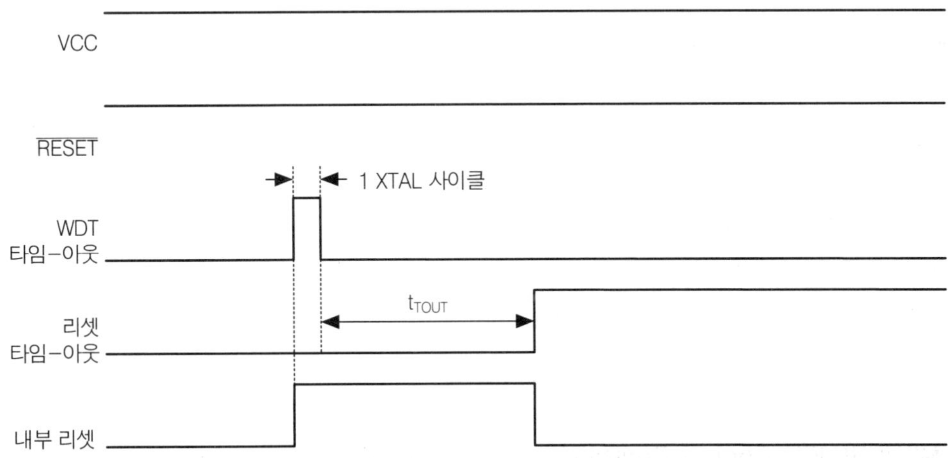


[그림 3-18] 워치독 리셋 동작

### (4) 브라운 아웃 검출 리셋(Brown-out detection Reset)

브라운 아웃 검출 리셋은 [그림 3-19]와 같이 전원전압 Vcc가 브라운 리셋 임계전압 $V_{BOT}$보다 2us 이상 낮을 때 발생한다. $V_{BOT}$는 Fuse Low 바이트의 BODLEVEL 비트값에 따라 2.7V(unprogrammed) 또는 4.0V(programmed)로 지정된다. 그리고, BOD 기능은 Fuse Low 바이트의 BODEN 비트로 동작시키거나 금지한다.

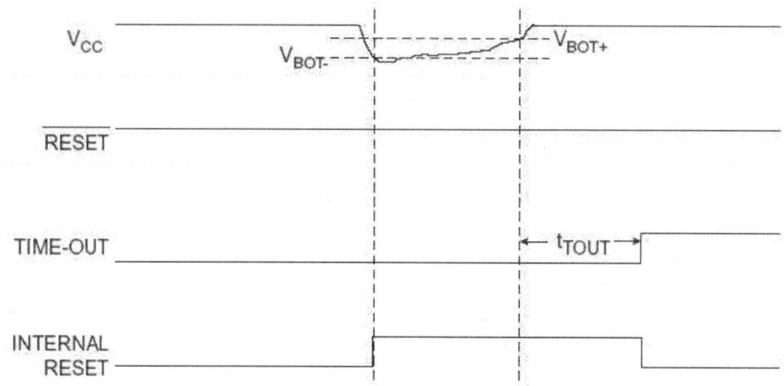


[그림 3-19] 브라운 아웃 리셋 동작

## 3.2.4 슬립 모드(Sleep Mode)

슬립 모드는 MCU에서 사용하지 않는 모듈을 정지시켜 소비전력을 절약하는 동작이며, ATmega128에는 6개의 슬립 모드가 있다.

슬립 모드가 되기 위해서는 MCUCR 레지스터의 SE비트를 1로 설정해야 하며, SLEEP 명령이 실행되어야 한다. 슬립모드에 있는 동안 인에이블(허용)된 인터럽트가 발생하면 MCU는 슬립모드로부터 해제된다. 그러면, MCU는 기동(스타트 업)시간에 4사이클이 더해진 기간 동안 정지(halt)상태가 되며, 다음에 인터럽트 루틴이 실행되고 나서 SLEEP 다음 명령으로 복귀하게 된다. 이 때 MCU가 슬립모드로부터 해제되더라도 레지스터 파일과 SRAM의 내용은 변경되지 않으며, 슬립모드에서 리셋이 발생하게 되면 슬립모드가 해제되면서 리셋 동작이 수행되어진다.

#### ■ MCUCR(MCU Control Register) : MCU 제어 레지스터

이 레지스터는 I/O 영역 0x35(0x55) 번지에 위치하며, 슬립 모드에 관련이 있는 비트의 기능은 다음과 같다.

| 비트 | 7 | 6 | 5 | 4 | 3 | 2 | 1 | 0 | |
|---|---|---|---|---|---|---|---|---|---|
| 0x35(0x55) | SRE | SRW10 | SE | SM1 | SM0 | SM2 | IVSEL | IVCE | MCUCR |
| 읽기/쓰기 | 읽기/쓰기 | 읽기/쓰기 | 읽기/쓰기 | 읽기/쓰기 | 읽기/쓰기 | 읽기/쓰기 | 읽기/쓰기 | 읽기/쓰기 | |
| 초기값 | 0 | 0 | 0 | 0 | 0 | 0 | 0 | 0 | |

- Bit 5–SE : 슬립 모드 인에이블 비트

  1로 하면 슬립 모드가 인에이블 되며, 슬립 명령에 의해 슬립 모드로 들어갈 수 있다.

- Bit 4..2–SM2, SM1, SM0 : 슬립 모드 선택 비트

  슬립 모드 선택을 위한 비트값으로 레지스터 MCUCSR의 SM2 비트와 레지스터 EMCUCR의 SM0 비트와 함께 이용되어 [표 3-21]과 같이 정의된다.

[표 3-21] 슬립 모드 선택

| SM2 | SM1 | SM0 | 슬립 모드 |
|---|---|---|---|
| 0 | 0 | 0 | Idle |
| 0 | 0 | 1 | ADC Noise Reduction |
| 0 | 1 | 0 | Power down |
| 0 | 1 | 1 | Power save |
| 1 | 0 | 0 | – |
| 1 | 0 | 1 | – |
| 1 | 1 | 0 | Standby |
| 1 | 1 | 1 | Extended Standby |

### (1) 아이들(Idle) 모드

이 모드에서 MCU의 동작은 정지하지만 SPI, TWI, USART, 아날로그 비교기, 타이머/카운터, 워치독, ADC, 인터럽트 시스템은 계속 동작한다. 또한 이 모드에서 $clk_{CPU}$와 $clk_{FLASH}$는 기본적으로 정지하지만, 다른 클럭은 동작한다.

아이들 모드는 타이머 오버플로우 인터럽트, USART 송신완료 인터럽트와 같은 내부 인터럽트와 외부 인터럽트에 의해 해제될 수 있다. 만일 아날로그 비교기 인터럽트를 이용하여 아이들 모드의 해제를 요구하지 않는다면 아날로그 비교기 제어 및 상태 레지스

터 ACSR의 ACD 비트를 1로 하여 아날로그 비교기의 전원을 차단함으로써 아이들 모드에서의 소비전력을 감소시킬 수 있다.

### (2) ADC Noise Reduction 모드

이 모드에서 MCU의 동작은 정지하지만, ADC, TWI, 타이머/카운터0, 워치독, 외부 인터럽트 등은 계속 동작한다. 이 모드에서 클럭 $clk_{CPU}$, $clk_{FLASH}$, $clk_{I/O}$는 기본적으로 정지하지만 다른 클럭은 동작한다. 이 모드는 ADC의 정밀한 동작을 위하여 잡음 문제를 개선하기 위한 모드이며, 만약 ADC가 인에이블 되어 있으면 이 모드로 들어갈 때 변환이 자동으로 시작된다.

### (3) 파워 다운(Power-down) 모드

이 모드에서 외부 발진기는 정지하지만, 외부 인터럽트, TWI, 워치독은 계속 동작한다. 단지 외부 리셋, 워치독 리셋, 브라운 아웃 리셋, 외부 인터럽트 INT4~INT7의 레벨 인터럽트, INT0~INT3의 외부 인터럽트만이 슬립모드를 해제할 수 있으며, 이 슬립 모드는 기본적으로 모든 클럭을 정지시켜 단지 비동기 모듈만이 동작한다.

### (4) 파워 세이브(Power-save) 모드

이 모드는 한 가지를 제외하고는 파워 다운 모드와 같으며, ASSR 레지스터에서 AS0 비트를 1로 설정하여 타이머/카운터0을 TOSC1과 TOSC2 단자로 입력되는 외부 클럭에 의하여 비동기로 동작시킬 때 이 모드를 사용한다. 이 모드에서는 $clk_{ASY}$를 제외한 모든 클럭이 차단된다. 그러나, 만약 ASSR 레지스터에서 AS0 비트를 0으로 설정하면 이 모드보다는 파워 다운모드를 사용하는 것이 좋다.

### (5) 스탠바이(Standby) 모드

이 모드는 외부 크리스탈 또는 레조네이터가 클럭소스로 선택된 경우에만 유효하며, 슬립 모드에서 발진기가 계속 동작하고 있다는 것을 제외하고는 파워 다운 모드와 같다. 스탠바이 모드로부터의 해제는 6개의 클럭 사이클내에 이루어진다.

### (6) 확장 스탠바이(Extended Standby) 모드

이 모드는 외부 크리스탈 또는 레조네이터가 클럭소스로 선택된 경우에만 유효하며, 슬립 모드에서 발진기가 계속 동작하고 있다는 것을 제외하고는 파워 세이브 모드와 같다.

확장 스탠바이 모드로부터의 해제는 6개의 클럭 사이클내에 이루어진다.

[표 3-22]는 각각의 슬립 모드에서 동작하는 클럭과 슬립 모드 해제 소스원을 보여준다.

[표 3-22] 각 슬립 모드에서 동작하는 클럭과 슬립 모드 해제 소스원

| | 동작 클럭 | | | | | 발진기 | | 슬립 모드 해제 소스원 | | | | |
|---|---|---|---|---|---|---|---|---|---|---|---|---|
| 슬립 모드 | clk CPU | clk FLASH | clk IO | clk ADC | clkASY | Main Clock Source Enabled | Timer OSC Enabled | INT7 :0 | TWI Address Match | Timer 0 | SPM/ EEPROM ready | Ohter I/O |
| Idle | | | ○ | ○ | ○ | ○ | ○[2] | ○ | ○ | ○ | ○ | ○ |
| ADC Noise Reduction | | | | ○ | ○ | ○ | ○[2] | ○[3] | ○ | ○ | ○ | |
| Power- down | | | | | | | | ○[3] | ○ | | | |
| Power- save | | | | | ○[2] | | ○[2] | ○[3] | ○ | ○[2] | | |
| Standby[1] | | | | | | ○ | | ○[3] | ○ | | | |
| Extended Standby[1] | | | | | ○[2] | ○ | ○[2] | ○[3] | ○ | ○[2] | | |

☞ [1] 외부 크리스탈 또는 레조네이터를 클럭 소스로 사용하는 경우
[2] ASSR 레지스터의 AS0 비트가 셋 되어 있을 때
[3] INT0~3 또는 INT4~7 레벨 인터럽트만

Chapter 04

# I/O 포트

ATmega128에는 8비트 양방향 병렬 I/O포트 6개(A, B, C, D, E, F)와 5비트 양방향 병렬 I/O포트 1개(G)로 53개의 I/O 포트핀을 가지며, [그림 4-1]은 하나의 I/O핀에 대한 등가 구조를 보여준다. 각 I/O핀에는 보호용 다이오드와 20kΩ~100kΩ의 내부 풀업저항을 가지고 있으며, LED를 직접 구동할 수 있는 40mA 정도의 출력 능력을 갖는다.

[그림 4-2]는 기능적인 구조를 보여주며, 그림에서 핀 이름은 Pxn으로 표시하였다. 여기서, x는 포트 A, B, C, D, E, F, G를 나타내며, n은 각 포트의 비트번호를 나타낸다. 각 포트에는 관련된 레지스터를 3개씩 가지고 있으며, 레지스터명은 PORTx, DDRx, PINx이다. 여기서, PORTX는 데이터 출력 레지스터, DDRX는 포트의 입출력 방향을 설정하는 레지스터, PINx는 포트 입력 레지스터이다. PORTx와 DDRx는 읽기와 쓰기가 모두 가능하지만 PINx는 읽기만 가능하다.

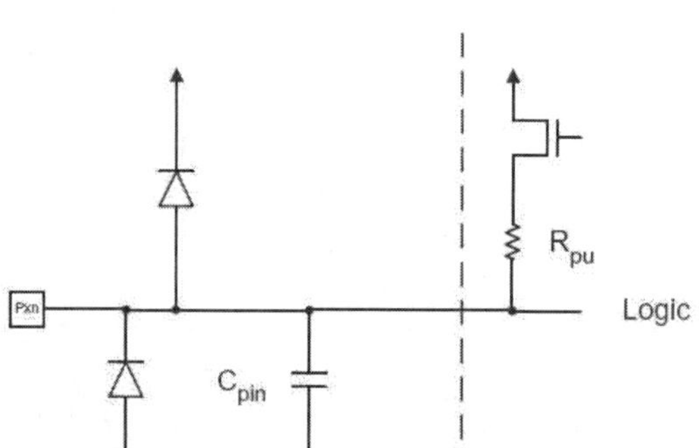


[그림 4-1] I/O 핀 등가 구조

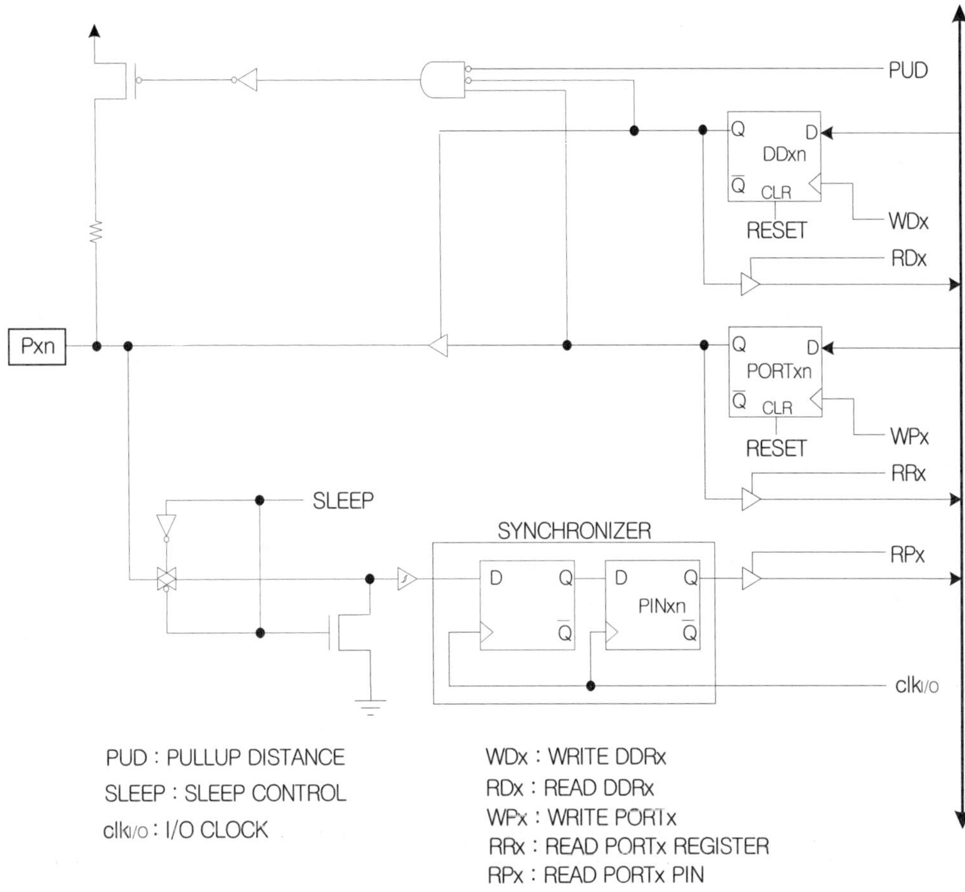


[그림 4-2] 범용 디지털 I/O 구조

# 4.1 I/O 포트 관련 레지스터

## ■ SFIOR (Special Function I/O Register) : 특수 기능 레지스터

이 레지스터는 모든 I/O포트의 풀업 저항에 대한 사용여부를 설정하며, 또한 타이머/카운터의 프리스케일러에 대한 리셋 기능을 가지고 있다.

| 비트 | 7 | 6 | 5 | 4 | 3 | 2 | 1 | 0 | |
|---|---|---|---|---|---|---|---|---|---|
| 0x20(0x40) | TSM | - | - | - | ACME | PUD | PSR0 | PSR321 | SFIOR |
| 읽기/쓰기 | 읽기/쓰기 | 읽기 | 읽기 | 읽기 | 읽기/쓰기 | 읽기/쓰기 | 읽기/쓰기 | 읽기/쓰기 | |
| 초기값 | 0 | 0 | 0 | 0 | 0 | 0 | 0 | * | |

- Bit 2-PUD : Pull-up disable 설정 비트

  1로 하면 모든 I/O포트에 대해 풀업 저항 기능이 없어진다. 반면에 0으로 하면 풀업 저항의 기능이 생기지만, 추가적으로 DDRx 레지스터의 해당비트를 0(입력)으로 하고 PORTx레지스터의 해당비트를 1로 하여야 한다.

DDRx 레지스터의 각 비트값(DDxn)은 해당비트(핀)의 입출력 방향을 설정하며, 1이면 출력이고 0이면 입력으로 설정된다.

PORTxn이 입력핀으로 설정되고 SFIOR 레지스터의 PUD 비트가 0인 경우 이 핀에 1을 출력하면 풀업 저항이 활성화된다. 풀업 저항이 동작하지 않도록 하기 위해서는 PORTxn에 0을 출력하거나 또는 이 핀이 출력방향으로 설정되어 있어야 한다. [표 4-1]은 포트핀의 동작상태를 나타낸다.

[표 4-1] 포트핀의 동작상태

| DDxn | PORTxn | PUD | 입출력방향 | 풀업저항 | 비 고 |
|---|---|---|---|---|---|
| 0 | 0 | x | 입력 | No | 하이 임피던스 |
| 0 | 1 | 0 | 입력 | Yes | 내부풀업 |
| 0 | 1 | 1 | 입력 | No | 하이 임피던스 |
| 1 | 0 | x | 출력 | No | Low출력(Sink) |
| 1 | 1 | x | 출력 | No | High출력(Source) |

(DDxn : DDRx 레지스터의 각 비트값, PUD : SFIOR 레지스터 2번째 비트)

각 포트의 레지스터들을 열거하면 다음과 같다.

### ■ PORTA (Port A Data Register) : 포트 A 데이터 출력 레지스터

| 비트 | 7 | 6 | 5 | 4 | 3 | 2 | 1 | 0 | |
|---|---|---|---|---|---|---|---|---|---|
| 0x1B(0x3B) | PORTA7 | PORTA6 | PORTA5 | PORTA4 | PORTA3 | PORTA2 | PORTA1 | PORTA0 | PORTA |
| 읽기/쓰기 | 읽기/쓰기 | 읽기/쓰기 | 읽기/쓰기 | 읽기/쓰기 | 읽기/쓰기 | 읽기/쓰기 | 읽기/쓰기 | 읽기/쓰기 | |
| 초기값 | 0 | 0 | 0 | 0 | 0 | 0 | 0 | 0 | |

## ■ DDRA (Port A Data Direction Register) : 포트 A 데이터 방향 설정 레지스터

| 비트 | 7 | 6 | 5 | 4 | 3 | 2 | 1 | 0 | |
|---|---|---|---|---|---|---|---|---|---|
| 0x1A(0x3A) | DDA7 | DDA6 | DDA5 | DDA4 | DDA3 | DDA2 | DDA1 | DDA0 | DDRA |
| 읽기/쓰기 | 읽기/쓰기 | 읽기/쓰기 | 읽기/쓰기 | 읽기/쓰기 | 읽기/쓰기 | 읽기/쓰기 | 읽기/쓰기 | 읽기/쓰기 | |
| 초기값 | 0 | 0 | 0 | 0 | 0 | 0 | 0 | 0 | |

## ■ PINA (Port A Pin Input Address) : 포트 A 핀 입력 레지스터

| 비트 | 7 | 6 | 5 | 4 | 3 | 2 | 1 | 0 | |
|---|---|---|---|---|---|---|---|---|---|
| 0x19(0x39) | PINA7 | PINA6 | PINA5 | PINA4 | PINA3 | PINA2 | PINA1 | PINA0 | PINA |
| 읽기/쓰기 | 읽기 | 읽기 | 읽기 | 읽기 | 읽기 | 읽기 | 읽기 | 읽기 | |
| 초기값 | N/A | N/A | N/A | N/A | N/A | N/A | N/A | N/A | |

## ■ PORTB (Port B Data Register) : 포트 B 데이터 출력 레지스터

| 비트 | 7 | 6 | 5 | 4 | 3 | 2 | 1 | 0 | |
|---|---|---|---|---|---|---|---|---|---|
| 0x18(0x38) | PORTB7 | PORTB6 | PORTB5 | PORTB4 | PORTB3 | PORTB2 | PORTB1 | PORTB0 | PORTB |
| 읽기/쓰기 | 읽기/쓰기 | 읽기/쓰기 | 읽기/쓰기 | 읽기/쓰기 | 읽기/쓰기 | 읽기/쓰기 | 읽기/쓰기 | 읽기/쓰기 | |
| 초기값 | 0 | 0 | 0 | 0 | 0 | 0 | 0 | 0 | |

## ■ DDRB (Port B Data Direction Register) : 포트 B 데이터 방향 설정 레지스터

| 비트 | 7 | 6 | 5 | 4 | 3 | 2 | 1 | 0 | |
|---|---|---|---|---|---|---|---|---|---|
| 0x17(0x37) | DDB7 | DDB6 | DDB5 | DDB4 | DDB3 | DDB2 | DDB1 | DDB0 | DDRB |
| 읽기/쓰기 | 읽기/쓰기 | 읽기/쓰기 | 읽기/쓰기 | 읽기/쓰기 | 읽기/쓰기 | 읽기/쓰기 | 읽기/쓰기 | 읽기/쓰기 | |
| 초기값 | 0 | 0 | 0 | 0 | 0 | 0 | 0 | 0 | |

## ■ PINB (Port B Pin Input Address) : 포트 B 핀 입력 레지스터

| 비트 | 7 | 6 | 5 | 4 | 3 | 2 | 1 | 0 | |
|---|---|---|---|---|---|---|---|---|---|
| 0x16(0x36) | PINB7 | PINB6 | PINB5 | PINB4 | PINB3 | PINB2 | PINB1 | PINB0 | PINB |
| 읽기/쓰기 | 읽기 | 읽기 | 읽기 | 읽기 | 읽기 | 읽기 | 읽기 | 읽기 | |
| 초기값 | N/A | N/A | N/A | N/A | N/A | N/A | N/A | N/A | |

## ■ PORTC (Port C Data Register) : 포트 C 데이터 출력 레지스터

| 비트 | 7 | 6 | 5 | 4 | 3 | 2 | 1 | 0 | |
|---|---|---|---|---|---|---|---|---|---|
| 0x15(0x35) | PORTC7 | PORTC6 | PORTC5 | PORTC4 | PORTC3 | PORTC2 | PORTC1 | PORTC0 | PORTC |
| 읽기/쓰기 | 읽기/쓰기 | 읽기/쓰기 | 읽기/쓰기 | 읽기/쓰기 | 읽기/쓰기 | 읽기/쓰기 | 읽기/쓰기 | 읽기/쓰기 | |
| 초기값 | 0 | 0 | 0 | 0 | 0 | 0 | 0 | 0 | |

## ■ DDRC (Port C Data Direction Register) : 포트 C 데이터 방향 설정 레지스터

| 비트 | 7 | 6 | 5 | 4 | 3 | 2 | 1 | 0 | |
|---|---|---|---|---|---|---|---|---|---|
| 0x14(0x34) | DDC7 | DDC6 | DDC5 | DDC4 | DDC3 | DDC2 | DDC1 | DDC0 | DDRC |
| 읽기/쓰기 | 읽기/쓰기 | 읽기/쓰기 | 읽기/쓰기 | 읽기/쓰기 | 읽기/쓰기 | 읽기/쓰기 | 읽기/쓰기 | 읽기/쓰기 | |
| 초기값 | 0 | 0 | 0 | 0 | 0 | 0 | 0 | 0 | |

## ■ PINC (Port C Pin Input Address) : 포트 C 핀 입력 레지스터

| 비트 | 7 | 6 | 5 | 4 | 3 | 2 | 1 | 0 | |
|---|---|---|---|---|---|---|---|---|---|
| 0x13(0x33) | PINC7 | PINC6 | PINC5 | PINC4 | PINC3 | PINC2 | PINC1 | PINC0 | PINC |
| 읽기/쓰기 | 읽기 | 읽기 | 읽기 | 읽기 | 읽기 | 읽기 | 읽기 | 읽기 | |
| 초기값 | N/A | N/A | N/A | N/A | N/A | N/A | N/A | N/A | |

## ■ PORTD (Port D Data Register) : 포트 D 데이터 출력 레지스터

| 비트 | 7 | 6 | 5 | 4 | 3 | 2 | 1 | 0 | |
|---|---|---|---|---|---|---|---|---|---|
| 0x12(0x32) | PORTD7 | PORTD6 | PORTD5 | PORTD4 | PORTD3 | PORTD2 | PORTD1 | PORTD0 | PORTD |
| 읽기/쓰기 | 읽기/쓰기 | 읽기/쓰기 | 읽기/쓰기 | 읽기/쓰기 | 읽기/쓰기 | 읽기/쓰기 | 읽기/쓰기 | 읽기/쓰기 | |
| 초기값 | 0 | 0 | 0 | 0 | 0 | 0 | 0 | 0 | |

## ■ DDRD (Port D Data Direction Register) : 포트 D 데이터 방향 설정 레지스터

| 비트 | 7 | 6 | 5 | 4 | 3 | 2 | 1 | 0 | |
|---|---|---|---|---|---|---|---|---|---|
| 0x11(0x31) | DDD7 | DDD6 | DDD5 | DDD4 | DDD3 | DDD2 | DDD1 | DDD0 | DDRD |
| 읽기/쓰기 | 읽기/쓰기 | 읽기/쓰기 | 읽기/쓰기 | 읽기/쓰기 | 읽기/쓰기 | 읽기/쓰기 | 읽기/쓰기 | 읽기/쓰기 | |
| 초기값 | 0 | 0 | 0 | 0 | 0 | 0 | 0 | 0 | |

## ■ PIND (Port D Pin Input Address) : 포트 D 핀 입력 레지스터

| 비트 | 7 | 6 | 5 | 4 | 3 | 2 | 1 | 0 | |
|---|---|---|---|---|---|---|---|---|---|
| 0x10(0x30) | PIND7 | PIND6 | PIND5 | PIND4 | PIND3 | PIND2 | PIND1 | PIND0 | PIND |
| 읽기/쓰기 | 읽기 | 읽기 | 읽기 | 읽기 | 읽기 | 읽기 | 읽기 | 읽기 | |
| 초기값 | N/A | N/A | N/A | N/A | N/A | N/A | N/A | N/A | |

### ■ PORTE (Port E Data Register) : 포트 E 데이터 출력 레지스터

| 비트 | 7 | 6 | 5 | 4 | 3 | 2 | 1 | 0 | |
|---|---|---|---|---|---|---|---|---|---|
| 0x03(0x23) | PORTE7 | PORTE6 | PORTE5 | PORTE4 | PORTE3 | PORTE2 | PORTE1 | PORTE0 | PORTE |
| 읽기/쓰기 | 읽기/쓰기 | 읽기/쓰기 | 읽기/쓰기 | 읽기/쓰기 | 읽기/쓰기 | 읽기/쓰기 | 읽기/쓰기 | 읽기/쓰기 | |
| 초기값 | 0 | 0 | 0 | 0 | 0 | 0 | 0 | 0 | |

### ■ DDRE (Port E Data Direction Register) : 포트 E 데이터 방향 설정 레지스터

| 비트 | 7 | 6 | 5 | 4 | 3 | 2 | 1 | 0 | |
|---|---|---|---|---|---|---|---|---|---|
| 0x02(0x22) | DDE7 | DDE6 | DDE5 | DDE4 | DDE3 | DDE2 | DDE1 | DDE0 | DDRE |
| 읽기/쓰기 | 읽기/쓰기 | 읽기/쓰기 | 읽기/쓰기 | 읽기/쓰기 | 읽기/쓰기 | 읽기/쓰기 | 읽기/쓰기 | 읽기/쓰기 | |
| 초기값 | 0 | 0 | 0 | 0 | 0 | 0 | 0 | 0 | |

### ■ PINE (Port E Pin Input Address) : 포트 E 핀 입력 레지스터

| 비트 | 7 | 6 | 5 | 4 | 3 | 2 | 1 | 0 | |
|---|---|---|---|---|---|---|---|---|---|
| 0x01(0x21) | PINE7 | PINE6 | PINE5 | PINE4 | PINE3 | PINE2 | PINE1 | PINE0 | PINE |
| 읽기/쓰기 | 읽기 | 읽기 | 읽기 | 읽기 | 읽기 | 읽기 | 읽기 | 읽기 | |
| 초기값 | N/A | N/A | N/A | N/A | N/A | N/A | N/A | N/A | |

### ■ PORTF (Port F Data Register) : 포트 F 데이터 출력 레지스터

| 비트 | 7 | 6 | 5 | 4 | 3 | 2 | 1 | 0 | |
|---|---|---|---|---|---|---|---|---|---|
| 0x62 | PORTF7 | PORTF6 | PORTF5 | PORTF4 | PORTF3 | PORTF2 | PORTF1 | PORTF0 | PORTF |
| 읽기/쓰기 | 읽기/쓰기 | 읽기/쓰기 | 읽기/쓰기 | 읽기/쓰기 | 읽기/쓰기 | 읽기/쓰기 | 읽기/쓰기 | 읽기/쓰기 | |
| 초기값 | 0 | 0 | 0 | 0 | 0 | 0 | 0 | 0 | |

### ■ DDRF (Port F Data Direction Register) : 포트 F 데이터 방향 설정 레지스터

| 비트 | 7 | 6 | 5 | 4 | 3 | 2 | 1 | 0 | |
|---|---|---|---|---|---|---|---|---|---|
| 0x61 | DDF7 | DDF6 | DDF5 | DDF4 | DDF3 | DDF2 | DDF1 | DDF0 | DDRF |
| 읽기/쓰기 | 읽기/쓰기 | 읽기/쓰기 | 읽기/쓰기 | 읽기/쓰기 | 읽기/쓰기 | 읽기/쓰기 | 읽기/쓰기 | 읽기/쓰기 | |
| 초기값 | 0 | 0 | 0 | 0 | 0 | 0 | 0 | 0 | |

### ■ PINF (Port F Pin Input Address) : 포트 F 핀 입력 레지스터

| 비트 | 7 | 6 | 5 | 4 | 3 | 2 | 1 | 0 | |
|---|---|---|---|---|---|---|---|---|---|
| 0x00(0x20) | PINF7 | PINF6 | PINF5 | PINF4 | PINF3 | PINF2 | PINF1 | PINF0 | PINF |
| 읽기/쓰기 | 읽기 | 읽기 | 읽기 | 읽기 | 읽기 | 읽기 | 읽기 | 읽기 | |
| 초기값 | N/A | N/A | N/A | N/A | N/A | N/A | N/A | N/A | |

### ■ PORTG (Port G Data Register) : 포트 G 데이터 출력 레지스터

| 비트 | 7 | 6 | 5 | 4 | 3 | 2 | 1 | 0 | |
|---|---|---|---|---|---|---|---|---|---|
| 0x65 | – | – | – | PORTG4 | PORTG3 | PORTG2 | PORTG1 | PORTG0 | PORTG |
| 읽기/쓰기 | 읽기 | 읽기 | 읽기 | 읽기/쓰기 | 읽기/쓰기 | 읽기/쓰기 | 읽기/쓰기 | 읽기/쓰기 | |
| 초기값 | 0 | 0 | 0 | 0 | 0 | 0 | 0 | 0 | |

### ■ DDRG (Port G Data Direction Register) : 포트 G 데이터 방향 설정 레지스터

| 비트 | 7 | 6 | 5 | 4 | 3 | 2 | 1 | 0 | |
|---|---|---|---|---|---|---|---|---|---|
| 0x64 | – | – | – | DDG4 | DDG3 | DDG2 | DDG1 | DDG0 | DDRG |
| 읽기/쓰기 | 읽기 | 읽기 | 읽기 | 읽기/쓰기 | 읽기/쓰기 | 읽기/쓰기 | 읽기/쓰기 | 읽기/쓰기 | |
| 초기값 | 0 | 0 | 0 | 0 | 0 | 0 | 0 | 0 | |

### ■ PING (Port G Pin Input Address) : 포트 G 핀 입력 레지스터

| 비트 | 7 | 6 | 5 | 4 | 3 | 2 | 1 | 0 | |
|---|---|---|---|---|---|---|---|---|---|
| 0x63 | – | – | – | PING4 | PING3 | PING2 | PING1 | PING0 | PING |
| 읽기/쓰기 | 읽기 | 읽기 | 읽기 | 읽기 | 읽기 | 읽기 | 읽기 | 읽기 | |
| 초기값 | N/A | N/A | N/A | N/A | N/A | N/A | N/A | N/A | |

## 4.2 I/O 포트의 다른 기능

### (1) 포트 A

포트 A는 외부 메모리를 인터페이스할 때 시분할로 데이터 버스와 어드레스 하위 바이트로 동작하며, AD0~AD7로 표시된다.

[표 4-2] 포트 A 핀의 다른 기능

| 포트 핀 | 포트 C의 다른 기능 |
|---|---|
| PA0 | AD0 (외부 메모리 인터페이스 어드레스와 데이터 비트 0) |
| PA1 | AD1 (외부 메모리 인터페이스 어드레스와 데이터 비트 1) |
| PA2 | AD2 (외부 메모리 인터페이스 어드레스와 데이터 비트 2) |
| PA3 | AD3 (외부 메모리 인터페이스 어드레스와 데이터 비트 3) |
| PA4 | AD4 (외부 메모리 인터페이스 어드레스와 데이터 비트 4) |
| PA5 | AD5 (외부 메모리 인터페이스 어드레스와 데이터 비트 5) |
| PA6 | AD6 (외부 메모리 인터페이스 어드레스와 데이터 비트 6) |
| PA7 | AD7 (외부 메모리 인터페이스 어드레스와 데이터 비트 7) |

### (2) 포트 B

포트 B는 [표 4-3]과 같이 타이머/카운터, SPI 직렬통신에 관련된 다른 기능을 갖는다.

[표 4-3] 포트 B 핀의 다른 기능

| 포트 핀 | 포트 B의 다른 기능 |
|---|---|
| PB0 | $\overline{SS}$ (SPI 슬레이브 선택 입력) |
| PB1 | SCK (SPI 버스 직렬 클럭) |
| PB2 | MOSI (SPI 버스 마스터 출력/슬레이브 입력) |
| PB3 | MISO (SPI 버스 마스터 입력/슬레이브 출력) |
| PB4 | OC0 (타이머/카운터0 출력비교 매치 및 PWM 출력) |
| PB5 | OC1A (타이머/카운터1 출력비교 매치 및 PWM 출력 A) |
| PB6 | OC1B (타이머/카운터1 출력비교 매치 및 PWM 출력 B) |
| PB7 | OC2/OC1C (타이머/카운터2 출력비교 매치 및 PWM 출력 또는 타이머/카운터1 출력비교 매치 및 PWM 출력 C) |

### (3) 포트 C

포트 C는 외부 메모리를 인터페이스할 때 어드레스 상위 바이트로 동작하며, A8~A15로 표시된다.

[표 4-4] 포트 C 핀의 다른 기능

| 포트 핀 | 포트 C의 다른 기능 |
|---|---|
| PC0 | A8 (외부 메모리 인터페이스 어드레스 비트 8) |
| PC1 | A9 (외부 메모리 인터페이스 어드레스 비트 9) |
| PC2 | A10 (외부 메모리 인터페이스 어드레스 비트 10) |
| PC3 | A11 (외부 메모리 인터페이스 어드레스 비트 11) |
| PC4 | A12 (외부 메모리 인터페이스 어드레스 비트 12) |
| PC5 | A13 (외부 메모리 인터페이스 어드레스 비트 13) |
| PC6 | A14 (외부 메모리 인터페이스 어드레스 비트 14) |
| PC7 | A15 (외부 메모리 인터페이스 어드레스 비트 15) |

### (4) 포트 D

포트 D는 [표 4-5]와 같이 시리얼 통신, 외부 인터럽트, 타이머/카운터, 외부 메모리에 관련된 다른 기능을 갖는다.

[표 4-5] 포트 D 핀의 다른 기능

| 포트 핀 | 포트 D의 다른 기능 |
|---|---|
| PD0 | INT0/SCL (외부 인터럽트 0 또는 TWI 시리얼 클럭) |
| PD1 | INT1/SDA (외부 인터럽트 1 또는 TWI 시리얼 데이터) |
| PD2 | INT2/RXD1 (외부 인터럽트 2 또는 USART 1 수신) |
| PD3 | INT3/TXD1 (외부 인터럽트 3 또는 USART 1 송신) |
| PD4 | IC1 (타이머/카운터1 입력 캡쳐 트리거 입력) |
| PD5 | XCK1 (USART 1 외부 클럭 입/출력) |
| PD6 | T1 (타이머/카운터 1 클럭 입력) |
| PD7 | T2 (타이머/카운터 2 클럭 입력) |

### (5) 포트 E

포트 E는 [표 4-6]과 같이 타이머/카운터나 외부 인터럽트 또는 USART 0, 타이머/카운터, 외부 메모리에 관련된 다른 기능을 갖는다.

[표 4-6] 포트 E 핀의 다른 기능

| 포트 핀 | 포트 E의 다른 기능 |
|---|---|
| PE0 | PDI/RXD0 (프로그래밍 데이터 입력 또는 USART 0 수신) |
| PE1 | PDO/TXD0 (프로그래밍 데이터 출력 또는 USART 0 송신) |
| PE2 | AIN0/XCK0 (아날로그 +입력 0 또는 USART 0 외부 클럭 입출력) |
| PE3 | AIN1/0C3A (아날로그 -입력 1 또는 타이머/카운터 3 출력비교 매치 및 PWM 출력 A) |
| PE4 | INT4/OC3B (외부 인터럽트 4 또는 타이머/카운터 3 출력비교 매치 및 PWM 출력 B) |
| PE5 | INT5/0C3C (외부 인터럽트 5 또는 타이머/카운터 3 출력비교 매치 및 PWM 출력 C) |
| PE6 | INT6/T3 (외부 인터럽트 6 또는 타이머/카운터 3 외부 클럭 입력) |
| PE7 | INT7/IC3 (외부 인터럽트 7 또는 타이머/카운터 3 입력 캡쳐 트리거 입력) |

### (6) 포트 F

포트 F는 [표 4-7]과 같이 A/D 컨버터나 JTAG 인터페이스에 관련된 다른 기능을 갖는다.

[표 4-7] 포트 F 핀의 다른 기능

| 포트 핀 | 포트 F의 다른 기능 |
|---|---|
| PF0 | ADC0 (ADC 입력 채널 0) |
| PF1 | ADC1 (ADC 입력 채널 1) |
| PF2 | ADC2 (ADC 입력 채널 2) |
| PF3 | ADC3 (ADC 입력 채널 3) |
| PF4 | ADC4/TCK (ADC 입력 채널 4 또는 JTAG 테스트 클럭) |
| PF5 | ADC5/TMS (ADC 입력 채널 5 또는 JTAG 테스트 모드 선택) |
| PF6 | ADC6/TDO (ADC 입력 채널 6 또는 JTAG 테스트 데이터 출력) |
| PF7 | ADC7/TDI (ADC 입력 채널 7 또는 JTAG 테스트 데이터 입력) |

### (7) 포트 G

포트 G는 [표 4-8]과 같이 타이머/카운터나 외부 메모리에 관련된 다른 기능을 갖는다.

[표 4-8] 포트 G 핀의 다른 기능

| 포트 핀 | 포트 G의 다른 기능 |
|---|---|
| PG0 | $\overline{WR}$ (외부 데이터 메모리 쓰기 신호) |
| PG1 | $\overline{RD}$ (외부 데이터 메모리 읽기 신호) |
| PG2 | ALE (외부 메모리 어드레스 래치 신호) |
| PG3 | TOSC2 (타이머/카운터 0의 Real Time Clock 발진기 출력) |
| PG4 | TOSC1 (타이머/카운터 0의 Real Time Clock 발진기 입력) |

# 4.3 CodeVisionAVR 에서 레지스터 정의

*CodeVisionAVR*에서는 ATmega128의 레지스터명과 그 어드레스를 <mega128.h>에 정의해서 헤더 파일로 제공하고 있으며, 이 헤더 파일에는 레지스터명 이외에 인터럽트 함수를 정의할 때 사용하는 인터럽트 소스명도 함께 정의되어 있다. [표 4-9]는 헤더파일을 보여주며, 사용자는 프로그램을 작성할 때 프로그램의 선두에 #include 와 함께 사용하면 된다. 이렇게 해서 사용자는 헤더파일에 정의된 레지스터명을 프로그램내에서 재정의할 필요 없이 사용할 수 있다.

[표 4-9] <mega128.h> 헤더 파일

```
// CodeVisionAVR C Compiler
// (C) 1998-2004 Pavel Haiduc, HP InfoTech S.R.L.

// I/O registers definitions for the ATmega128

#ifndef _MEGA128_INCLUDED_
#define _MEGA128_INCLUDED_

#pragma used+
sfrb PINF=0;
sfrb PINE=1;
sfrb DDRE=2;
sfrb PORTE=3;
sfrb ADCL=4;
sfrb ADCH=5;
sfrw ADCW=4;        // 16 bit access
sfrb ADCSRA=6;
sfrb ADMUX=7;
sfrb ACSR=8;
sfrb UBRR0L=9;
sfrb UCSR0B=0xa;
sfrb UCSR0A=0xb;
sfrb UDR0=0xc;
sfrb SPCR=0xd;
sfrb SPSR=0xe;
sfrb SPDR=0xf;
sfrb PIND=0x10;
sfrb DDRD=0x11;
sfrb PORTD=0x12;
sfrb PINC=0x13;
sfrb DDRC=0x14;
```

```
sfrb  PORTC=0x15;
sfrb  PINB=0x16;
sfrb  DDRB=0x17;
sfrb  PORTB=0x18;
sfrb  PINA=0x19;
sfrb  DDRA=0x1a;
sfrb  PORTA=0x1b;
sfrb  EECR=0x1c;
sfrb  EEDR=0x1d;
sfrb  EEARL=0x1e;
sfrb  EEARH=0x1f;
sfrw  EEAR=0x1e;    // 16 bit access
sfrb  SFIOR=0x20;
sfrb  WDTCR=0x21;
sfrb  OCDR=0x22;
sfrb  OCR2=0x23;
sfrb  TCNT2=0x24;
sfrb  TCCR2=0x25;
sfrb  ICR1L=0x26;
sfrb  ICR1H=0x27;
sfrw  ICR1=0x26;    // 16 bit access
sfrb  OCR1BL=0x28;
sfrb  OCR1BH=0x29;
sfrw  OCR1B=0x28;   // 16 bit access
sfrb  OCR1AL=0x2a;
sfrb  OCR1AH=0x2b;
sfrw  OCR1A=0x2a;   // 16 bit access
sfrb  TCNT1L=0x2c;
sfrb  TCNT1H=0x2d;
sfrw  TCNT1=0x2c;   // 16 bit access
sfrb  TCCR1B=0x2e;
sfrb  TCCR1A=0x2f;
sfrb  ASSR=0x30;
sfrb  OCR0=0x31;
sfrb  TCNT0=0x32;
sfrb  TCCR0=0x33;
sfrb  MCUCSR=0x34;
sfrb  MCUCR=0x35;
sfrb  TIFR=0x36;
sfrb  TIMSK=0x37;
sfrb  EIFR=0x38;
sfrb  EIMSK=0x39;
sfrb  EICRB=0x3a;
sfrb  RAMPZ=0x3b;
sfrb  XDIV=0x3c;
sfrb  SPL=0x3d;
sfrb  SPH=0x3e;
```

```
sfrb SREG=0x3f;
#pragma used-
#define DDRF (*(unsigned char *) 0x61)
#define PORTF (*(unsigned char *) 0x62)
#define PING (*(unsigned char *) 0x63)
#define DDRG (*(unsigned char *) 0x64)
#define PORTG (*(unsigned char *) 0x65)
#define SPMCSR (*(unsigned char *) 0x68)
#define EICRA (*(unsigned char *) 0x6a)
#define XMCRB (*(unsigned char *) 0x6c)
#define XMCRA (*(unsigned char *) 0x6d)
#define OSCCAL (*(unsigned char *) 0x6f)
#define TWBR (*(unsigned char *) 0x70)
#define TWSR (*(unsigned char *) 0x71)
#define TWAR (*(unsigned char *) 0x72)
#define TWDR (*(unsigned char *) 0x73)
#define TWCR (*(unsigned char *) 0x74)
#define OCR1CL (*(unsigned char *) 0x78)
#define OCR1CH (*(unsigned char *) 0x79)
#define TCCR1C (*(unsigned char *) 0x7a)
#define ETIFR (*(unsigned char *) 0x7c)
#define ETIMSK (*(unsigned char *) 0x7d)
#define ICR3L (*(unsigned char *) 0x80)
#define ICR3H (*(unsigned char *) 0x81)
#define OCR3CL (*(unsigned char *) 0x82)
#define OCR3CH (*(unsigned char *) 0x83)
#define OCR3BL (*(unsigned char *) 0x84)
#define OCR3BH (*(unsigned char *) 0x85)
#define OCR3AL (*(unsigned char *) 0x86)
#define OCR3AH (*(unsigned char *) 0x87)
#define TCNT3L (*(unsigned char *) 0x88)
#define TCNT3H (*(unsigned char *) 0x89)
#define TCCR3B (*(unsigned char *) 0x8a)
#define TCCR3A (*(unsigned char *) 0x8b)
#define TCCR3C (*(unsigned char *) 0x8c)
#define UBRR0H (*(unsigned char *) 0x90)
#define UCSR0C (*(unsigned char *) 0x95)
#define UBRR1H (*(unsigned char *) 0x98)
#define UBRR1L (*(unsigned char *) 0x99)
#define UCSR1B (*(unsigned char *) 0x9a)
#define UCSR1A (*(unsigned char *) 0x9b)
#define UDR1 (*(unsigned char *) 0x9c)
#define UCSR1C (*(unsigned char *) 0x9d)
// Interrupt vectors definitions

#define EXT_INT0 2
#define EXT_INT1 3
```

```
#define EXT_INT2 4
#define EXT_INT3 5
#define EXT_INT4 6
#define EXT_INT5 7
#define EXT_INT6 8
#define EXT_INT7 9
#define TIM2_COMP 10
#define TIM2_OVF 11
#define TIM1_CAPT 12
#define TIM1_COMPA 13
#define TIM1_COMPB 14
#define TIM1_OVF 15
#define TIM0_COMP 16
#define TIM0_OVF 17
#define SPI_STC 18
#define USART0_RXC 19
#define USART0_DRE 20
#define USART0_TXC 21
#define ADC_INT 22
#define EE_RDY 23
#define ANA_COMP 24
#define TIM1_COMPC 25
#define TIM3_CAPT 26
#define TIM3_COMPA 27
#define TIM3_COMPB 28
#define TIM3_COMPC 29
#define TIM3_OVF 30
#define USART1_RXC 31
#define USART1_DRE 32
#define USART1_TXC 33
#define TWI 34
#define SPM_RDY 35

#endif
```

## 4.4 I/O 포트 실험

I/O 포트를 사용하기 위해서는 우선 방향 설정 레지스터(DDRx)를 이용하여 사용하는 포트에 대해 비트 단위로 입출력 방향을 설정해야 하며, 만일 입력으로 사용하는 포트에 대해서는 내부 풀업저항을 사용할 것인가를 SFIOR 레지스터를 이용하여 설정해 주어야 한다. 그리고, 포트에 값을 출력하는 경우에는 레지스터 PORTx를 이용하며, 포트 상태를 입력하는 경우에는 레지스터 PINx를 이용한다.

### [예제 4-1] LED 순차 점멸 실험1

포트 C에 연결되어 있는 LED를 순차적으로 ON/OFF 시키는 프로그램을 작성하라. 즉, PC0부터 PC7에 연결되어 있는 LED를 순차적으로 ON시키고, PC7의 LED가 ON된 후에는 다시 PC0의 LED부터 ON이 되도록 한다. LED는 포트의 값이 0일 때 ON이 되며, LED의 점멸을 확인하기 위해 시간 지연 함수를 이용하도록 한다.

**[예제 4-1] LED 순차 점멸 실험1**

```
// 파일명 : ex4-1.c
// 설  명 : 포트 C에  연결되어 있는 LED의 순차 점멸 실험1
// 주  의 : LED는 0의 값을 출력할 경우에 ON 된다.

#include <mega128.h>

void Delay(unsigned int);          // 시간 지연 함수

void main(void)
{
        unsigned char led = 0xFE;       // LED 초기 출력값

        DDRC = 0xFF;                    // 포트 C 출력 설정

        while(1){
                PORTC = led;            // 포트 C에 출력
                Delay(5);               // 시간 지연
                led <<= 1;              // led 변수의 좌 쉬프트
                led |= 0x01;            // 쉬프트 후에 0 비트에는 '0'이 입력되므로 '1'로 셋
                if(led == 0xFF) led = 0xFE; // led 변수 초기화
        }
}

// 시간 지연 함수
void Delay(unsigned int cnt)
{
      unsigned int i, j;

      for(i = 0;i < cnt;i++){
            j = 50000;
            while(--j);
      }
}
```

### [예제 4-2] LED 순차 점멸 실험2

[예제 4-1]과 비슷한 동작을 하지만 PC7의 LED가 ON된 후에 PC6의 LED가 켜지도록 하는 프로그램을 작성하라. 즉, LED의 동작이 LED0 -> LED1 ->... -> LED6 -> LED7 -> LED6 -> ...LED0 의 순서로 켜지도록 하라.

**[예제 4-2] LED 순차 점멸 실험 2**

```
// 파일명 : ex4-2.c
// 설  명 : 포트 C에 연결되어 있는 LED의 순차 점멸 실험2
// 주  의 : LED는 0의 값을 출력할 경우에 ON 된다.

#include <mega128.h>
void Delay(unsigned int);        // 시간 지연 함수

void main(void)
{
        unsigned char led = 0xFE;

        DDRC = 0xFF;                     // 포트 C 출력 설정

        while(1){
                do{
                    PORTC = led;  // 포트 C에 출력
                    Delay(5);     // 시간 지연
                    led <<= 1;    // led 변수의 좌 쉬프트
                    led |= 0x01;  // 쉬프트 후에 0비트에는 '0'이 입력되므로 '1'로 셋
                } while(led != 0x7F); // MSB가 켜지면 루프 종료

                do{
                    PORTC = led;  // 포트 C에 출력
                    Delay(5);     // 시간 지연
                    led >>= 1;    // led 변수의 우 쉬프트
                    led |= 0x80;  // 쉬프트 후에 7 비트에는 '0'이 입력되므로 '1'로 셋
                } while(led != 0xFE); // LSB가 켜지면 루프 종료
        }
}

// 시간 지연 함수
void Delay(unsigned int cnt)
{
      unsigned int i, j;

      for(i = 0;i < cnt;i++){
          j = 50000;
          while(--j);
      }
}
```

### [예제 4-3] 포트 입력 실험1

PE4~PE7에 연결되어 있는 4개의 스위치 SW1, SW2, SW3, SW4의 상태를 그대로 포트 C의 하위에 연결된 4개의 LED에 출력하고, 포트 C의 상위에 연결된 4개의 LED에는 반전시켜 출력하는 프로그램을 작성하라.

**[예제 4-3] 포트 입력 실험1**

```
// 파일명 : ex4-3.c
// 설  명 : 포트 입력 실험 1
//         포트 E의 스위치 상태를 포트 C의 하위(그대로)와 상위(반전)에 출력

#include <mega128.h>

void main(void)
{
        unsigned char key, Lout, Mout;

        DDRC = 0xFF;                    // 포트 C 출력 설정
        DDRE = 0b00000010;              // PE4 - PE7 SWITCH 입력 설정
        PORTC = 0xFF;                   // LED 모두 Off

        while(1){
                key = PINE & 0xF0;          // 스위치(포트 E 상위) 읽어오기
                Mout = 0xF0 ^ key;          // 상위 출력값
                Lout = (key >> 4);          // 하위 출력값
                PORTC = Mout | Lout;        // 포트 C에 출력
        }
}
```

### [예제 4-4] 포트 입력 실험2

4개의 스위치 입력에 대해 다음과 같은 동작을 하는 프로그램을 작성하도록 하라.

[표 4-10] 스위치 입력에 대한 LED 출력

| SW4 | SW3 | SW2 | SW1 | LED |
|---|---|---|---|---|
| OFF | OFF | OFF | ON | All ON |
| OFF | OFF | ON | OFF | All OFF |
| OFF | ON | OFF | OFF | 짝수 LED ON |
| ON | OFF | OFF | OFF | 홀수 LED ON |

**[예제 4-4] 포트 입력 실험 2**

```
// 파일명 : ex4-4.c
// 설   명 : 포트 입력 실험 2
//              - 각 스위치에 따라 LED가 다르게 켜진다.

#include <mega128.h>

void main(void)
{
        unsigned char key;

        DDRC = 0xFF;                    // 포트 C 출력 설정
        DDRE = 0b00000010;              // PE4 - PE7 핀 입력 설정
        PORTC = 0xFF;                   // LED 모두 OFF

       while(1){
                key = PINE & 0xF0;              // 포트 E 읽어오기.

                switch(key){
                        case 0b11100000 :   // SW1이 눌리면 LED 모두 ON
                                PORTC = 0x00;
                                break;
                        case 0b11010000 :   // SW2가 눌리면 LED 모두 OFF
                                PORTC = 0xFF;
                                break;
                        case 0b10110000 :   // SW3이 눌리면 짝수번째 LED ON
                                PORTC = 0b01010101;
                                break;
                        case 0b01110000 :   // SW4가 눌리면 홀수번째 LED ON
                                PORTC = 0b10101010;
                                break;
                        default:    break;
                }
        }
}
```

### [예제 4-5] 포트 입력 실험3

SW1이 눌려질 때마다 포트 C에 연결되어 있는 LED를 왼쪽으로 쉬프트 시켜가며 순차 점멸하는 프로그램을 작성하라.

**[예제 4-5] 포트 입력 실험3**

```
// 파일명 : ex4-5.c
// 설  명 : 포트 입력 실험 3
//         포트 E의 SW1이 눌려질 때마다 LED를 순차점멸 이동

#include <mega128.h>

void main(void)
{
        unsigned char oldkey, key, led;;

        DDRC = 0xFF;                    // 포트 C 출력 설정
        DDRE = 0b00000010;              // PE4 - PE7 핀 입력 설정

        led = 0xFE;
        PORTC = led;

        oldkey = PINE & 0b00010000;                     // SW1 상태만 추출
        while(1){
                key = PINE & 0b00010000;                // SW1 상태만 추출
                if(oldkey != 0 && key == 0){            // 먼저 상태 OFF, 현 상태 ON ?
                        led = (led << 1) | 0x01;        // 1비트 쉬프트
                        if(led == 0xFF) led = 0xFE;
                        PORTC = led;
                }
                oldkey = key;                           // 먼저 상태 <- 현 상태
        }
}
```

### [예제 4-6] 7-Segment 구동연습 1

맨 우측 7-Segment의 7개 LED a,b,c,d,e,f,g를 순차적으로 점멸시키는 프로그램을 작성하라. 회로도로부터 7-Segment의 LED를 ON시킬 때는 ULN2803에 1을 출력하고, 트랜지스터에 0를 출력하여 트랜지스터를 ON시키면 7-Segment가 동작하게 된다.

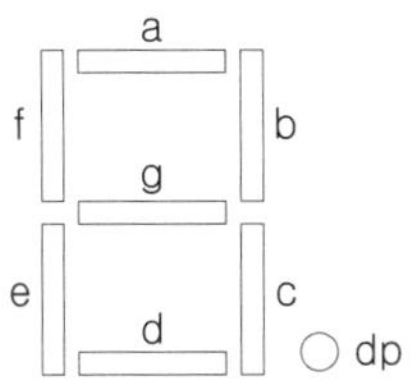


**[예제 4-6] 7-Segment의 LED 순차 구동 1**

```
// 파일명 : ex4-6.c
// 설   명 : 7-Segment의 각 LED 순차 구동

#include <mega128.h>
#include <delay.h>

void main(void)
{
        char i, val;

        DDRB = 0xFF;                    // 포트 B 출력 설정
        DDRF = 0b11110000;              // PF4-PF7 출력 설정

        PORTF = 0b11100000;             // 맨 우측 7-Segment SEG1 ON(PF4=0)

        while(1){
                val = 0b00000001;
                for(i = 0;i < 7;i++){
                        PORTB = val;
                        delay_ms(500);
                        val = val << 1;
                }
        }
}
```

### [예제 4-7] 7-Segment 구동연습 2

맨 우측의 7-Segment부터 좌측의 7-Segment 로 이동해가며 7-Segment의 모든 LED를 0.5초씩 ON/OFF 시키는 프로그램을 작성하라.

**[예제 4-7] 7-Segment 구동연습 2**

```
// 파일명 : ex4-7.c
// 4개의 7-Segment 구동연습

#include <mega128.h>
#include <delay.h>

void main(void)
{
        DDRB = 0xFF;                              // 포트 B 출력 설정
        DDRF = 0b11110000;                        // PF4-PF7 출력 설정

          while(1){
                PORTF = 0b11100000;           // SEG1 7-Segment ON (PF4=0)
                PORTB = 0b01111111;           // LED 모두 ON
                delay_ms(500);
                PORTB = 0b00000000;           // LED 모두 OFF
                delay_ms(500);

                PORTF = 0b11010000;           // SEG2 7-Segment ON (PF5=0)
                PORTB = 0b01111111;           // LED 모두 ON
                delay_ms(500);
                PORTB = 0b00000000;           // LED 모두 OFF
                delay_ms(500);

                PORTF = 0b10110000;           // SEG3 7-Segment ON (PF6=0)
                PORTB = 0b01111111;           // LED 모두 ON
                delay_ms(500);
                PORTB = 0b00000000;           // LED 모두 OFF
                delay_ms(500);

                PORTF = 0b01110000;           // SEG4 7-Segment ON (PF7=0)
                PORTB = 0b01111111;           // LED 모두 ON
                delay_ms(500);
                PORTB = 0b00000000;           // LED 모두 OFF
                delay_ms(500);
        }
}
```

### [예제 4-8] 7-Segment 구동연습 3

맨 우측의 7-Segment에 대해 16진값 '0'~'F'를 순차 표시하는 프로그램을 작성하라. [표 4-11]은 16진수의 문자를 표시하기 위해 포트 B에 출력할 값을 나타낸다.

[표 4-11] 16진 표시 출력값

| 표시문자 | PB6 | PB5 | PB4 | PB3 | PB2 | PB1 | PB0 |
|---|---|---|---|---|---|---|---|
| | g | f | e | d | c | b | a |
| 0 | 0 | 1 | 1 | 1 | 1 | 1 | 1 |
| 1 | 0 | 0 | 0 | 0 | 1 | 1 | 0 |
| 2 | 1 | 0 | 1 | 1 | 0 | 1 | 1 |
| 3 | 1 | 0 | 0 | 1 | 1 | 1 | 1 |
| 4 | 1 | 1 | 0 | 0 | 1 | 1 | 0 |
| 5 | 1 | 1 | 0 | 1 | 1 | 0 | 1 |
| 6 | 1 | 1 | 1 | 1 | 1 | 0 | 1 |
| 7 | 0 | 0 | 0 | 0 | 1 | 1 | 1 |
| 8 | 1 | 1 | 1 | 1 | 1 | 1 | 1 |
| 9 | 1 | 1 | 0 | 1 | 1 | 1 | 1 |
| A | 1 | 1 | 1 | 0 | 1 | 1 | 1 |
| B | 1 | 1 | 1 | 1 | 1 | 0 | 0 |
| c | 0 | 1 | 1 | 1 | 0 | 0 | 1 |
| d | 1 | 0 | 1 | 1 | 1 | 1 | 0 |
| e | 1 | 1 | 1 | 1 | 0 | 0 | 1 |
| F | 1 | 1 | 1 | 0 | 0 | 0 | 1 |

**[예제 4-8] 7-Segment 구동연습 3**

```
// 파일명 : ex4-8.c
// 16진수 순차 표시

#include <mega128.h>
#include <delay.h>

char seg_pat[16]= {0x3f, 0x06, 0x5b, 0x4f, 0x66, 0x6d, 0x7d, 0x07,
                   0x7f, 0x6f, 0x77, 0x7c, 0x39, 0x5e, 0x79, 0x71};
void main(void)
{
        int i;

        DDRB = 0xFF;                    // 포트 B 출력 설정
        DDRF = 0b11110000;              // PF4-PF7 출력 설정

        PORTF = 0b11100000;             // 맨 오른쪽 7-Segment ON (PF4=0)
        while(1){                       // 16진수 순차 표시
                for(i = 0;i < 16;i++){
                        PORTB = seg_pat[i];
                        delay_ms(1000);
                }
        }
}
```

### [예제 4-9] 7-Segment 구동연습 4

맨 우측 2개의 7-Segment를 이용하여 0부터 99까지 표시하는 프로그램을 작성하라.

**[예제 4-9] 7-Segment 구동연습 4**

```
// 파일명 : ex4-9.c
// 7-Segment에 0-99까지 출력하기

#include <mega128.h>
#include <delay.h>

char seg_pat[16]= {0x3f, 0x06, 0x5b, 0x4f, 0x66, 0x6d, 0x7d, 0x07,
                   0x7f, 0x6f, 0x77, 0x7c, 0x39, 0x5e, 0x79, 0x71};
void  Seg2_out(int);        // 두 자리 정수 출력

void main(void)
{
        int num = 0;

        DDRB = 0xFF;                    // 포트 B 출력 설정
        DDRF = 0b11110000;              // PF4-PF7 출력 설정

        while(1){
                Seg2_out(num);
                num++;
                if(num > 99) num = 0;
        }
}

void Seg2_out(int num)          // 두 자리 정수 출력
{
        int i, N10, N1;

        N10 = num / 10;                 // 10자리 추출
        N1 = num % 10;                  // 1자리 추출

        for(i = 0;i < 49;i++){
                PORTF = 0b11100000;             // 맨 우측 7-Segment SEG1 ON (PF4=0)
                PORTB = seg_pat[N1];
                delay_ms(10);
                PORTF = 0b11110000;

                PORTF = 0b11010000;             // 7-Segment SEG2 ON (PF5=0)
                PORTB = seg_pat[N10];
                delay_ms(10);
                PORTF = 0b11110000;
        }
}
```

## [예제 4-10] 7-Segment 구동연습 5

모든 7-Segment를 이용하여 0부터 9999까지 표시하는 프로그램을 작성하라.

**[예제 4-10] 7-Segment 구동연습 5**

```
// 7-Segment에 0-9999까지 출력하기

#include <mega128.h>
#include <delay.h>

char seg_pat[16]= {0x3f, 0x06, 0x5b, 0x4f, 0x66, 0x6d, 0x7d, 0x07,
                   0x7f, 0x6f, 0x77, 0x7c, 0x39, 0x5e, 0x79, 0x71};
void  Seg4_out(int);          // 네 자리 정수 출력

void main(void)
{
        int num = 0;

        DDRB = 0xFF;                    // 포트 B 출력 설정
        DDRF = 0b11110000;              // PF4-PF7 출력 설정

        while(1){
                Seg4_out(num);
                num++;
                if(num > 9999) num = 0;
        }
}

void Seg4_out(int num)              // 네 자리 정수 출력
{
        int i, N1000, N100, N10, N1, buf;

        N1000 = num / 1000;                 // 1000자리 추출
        buf = num % 1000;

        N100 = buf / 100;                   // 100자리 추출
        buf = buf % 100;

        N10 = buf / 10;                     // 10자리 추출
        N1 = buf % 10;                      // 1자리 추출

        for(i = 0;i < 2;i++){
                PORTF = 0b11100000;           // 맨 우측 7-Segment SEG1 ON (PF4=0)
                PORTB = seg_pat[N1];          // 1자리 표시
                delay_ms(5);
```

**[예제 4-10] 7-Segment 구동연습 5 (계속)**

```
            PORTF = 0b11110000;

            PORTF = 0b11010000;         // 7-Segment SEG2 ON (PF5=0)
            PORTB = seg_pat[N10];       // 10자리 표시
            delay_ms(5);
            PORTF = 0b11110000;

            PORTF = 0b10110000;         // 7-Segment SEG3 ON  (PF6=0)
            PORTB = seg_pat[N100];      // 100자리 표시
            delay_ms(5);
            PORTF = 0b11110000;

            PORTF = 0b01110000;         // 7-Segment SEG4 ON (PF7=0)
            PORTB = seg_pat[N1000];     // 1000자리 표시
            delay_ms(5);
            PORTF = 0b11110000;
        }
}
```

Chapter 05

# 외부 인터럽트

## 5.1 개요

### 5.1.1 인터럽트란?

일반적으로 MCU에서 입력을 받아들이는 방법에는 두 가지가 있다. 하나는 사용자가 명령어를 사용하여 입력 핀의 값을 계속 읽어서 변화를 알아내는 것(폴링 : polling)이고 다른 하나는 MCU 자체가 하드웨어적으로 그 변화를 체크하여 변화시에만 일정한 동작을 하는 것(interrupt)이다.

인터럽트가 발생했을 때 MCU는 지금까지 실행하던 프로그램을 일단 중단하고 사용자에 의해 성해신 인너럽트 서비스 루틴을 실행하게 뇌며, 그 루틴의 실행이 끝나변 다시 원래 실행하던 프로그램으로 돌아가서 하던 일을 계속하게 된다.

폴링은 모든 경우의 입력 또는 값의 변화에 대응하여 처리가 가능하지만 인터럽트는 하드웨어적으로 지원되는 몇 개의 입력 또는 값의 변화에만 대응 처리가 가능하며, 처리 속도는 일반적인 경우에 인터럽트가 더 빠르다고 할 수 있다.

### 5.1.2 인터럽트 소스와 벡터 테이블

인터럽트를 발생시킬 수 있도록 만들어진 것(외부 입력 핀, 카운터, 시리얼 포트 등)을 인터럽트 소스(interrupt source)라고 하고, 인터럽트 발생시 분기 장소를 기록해 놓은 특정 번지의 내용을 인터럽트 점프 테이블(interrupt jump table) 또는 인터럽트 벡터 테이블(interrupt vector table)이라고 한다. 그리고, 인터럽트 처리 프로그램을 인터럽트 핸들러(interrupt handler) 또는 인터럽트 서비스 루틴(interrupt service routine)이라고 한다.

# 5.2 인터럽트 처리

ATmega128은 리셋을 포함하여 35개의 인터럽트 소스를 제공하며, [표 5-1]은 그것을 요약한 것이다. 인터럽트와 리셋 벡터는 각각 프로그램 메모리 영역 내에 별도의 벡터를 가지며, 모든 인터럽트에는 인터럽트를 인에이블 시키기 위해 상태 레지스터 SREG의 I 비트와 함께 각각의 개별적인 인터럽트 인에이블 비트가 할당되어 있다.

[표 5-1] 리셋과 인터럽트 벡터

| 벡터 | 프로그램 주소(2) | 인터럽트 소스 | 인터럽트 설명 |
|---|---|---|---|
| 1 | 0x0000(1) | RESET | 외부 리셋. 파워온 리셋/워치독 리셋 |
| 2 | 0x0002 | INT0 | 외부 인터럽트 요구 0 |
| 3 | 0x0004 | INT1 | 외부 인터럽트 요구 1 |
| 4 | 0x0006 | INT2 | 외부 인터럽트 요구 2 |
| 5 | 0x0008 | INT3 | 외부 인터럽트 요구 3 |
| 6 | 0x000A | INT4 | 외부 인터럽트 요구 4 |
| 7 | 0x000C | INT5 | 외부 인터럽트 요구 5 |
| 8 | 0x000E | INT6 | 외부 인터럽트 요구 6 |
| 9 | 0x0010 | INT7 | 외부 인터럽트 요구 7 |
| 10 | 0x0012 | TIMER2 COMP | 타이머/카운터2 비교 매치 |
| 11 | 0x0014 | TIMER2 OVF | 타이머/카운터2 오버플로 |
| 12 | 0x0016 | TIMER1 CAPT | 타이머/카운터1 캡쳐 이벤트 |
| 13 | 0x0018 | TIMER1 COMPA | 타이머/카운터1 비교 매치 A |
| 14 | 0x001A | TIMER1 COMPB | 타이머/카운터1 비교 매치 B |
| 15 | 0x001C | TIMER1 OVF | 타이머/카운터1 오버플로 |
| 16 | 0x001E | TIMER1 COMP | 타이머/카운터1 비교 매치 |
| 17 | 0x0020 | TIMER0 OVF | 타이머/카운터0 오버플로 |
| 18 | 0x0022 | SPI, STC | SPI 직렬 전송 완료 |
| 19 | 0x0024 | USART0, RX | USART0 수신 완료 |
| 20 | 0x0026 | USART0, UDRE | USART0 데이터 레지스터 빔 |
| 21 | 0x0028 | USART0,TX | USART0 데이터 전송 완료 |
| 22 | 0x002A | ADC | A/D 변환 완료 |
| 23 | 0x002C | EE READY | EEPROM Ready |
| 24 | 0x002E | ANALOG COMP | 아날로그 비교기 |
| 25 | 0x0030(3) | TIMER1 COMPC | 타이머/카운터1 비교 매치 C |
| 26 | 0x0032(3) | TIMER3 CAPT | 타이머/카운터3 캡쳐 이벤트 |

| | | | |
|---|---|---|---|
| 27 | 0x0034(3) | TIMER3 COMPA | 타이머/카운터3 비교 매치 A |
| 28 | 0x0036(3) | TIMER3 COMPB | 타이머/카운터3 비교 매치 B |
| 29 | 0x0038(3) | TIMER3 COMPC | 타이머/카운터3 비교 매치 C |
| 30 | 0x003A(3) | TIMER3 OVF | 타이머/카운터3 오버플로 |
| 31 | 0x003C(3) | USART1, RX | USART1 수신 완료 |
| 32 | 0x003E(3) | USART1, UDRE | USART0 데이터 레지스터 빔 |
| 33 | 0x0040(3) | USART1, TX | USART0 데이터 전송 완료 |
| 34 | 0x0042(3) | TWI | Two-wire 직렬 인터페이스 |
| 35 | 0x0044(3) | SPM READY | Store Program Memory Ready |

☞(1) 퓨즈 비트의 BOOTRST비트를 0으로 하면, 리셋때 부트로더 번지로 점프함
(2) 레지스터 MCUCR의 IVSEL 비트가 1이면, 인터럽트 벡터는 부트 플래시 섹션의 스타트 번지로 이동한다. 따라서, 각 인터럽트 벡터 어드레스는 부트 플래시 섹션의 시작번지에 이 표의 프로그램 주소가 더해진 값이 된다.
(3) ATmega103 호환모드에서는 0x0030~0x0044는 존재하지 않는다.

리셋과 인터럽트 벡터는 [표 5-2]와 같이 퓨즈 비트 BOOTRST와 MCUCR 레지스터의 IVSEL 비트 값에 따라 다른 벡터값을 갖는다. 표에서 Boot Reset 어드레스는 2부 3-2-1절의 [표 3-10]에 나타낸 BOOTSZ1..0값에 따른 부트로더 섹션의 시작번지를 나타낸다. [표 5-3]은 전형적인 경우(BOOTRST=1, IVSEL=0)의 어셈블리 프로그램을 보여주며, 리셋 어드레스는 0x0000이고 인터럽트 벡터 시작 어드레스는 0x0002인 것을 알 수 있다.

[표 5-2] 리셋 및 인터럽트 벡터 위치

| BOOTRST | IVSEL | Reset 어드레스 | 인터럽트 벡터 시작 어드레스 |
|---|---|---|---|
| 1 | 0 | 0x0000 | 0x002 |
| 1 | 1 | 0x0000 | Boot Reset address + 0x0002 |
| 0 | 0 | Boot Reset address | 0x002 |
| 0 | 1 | Boot Reset address | Boot Reset address + 0x002 |

[표 5-3] 전형적인 (BOOTRST=1, IVSEL=0) 어셈블리 프로그램

```
Address   Labels    Code                    Comments
------------------------------------------------------------------------
0x0000              rjmp RESET              ; Reset Handler
0x0002              rjmp EXT_INT0           ; IRQ0 Handler
0x0004              rjmp EXT_INT1           ; IRQ1 Handler
0x0006              rjmp EXT_INT2           ; IRQ2 Handler
0x0008              rjmp EXT_INT3           ; IRQ3 Handler
0x000A              rjmp EXT_INT4           ; IRQ4 Handler
0x000C              rjmp EXT_INT5           ; IRQ5 Handler
0x000E              rjmp EXT_INT6           ; IRQ6 Handler
0x0010              rjmp EXT_INT7           ; IRQ7 Handler
0x0012              rjmp TIM2_COMP          ; Timer2 Compare Handler
0x0014              rjmp TIM2_OVF           ; Timer2 Overflow Handler
0x0016              rjmp TIM1_CAPT          ; Timer1 Capture Handler
0x0018              rjmp TIM1_COMPA         ; TImer1 Compare A Handler
0x001A              rjmp TIM1_COMPB         ; TImer1 Compare B Handler
0x001C              rjmp TIM1_OVF           ; TImer1 Overflow Handler
0x001E              rjmp TIM0_COMP          ; Timer0 Compare Handler
0x0020              rjmp TIM0_OVF           ; Timer0 Overflow Handler
0x0022              rjmp SPI_STC            ; SPI Transfer Complete Handler
0x0024              rjmp USART0_RXC         ; USART0 RX Complete Handler
0x0026              rjmp USART0_DRE         ; USART0 UDR Empty Handler
0x0028              rjmp USART0_TXC         ; USART0 TX Complete Handler
0x002A              rjmp ADC                ; ADC Conversion Complete Handler
0x002C              rjmp EE_READY           ; EEPROM Ready Handler
0x002E              rjmp ANA_COMP           ; Analog Comparator Handler
0x0030              rjmp TIM1_COMPC         ; Timer1 Compare C Handler
0x0032              rjmp TIM3_CAPT          ; Timer3 Capture Handler
0x0034              rjmp TIM3_COMPA         ; Timer3 Compare A Handler
0x0036              rjmp TIM3_COMPB         ; Timer3 Compare B Handler
0x0038              rjmp TIM3_COMPC         ; Timer3 Compare C Handler
0x003A              rjmp TIM3_OVF           ; Timer3 Overflow Handler
0x003C              rjmp USART1_RXC         ; USART1 RX Complete Handler
0x003E              rjmp USART1_DRE         ; USART1 UDR Empty Handler
0x0040              rjmp USART1_TXC         ; USART1 TX Complete Handler
0x0042              rjmp TWI                ; TWO-wire Serial Interface Handler
0x0044              rjmp SPM_RDY            ; SPM Ready Handler
;
0x046     RESET:    ldi r16,high(RAMEND)    ; Main program start
0x012               out SPH,r16             ; Set Stack Pointer to top of RAM
0x013               ldi r16,low(RAMEND)
0x014               out SPL,r16
0x015               sei                     ; Enable interrupts
0x016               <instr> xxx
...       ...       ...
```

[표 5-4]는 BOOTRST=1, IVSEL=1이고 부트로더 사이즈가 8K바이트인 경우(부트로더 섹션 0xF000~0xFFFF)인 경우의 어셈블리 프로그램을 보여주며, 리셋 어드레스는 0x000이고 인터럽트 벡터 시작 어드레스는 0xF002인 것을 알 수 있다.

[표 5-4] BOOTRST=1, IVSEL=1인 경우의 어셈블리 프로그램

```
Address   Labels     Code                     Comments
------------------------------------------------------------------------
0x000     RESET:     ldi r16,high(RAMEND)     ; Main program start
0x001                out SPH,r16              ; Set Stack Pointer to top of RAM
0x002                ldi r16,low(RAMEND)
0x003                out SPL,r16
0x004                sei                      ; Enable interrupts
0x005                <instr> xxx

                    .org 0xF002
0xF002               rjmp EXT_INT0            ; IRQ0 Handler
0xF004               rjmp EXT_INT1            ; IRQ1 Handler
...       ....       ..                       ;
0xF044               rjmp SPM_RDY             ; Store Program memory Ready
```

## ■ MCUCR(MCU Control Register) : MCU 제어 레지스터

이 레지스터는 I/O 영역 0x35(0x55) 번지에 위치하며, 인터럽트에 관련이 있는 비트의 기능은 다음과 같다.

| 비트 | 7 | 6 | 5 | 4 | 3 | 2 | 1 | 0 | |
|---|---|---|---|---|---|---|---|---|---|
| 0x35(0x55) | SRE | SRW10 | SE | SM1 | SM0 | SM2 | IVSEL | IVCE | MCUCR |
| 읽기/쓰기 | 읽기/쓰기 | 읽기/쓰기 | 읽기/쓰기 | 읽기/쓰기 | 읽기/쓰기 | 읽기/쓰기 | 읽기/쓰기 | 읽기/쓰기 | |
| 초기값 | 0 | 0 | 0 | 0 | 0 | 0 | 0 | 0 | |

- Bit 1-IVSEL(Interrupt Vector Select) : 인터럽트 벡터 선택 비트

  이 비트가 0이면 인터럽트 벡터는 플래시 메모리의 시작에 위치하지만, 이 비트가 1이면 인터럽트 벡터는 [표 5-2]와 같이 플래시 메모리의 부트로더 섹션의 선두 위치로 이동하게 된다. 부트로더의 선두 어드레스는 퓨즈 비트 BOOTSZ1..0에 의해 결정된다. 이 비트에 새로운 값을 쓰기 위해서는 IVCE 비트를 우선적으로 1로 하고 4사이클 이내에 원하는 값을 써주어야 한다. 이 4사이클 동안 MCU는 인터럽트 금지상태가 된다.

- Bit 0-IVCE(Interrupt Vector Change Enable) : 인터럽트 벡터 변경 인에이블 비트

  이 비트는 IVSEL 비트를 변경할 때 이를 가능하게 하기 위해 우선적으로 1로 하여야 하며, 이 비트가 1이 되고 4 사이클 후 또는 IVSEL에 값이 셋 되었을 때 하드웨어적으로 클리어 된다. 따라서, IVCE 비트에 1을 쓰고, 4사이클 이내에 IVSEL 비트에 원하는 값을 써야만 한다.

프로그램 메모리 영역의 최하위 영역에 리셋과 인터럽트 벡터가 [표 5-1]과 같이 정의되어 있으며, 가장 낮은 주소를 갖는 인터럽트가 가장 높은 인터럽트 우선순위를 갖는다. 즉, 외부 리셋에 대한 인터럽트가 가장 높은 우선순위를 가지며, 외부 인터럽트 0은 두 번째로 높은 우선순위를 갖는다.

인터럽트가 발생하여 인터럽트 서비스 루틴으로 점프하게 되면 전역 인터럽트 인에이블 비트인 SREG 레지스터의 I 비트는 0으로 되며, 모든 인터럽트가 무시된다. 사용자는 인터럽트를 인에이블 시키기 위해 I 비트를 셋 할 수도 있으며, 또한 인터럽트 서비스 루틴을 빠져 나오는 명령 RETI를 사용하면 I 비트가 자동적으로 셋 된다.

이벤트에 의해 발생되는 인터럽트는 이벤트가 발생했을 때 인터럽트 플래그가 셋 된다. 만일 인터럽트 플래그가 클리어 되고 인터럽트 조건이 유지된다면, 인터럽트 플래그는 다음 이벤트가 발생할 때까지 셋 되지 않는다.

프로그램 카운터가 인터럽트 처리 루틴을 실행하기 위해 실제 인터럽트 벡터를 가리키게 되면, 발생된 인터럽트에 대응하는 플래그는 하드웨어적으로 자동 클리어 된다.

인터럽트 인에이블 비트가 클리어 되어 있을 때 대응하는 인터럽트 조건이 발생되면 인터럽트 플래그는 셋 되며, 인터럽트가 인에이블 되거나 소프트웨어에 의해 클리어 될 때까지 유지된다.

전역 인터럽트 인에이블 비트 I가 클리어 되어 있을 때 1개 이상의 인터럽트 조건이 발생되면 대응되는 인터럽트 플래그는 셋 되고 전역 인터럽트 비트가 셋 될 때까지 유지되고 우선순위에 의해서 실행된다.

외부 인터럽트 중 레벨 인터럽트는 플래그를 가지고 있지 않으며, 인터럽트 조건이 충족되어 있을 동안만 유지된다.

# 5.3 외부 인터럽트

ATmega128의 외부 인터럽트는 INTO~INT7 핀에 의해 발생되며, 외부 인터럽트가 인에이블 되어 있다면 이 핀들이 출력으로 설정되어 있더라도 인터럽트가 발생한다. 이것은 소프트웨어적으로 인터럽트를 발생시키는 방법을 제공한다.

외부 인터럽트 INT0~INT7은 에지 트리거(하강 에지 또는 상승 에지) 또는 레벨 트리거(Low 레벨)에 의해 인터럽트가 발생할 수 있으며, 레지스터 EICRA와 EICRB에 의해 설정되어진다.

■ **EICRA(External Interrupt Control Register A) : 외부 인터럽트 제어 레지스터 A**

| 비트 | 7 | 6 | 5 | 4 | 3 | 2 | 1 | 0 | |
|---|---|---|---|---|---|---|---|---|---|
| 0x6A | ISC31 | ISC30 | ISC21 | ISC20 | ISC11 | ISC10 | ISC01 | ISC00 | EICRA |
| 읽기/쓰기 | 읽기/쓰기 | 읽기/쓰기 | 읽기/쓰기 | 읽기/쓰기 | 읽기/쓰기 | 읽기/쓰기 | 읽기/쓰기 | 읽기/쓰기 | |
| 초기값 | 0 | 0 | 0 | 0 | 0 | 0 | 0 | 0 | |

이 레지스터는 외부 인터럽트 INT0~INT3에 대한 인터럽트 트리거 방식을 설정하며 [표 5-5]와 같다.

[표 5-5] 외부 인터럽트 INT0~INT3 트리거 방식(n=0~3)

| ISCn1 | ISCn0 | 설 명 |
|---|---|---|
| 0 | 0 | INTn의 Low 레벨에서 인터럽트 요구 |
| 0 | 1 | - |
| 1 | 0 | INTn의 하강 에지에서 비동기적으로 인터럽트 요구 |
| 1 | 1 | INTn의 상승 에지에서 비동기적으로 인터럽트 요구 |

INT0~INT3의 레벨 트리거와 에지 트리거 방식에 의한 외부 인터럽트는 클럭에 상관없이 비동기적으로 검출되며, 이것들은 슬립모드를 해제하는 수단으로 사용될 수 있다. 에지 트리거로 사용되는 인터럽트는 최소 50ns 이상의 펄스폭을 가져야 한다.

### ■ EICRB(External Interrupt Control Register B) : 외부 인터럽트 제어 레지스터 B

| 비트 | 7 | 6 | 5 | 4 | 3 | 2 | 1 | 0 | |
|---|---|---|---|---|---|---|---|---|---|
| 0x3A(0x5A) | ISC71 | ISC70 | ISC61 | ISC60 | ISC51 | ISC50 | ISC41 | ISC40 | EICRB |
| 읽기/쓰기 | 읽기/쓰기 | 읽기/쓰기 | 읽기/쓰기 | 읽기/쓰기 | 읽기/쓰기 | 읽기/쓰기 | 읽기/쓰기 | 읽기/쓰기 | |
| 초기값 | 0 | 0 | 0 | 0 | 0 | 0 | 0 | 0 | |

이 레지스터는 외부 인터럽트 INT4~INT7에 대한 인터럽트 트리거 방식을 설정하며 [표 5-6]과 같다.

[표 5-6] 외부 인터럽트 INT4~INT7 트리거 방식(n=4~7)

| ISCn1 | ISCn0 | 설 명 |
|---|---|---|
| 0 | 0 | INTn의 Low 레벨에서 인터럽트 요구 |
| 0 | 1 | INTn에 논리적인 변화가 있을 때 인터럽트 요구 |
| 1 | 0 | INTn의 하강 에지에서 인터럽트 요구 |
| 1 | 1 | INTn의 상승 에지에서 인터럽트 요구 |

INT4~INT7의 에지 트리거 방식에 의한 외부 인터럽트는 I/O 클럭을 필요로 하기 때문에 아이들 모드이외의 슬립모드에서는 슬립모드를 해제하는 수단으로 사용될 수 없다.

에지 트리거로 사용되는 인터럽트는 최소 1주기 이상의 펄스폭을 가져야 하며, 레벨 트리거를 사용하는 경우에는 현재 실행중인 명령어가 끝날 때까지 Low 레벨을 유지하여야 한다.

### ■ EIMSK(External Interrupt Mask Register) : 외부 인터럽트 마스크 레지스터

EIMSK는 8개의 외부 인터럽트를 인에이블시키는 비트로 구성된다.

| 비트 | 7 | 6 | 5 | 4 | 3 | 2 | 1 | 0 | |
|---|---|---|---|---|---|---|---|---|---|
| 0x39(0x59) | INT7 | INT6 | INT5 | INT4 | INT3 | INT2 | INT1 | INT0 | EIMSK |
| 읽기/쓰기 | 읽기/쓰기 | 읽기/쓰기 | 읽기/쓰기 | 읽기/쓰기 | 읽기/쓰기 | 읽기/쓰기 | 읽기/쓰기 | 읽기/쓰기 | |
| 초기값 | 0 | 0 | 0 | 0 | 0 | 0 | 0 | 0 | |

- Bit 7..0 – INT7~INT0 : 외부 인터럽트 인에이블 비트

  INT0~INT7 비트가 셋 되어 있고 상태 레지스터 SREG의 I 비트가 셋 되어 있을 경우에 해당하는 외부 인터럽트가 인에이블 되며, 인터럽트 트리거 방식은 EICRA 레지스터와 EICRB 레지스터에 의해 설정된다.

## ■ EIFR(External Interrupt Flag Register) : 외부 인터럽트 플래그 레지스터

이 레지스터는 외부 인터럽트의 발생여부를 나타낸다.

| 비트 | 7 | 6 | 5 | 4 | 3 | 2 | 1 | 0 | |
|---|---|---|---|---|---|---|---|---|---|
| 0x38(0x58) | INTF7 | INTF6 | INTF5 | INTF4 | INTF3 | INTF2 | INTF1 | INTF0 | EIFR |
| 읽기/쓰기 | 읽기/쓰기 | 읽기/쓰기 | 읽기/쓰기 | 읽기/쓰기 | 읽기/쓰기 | 읽기/쓰기 | 읽기/쓰기 | 읽기/쓰기 | |
| 초기값 | 0 | 0 | 0 | 0 | 0 | 0 | 0 | 0 | |

- Bit 7..0 – INTF7~INTF0 : 외부 인터럽트 플래그 비트

  INT0~INT7 핀에서 인터럽트 요구의 이벤트가 발생했을 때 이 비트가 셋 된다. SREG의 I 비트와 EIMSK 레지스터의 INT0~INT7 비트가 셋 되어 있으면 MCU는 해당하는 인터럽트 벡터로 점프한다. 인터럽트 루틴이 실행되면 플래그는 자동적으로 클리어 되거나 또는 플래그 비트에 1을 쓰면 클리어 된다. 레벨 트리거로 설정된 경우에는 항상 클리어 되어 있다.

## ■ SREG(Status Register) : 상태 레지스터

상태 레지스터(SREG)는 산술연산 결과에 대한 상태 플래그 비트와 전체 인터럽트를 제어하는 인에이블 비트를 가지며, I/O 메모리 영역 0x3F(0x5F) 번지에 위치한다.

| 비트 | 7 | 6 | 5 | 4 | 3 | 2 | 1 | 0 | |
|---|---|---|---|---|---|---|---|---|---|
| 0x3F(0x5F) | I | T | H | S | V | N | Z | C | SREG |
| 읽기/쓰기 | 읽기/쓰기 | 읽기/쓰기 | 읽기/쓰기 | 읽기/쓰기 | 읽기/쓰기 | 읽기/쓰기 | 읽기/쓰기 | 읽기/쓰기 | |
| 초기값 | 0 | 0 | 0 | 0 | 0 | 0 | 0 | 0 | |

- BIT 7–I : 전역 인터럽트 인에이블(Global Interrupt Enable) 비트

  이 비트는 인터럽트를 인에이블 시키기 위해서는 반드시 셋 되어야 한다. 각각의 인터럽트 인에이블 제어는 별도의 제어 레지스터에서 수행되며, 이 비트가 0이면 개별적인 인터럽트 인에이블의 설정이 의미가 없게 된다. 이 비트는 인터럽트가 발생된 후에 하드웨어적으로 자동 클리어 되며, 다음 인터럽트 인에이블을 위해서 RETI 명령에 의해 셋 된다.

# 5.4 외부 인터럽트 실험

## 5.4.1 *CodeVisionAVR* 에서 인터럽트 사용법

*CodeVisionAVR*에서 인터럽트를 사용하기 위해서는 다음과 같은 형식을 갖추어야 한다.

```
interrupt [인터럽트 소스명] void 함수명(void)
{
        인터럽트 서브루틴
}
```

여기서, 인터럽트 소스명은 *CodeVisionAVR*에서 제공하는 헤더 파일 <mega128.h>에 정의된 소스명을 사용하며, 함수명은 사용자가 임의로 정해주면 된다. [표 5-7]은 <mega128.h>에서 인터럽트 소스명 정의부분만 표시한 것이다.

[예] 외부 인터럽트 0

```
interrupt [EXT_INT0] void ext_int0(void)
{
        .....

}
```

[예] 타이머/카운터0 비교 매치

```
interrupt [TIM0_COMP] void tim0_comp(void)
{
        .....

}
```

[표 5-7] <mega128.h>에서 정의된 인터럽트 소스명

```
// Interrupt vectors definitions

#define EXT_INT0 2
#define EXT_INT1 3
#define EXT_INT2 4
#define EXT_INT3 5
#define EXT_INT4 6
#define EXT_INT5 7
#define EXT_INT6 8
#define EXT_INT7 9
#define TIM2_COMP 10
#define TIM2_OVF 11
#define TIM1_CAPT 12
#define TIM1_COMPA 13
#define TIM1_COMPB 14
#define TIM1_OVF 15
#define TIM0_COMP 16
#define TIM0_OVF 17
#define SPI_STC 18
#define USART0_RXC 19
#define USART0_DRE 20
#define USART0_TXC 21
#define ADC_INT 22
#define EE_RDY 23
#define ANA_COMP 24
#define TIM1_COMPC 25
#define TIM3_CAPT 26
#define TIM3_COMPA 27
#define TIM3_COMPB 28
#define TIM3_COMPC 29
#define TIM3_OVF 30
#define USART1_RXC 31
#define USART1_DRE 32
#define USART1_TXC 33
#define TWI 34
#define SPM_RDY 35

#endif
```

## 5.4.2 외부 인터럽트 실험

이 절에서는 KUT-128 보드의 SW1(INT4)~SW4(INT7)를 이용하여 외부 인터럽트를

발생시켜 인터럽트 서브루틴을 실행시키는 프로그램을 실험하도록 한다.

### [예제 5-1] 외부 인터럽트4에 의한 LED 점멸 실험

KUT-128 보드의 SW1/INT4이 눌려질 때마다 외부 인터럽트4가 발생하여 LED가 순차적으로 점멸되도록 프로그램을 작성하라. 외부 인터럽트4의 입력 트리거는 하강 에지에서 발생하도록 한다.

**[예제 5-1] 외부 인터럽트4에 위한 LED 순차 점멸 실험**

```
// 파일명 : ex5-1.c
// 설  명 : 외부 인터럽트4에 대한 LED 순차 점멸 실험.

#include <mega128.h>

unsigned char led = 0xFE;

void main(void)
{
        // 포트 초기화
        DDRC = 0xFF;                    // 포트 C 출력 설정
        DDRE = 0b00000010;              // 포트 E 입력(PE1 출력)

        PORTC = led;                    // 포트 C에 초기값 출력

        // 인터럽트 초기화
        EICRB = 0b00000010;             // 외부 인터럽트4  : 하강 에지
        EIMSK = 0b00010000;             // 외부 인터럽트4 인에이블
        SREG = 0x80;                    // 전역 인터럽트 인에이블 비트 셋

        while(1);
}

// 외부 인터럽트4 서비스 루틴
interrupt [EXT_INT4] void external_int4(void)
{
        led <<= 1;
        led |= 0b00000001;
        if(led == 0xFF) led = 0xFE;
        PORTC = led;
}
```

### [예제 5-2] 외부 인터럽트4에 의한 LED 전자 룰렛 실험(에지 트리거)

외부 인터럽트4에 대한 실험으로 LED를 이용하여 룰렛 게임기를 구성하자. LED는 LED0 -> LED1 -> ... -> LED7 → LED6 -> ... -> LED0의 순으로 빠르게 반복해서 켜지는 동안, SW1/INT4 스위치를 누르면 멈추도록 프로그램을 작성하라. 인터럽트 입력 트리거는 하강 에지 방식을 사용한다.

**[예제 5-2] 외부 인터럽트4에 의한 LED 전자 룰렛 실험(에지 트리거)**

```
// 파일명 : ex5-2c
// 설  명 : 외부 인터럽트4(SW1/INT4)에 의한 LED 전자 룰렛 실험(룰렛 게임기)

#include <mega128.h>
#include <delay.h>

void main(void)
{
        unsigned char led = 0xFE;

        // 포트 초기화
        DDRC = 0xFF;                        // 포트 C 출력 설정
        DDRE = 0b00000010;                  // PE1을 제외한 모든 핀 입력 설정

        PORTC = led;                        // 포트 C에 초기값 출력

        // 인터럽트 초기화
        EICRB = 0b00000010;                 // 외부 인터럽트4 : 하강 에지
        EIMSK = 0b00010000;                 // 외부 인터럽트4 인에이블
        SREG = 0x80;                        // 전역 인터럽트 인에이블 비트 셋

        while(1){
                do{
                   PORTC = led;                  // 포트 C에 출력
                   delay_ms(5);                  // 시간 지연
                   led <<= 1;                    // led 변수의 좌 쉬프트
                   led |= 0x01;                  // 쉬프트 후에 0비트에는 0이 입력되므로 1로 셋
                } while(led != 0x7F);            // MSB가 켜지면 루프 종료

                do{
                   PORTC = led;                  // 포트 C에 출력
                   delay_ms(5);                  // 시간 지연
                   led >>= 1;                    // led 변수의 우 쉬프트
                   led |= 0x80;                  // 쉬프트 후에 7비트에는 0이 입력되므로 1로 셋
                } while(led != 0xFE);            // LSB가 켜지면 루프 종료
        }
}

// 외부 인터럽트4 서비스 루틴
interrupt [EXT_INT4] void external_int4(void)
{
        while((PINE & 0b00010000) == 0);         // KEY0(INT4) 키가 눌려있는지를 체크
}
```

### [예제 5-3] 외부 인터럽트4에 의한 LED 전자 룰렛 실험(레벨 트리거)

외부 인터럽트4에 대한 실험으로 [예제 5-3]과 유사하다. 그러나, 입력 트리거 방식을 레벨 트리거 방식으로 하여 SW1이 눌리고 있는 동안에는 LED가 룰렛과 같은 동작을 하도록 하며, SW1을 누르고 있다가 손을 떼면 순차 점멸하던 LED가 정지하도록 프로그램을 작성하라.

**[예제 5-3] 외부 인터럽트4에 의한 LED 전자 룰렛 실험(레벨 트리거)**

```
// 파일명 : ex5-3.c
// 설   명 : 외부 인터럽트4에 의한 LED 전자 룰렛 실험(레벨 트리거)

#include <mega128.h>
#include <delay.h>

unsigned char led = 0xFE;

void main(void)
{
        // 포트 초기화
        DDRC = 0xFF;                    // 포트 C 출력 설정
        DDRE = 0b00000010;              // 포트 E 입력 설정(PE1 출력)

        PORTC = led;                    // 포트 C에 초기값 출력

        // 인터럽트 초기화
        EICRB = 0b00000000;             // 외부 인터럽트4 : low 레벨
        EIMSK = 0b00010000;             // 외부 인터럽트4 인에이블
        SREG = 0x80;                    // 전역 인터럽트 인에이블 비트 셋

        while(1);                       // 무한 루프
}

// 외부 인터럽트4 서비스 루틴
interrupt [EXT_INT4] void external_int4(void)
{
        // LED 순차 점멸
        led <<= 1;
        led |= 0x01;
        if(led == 0xFF) led = 0xFE;
        PORTC = led;
        delay_ms(5);
}
```

### [예제 5-4] 외부 인터럽트4에 의한 스위치 입력 실험

외부 인터럽트4를 이용하여 SW1/INT4를 누를 때마다 맨 우측 7-Segment의 표시값이 0->1->2-> ,,,->9->0->1,,, 이 표시되도록 프로그램을 작성하라.

**[예제 5-4] 외부 인터럽트4에 의한 스위치 입력 실험**

```
// 파일명 : ex5-4.c

#include <mega128.h>
#include <delay.h>

char seg_pat[16]= {0x3f, 0x06, 0x5b, 0x4f, 0x66, 0x6d, 0x7d, 0x07,
                   0x7f, 0x6f, 0x77, 0x7c, 0x39, 0x5e, 0x79, 0x71};

char  N1 = 0;

void main(void)
{
        DDRB = 0xFF;                    // 포트 B 출력 설정
        DDRF = 0b11110000;              // PF4-PF7 출력 설정

        // 인터럽트 초기화
        EICRB = 0b00000010;             // 외부 인터럽트4 : 하강 에지
        EIMSK = 0b00010000;             // 외부 인터럽트4 인에이블
        SREG = 0x80;                    // 전역 인터럽트 인에이블 비트 셋

        PORTF = 0b11100000;             // 맨 우측 7-Segment SEG1 ON (PF4=0)

        while(1) PORTB = seg_pat[N1];
}

// 외부 인터럽트4 서비스 루틴
interrupt [EXT_INT4] void external_int4(void)
{
        N1 = (N1 + 1) % 10;             // 값 +1
}
```

### [예제 5-5] 외부 인터럽트4~ 7을 이용한 네 자리 입력 실험

INT4~INT7을 이용하여 십진 네 자리(0000~9999) 값을 입력하여 7-Segment에 출력하는 프로그램을 작성하라. 여기서, SW1/INT4이 눌리면 1의 자리를 +1, SW2/INT5가 눌리면 10의 자리를 +1, SW3/INT6이 눌리면 100의 자리를 +1, SW4/INT7가 눌리면 1000의 자리를 +1 하도록 하라. 그리고, 각 자리의 최대값은 9로 하고 9 다음에는 0으로 한다.

**[예제 5-5] 외부 인터럽트4~7을 이용한 네 자리 입력 실험**

```
// 파일명 : ex5-5.c
// 스위치 4개를 이용한 네 자리 입력실험

#include <mega128.h>
#include <delay.h>

char seg_pat[16]= {0x3f, 0x06, 0x5b, 0x4f, 0x66, 0x6d, 0x7d, 0x07,
                   0x7f, 0x6f, 0x77, 0x7c, 0x39, 0x5e, 0x79, 0x71};

char  N1 = 0, N10 = 0, N100 = 0, N1000 = 0;

void Seg4_out(void); // 네 자리수 7-Segment 출력

void main(void)
{
        DDRB = 0xFF;                    // 포트 B 출력 설정
        DDRF = 0b11110000;              // PF4-PF7 출력 설정

        // 인터럽트 초기화
        EICRB = 0b10101010;             // 외부 인터럽트 4, 5, 6, 7 : 하강 에지
        EIMSK = 0b11110000;             // 외부 인터럽트 4, 5, 6, 7 인에이블
        SREG = 0x80;                    // 전역 인터럽트 인에이블 비트 셋
        while(1) Seg4_out();
}

// 네 자리수 7-Segment 출력 함수
void Seg4_out(void)
{
        PORTF = 0b11100000;             // SEG 1 (PF4=0), 1자리 표시
        PORTB = seg_pat[N1];
        delay_ms(5);

        PORTF = 0b11010000;             // SEG 2 (PF5=0), 10자리 표시
        PORTB = seg_pat[N10];
        delay_ms(5);
```

**[예제 5-5] 외부 인터럽트4~7을 이용한 네자리 입력 실험 (계속)**

```
        PORTF = 0b10110000;           // SEG 3 (PF6=0), 100자리 표시
        PORTB = seg_pat[N100];
        delay_ms(5);

        PORTF = 0b01110000;           // SEG 4 (PF7=0), 1000자리 표시
        PORTB = seg_pat[N1000];
        delay_ms(5);
}

// 외부 인터럽트4 처리 함수
interrupt [EXT_INT4] void external_int4(void)
{
        N1 = (N1 + 1) % 10;           // 1자리 +1
}

// 외부 인터럽트5 처리 함수
interrupt [EXT_INT5] void external_int5(void)
{
        N10 = (N10 + 1) % 10;           // 10자리 +1
}

// 외부 인터럽트6 처리 함수
interrupt [EXT_INT6] void external_int6(void)
{
        N100 = (N100 + 1) % 10;           // 100자리 +1
}

// 외부 인터럽트7 처리 함수
interrupt [EXT_INT7] void external_int7(void)
{
        N1000 = (N1000 + 1) % 10;           // 1000자리 +1
}
```

### [예제 5-6] 두 개의 외부 인터럽트를 이용한 네 자리 입력 실험

[예제 5-5]를 두 개의 스위치 SW1/INT4와 SW2/INT5만을 이용하여 구현하도록 하라. 여기서, SW2는 입력될 자리(위치)를 나타내고, SW1이 눌려지면 현재 선택된 자리의 값을 +1하도록 한다. SW2가 눌려지면 입력될 위치를 1자리 -> 10자리 -> ... -> 1000자리 -> 1자리 -> 10자리 ...로 이동하도록 한다.

**[예제 5-6] 두 개의 외부 인터럽트를 이용한 네 자리 입력 실험**

```
// 파일명 : ex5-6.c
// 두 개의 스위치를 이용한 네 자리 입력 실험
#include <mega128.h>
#include <delay.h>

char seg_pat[16]= {0x3f, 0x06, 0x5b, 0x4f, 0x66, 0x6d, 0x7d, 0x07,
                   0x7f, 0x6f, 0x77, 0x7c, 0x39, 0x5e, 0x79, 0x71};

char  N1 = 0, N10 = 0, N100 = 0, N1000 = 0;
char  pos = 0;    // 0 : 1자리, 1 : 10자리 , 2 : 100자리 , 3 : 1000자리

void Seg4_out(void); // 네 자리수 7-Segment 출력

void main(void)
{
        DDRB = 0xFF;                    // 포트 B 출력 설정
        DDRF = 0b11110000;              // PF4-PF7 출력 설정

        // 인터럽트 초기화
        EICRB = 0b00001010;             // 외부 인터럽트 4, 5 : 하강 에지
        EIMSK = 0b00110000;             // 외부 인터럽트 4, 5 인에이블
        SREG = 0x80;                    // 전역 인터럽트 인에이블 비트 셋

        while(1) Seg4_out();
}
// 네 자리수 7-Segment 출력 함수
void Seg4_out(void)
{
        PORTF = 0b11100000;             // SEG 1 (PF4=0), 1자리 표시
        PORTB = seg_pat[N1];
        delay_ms(5);

        PORTF = 0b11010000;             // SEG 2 (PF5=0), 10자리 표시
        PORTB = seg_pat[N10];
        delay_ms(5);

        PORTF = 0b10110000;             // SEG 3 (PF6=0), 100자리 표시
```

**[예제 5-6] 두 개의 외부 인터럽트를 이용한 네 자리 입력 실험 (계속)**

```
        PORTB = seg_pat[N100];
        delay_ms(5);

        PORTF = 0b01110000;            // SEG 4 (PF7=0), 1000자리 표시
        PORTB = seg_pat[N1000];
        delay_ms(5);
}

// 외부 인터럽트4 서비스 루틴
interrupt [EXT_INT4] void external_int4(void)
{
        if(pos == 0) N1 = (N1 + 1) % 10;              // 1자리 +1
        else if(pos == 1) N10 = (N10 + 1) % 10;       // 10자리 +1
        else if(pos == 2) N100 = (N100 + 1) % 10;     // 100자리 +1
        else N1000 = (N1000 + 1) % 10;                // 1000자리 +1
}

// 외부 인터럽트5 서비스 루틴
interrupt [EXT_INT5] void external_int5(void)
{
        pos = (pos + 1) % 4;                 // 입력 자리 이동
}
```

### [예제 5-7] 외부인터럽트를 이용한 간이 시계 제작

delay_ms() 함수를 이용하여 시간과 분을 7-Segment에 출력하는 프로그램을 작성하라. 시간과 분의 조정은 [예제 5-6]과 같이 두 개의 스위치를 이용하여 입력하도록 한다.

**[예제 5-7] 외부 인터럽트를 이용한 간이 시계 제작**

```
// 파일명 : ex5-7.c
// 외부인터럽트를 이용한 간이 시계 제작
#include <mega128.h>
#include <delay.h>

char seg_pat[16]= {0x3f, 0x06, 0x5b, 0x4f, 0x66, 0x6d, 0x7d, 0x07,
                   0x7f, 0x6f, 0x77, 0x7c, 0x39, 0x5e, 0x79, 0x71};

char  N1 = 0, N10 = 0, N100 = 0, N1000 = 0;
char  pos = 0;   // 0 : 1자리, 1 : 10자리 , 2 : 100자리 , 3 : 1000자리
char  hour = 0, min = 0, sec = 0;

void Time_out(void);              // 시간 표시 함수

void main(void)
{
        char i;

        DDRB = 0xFF;                    // 포트 B 모든 핀 출력
        DDRF = 0b11110000;              // PF4-PF7 출력

        // 인터럽트 초기화
        EICRB = 0b00001010;             // 외부 인터럽트 4, 5  : 하강 에지
        EIMSK = 0b00110000;             // 외부 인터럽트 4, 5 인에이블'
        SREG = 0x80;                    // 전역 인터럽트 인에이블 비트 셋

        while(1) {
                for(i = 0;i < 49;i++) Time_out();          // 약 1초간 반복 표시

                sec = sec + 1;                              // 초값 +1
                if(sec == 60) {
                        sec = 0;
                        min = min + 1;                      // 분값 +1
                        if(min == 60) {
                                min = 0;
                                hour = (hour + 1) % 24;  // 시간 +1
                        }
                }
        }
}
```

**[예제 5-7] 외부 인터럽트를 이용한 간이 시계 제작 (계속)**

```
// 시간 표시 함수
void Time_out(void)
{
        PORTF = 0b11100000;          // SEG 1 (분 1단위 표시)
        PORTB = seg_pat[min % 10];
        delay_ms(5);

        PORTF = 0b11010000;          // SEG 2 (분 10단위 표시)
        PORTB = seg_pat[min / 10];
        delay_ms(5);

        PORTF = 0b10110000;          // SEG 3 (시간 1단위 표시)
        PORTB = seg_pat[hour % 10];
        delay_ms(5);

        PORTF = 0b01110000;          // SEG 4 (시간 10단위 표시)
        PORTB = seg_pat[hour / 10];
        delay_ms(5);
}

// 외부 인터럽트 요구 4 서비스 루틴
interrupt [EXT_INT4] void external_int4(void)
{
        N1 = min % 10;                          // 현재 분 1자리 추출
        N10 = min / 10;                         // 현재 분 10자리 추출
        N100 = hour % 10;                       // 현재 시간 1자리 추출
        N1000 = hour / 10;                      // 현재 시간 10자리 추출

        if(pos == 0) N1 = (N1 + 1) % 10;        // 분 1단위 +1
        else if(pos == 1) N10 = (N10 + 1) % 6;  // 분 10단위 +1
        else if(pos == 2) {                     // 시간 1단위 +1
                if(N1000 == 2) N100 = (N100 + 1) % 4;
                else N100 = (N100 + 1) % 10;
        }
        else {                                  // 시간 10단위 +1
                if(N100 < 4) N1000 = (N1000 + 1) % 3;
                else if(N1000 != 1) N1000 = (N1000 + 1) % 3;
        }

        hour = N1000 * 10 + N100;               // 시간 계산
        min = N10 * 10 + N1;                    // 분 계산
}

// 외부 인터럽트 요구 5 서비스 루틴
interrupt [EXT_INT5] void external_int5(void)
{
        pos = (pos + 1) % 4;                    // 입력 자리 이동
}
```

### [예제 5-8] 폴링 방식에 의한 네 자리 입력 실험

[예제 5-6]에 대해 외부 인터럽트를 이용하지 말고 프로그램을 작성하라.

**[예제 5-8] 폴링 방식에 의한 네 자리 입력 실험**

```
// 파일명 : ex5-8.c
// 폴링 방식에 의한 네 자리 입력 실험

#include <mega128.h>
#include <delay.h>

char seg_pat[16]= {0x3f, 0x06, 0x5b, 0x4f, 0x66, 0x6d, 0x7d, 0x07,
                   0x7f, 0x6f, 0x77, 0x7c, 0x39, 0x5e, 0x79, 0x71};

char  N1 = 0, N10 = 0, N100 = 0, N1000 = 0;
char  pos = 0;    // 0 : 1자리, 1 : 10자리 , 2 : 100자리 , 3 : 1000자리

void Seg4_out(void);   // 네 자리 7-Segment 출력 함수
void sw_key1(void);    // SW1 입력 처리 함수
void sw_key2(void);    // SW2 입력 처리 함수

void main(void)
{
        unsigned char old_sw, sw;

        DDRB = 0xFF;                     // 포트 B 출력 설정
        DDRF = 0b11110000;               // PF4-PF7 출력 설정
        DDRE = 0b00000010;               // PE 포트 입력 설정(PE1 출력)

        old_sw = (PINE & 0xF0);          // 스위치 상태값 추출
        while(1) {
                Seg4_out();

                sw = (PINE & 0xF0);              // 스위치 상태값 추출
                if(sw == old_sw) continue;       // 스위치 상태가 변화가 있는가 ?

                if(old_sw == 0b11110000 && sw == 0b11100000){
                        sw_key1();               // SW1 입력 처리
                }
                else if(old_sw == 0b11110000 && sw == 0b11010000){
                        sw_key2();               // SW2 입력 처리
                }
                old_sw = sw;
        }
}
```

**[예제 5-8] 폴링 방식에 의한 네 자리 입력 실험 (계속)**

```
// 네 자리수 7-Segment 출력 함수
void Seg4_out(void)
{
        PORTF = 0b11100000;           // SEG 1 (PF4=0), 1자리 표시
        PORTB = seg_pat[N1];
        delay_ms(5);

        PORTF = 0b11010000;           // SEG 2 (PF5=0), 10자리 표시
        PORTB = seg_pat[N10];
        delay_ms(5);

        PORTF = 0b10110000;           // SEG 3 (PF6=0), 100자리 표시
        PORTB = seg_pat[N100];
        delay_ms(5);

        PORTF = 0b01110000;           // SEG 4 (PF7=0), 1000자리 표시
        PORTB = seg_pat[N1000];
        delay_ms(5);
}

// SW1 입력 처리 함수
void sw_key1(void)
{
        if(pos == 0) N1 = (N1 + 1) % 10;              // 1자리 +1
        else if(pos == 1) N10 = (N10 + 1) % 10;       // 10자리 +1
        else if(pos == 2) N100 = (N100 + 1) % 10;     // 100자리 +1
        else N1000 = (N1000 + 1) % 10;                // 1000자리 +1
}

// SW2 입력 처리 함수
void sw_key2(void)
{
        pos = (pos + 1) % 4;          // 입력 자리 이동
}
```

Chapter 06

# 타이머/카운터

ATmega128은 2개의 8비트 타이머/카운터 0과 2를 가지며, 2개의 16비트 타이머/카운터 1과 3을 가지고 있다. 이들 타이머/카운터는 내부 클럭 $clk_{I/O}$(=$clk_{CPU}$)를 카운트하는 타이머 또는 외부 클럭을 카운트하는 카운터로 동작한다. [표 6-1]은 타이머/카운터에 대해 요약한 것을 보여준다.

[표 6-1] 타이머/카운터 요약표

| | 타이머/카운터0 | 타이머/카운터1 | 타이머/카운터2 | 타이머/카운터3 |
|---|---|---|---|---|
| 구조 | 8비트 | 16비트 | 8비트 | 16비트 |
| 카운터 동작 시 외부클럭 입력핀 | TOSC1 | T1 | T2 | T3 |
| 프리스케일러 | 1, 8, 32, 64, 128, 256, 1024 | 1, 8, 64, 256, 1024 | 1, 8, 64, 256, 1024 | 1, 8, 64, 256, 1024 |
| 관련 레지스터 | TCNT0, TCCR0, OCR0, ASSR, TIMSK, TIFR, SFIOR | TCNT1, TCCR1A, TCCR1B, TCCR1C, OCR1A OCR1B, OCR1C, ICR1, TIMSK, ETIMSK, TIFR, ETIFR, SFIOR | TCNT2, TCCR2, OCR2, TIMSK, TIFR, SFIOR | TCNT3, TCCR3A, TCCR3B, TCCR3C, OCR3A OCR3B, OCR3C, ICR3, TIMSK, ETIMSK, TIFR, ETIFR, SFIOR |
| 관련 입력핀 | TOSC1, TOSC2 | T1, IC1 | T2 | T3, IC3 |
| 관련 출력핀 | OC0 | 0C1A, OC1B, OC1C | OC2 | OC3A, OC3B, OC3C |
| 인터럽트 | 오버플로우, 출력 비교 매치 | 오버플로우, 출력 비교 매치 A/B/C, 입력 캡쳐 | 오버플로우, 출력 비교 매치 | 오버플로우, 출력 비교 매치 A/B/C, 입력 캡쳐 |
| 특징 | RTC 기능, 타이머/카운터 모두 프리스케일러 사용 | 캡쳐 기능 | - | 캡쳐 기능 |

# 6.1 타이머/카운터0

타이머/카운터0은 8비트 업/다운 카운터로서 다음과 같은 특징을 갖는다.

- 10비트 프리스케일러 내장
- 비교 매치에서 타이머 클리어(오토 리로드)
- 카운터로 동작할 때의 클럭 입력 단자 : TOSC1
- 32kHz 시계 클럭 접속 단자 : TOSC1, TOSC2
- 오버플로우와 출력 비교 매치(Output Compare match) 2개의 인터럽트 소스 제공

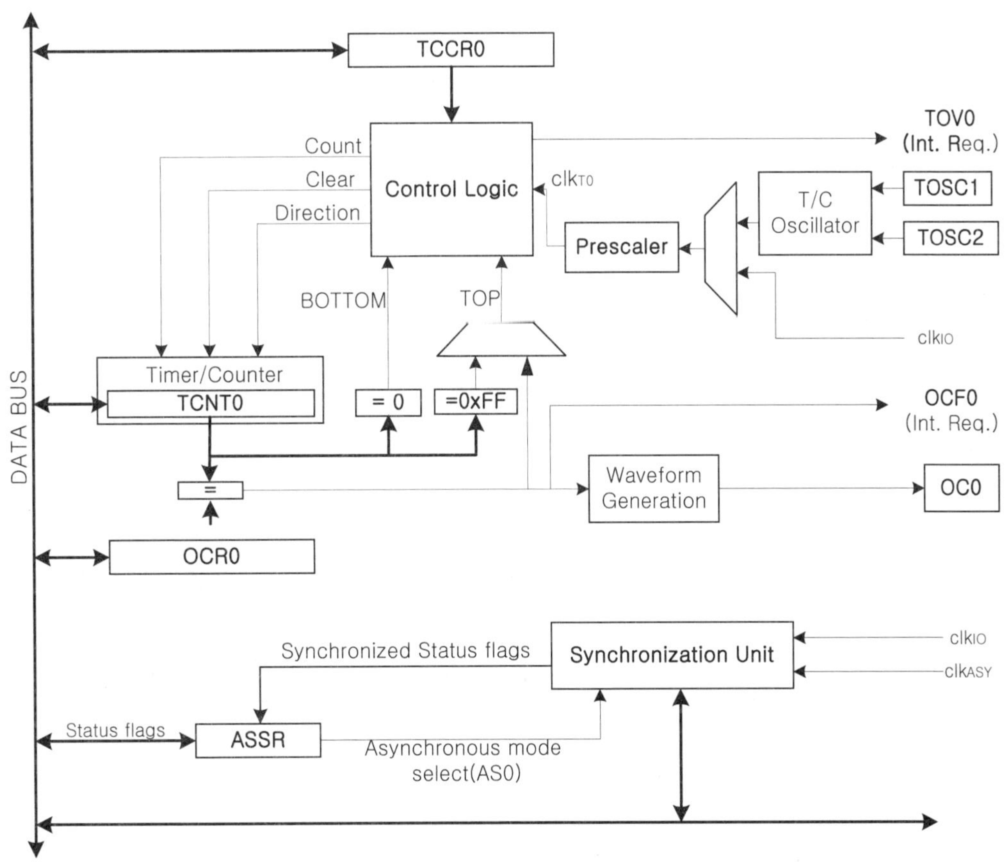


[그림 6-1] 8비트 타이머/카운터0 블록도

[그림 6-1]은 타이머/카운터0의 블록도를 보여주며, 클럭은 시스템 클럭 또는 외부 클럭이 프리스케일러를 거쳐 타이머/카운터에 입력된다.

### 6.1.1 타이머/카운터0 관련 레지스터

타이머/카운터0에 관련된 레지스터에는 타이머/카운터0의 값을 저장하는 레지스터 TCNT0과 출력비교 레지스터 OCR0, 타이머/카운터0 제어 레지스터 TCCR0이 있으며, 그 밖에 타이머 인터럽트 플래그 레지스터 TIFR, 타이머 인터럽트 마스크 레지스터 TIMSK, 특수기능 I/O 레지스터 SFIOR이 있다. 그리고, 외부 클럭에 의하여 비동기 모드로 동작하는 경우에 관련된 기능을 수행하는 비동기 상태 레지스터 ASSR이 있다.

타이머/카운터의 클럭 소스가 선택되지 않으면 타이머/카운터는 정지한다. 출력 비교 레지스터 OCR0은 항상 TCNT0과 비교되어 일치하게 되면 비교 결과에 따라 OC0 핀을 통해 PWM 출력 또는 주파수가 변하는 출력을 발생시킬 수 있다.

타이머/카운터에서는 다음과 같은 3개의 심볼이 정의되어 사용된다.

- BOTTOM : 타이머/카운터가 가질 수 있는 최소값(0x00)
- MAX : 타이머/카운터가 가질 수 있는 최대값으로, 8비트 타이머/카운터에서는 0xFF, 16비트 타이머/카운터에서는 0xFFFF를 나타낸다.
- TOP : 타이머/카운터가 동작모드에 따라 카운트 과정에서 취할 수 있는 최대값으로, 0xFF(16비트의 경우는 0xFFFF)와 같은 고정값을 가질 수도 있고 또는 레지스터에 의해 지정될 수도 있다

#### ■ TCCR0(Timer/Counter0 Control Register) : 타이머/카운터0 제어 레지스터

| 비트 | 7 | 6 | 5 | 4 | 3 | 2 | 1 | 0 | |
|---|---|---|---|---|---|---|---|---|---|
| 0x33(0x53) | FOC0 | WGM00 | COM01 | COM00 | WGM01 | CS02 | CS01 | CS00 | TCCR0 |
| 읽기/쓰기 | 읽기/쓰기 | 읽기/쓰기 | 읽기/쓰기 | 읽기/쓰기 | 읽기/쓰기 | 읽기/쓰기 | 읽기/쓰기 | 읽기/쓰기 | |
| 초기값 | 0 | 0 | 0 | 0 | 0 | 0 | 0 | 0 | |

- Bit 7 – FOC0(Force Output Compare)

  이 비트는 PWM 모드가 아닌 경우에만 유효하며, 이 비트가 1이면 비교 출력 단자 OC0 핀을 통해 COM01:COM00 비트에 의해 설정된 값이 즉

시 출력된다. 이 비트는 인터럽트를 발생시키지 않으며, 또한 OCR0 레지스터를 TOP으로 사용하는 CTC 모드에서 타이머를 클리어 시키지 않는다.

- Bit 6, Bit 3 – WGM00, WGM01(Waveform Generation Mode)

  이 비트들은 타이머/카운터0의 동작모드를 설정하며, 이 값에 따라 카운트 순서 및 최대 카운터값(TOP)이 [표 6-2]와 같이 결정된다. 여기서, TOP은 타이머/카운터0이 카운트할 수 있는 최대값을 나타낸다.

[표 6-2] 타이머/카운터0 동작모드

| 모드 | WGM01 | WGM00 | 동작모드 | TOP | OCR0 업데이트 시점 | TOV0 플래그 셋 시점 |
|---|---|---|---|---|---|---|
| 0 | 0 | 0 | Normal | 0xFF | 설정 즉시 | MAX |
| 1 | 0 | 1 | Phase Correct PWM | 0xFF | TOP | BOTTOM |
| 2 | 1 | 0 | CTC | OCR0 | 설정 즉시 | MAX |
| 3 | 1 | 1 | Fast PWM | 0xFF | TOP | MAX |

- Bit 5, Bit 4 – COM01, COM00(Compare Match Output Mode)

  이 비트들은 타이머/카운터0의 출력단자 OC0 핀의 동작을 제어하며, 동작모드에 따라 [표 6-3], [표 6-4], [표 6-5]와 같은 출력기능을 갖는다. 이 때 OC0 핀에 해당하는 데이터 방향 레지스터 DDRB의 4비트는 출력이 되도록 셋 되어져야 한다.

[표 6-3] Normal 또는 CTC 모드인 경우의 출력기능

| COM01 | COM00 | OC0핀의 출력기능 |
|---|---|---|
| 0 | 0 | 일반 I/O 포트 동작(OC0 차단) |
| 0 | 1 | 비교 매치에서 OC0 출력값 토글(반전) |
| 1 | 0 | 비교 매치에서 OC0 클리어 |
| 1 | 1 | 비교 매치에서 OC0 셋 |

[표 6-4] Phase Correct PWM 모드인 경우의 출력기능

| COM01 | COM00 | OC0핀의 출력기능 |
|---|---|---|
| 0 | 0 | 일반 I/O 포트 동작(OC0 차단) |
| 0 | 1 | - |
| 1 | 0 | 업 카운트 중의 비교 매치에서는 OC0 클리어,<br>다운 카운트 중의 비교 매치에서는 셋 |
| 1 | 1 | 업 카운트 중의 비교 매치에서는 OC0 셋,<br>다운 카운트 중의 비교 매치에서는 클리어 |

[표 6-5] Fast PWM 모드인 경우의 출력기능

| COM01 | COM00 | OC0핀의 출력기능 |
|---|---|---|
| 0 | 0 | 일반 I/O 포트 동작(OC0 차단) |
| 0 | 1 | - |
| 1 | 0 | 비교 매치에서 OC0 클리어, TOP에서 셋 |
| 1 | 1 | 비교 매치에서 OC0 셋, TOP에서 클리어 |

- Bit 2:0 – CS02:0(클럭 선택)

이 비트들은 [표 6-6]과 같이 타이머/카운터0의 분주비(프리스케일러)를 결정하며, [그림 6-2]는 타이머/카운터0의 프리스케일러 내부 구조를 보여준다.

[표 6-6] 타이머/카운터0의 클럭 선택

| CS02 | CS01 | CS00 | 기 능 |
|---|---|---|---|
| 0 | 0 | 0 | 클럭입력 차단(타이머/카운터 정지) |
| 0 | 0 | 1 | $clk_{TOS}$ / 1 |
| 0 | 1 | 0 | $clk_{TOS}$ / 8 |
| 0 | 1 | 1 | $clk_{TOS}$ / 32 |
| 1 | 0 | 0 | $clk_{TOS}$ / 64 |
| 1 | 0 | 1 | $clk_{TOS}$ / 128 |
| 1 | 1 | 0 | $clk_{TOS}$ / 256 |
| 1 | 1 | 1 | $clk_{TOS}$ / 1024 |

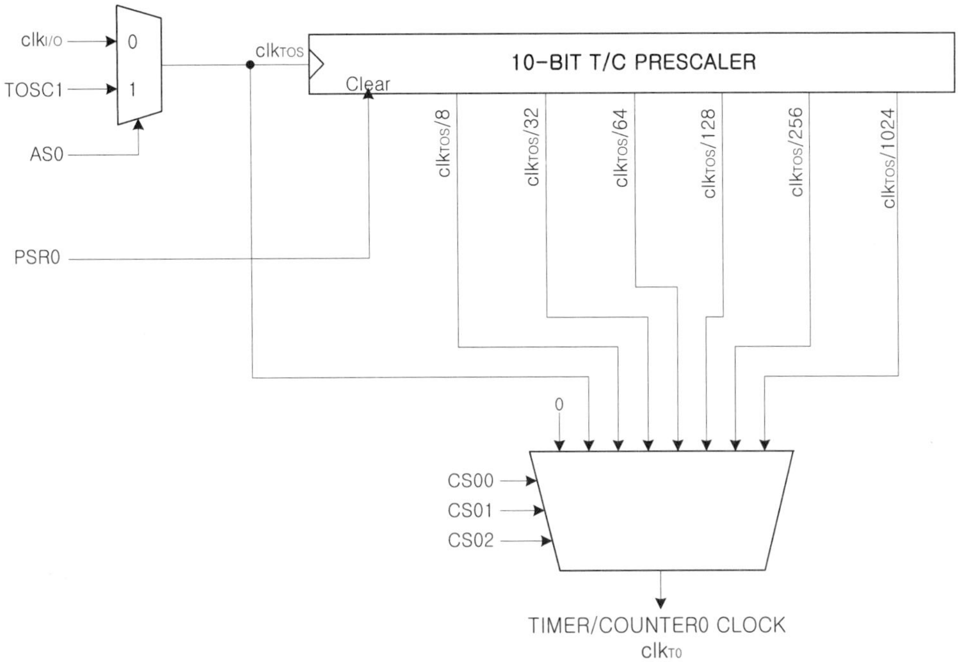


[그림 6-2] 타이머/카운터0 프리스케일러

## ■ TCNT0(Timer/Counter 0 Register) : 타이머 카운터0 레지스터

| 비트 | 7 | 6 | 5 | 4 | 3 | 2 | 1 | 0 | |
|---|---|---|---|---|---|---|---|---|---|
| 0x32(0x52) | MSB | | | | | | | LSB | TCNT0 |
| 읽기/쓰기 | 읽기/쓰기 | 읽기/쓰기 | 읽기/쓰기 | 읽기/쓰기 | 읽기/쓰기 | 읽기/쓰기 | 읽기/쓰기 | 읽기/쓰기 | |
| 초기값 | 0 | 0 | 0 | 0 | 0 | 0 | 0 | 0 | |

타이머/카운터0 레지스터는 읽기 및 쓰기가 가능한 업/다운 카운터로 동작하며, 타이머/카운터0이 동작하는 동안 TCNTO 값을 변경하면 OCR0 레지스터와의 비교 매치에 오류를 발생시킬 수도 있기 때문에 주의가 필요하다.

## ■ OCR0(Output Compare Register 0) : 출력비교 레지스터0

| 비트 | 7 | 6 | 5 | 4 | 3 | 2 | 1 | 0 | |
|---|---|---|---|---|---|---|---|---|---|
| 0x31(0x51) | MSB | | | | | | | LSB | OCR0 |
| 읽기/쓰기 | 읽기/쓰기 | 읽기/쓰기 | 읽기/쓰기 | 읽기/쓰기 | 읽기/쓰기 | 읽기/쓰기 | 읽기/쓰기 | 읽기/쓰기 | |
| 초기값 | 0 | 0 | 0 | 0 | 0 | 0 | 0 | 0 | |

이 레지스터는 TCNT0과 계속적으로 비교되는 8비트 레지스터로서, 두 레지스터의 값이 일치했을 때 OC0 핀을 통해 설정된 값이 출력되거나 출력비교 인터럽트를 발생한다.

### ■ ASSR(Asynchronous Status Register) : 비동기 상태 레지스터

| 비트 | 7 | 6 | 5 | 4 | 3 | 2 | 1 | 0 | |
|---|---|---|---|---|---|---|---|---|---|
| 0x30(0x50) | - | - | - | - | AS0 | TCNOUB | OCROUB | TCROUB | ASSR |
| 읽기/쓰기 | 읽기 | 읽기 | 읽기 | 읽기 | 읽기/쓰기 | 읽기 | 읽기 | 읽기 | |
| 초기값 | 0 | 0 | 0 | 0 | 0 | 0 | 0 | 0 | |

이 레지스터는 타이머/카운터0이 외부 클럭에 의하여 비동기 모드로 동작하는 경우에 관련된 기능을 한다.

- Bit 3 – AS0(Asynchronous Timer/Counter 0) : 비동기 타이머/카운터0

  타이머/카운터0의 클럭 소스를 선택하는 비트로서 0이면 내부 클럭 $clk_{I/O}$가 선택되어 동기모드로 동작하고, 1이면 TOSC1 단자에 입력되는 클럭이 선택되어 비동기 모드로 동작한다. 이 비트가 변화하면 TCNT0, OCR0, TCCRO의 값이 바뀔 수 있다.

- Bit 2 – TCN0UB(Timer/Counter 0 Update Busy) : 타이머/카운터0 갱신 비지 플래그 비트

  타이머/카운터0이 비동기 모드로 동작하고 있을 때 TCNT0에 새로운 값이 쓰여지면 셋 되며, TCNT0의 쓰기가 완료되면 이 비트는 자동적으로 클리어 된다.

- Bit 1 – OCR0UB(Output Compare Register 0 Update Busy) : OCR0 갱신 비지 플래그 비트

  타이머/카운터0이 비동기 모드로 동작하고 있을 때 OCR0에 새로운 값이 쓰여지면 셋 되며, OCR0의 쓰기가 완료되면 이 비트는 자동적으로 클리어 된다.

- Bit 0 – TCR0UB(Timer/Counter Control Register 0 Update Busy) : 타이머/카운터 제어 레지스터0 갱신 비지 플래그 비트

타이머/카운터0이 비동기 모드로 동작하고 있을 때 TCCR0에 새로운 값이 쓰여지면 셋 되며, TCCR0의 쓰기가 완료되면 이 비트는 자동적으로 클리어 된다.

타이머/카운터0을 동기모드와 비동기 모드사이에서 스위칭하는 경우에는 TCNT0, TCCR0, OCR0에 영향을 줄 수 있으므로, 다음과 같은 안전한 절차에 의해 모드를 바꾸어야 한다.

① OCIE0와 TOIE0를 클리어하여 타이머/카운터0의 인터럽트를 금지시킨다.
② AS0 비트를 원하는 대로 설정한다.
③ TCNT0, OCR0, TCCR0에 새로운 값을 설정한다.
④ 비동기 모드로 바꾸기 위해 TCN0UB, OCR0UB, TCR0UB 비트가 0이 될 때까지 대기한다.
⑤ 타이머/카운터0의 인터럽트 플래그(OCF0, TOV0)를 클리어시킨다.
⑥ 필요하면 인터럽트를 인에이블 시킨다.

### ■ TIMSK(Timer/Counter Interrupt Mask Register) : 타이머/카운터 인터럽트 마스크 레지스터

| 비트 | 7 | 6 | 5 | 4 | 3 | 2 | 1 | 0 | |
|---|---|---|---|---|---|---|---|---|---|
| 0x37(0x57) | OCIE2 | TOIE2 | TICIE1 | OCIE1A | OCIE1B | TOIE1 | OCIE0 | TOIE0 | TIMSK |
| 읽기/쓰기 | 읽기/쓰기 | 읽기/쓰기 | 읽기/쓰기 | 읽기/쓰기 | 읽기/쓰기 | 읽기/쓰기 | 읽기/쓰기 | 읽기/쓰기 | |
| 초기값 | 0 | 0 | 0 | 0 | 0 | 0 | 0 | 0 | |

• Bit 1 – OCIE0 : 타이머/카운터0 출력 비교 인터럽트 인에이블 비트

이 비트가 셋 되고 상태 레지스터 SREG의 I 비트가 셋 되었을 때 타이머/카운터0의 출력 비교 인터럽트는 인에이블 된다. TCNT0과 OCR0의 값이 일치하여 타이머/카운터 인터럽트 플래그 레지스터 TIFR의 OCF0 비트가 셋 되면 대응하는 인터럽트 서비스 루틴이 실행된다.

• Bit 0 – TOIE0 : 타이머/카운터0 오버플로우 인터럽트 인에이블 비트

이 비트가 셋 되고 상태 레지스터 SREG의 I 비트가 셋 되었을 때 타이머/카운터0의 오버플로우 인터럽트는 인에이블 된다. 타이머/카운터0에서 오버플로우(0xFF->0x00)가 발생하여 타이머/카운터 인터럽트 플래그 레

지스터 TIFR의 TOV0 비트가 셋 되면 대응하는 인터럽트 서비스 루틴이 실행된다.

## ■ TIFR(Timer/Counter Interrupt Flag Register) : 타이머/카운터 인터럽트 플래그 레지스터

| 비트 | 7 | 6 | 5 | 4 | 3 | 2 | 1 | 0 | |
|---|---|---|---|---|---|---|---|---|---|
| 0x36(0x56) | OCF2 | TOV2 | ICF1 | OCF1A | OCF1B | TOV1 | OCF0 | TOV0 | TIFR |
| 읽기/쓰기 | 읽기/쓰기 | 읽기/쓰기 | 읽기/쓰기 | 읽기/쓰기 | 읽기/쓰기 | 읽기/쓰기 | 읽기/쓰기 | 읽기/쓰기 | |
| 초기값 | 0 | 0 | 0 | 0 | 0 | 0 | 0 | 0 | |

- Bit 1 – OCF0 : 타이머/카운터0 출력 비교 인터럽트 플래그 비트

  이 비트는 타이머/카운터0 레지스터 TCNT0과 출력 비교 레지스터 OCR0의 값이 일치할 경우 셋 되며, 이 비트는 대응하는 인터럽트 처리 루틴이 실행될 경우 자동적으로 클리어 된다.

- Bit 0 – TOV0 : 타이머/카운터0 오버플로우 인터럽트 플래그 비트

  이 비트는 타이머/카운터0에서 오버플로우가(0xFF-> 0x00) 발생하는 경우에 셋 되며, 대응하는 인터럽트 처리 루틴이 실행될 경우 이 비트는 자동적으로 클리어 된다.

## ■ SFIOR(Special Function I/O Register) : 특수 기능 I/O 레지스터

| 비트 | 7 | 6 | 5 | 4 | 3 | 2 | 1 | 0 | |
|---|---|---|---|---|---|---|---|---|---|
| 0x20(0x40) | TSM | – | – | – | ACME | PUD | PSR0 | PSR321 | SFIOR |
| 읽기/쓰기 | 읽기/쓰기 | 읽기 | 읽기 | 읽기 | 읽기/쓰기 | 읽기/쓰기 | 읽기/쓰기 | 읽기/쓰기 | |
| 초기값 | 0 | 0 | 0 | 0 | 0 | 0 | 0 | 0 | |

- Bit 7 – TSM(Timer/Counter Synchronization Mode) : 타이머/카운터 동기 모드

  이 비트는 모든 타이머/카운터를 동기화시키는 기능을 하며, 1로 설정하면 PSR0 및 PSR321 비트값이 그대로 유지된다. 이것은 PSR0과 PSR321이 모두 1인 경우 대응하는 프리스케일러를 계속해서 리셋 상태를 유지하게 해주어 모든 타이머/카운터를 정지시켜 주는 역할을 하게 된다. 이와 같이 타이머/카운터가 정지된 상태에서 타이머/카운터에 같은 값을

설정할 수 있다. 그리고, 이 비트를 0으로 하면 PSR0과 PSR321 비트는 하드웨어적으로 클리어 되어 타이머/카운터는 동시에 카운팅을 시작하게 되어 동기를 맞출 수 있게 된다.

- Bit 1 – PSR0 : 타이머/카운터 0의 프리스케일러 리셋

  이 비트를 1로 설정하면 타이머/카운터0의 프리스케일러가 리셋되며, 그 후 바로 자동적으로 클리어된다. 그러나 타이머/카운터0이 비동기모드로 동작할 때 이 비트를 1로 하면 프리스케일러가 리셋될 때까지 그대로 1을 유지하며, 또한 TSM 비트가 셋되면 이 비트는 자동적으로 클리어 되지 않는다.

## 6.1.2 타이머/카운터0 동작

### (1) 일반 모드(Normal Mode)

타이머/카운터0의 가장 간단한 동작모드로서, 이 모드에서는 항상 업 카운터로서만 동작한다. 타이머/카운터값이 8비트 최대값 0xFF(TOP=0xFF)가 되면 0x00부터 다시 시작한다. 타이머/카운터0의 오버플로우 인터럽트 플래그 TOV0은 TCNT0 값이 0xFF에서 0x00으로 될 때 1이 되어 인터럽트를 발생시킨다.

TCNT0의 초기값은 0일 필요는 없으며, 필요로 하는 시정수(인터럽트 주기)를 갖도록 오버플로우 인터럽트가 발생할 때마다 같은 초기값으로 설정하면 일정한 시간 간격으로 원하는 처리를 할 수 있게 된다. 예를 들면, 시스템 클럭이 16MHz인 ATmega128 시스템에서 TCCR0=0x02(8분주), TCNT0=156을 설정했다면 오버플로우가 될 때까지 카운트하는 값은 (256 – 156)=100이 된다. 따라서, 초기값 설정후 오버플로우가 발생하기까지의 시간을 계산하면,

$$(1/16)\text{us} * 8\text{분주} * (256 - 156) = 50\text{us}$$

가 된다. 즉, 오버플로우 인터럽트가 발생할 때마다 TCNT0에 156을 넣어 주면 50us마다 계속해서 인터럽트를 발생할 수 있게 된다.

일반 모드에서도 출력비교 유닛은 어떤 주어진 시간에 인터럽트를 발생시키기 위해 사용될 수도 있지만, 파형을 발생하기 위해 출력비교를 사용하는 것은 권장하지 않는다.

### (2) CTC 모드(Clear Time on Compare Match Mode)

이 모드에서는 TCNT0의 값이 증가하여 OCR0의 값과 일치하면 다음 클럭에서 0으로 클리어 되며, TCNT0의 값은 0~OCR0의 범위를 갖는다. 따라서, OCR0은 카운터의 최대값(TOP)을 나타내며, [그림 6-3]은 CTC 모드의 동작을 보여준다.

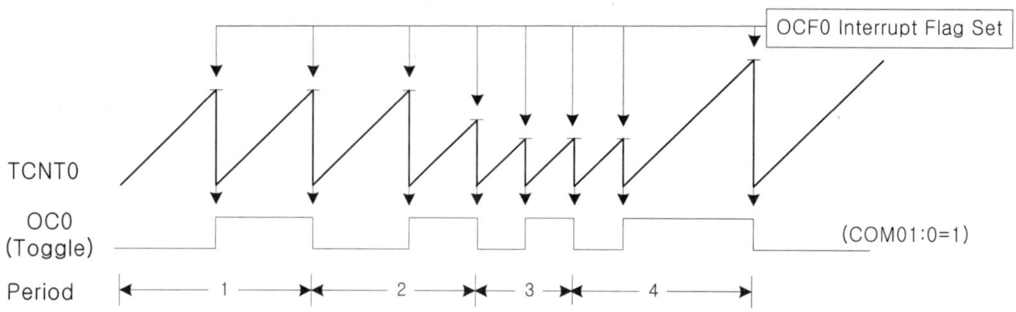


[그림 6-3] 타이머/카운터0 CTC 모드

출력비교 인터럽트는 카운터의 값 TCNT0이 OCR0과 일치한 후 다음 클럭에서 0으로 될 때 OCF0 플래그가 1이 되면서 발생한다. 그러나, 카운터 동작 중에 TCNT0보다 작은 값을 OCR0에 넣으면, 카운터 값이 최대값(0xFF)까지 증가하였다가 0으로 된 후부터 정상적인 CTC 동작이 이루어진다.

CTC 모드에서는 OC0 핀을 통해 파형을 발생시킬 수 있으며, [표 6-3]에서와 같이 토글 모드를 설정하면 구형파를 출력하게 된다. 이 때 출력되는 파형의 주기는

$$f_{OC_0} = \frac{f_{clk\_I/O}}{2 \cdot N \cdot (1 + OCR0)}$$

가 된다. 여기서, N은 분주비로 1, 8, 32, 64, 128, 256, 1024의 값을 가지며, $f_{clk_I/O}$는 시스템 클럭과 같은 주파수를 나타낸다.

OC0 핀을 통해 파형을 출력할 때는 이 OC0 핀에 해당하는 PB4의 데이터 방향을 출력이 되도록 설정해야 한다.

### (3) Fast PWM Mode (Fast Pulse Width Modulation Mode)

이 모드에서는 높은 주파수의 PWM 파형을 발생하는데 유용하며, TCNT0 값은 0에서 0xFF까지 증가하다 다시 0부터 카운트하는 동작을 반복한다. 비반전 비교 출력모드에서,

TCNT0 값은 계속하여 OCR0과 비교되어 일치하면 OC0 핀을 통해 0이 출력되고, TCNT0 값이 0이 되면 1이 출력된다. [그림 6-4]는 이를 보여주며, 반전 비교 출력모드에서는 반대의 값이 OC0 핀을 통해 출력된다. 그림으로부터 알 수 있듯이, OCR0에 설정된 값에 따라 High(또는 Low) 부분의 펄스폭이 가변되어 PWM 파형을 출력하게 된다.

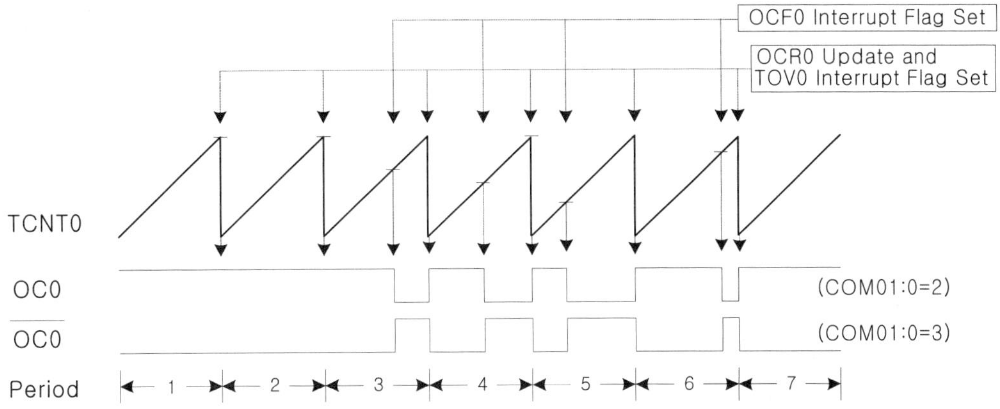


[그림 6-4] 타이머/카운터0 Fast PWM 모드

이 모드에서 OC0 핀을 통해 출력되는 파형의 주파수는

$$f_{OC_0}pwm = \frac{f_{clk\_I/O}}{N \cdot 256}$$

가 된다. 여기서, N은 분주비로 1, 8, 32, 64, 128, 256, 1024의 값을 가지며, $f_{clk_I/O}$는 시스템 클럭과 같은 주파수를 나타낸다.

OC0 핀을 통해 파형을 출력할 때는 OC0 핀에 해당하는 PB4의 데이터 방향을 출력이 되도록 설정해야 한다.

이 모드에서 타이머/카운터0 오버플로우 인터럽트는 TCNT0 값이 0xFF에서 0x00이 될 때마다 발생하며, TCNT0과 OCR0의 값이 일치하면 출력 비교 인터럽트가 발생하게 된다.

만약 극단적으로 OCR0 레지스터의 값을 0x00으로 설정하면 OC0 핀에는 TCNT0의 값이 0xFF에서 0x00으로 되는 1클럭 사이클 동안에만 좁은 스파이크로 파형이 출력된다. 그리고, OCR0 레지스터의 값을 0xFF로 설정하면 OC0 핀에는 계속 High 상태가 출력된다.

### (4) PC PWM (Phase Correct PWM) Mode

이 모드에서는 높은 분해능의 PWM 파형을 발생하는데 유용하며, TCNT0 값은 0에서 255까지 증가하였다가 0으로 감소하는 동작을 반복한다. 비반전 비교 출력모드에서, 업 카운트 중에 TCNT0 값과 OCR0의 값이 일치하면 OC0 핀을 통해 0이 출력되고, 다운 카운트 중에 TCNT0 값과 OCR0 값이 일치하면 1이 출력된다. [그림 6-5]는 이를 보여주며, 반전 비교 출력모드에서는 반대의 값이 OC0 핀을 통해 출력된다. 그림으로부터 알 수 있듯이, OCR0에 설정된 값에 따라 High(또는 Low) 부분의 펄스폭이 가변되어 PWM 파형을 출력하게 된다.

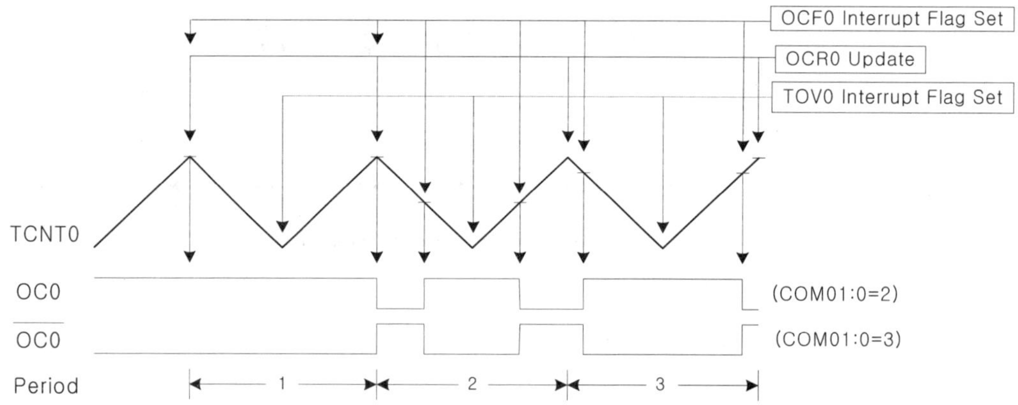


[그림 6-5] 타이머/카운터0 Phase Correct PWM 모드

이 모드에서 OC0 핀을 통해 출력되는 파형의 주파수는

$$f_{OC_0}pwm = \frac{f_{clk\_I/O}}{N \cdot 510}$$

가 된다. 여기서, N은 분주비로 1, 8, 32, 64, 128, 256, 1024의 값을 가지며, $f_{clk_I/O}$는 시스템 클럭과 같은 주파수를 나타낸다. 이처럼 PC PWM 모드에서의 주파수는 고속 PWM 모드에 비해 반으로 줄어든다.

OC0 핀을 통해 파형을 출력할 때는 OC0 핀에 해당하는 PB4의 데이터 방향을 출력이 되도록 설정해야 한다.

이 모드에서 타이머/카운터0 오버플로우 인터럽트는 TCNT0 값이 0xFF에서 0x00이 될 때마다 발생하며, TCNT0과 OCR0 값이 일치하면 출력 비교 인터럽트가 발생하게 된다.

비반전 비교 출력모드에서 OCR0의 극단적인 값으로서 OCR0의 값이 0x00이면 0이 계속해서 OC0 핀에 출력되고, OCR0의 값이 0xFF이면 1이 계속해서 OC0 핀에 출력된다.

### 6.1.3 타이머/카운터 0 동작 타이밍

[그림 6-6]은 프리스케일러의 분주비가 1인 경우 PC PWM 모드를 제외한 모든 동작모드에서, 타이머/카운터0의 값이 MAX(0xFF)까지 증가하다 BOTTOM(0x00)으로 되면서 오버플로우 인터럽트 플래그 TOV0이 1이 되는 타이머/카운터0의 타이밍을 보여준다.

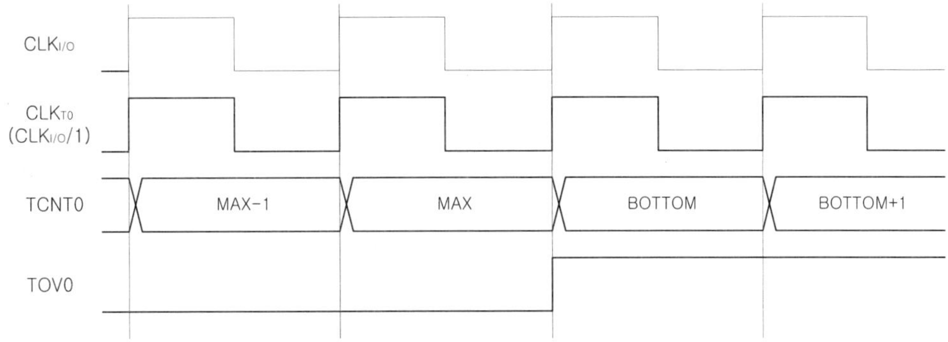


[그림 6-6] 타이머/카운터0 타이밍 (분주비-1)

[그림 6-7]은 프리스케일러의 분주비가 8인 경우의 타이머/카운터0의 타이밍을 보여주며, 클럭 $clk_{I/O}$ 8개마다 카운터의 값이 1씩 증가하는 것을 알 수 있다.

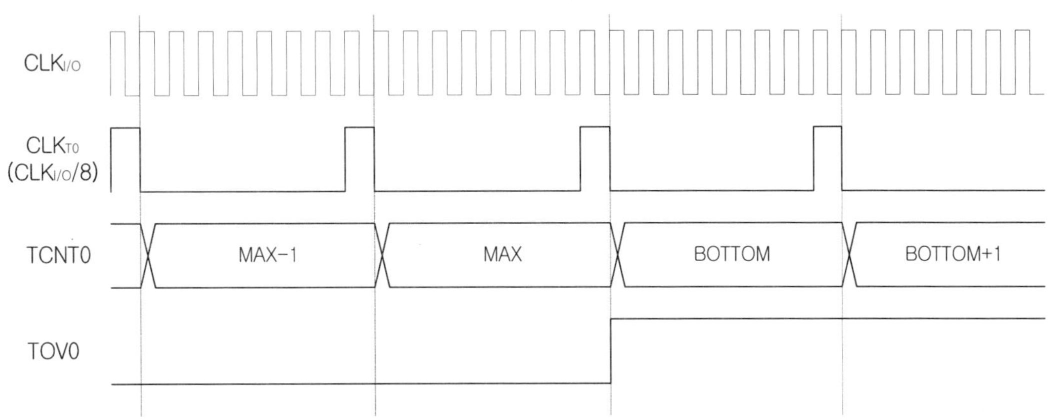


[그림 6-7] 타이머/카운터0 타이밍 (분주비=8)

[그림 6-8]은 TCNT0의 값이 증가하여 OCR0과 일치하고 OCF0이 1이 되는 타이밍을 보여주며, TCNT0이 OCR0과 일치한 후에 계속 증가하는 것을 볼 수 있다. 반면에, [그림 6-9]는 CTC 모드에서의 타이밍을 보여주며, TCNT0이 OCR0과 일치한 후에 0으로 리셋되는 것을 보여준다.

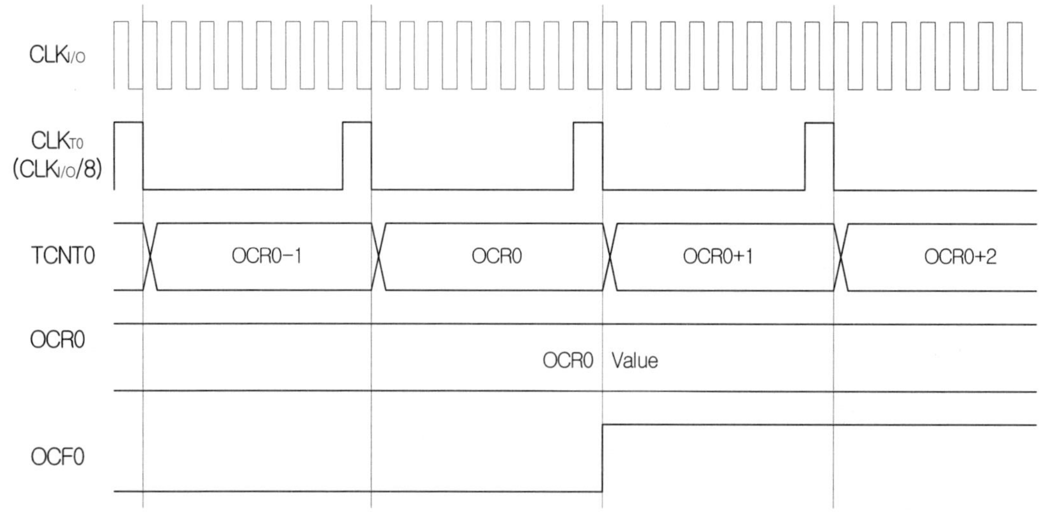


**[그림 6-8]** CTC를 제외한 동작모드에서의 OCF0 변화 타이밍 (분주비=8)

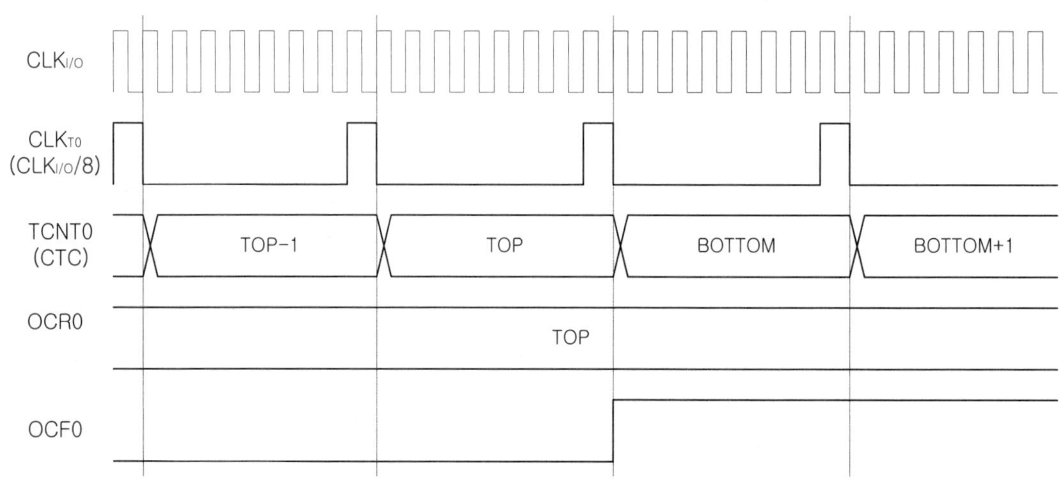


**[그림 6-9]** CTC 동작모드에서의 OCF0 변화 타이밍 (분주비=8, BOTTOM=0x00)

### 6.1.4 출력비교 유닛(Output Compare Unit)

[그림 6-10]은 타이머/카운터0의 출력비교 유닛 블록도를 보여주며, 레지스터 TCNT0과 OCR0은 8비트 비교기에 의해 계속 비교된다. TCNT0과 OCR0의 값이 일치하면 OCF0 플래그 비트가 다음 클럭에서 셋 되어 인터럽트를 요청하게 된다. OCF0은 인터럽트처리가 실행되면 자동적으로 클리어 되지만, 소프트웨어적으로 0을 써주어 클리어 시킬 수도 있다. TCNT0과 OCR0의 값이 일치하면 WGM01..00비트에 의해 설정된 파형 출력모드에 따라 OC0 핀을 통해 파형이 출력된다.

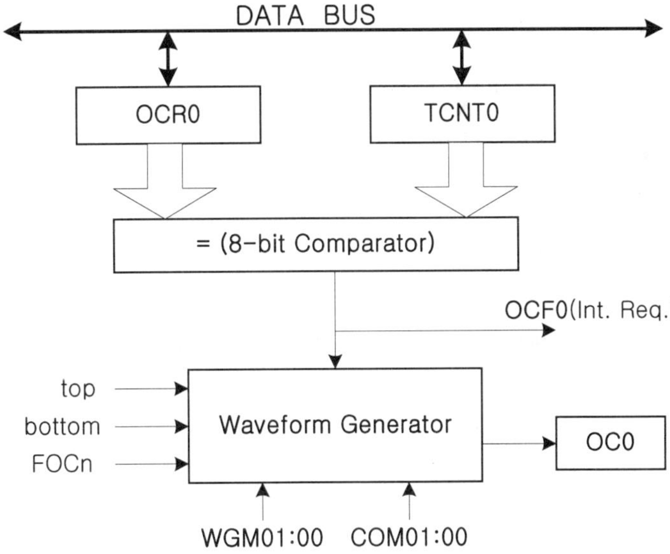


[그림 6-10] 타이머/카운터0 출력비교 유닛 블록도

## 6.2 타이머/카운터2

타이머/카운터2는 8비트 업/다운 카운터로서 다음과 같은 특징을 갖는다.

- 10비트 프리스케일러 내장
- 비교 매치에서 타이머 클리어(오토 리로드)
- 카운터로 동작할 때 클럭 입력 단자 : T2

- 오버플로우와 출력 비교 매치(Output Compare match)에 의한 2개의 인터럽트 소스 제공

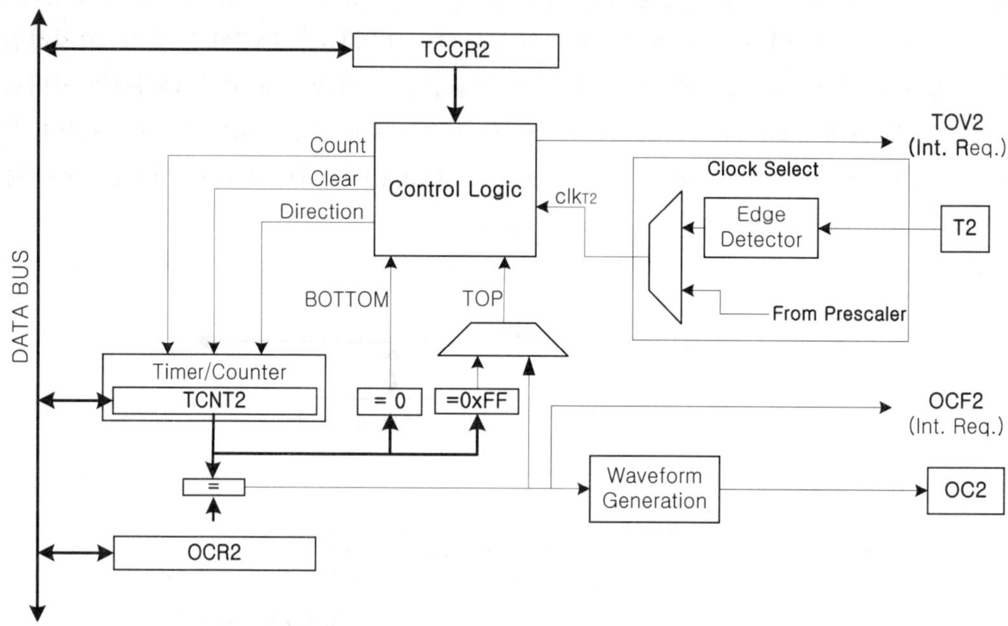


[그림 6-11] 8비트 타이머/카운터2 블록도

[그림 6-11]은 타이머/카운터2의 블록도를 보여주며, 클럭은 외부 클럭 또는 프리스케일러를 거친 시스템 클럭이 타이머/카운터에 입력된다.

## 6.2.1 타이머/카운터2 관련 레지스터

타이머/카운터2에 관련된 레지스터에는 타이머/카운터2의 값을 저장하는 레지스터 TCNT2와 출력비교 레지스터 OCR2, 타이머/카운터2 제어 레지스터 TCCR2가 있으며, 그 밖에 타이머 인터럽트 플래그 레지스터 TIFR, 타이머 인터럽트 마스크 레지스터 TIMSK, 특수기능 I/O 레지스터 SFIOR이 있다.

타이머/카운터의 클럭 소스가 선택되지 않으면 타이머/카운터는 정지한다. 출력 비교 레지스터 OCR2는 항상 TCNT2와 비교되어 일치하게 되면 비교 결과에 따라 OC2핀을 통해 PWM 출력 또는 주파수가 변하는 출력을 발생시킬 수 있다.

## ■ TCCR2(Timer/Counter2 Control Register) : 타이머/카운터2 제어 레지스터

| 비트 | 7 | 6 | 5 | 4 | 3 | 2 | 1 | 0 | |
|---|---|---|---|---|---|---|---|---|---|
| 0x25(0x45) | FOC2 | WGM20 | COM21 | COM20 | WGM21 | CS22 | CS21 | CS20 | TCCR2 |
| 읽기/쓰기 | 읽기/쓰기 | 읽기/쓰기 | 읽기/쓰기 | 읽기/쓰기 | 읽기/쓰기 | 읽기/쓰기 | 읽기/쓰기 | 읽기/쓰기 | |
| 초기값 | 0 | 0 | 0 | 0 | 0 | 0 | 0 | 0 | |

- Bit 7 – FOC2(Force Output Compare)

  이 비트는 PWM 모드가 아닌 경우에만 유효하며, 이 비트가 1이면 비교 출력 단자 OC2 핀을 통해 COM21:COM20 비트에 의해 설정된 값이 즉시 출력된다. 이 비트는 인터럽트를 발생시키지 않으며, 또한 OCR2 레지스터를 TOP으로 사용하는 CTC 모드에서 타이머를 클리어 시키지 않는다.

- Bit 6, Bit 3 – WGM20, WGM21(Waveform Generation Mode)

  이 비트들은 타이머/카운터2의 동작모드를 설정하며, 이 값에 따라 카운트 순서 및 최대 카운터값(TOP)이 [표 6-7]과 같이 결정된다. 여기서, TOP은 타이머/카운터2가 카운트할 수 있는 최대값을 나타낸다.

[표 6-7] 타이머/카운터2 동작모드

| 모드 | WGM21 | WGM20 | 동작모드 | TOP | OCR2 업데이트 시점 | TOV2 플래그 셋 시점 |
|---|---|---|---|---|---|---|
| 0 | 0 | 0 | Normal | 0xFF | 설정 즉시 | MAX |
| 1 | 0 | 1 | Phase Correct PWM | 0xFF | TOP | BOTTOM |
| 2 | 1 | 0 | CTC | OCR2 | 설정 즉시 | MAX |
| 3 | 1 | 1 | Fast PWM | 0xFF | TOP | MAX |

- Bit 5, Bit 4 – COM21, COM20(Compare Match Output Mode)

  이 비트들은 타이머/카운터2의 출력단자 OC2 핀의 동작을 제어하며, 동작모드에 따라 [표 6-8], [표 6-9], [표 6-10]과 같은 출력기능을 갖는다. 이 때 OC2 핀에 해당하는 데이터 방향 레지스터 DDRB의 7비트째는 출력이 되도록 셋 되어져야 한다.

[표 6-8] Normal 또는 CTC 모드인 경우의 출력기능

| COM21 | COM20 | OC2핀의 출력기능 |
|---|---|---|
| 0 | 0 | 일반 I/O 포트 동작(OC2 차단) |
| 0 | 1 | 비교 매치에서 OC2 출력값 토글(반전) |
| 1 | 0 | 비교 매치에서 OC2 클리어 |
| 1 | 1 | 비교 매치에서 OC2 셋 |

[표 6-9] Phase Correct PWM 모드인 경우의 출력기능

| COM21 | COM20 | OC2핀의 출력기능 |
|---|---|---|
| 0 | 0 | 일반 I/O 포트 동작(OC2 차단) |
| 0 | 1 | - |
| 1 | 0 | 업 카운트 중의 비교 매치에서는 OC2 클리어,<br>다운 카운트 중의 비교 매치에서는 셋 |
| 1 | 1 | 업 카운트 중의 비교 매치에서는 OC2 셋,<br>다운 카운트 중의 비교 매치에서는 클리어 |

[표 6-10] Fast PWM 모드인 경우의 출력기능

| COM21 | COM20 | OC2핀의 출력기능 |
|---|---|---|
| 0 | 0 | 일반 I/O 포트 동작(OC2 차단) |
| 0 | 1 | - |
| 1 | 0 | 비교 매치에서 OC2 클리어, TOP에서 셋 |
| 1 | 1 | 비교 매치에서 OC2 셋, TOP에서 클리어 |

- Bit 2:0 – CS22:0(클럭 선택)

  이 비트들은 [표 6-11]과 같이 타이머/카운터2의 분주비(프리스케일러)를 결정하며, [그림 6-12]는 타이머/카운터2의 프리스케일러 내부 구조를 보여준다.

[표 6-11] 타이머/카운터2의 클럭 선택

| CS22 | CS21 | CS20 | 기 능 |
|---|---|---|---|
| 0 | 0 | 0 | 클럭입력 차단(타이머/카운터 정지) |
| 0 | 0 | 1 | $clk_{I/O}$ / 1 |
| 0 | 1 | 0 | $clk_{I/O}$ / 8 |
| 0 | 1 | 1 | $clk_{I/O}$ / 64 |
| 1 | 0 | 0 | $clk_{I/O}$ / 256 |
| 1 | 0 | 1 | $clk_{I/O}$ / 1024 |
| 1 | 1 | 0 | T2 핀을 통해 입력되는 외부 클럭(하강 에지에서 동작) |
| 1 | 1 | 1 | T2 핀을 통해 입력되는 외부 클럭(상승 에지에서 동작) |

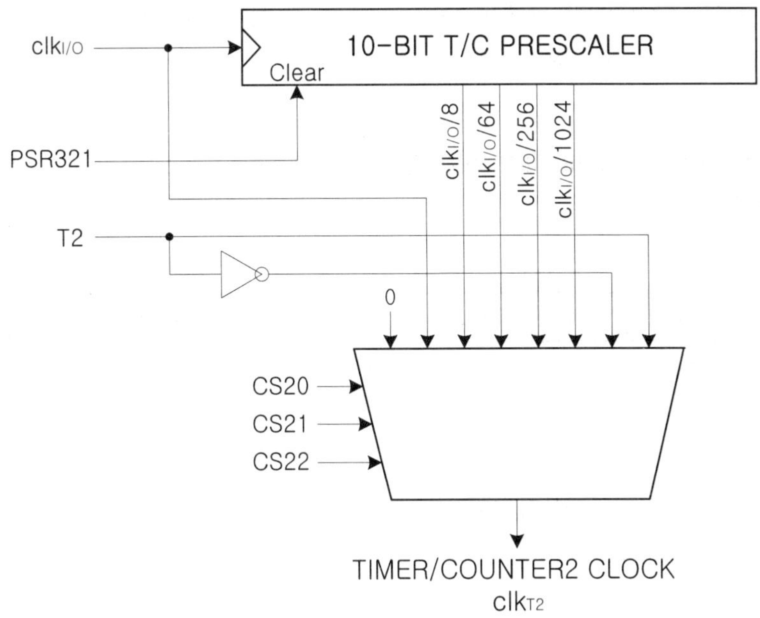


[그림 6-12] 타이머/카운터2 프리스케일러

## ■ TCNT2(Timer/Counter 2 Register) : 타이머 카운터2 레지스터

| 비트 | 7 | 6 | 5 | 4 | 3 | 2 | 1 | 0 | |
|---|---|---|---|---|---|---|---|---|---|
| 0x24(0x44) | MSB | | | | | | | LSB | TCNT2 |
| 읽기/쓰기 | 읽기/쓰기 | 읽기/쓰기 | 읽기/쓰기 | 읽기/쓰기 | 읽기/쓰기 | 읽기/쓰기 | 읽기/쓰기 | 읽기/쓰기 | |
| 초기값 | 0 | 0 | 0 | 0 | 0 | 0 | 0 | 0 | |

타이머/카운터2 레지스터는 읽기 및 쓰기가 가능한 업/다운 카운터로 동작하며, 타이머/카운터2가 동작하는 동안 TCNT2 값을 변경하면 OCR2 레지스터와의 비교 매치에 오류를 발생시킬 수도 있기 때문에 주의가 필요하다.

## ■ OCR2(Output Compare Register 2) : 출력비교 레지스터2

| 비트 | 7 | 6 | 5 | 4 | 3 | 2 | 1 | 0 | |
|---|---|---|---|---|---|---|---|---|---|
| 0x23(0x43) | MSB | | | | | | | LSB | OCR2 |
| 읽기/쓰기 | 읽기/쓰기 | 읽기/쓰기 | 읽기/쓰기 | 읽기/쓰기 | 읽기/쓰기 | 읽기/쓰기 | 읽기/쓰기 | 읽기/쓰기 | |
| 초기값 | 0 | 0 | 0 | 0 | 0 | 0 | 0 | 0 | |

이 레지스터는 TCNT2와 계속적으로 비교되는 8비트 레지스터로서, 두 레지스터의 값이 일치했을 때 OC2 핀을 통해 설정된 값이 출력되거나 출력비교 인터럽트를 발생한다.

## ■ TIMSK(Timer/Counter Interrupt Mask Register) : 타이머/카운터 인터럽트 마스크 레지스터

| 비트 | 7 | 6 | 5 | 4 | 3 | 2 | 1 | 0 | |
|---|---|---|---|---|---|---|---|---|---|
| 0x37(0x57) | OCIE2 | TOIE2 | TICIE1 | OCIE1A | OCIE1B | TOIE1 | OCIE0 | TOIE0 | TIMSK |
| 읽기/쓰기 | 읽기/쓰기 | 읽기/쓰기 | 읽기/쓰기 | 읽기/쓰기 | 읽기/쓰기 | 읽기/쓰기 | 읽기/쓰기 | 읽기/쓰기 | |
| 초기값 | 0 | 0 | 0 | 0 | 0 | 0 | 0 | 0 | |

- Bit 7 – OCIE2 : 타이머/카운터2 출력 비교 인터럽트 인에이블 비트

  이 비트가 셋 되고 상태 레지스터 SREG의 I 비트가 셋 되었을 때 타이머/카운터2 의 출력 비교 인터럽트는 인에이블 된다. TCNT2와 OCR2의 값이 일치하여 타이머/카운터 인터럽트 플래그 레지스터 TIFR의 OCF2 비트가 셋 되면 대응하는 인터럽트 서비스 루틴이 실행된다.

- Bit 6 – TOIE2 : 타이머/카운터2 오버플로우 인터럽트 인에이블 비트

  이 비트가 셋 되고 상태 레지스터 SREG의 I 비트가 셋 되었을 때 타이머/카운터2의 오버플로우 인터럽트는 인에이블 된다. 타이머/카운터2에서 오버플로우가 발생하여 타이머/카운터 인터럽트 플래그 레지스터 TIFR의 TOV2 비트가 셋 되면 대응하는 인터럽트 서비스 루틴이 실행된다.

## ■ TIFR(Timer/Counter Interrupt Flag Register) : 타이머/카운터 인터럽트 플래그 레지스터

| 비트 | 7 | 6 | 5 | 4 | 3 | 2 | 1 | 0 | |
|---|---|---|---|---|---|---|---|---|---|
| 0x36(0x56) | OCF2 | TOV2 | ICF1 | OCF1A | OCF1B | TOV1 | OCF0 | TOV0 | TIFR |
| 읽기/쓰기 | 읽기/쓰기 | 읽기/쓰기 | 읽기/쓰기 | 읽기/쓰기 | 읽기/쓰기 | 읽기/쓰기 | 읽기/쓰기 | 읽기/쓰기 | |
| 초기값 | 0 | 0 | 0 | 0 | 0 | 0 | 0 | 0 | |

- Bit 7 – OCF2 : 타이머/카운터2 출력 비교 인터럽트 플래그 비트

  이 비트는 타이머/카운터2 레지스터 TCNT2와 출력 비교 레지스터 OCR2의 값이 일치할 경우 셋 되며, 대응되는 인터럽트 처리 루틴이 실

행되면 자동적으로 클리어 된다.

- Bit 7 – TOV2 : 타이머/카운터2 오버플로우 인터럽트 플래그 비트

  이 비트는 타이머/카운터2에서 오버플로우가(0xFF-> 0x00) 발생하는 경우에 셋 되며, 대응되는 인터럽트 처리 루틴이 실행되면 자동적으로 클리어 된다.

## ■ SFIOR(Special Function I/O Register) : 특수 기능 I/O 레지스터

| 비트 | 7 | 6 | 5 | 4 | 3 | 2 | 1 | 0 | |
|---|---|---|---|---|---|---|---|---|---|
| 0x20(0x40) | TSM | – | – | – | ACME | PUD | PSR0 | PSR321 | SFIOR |
| 읽기/쓰기 | 읽기/쓰기 | 읽기 | 읽기 | 읽기 | 읽기/쓰기 | 읽기/쓰기 | 읽기/쓰기 | 읽기/쓰기 | |
| 초기값 | 0 | 0 | 0 | 0 | 0 | 0 | 0 | 0 | |

- Bit 7 – TSM(Timer/Counter Synchronization Mode) : 타이머/카운터 동기 모드

  이 비트는 모든 타이머/카운터를 동기화시키는 기능을 하며, 1로 설정하면 PSR0 및 PSR321 비트값이 그대로 유지된다. 이것은 PSR0과 PSR321이 모두 1인 경우 대응하는 프리스케일러를 계속해서 리셋 상태를 유지하게 해주어 모든 타이머/카운터를 정지시켜 주는 역할을 하게 된다. 이와 같이 타이머/카운터가 정지된 상태에서 타이머/카운터에 같은 값을 설정할 수 있다. 그리고, 이 비트를 0으로 하면 PSR0과 PSR321 비트는 하드웨어적으로 클리어 되어 타이머/카운터는 동시에 카운팅을 시작하게 되어 동기를 맞출 수 있게 된다.

- Bit 0 – PSR321 : 타이머/카운터 1, 2, 3의 프리스케일러 리셋

  이 비트를 1로 설정하면 타이머/카운터 1~3이 공통으로 사용하고 있는 프리스케일러를 리셋시키며, TSM 비트가 0이면 이 비트는 자동적으로 클리어 된다.

## 6.2.2 타이머/카운터2 동작

### (1) 일반 모드(Normal Mode)

타이머/카운터2의 가장 간단한 동작모드로서, 이 모드에서는 항상 업 카운터로서만 동작한다. 타이머/카운터값이 8비트 최대값 0xFF(TOP=0xFF)가 되면 0x00부터 다시 시작한다. 타이머/카운터2의 오버플로우 인터럽트 플래그 TOV2는 TCNT2값이 0xFF에서 0x00으로 될 때 1이 되어 인터럽트를 발생시킨다.

일반 모드에서도 출력비교 유닛은 어떤 주어진 시간에 인터럽트를 발생시키기 위해 사용될 수도 있지만, 파형을 발생하기 위해 출력비교를 사용하는 것은 권장하지 않는다.

### (2) CTC 모드(Clear Time on Compare Match Mode)

이 모드에서는 TCNT2의 값이 증가하여 OCR2의 값과 일치하면 다음 클럭에서 0으로 클리어 되며, TCNT2의 값은 0~OCR2의 범위를 갖는다. 따라서, OCR2는 카운터의 최대값(TOP)을 나타내며, [그림 6-13]은 CTC 모드의 동작을 보여준다.

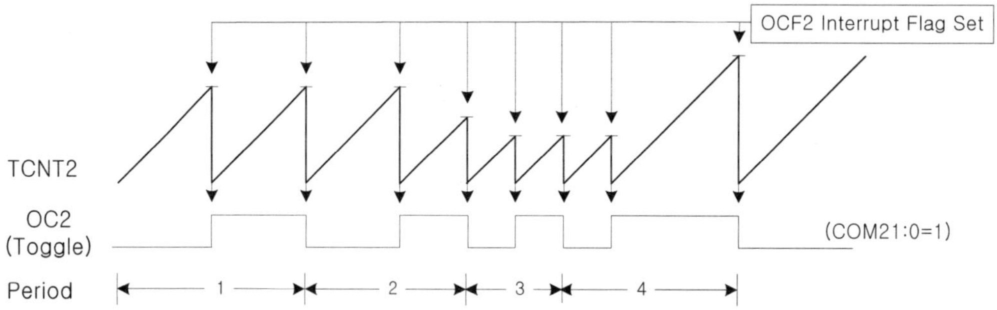


[그림 6-13] 타이머/카운터2 CTC 모드

출력비교 인터럽트는 카운터의 값 TCNT2가 OCR2와 일치한 후 다음 클럭에서 0으로 될 때 OCF2 플래그가 1이 되면서 발생한다. 그러나, 카운터 동작 중에 TCNT2보다 작은 값을 OCR2에 넣으면, 카운터 값이 최대값(0xFF)까지 증가하였다가 0으로 된 후부터 정상적인 CTC 동작이 이루어진다.

CTC 모드에서는 OC2 핀을 통해 파형을 발생시킬 수 있으며, 토글 모드를 설정하면 구형파를 출력하게 된다. 이 때 출력되는 파형의 주기는

$$f_{OC_2} = \frac{f_{clk\_I/O}}{2 \cdot N \cdot (1 + OCR2)}$$

가 된다. 여기서, N은 분주비로 1, 8, 64, 256, 1024의 값을 가지며, $f_{clk_I/O}$는 시스템 클럭과 같은 주파수를 나타낸다.

OC2 핀을 통해 파형을 출력할 때는 OC2 핀에 해당하는 포트 B의 데이터 방향 레지스터 DDRB의 7비트째를 출력이 되도록 설정해야 한다.

### (3) Fast PWM Mode (Fast Pulse Width Modulation Mode)

이 모드에서는 높은 주파수의 PWM 파형을 발생하는데 유용하며, TCNT2 값은 0에서 0xFF까지 증가하다 다시 0부터 카운트하는 동작을 반복한다. 비반전 비교 출력모드에서 TCNT2 값은 계속하여 OCR2와 비교되어 일치하면 OC2 핀을 통해 0이 출력되고, TCNT2 값이 0이 되면 1이 출력된다. [그림 6-14]는 이를 보여주며, 반전 비교 출력모드에서는 반대의 값이 OC2 핀을 통해 출력된다. 그림으로부터 알 수 있듯이, OCR2에 설정된 값에 따라 High(또는 Low) 부분의 펄스폭이 가변되어 PWM 파형을 출력하게 된다.

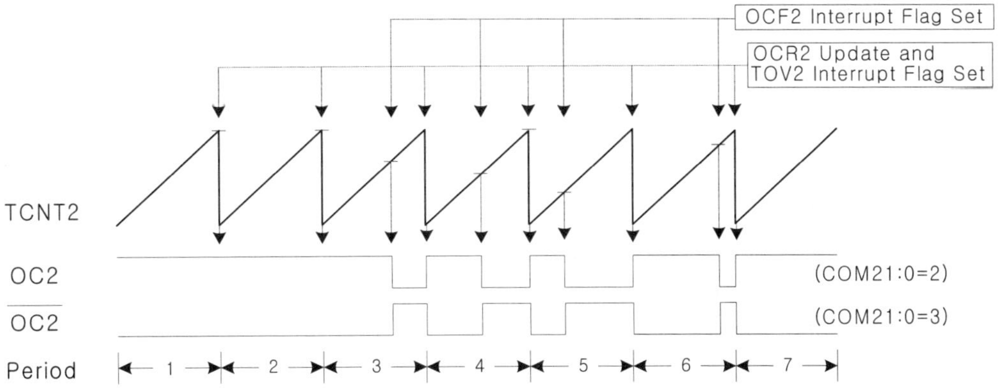


[그림 6-14] 타이머/카운터2 Fast PWM 모드

이 모드에서 OC2 핀을 통해 출력되는 파형의 주파수는

$$f_{OC_2 pwm} = \frac{f_{clk\_I/O}}{N \cdot 256}$$

가 된다. 여기서, N은 분주비로 1, 8, 64, 256, 1024의 값을 가지며, $f_{clk_I/O}$는 시스템 클럭과 같은 주파수를 나타낸다.

OC2 핀을 통해 파형을 출력할 때는 OC2 핀에 해당하는 포트 B의 데이터 방향 레지스터 DDRB의 7비트째를 출력이 되도록 설정해야 한다.

이 모드에서 타이머/카운터2 오버플로우 인터럽트는 TCNT2 값이 0xFF에서 0x00이 될 때마다 발생하며, TCNT2와 OCR2 값이 일치하면 출력 비교 인터럽트가 발생하게 된다.

만약 극단적으로 OCR2 레지스터 값을 0x00으로 설정하면 OC2 핀에는 TCNT2의 값이 0xFF에서 0x00으로 되는 1클럭 사이클 동안에만 좁은 스파이크로 파형이 출력된다. 그리고, OCR2 레지스터의 값을 0xFF로 설정하면 OC2 핀에는 계속 High 상태가 출력된다.

### (4) PC PWM (Phase Correct PWM) Mode

이 모드에서는 높은 분해능의 PWM 파형을 발생하는데 유용하며, TCNT2 값은 0에서 255까지 증가하였다가 0으로 감소하는 동작을 반복한다. 비반전 비교 출력모드에서 업 카운트 중에 TCNT2 값과 OCR2의 값이 일치하면 OC2 핀을 통해 0이 출력되고, 다운 카운트 중에 TCNT2 값과 OCR2 값이 일치하면 1이 출력된다. [그림 6-15]는 이를 보여주며, 반전 비교 출력모드에서는 반대의 값이 OC2 핀을 통해 출력된다. 그림으로부터 알 수 있듯이, OCR2에 설정된 값에 따라 High(또는 Low) 부분의 펄스폭이 가변되어 PWM 파형을 출력하게 된다.

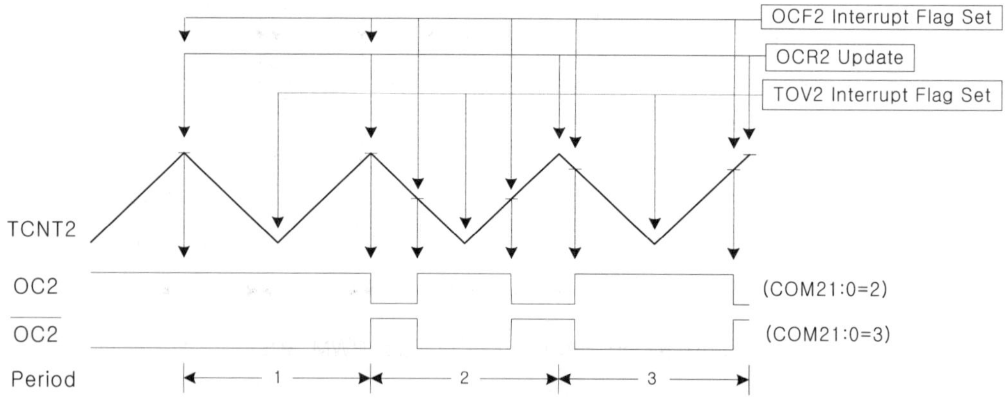


[그림 6-15] 타이머/카운터2 Phase Correct PWM 모드

이 모드에서 OC2 핀을 통해 출력되는 파형의 주파수는

$$f_{OC_2}pwm = \frac{f_{clk\_I/O}}{N \cdot 510}$$

가 된다. 여기서, N은 분주비로 1, 8, 64, 256, 1024의 값을 가지며, $f_{clk_I/O}$는 시스템 클럭과 같은 주파수를 나타낸다. 이와 같이 PC PWM 모드에서의 주파수는 고속 PWM 모드에 비해 반으로 줄어든다.

OC2 핀을 통해 파형을 출력할 때는 OC2 핀에 해당하는 포트 B의 데이터 방향 레지스터 DDRB의 7비트째를 출력이 되도록 설정해야 한다.

이 모드에서 타이머/카운터2의 오버플로우 인터럽트는 TCNT2 값이 0xFF에서 0x00이 될 때마다 발생하며, TCNT2와 OCR2의 값이 일치하면 출력 비교 인터럽트가 발생하게 된다.

비반전 비교 출력모드에서 OCR2의 극단적인 값으로서 OCR2의 값이 0x00이면 0이 계속해서 OC2 핀에 출력되고, OCR2의 값이 0xFF이면 1이 계속해서 OC2 핀에 출력된다.

## 6.2.3 타이머/카운터2 동작 타이밍

[그림 6-16]은 프리스케일러의 분주비가 1인 경우 PC PWM 모드를 제외한 모든 동작모드에서, 타이머/카운터2의 값이 MAX(0xFF)까지 증가하다 BOTTOM(0x00)으로 되면서 오버플로우 인터럽트 플래그 TOV2가 1이 되는 타이머/카운터2의 타이밍을 보여준다.

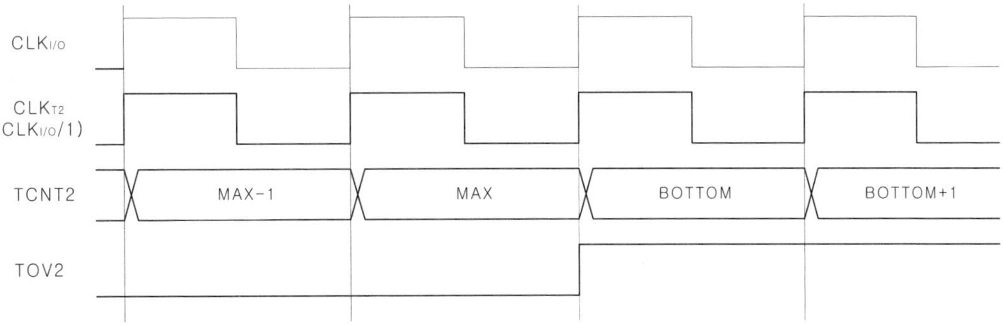


**[그림 6-16]** 타이머/카운터2 타이밍 (분주비=1)

[그림 6-17]은 프리스케일러의 분주비가 8인 경우의 타이머/카운터2의 타이밍을 보여주며, 클럭 $clk_{I/O}$ 8개마다 카운터의 값이 1씩 증가하는 것을 알 수 있다.

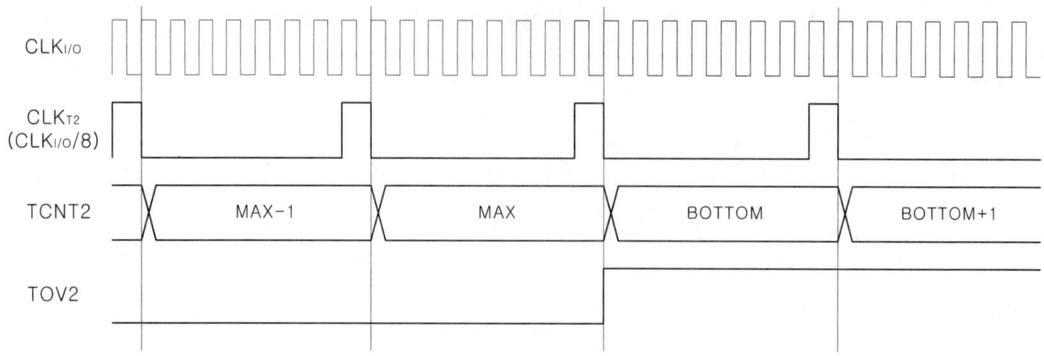


**[그림 6-17]** 타이머/카운터2 타이밍 (분주비=8)

[그림 6-18]은 TCNT2의 값이 증가하다 OCR2와 일치하고 OCF2가 1이 되는 타이밍을 보여주며, TCNT2가 OCR2와 일치한 후에 계속 증가하는 것을 볼 수 있다. 반면에, [그림 6-19]는 CTC 모드에서의 타이밍을 보여주며, TCNT2가 OCR2와 일치한 후에 0으로 리셋되는 것을 보여준다.

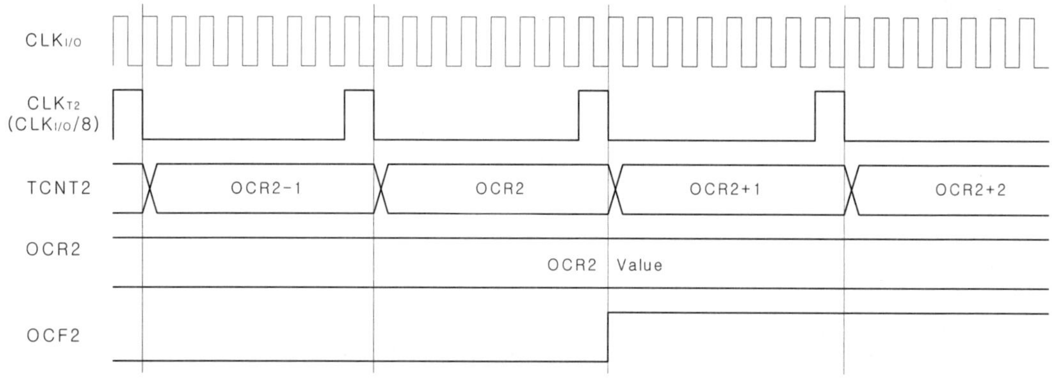


**[그림 6-18]** CTC를 제외한 동작모드에서의 OCF2 변화 타이밍 (분주비=8)

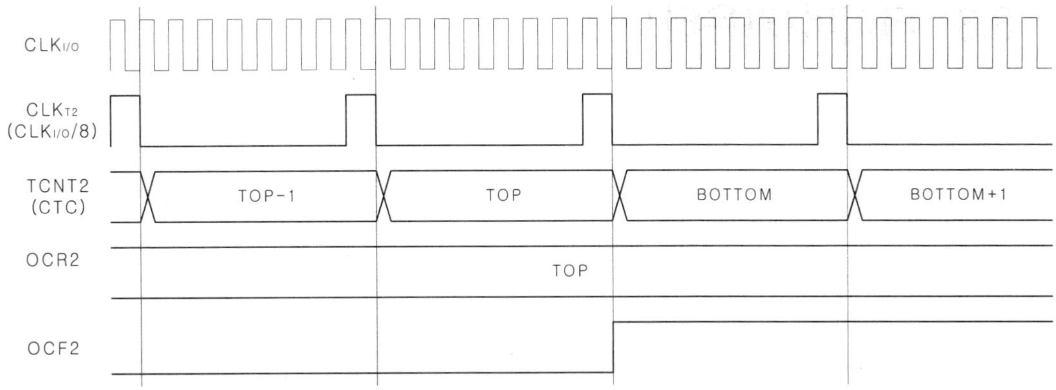


[그림 6-19] CTC 동작모드에서의 OCF2 변화 타이밍 (BOTTOM=0x00)

## 6.2.4 출력비교 유닛(Output Compare Unit)

[그림 6-20]은 타이머/카운터2의 출력비교 유닛 블록도를 보여주며, 레지스터 TCNT2와 OCR2는 8비트 비교기에 의해 계속 비교된다. TCNT2와 OCR2의 값이 일치하면 OCF2 플래그 비트가 다음 클럭에서 셋 되어 인터럽트를 요청하게 된다. OCF2는 인터럽트처리가 실행되면 자동적으로 클리어 되지만, 소프트웨어적으로 0을 써주어 클리어 시킬 수도 있다. TCNT2와 OCR2의 값이 일치하면 WGM21..20비트에 의해 설정된 파형 출력모드에 따라 OC2 핀을 통해 파형이 출력된다.

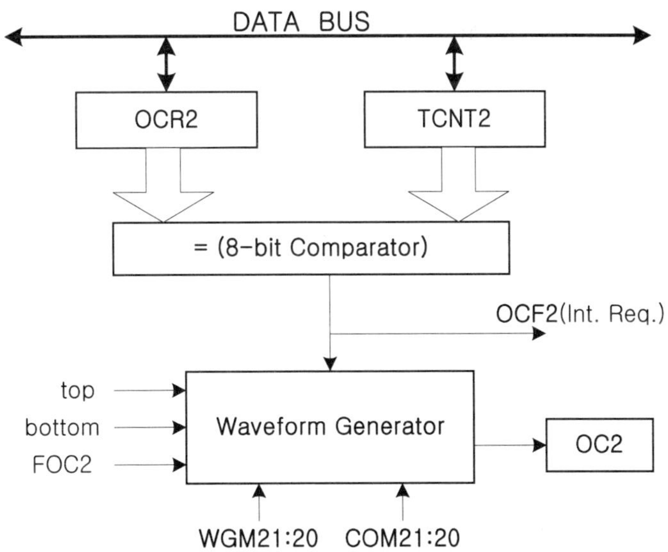


[그림 6-20] 타이머/카운터2 출력비교 유닛 블록도

# 6.3 타이머/카운터1, 3

타이머/카운터1과 3은 16비트 업/다운 카운터이며, 다음과 같은 특징을 갖는다.

- 10비트 프리스케일러 내장
- 입력캡쳐 유닛 내장
- 비교 매치에서 타이머 클리어(오토 리로드)
- 가변 PWM 주기파형 출력
- 6개의 출력비교 유닛 내장
- 타이머 또는 카운터로 동작하며 다양한 모드 내장
- 6개의 PWM 출력
- T1, T3핀에 의한 카운터 동작
- 캡쳐 기능
- 10개의 독립적인 인터럽트 소스
  - TOV1, OCF1A, OCF1B, OCF1C, ICF1,
  - TOV3, OCF3A, OCF3B, OCF3C, ICF3

[그림 6-21]은 타이머/카운터1과 3의 블록도를 보여주며, 클럭은 프리스케일러를 거친 내부클럭 또는 Tn(n=1,3)핀을 통해 입력된 클럭이 사용된다. 출력파형은 OCnA, OCnB, OCnC 핀을 통해 출력되며, ICPn은 타이머/카운터1의 TCNTn 값을 ICRn에 저장할 때 사용되는 트리거 입력핀이다.

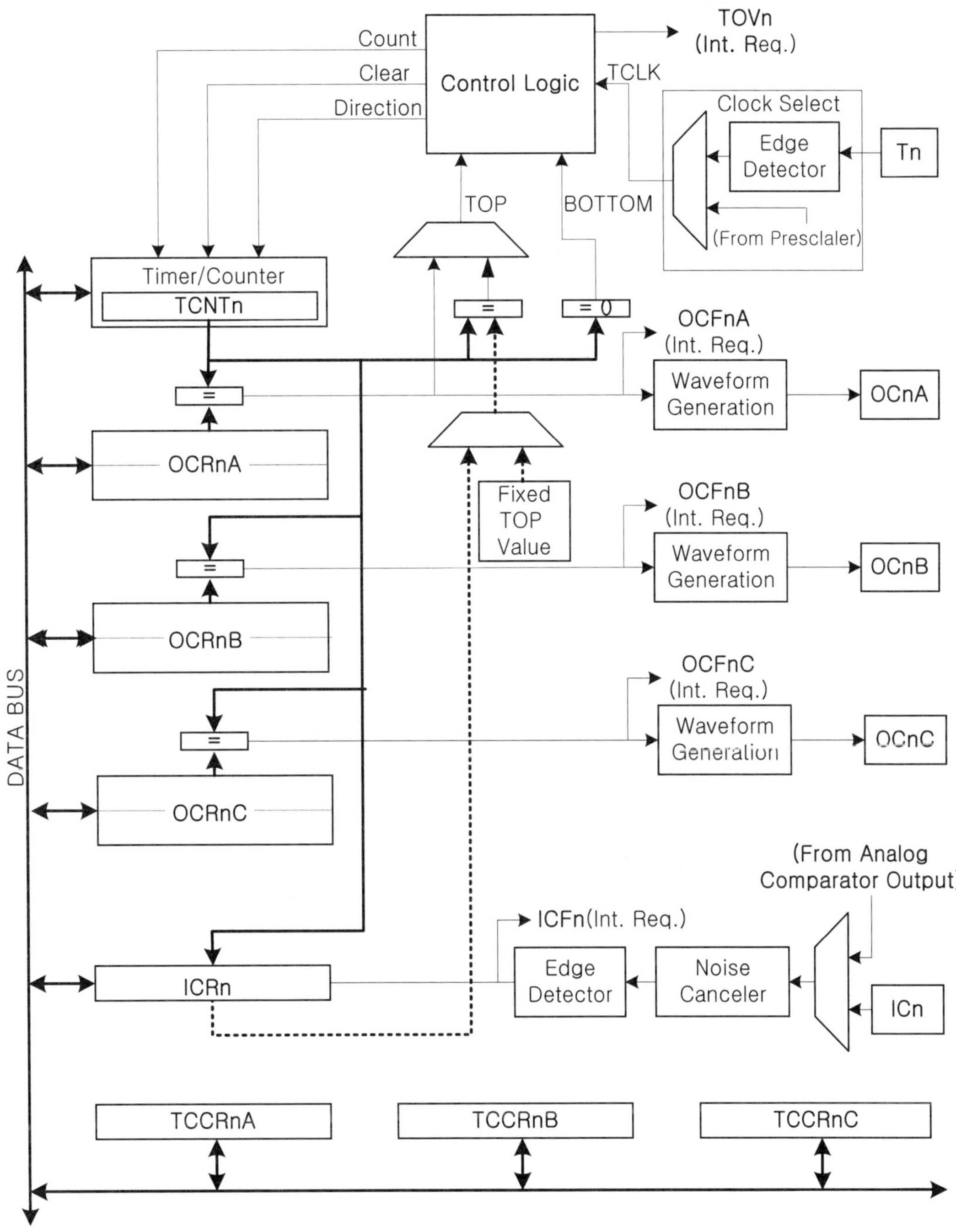


[그림 6-21] 타이머/카운터1 블록도 (n=1, 3)

## 6.3.1 타이머/카운터1, 3 관련 레지스터

타이머/카운터1과 3에 관련된 레지스터에는 [그림 6-21]과 같이 많은 레지스터가 관련되어 있으며 다음과 같다.

- 타이머/카운터 레지스터 TCNT1, TCNT3 - 16비트
- 출력비교 레지스터(16비트)
  - OCR1A, OCR1B, OCR1C
  - OCR3A, OCR3B, OCR3C
- 타이머/카운터 제어 레지스터(8비트)
  - TCCR1A, TCCR1B, TCCR1C
  - TCCR3A, TCCR3B, TCCR3C
- 입력캡쳐 레지스터 ICR1, ICR3 - 16비트
- 타이머/카운터 인터럽트 플래그 레지스터 TIFR, ETIFR - 8비트
- 타이머/카운터 인터럽트 마스크 레지스터 TIMSK, ETIMSK - 8비트
- 특수기능 I/O 레지스터 SFIOR - 8비트

### ■ TCNT1(Timer/Counter1 Register) : 타이머/카운터1 레지스터
### TCNT3(Timer/Counter3 Register) : 타이머/카운터3 레지스터

| 비트 | 15 | 14 | 13 | 12 | 11 | 10 | 9 | 8 | |
|---|---|---|---|---|---|---|---|---|---|
| 0x2D(0x4D) | MSB | | | | | | | | TCNT1H |
| 0x2C(0x4C) | | | | | | | | LSB | TCNT1L |
| | 7 | 6 | 5 | 4 | 3 | 2 | 1 | 0 | |
| 읽기/쓰기 | 읽기/쓰기<br>읽기/쓰기 | 읽기/쓰기<br>읽기/쓰기 | 읽기/쓰기<br>읽기/쓰기 | 읽기/쓰기<br>읽기/쓰기 | 읽기/쓰기<br>읽기/쓰기 | 읽기/쓰기<br>읽기/쓰기 | 읽기/쓰기<br>읽기/쓰기 | 읽기/쓰기<br>읽기/쓰기 | |
| 초기값 | 0<br>0 | 0<br>0 | 0<br>0 | 0<br>0 | 0<br>0 | 0<br>0 | 0<br>0 | 0<br>0 | |

| 비트 | 15 | 14 | 13 | 12 | 11 | 10 | 9 | 8 | |
|---|---|---|---|---|---|---|---|---|---|
| 0x89 | MSB | | | | | | | | TCNT3H |
| 0x88 | | | | | | | | LSB | TCNT3L |
| | 7 | 6 | 5 | 4 | 3 | 2 | 1 | 0 | |
| 읽기/쓰기 | 읽기/쓰기<br>읽기/쓰기 | 읽기/쓰기<br>읽기/쓰기 | 읽기/쓰기<br>읽기/쓰기 | 읽기/쓰기<br>읽기/쓰기 | 읽기/쓰기<br>읽기/쓰기 | 읽기/쓰기<br>읽기/쓰기 | 읽기/쓰기<br>읽기/쓰기 | 읽기/쓰기<br>읽기/쓰기 | |
| 초기값 | 0<br>0 | 0<br>0 | 0<br>0 | 0<br>0 | 0<br>0 | 0<br>0 | 0<br>0 | 0<br>0 | |

TCNT1과 TCNT3은 타이머/카운터1과 3의 16 비트 레지스터 값을 저장하며, I/O 영역에 각기 다른 어드레스를 가지고 있는 8비트 레지스터 TCNT1H와 TCNT1L, TCNT3H와 TCNT3L 2개로 각각 구성되어 있다.

TCNT1이나 TCNT3에 값을 쓰거나 읽는 프로그램을 작성할 때는 다음과 같은 주의가 필요하다.

어셈블리어로 프로그램을 작성할 때는 8비트 단위로 2회에 걸쳐 상위 바이트와 하위바이트에 대해 읽기 및 쓰기 동작을 수행하여야 한다. 특히, 읽기 동작에서는 하위 바이트부터 먼저 읽고, 쓸 때는 상위 바이트부터 쓰기 동작이 아래와 같이 이루어져야 한다.

반면에, C로 프로그램을 작성할 때는 16비트 레지스터명 TCNT1(또는 TCNT3)을 이용하여 한 스텝으로 아래와 같이 프로그램을 작성하면 된다.

위와 같은 규칙은 OCRnA, OCRnB, OCRnC, ICRn(n=1,3)에 대해서도 동일하게 적용된다.

```
; 어셈블리어 프로그램
; TCNT1 에 0x01FF 쓰기
        ldi r17,0x01
        ldi r16,0xFF
        out TCNT1H,r17       ; 상위 바이트 쓰기
        out TCNT1L,r16       ; 하위 바이트 쓰기
;
; TCNT1 값 읽어  r17:r16 에 쓰기
        in r16,TCNT1L        ; 하위 바이트 읽기
        in r17,TCNT1H        ; 상위 바이트 읽기
                       ...
```

```
; C 프로그램
        unsigned int i;
...
        /* TCNT1에 0x01FF 쓰기 */
        TCNT1 = 0x1FF;
...
         /* TCNT1 값 읽어 I에 넣기  */
         i = TCNT1
...
```

■ OCR1x(Timer/Counter1 Output Compare Register) : 타이머/카운터1 출력 비교 레지스터
OCR3x(Timer/Counter3 Output Compare Register) : 타이머/카운터3 출력 비교 레지스터

타이머/카운터1 출력 비교 레지스터 OCR1A - OCR1AH와 OCR1AL

| 비트 | 15 | 14 | 13 | 12 | 11 | 10 | 9 | 8 | |
|---|---|---|---|---|---|---|---|---|---|
| 0x2B(0x4B) | MSB | | | | | | | | OCR1AH |
| 0x2A(0x4A) | | | | | | | | LSB | OCR1AL |
| | 7 | 6 | 5 | 4 | 3 | 2 | 1 | 0 | |
| 읽기/쓰기 | 읽기/쓰기<br>읽기/쓰기 | 읽기/쓰기<br>읽기/쓰기 | 읽기/쓰기<br>읽기/쓰기 | 읽기/쓰기<br>읽기/쓰기 | 읽기/쓰기<br>읽기/쓰기 | 읽기/쓰기<br>읽기/쓰기 | 읽기/쓰기<br>읽기/쓰기 | 읽기/쓰기<br>읽기/쓰기 | |
| 초기값 | 0<br>0 | 0<br>0 | 0<br>0 | 0<br>0 | 0<br>0 | 0<br>0 | 0<br>0 | 0<br>0 | |

타이머/카운터1 출력 비교 레지스터 OCR1B - OCR1BH와 OCR1BL

| 비트 | 15 | 14 | 13 | 12 | 11 | 10 | 9 | 8 | |
|---|---|---|---|---|---|---|---|---|---|
| 0x29(0x49) | MSB | | | | | | | | OCR1BH |
| 0x28(0x48) | | | | | | | | LSB | OCR1BL |
| | 7 | 6 | 5 | 4 | 3 | 2 | 1 | 0 | |
| 읽기/쓰기 | 읽기/쓰기<br>읽기/쓰기 | 읽기/쓰기<br>읽기/쓰기 | 읽기/쓰기<br>읽기/쓰기 | 읽기/쓰기<br>읽기/쓰기 | 읽기/쓰기<br>읽기/쓰기 | 읽기/쓰기<br>읽기/쓰기 | 읽기/쓰기<br>읽기/쓰기 | 읽기/쓰기<br>읽기/쓰기 | |
| 초기값 | 0<br>0 | 0<br>0 | 0<br>0 | 0<br>0 | 0<br>0 | 0<br>0 | 0<br>0 | 0<br>0 | |

타이머/카운터1 출력 비교 레지스터 OCR1C - OCR1CH와 OCR1CL

| 비트 | 15 | 14 | 13 | 12 | 11 | 10 | 9 | 8 | |
|---|---|---|---|---|---|---|---|---|---|
| 0x79 | MSB | | | | | | | | OCR1CH |
| 0x78 | | | | | | | | LSB | OCR1CL |
| | 7 | 6 | 5 | 4 | 3 | 2 | 1 | 0 | |
| 읽기/쓰기 | 읽기/쓰기<br>읽기/쓰기 | 읽기/쓰기<br>읽기/쓰기 | 읽기/쓰기<br>읽기/쓰기 | 읽기/쓰기<br>읽기/쓰기 | 읽기/쓰기<br>읽기/쓰기 | 읽기/쓰기<br>읽기/쓰기 | 읽기/쓰기<br>읽기/쓰기 | 읽기/쓰기<br>읽기/쓰기 | |
| 초기값 | 0<br>0 | 0<br>0 | 0<br>0 | 0<br>0 | 0<br>0 | 0<br>0 | 0<br>0 | 0<br>0 | |

타이머/카운터3 출력 비교 레지스터 OCR3A - OCR3AH와 OCR3AL

| 비트 | 15 | 14 | 13 | 12 | 11 | 10 | 9 | 8 | |
|---|---|---|---|---|---|---|---|---|---|
| 0x87 | MSB | | | | | | | | OCR3AH |
| 0x86 | | | | | | | | LSB | OCR3AL |
| | 7 | 6 | 5 | 4 | 3 | 2 | 1 | 0 | |
| 읽기/쓰기 | 읽기/쓰기<br>읽기/쓰기 | 읽기/쓰기<br>읽기/쓰기 | 읽기/쓰기<br>읽기/쓰기 | 읽기/쓰기<br>읽기/쓰기 | 읽기/쓰기<br>읽기/쓰기 | 읽기/쓰기<br>읽기/쓰기 | 읽기/쓰기<br>읽기/쓰기 | 읽기/쓰기<br>읽기/쓰기 | |
| 초기값 | 0<br>0 | 0<br>0 | 0<br>0 | 0<br>0 | 0<br>0 | 0<br>0 | 0<br>0 | 0<br>0 | |

### 타이머/카운터3 출력 비교 레지스터 OCR3B - OCR3BH와 OCR3BL

| 비트 | 15 | 14 | 13 | 12 | 11 | 10 | 9 | 8 | |
|---|---|---|---|---|---|---|---|---|---|
| 0x85 | MSB | | | | | | | | OCR3BH |
| 0x84 | | | | | | | | LSB | OCR3BL |
| | 7 | 6 | 5 | 4 | 3 | 2 | 1 | 0 | |
| 읽기/쓰기 | 읽기/쓰기<br>읽기/쓰기 | 읽기/쓰기<br>읽기/쓰기 | 읽기/쓰기<br>읽기/쓰기 | 읽기/쓰기<br>읽기/쓰기 | 읽기/쓰기<br>읽기/쓰기 | 읽기/쓰기<br>읽기/쓰기 | 읽기/쓰기<br>읽기/쓰기 | 읽기/쓰기<br>읽기/쓰기 | |
| 초기값 | 0<br>0 | 0<br>0 | 0<br>0 | 0<br>0 | 0<br>0 | 0<br>0 | 0<br>0 | 0<br>0 | |

### 타이머/카운터3 출력 비교 레지스터 OCR3C - OCR3CH와 OCR3CL

| 비트 | 15 | 14 | 13 | 12 | 11 | 10 | 9 | 8 | |
|---|---|---|---|---|---|---|---|---|---|
| 0x83 | MSB | | | | | | | | OCR3CH |
| 0x82 | | | | | | | | LSB | OCR3CL |
| | 7 | 6 | 5 | 4 | 3 | 2 | 1 | 0 | |
| 읽기/쓰기 | 읽기/쓰기<br>읽기/쓰기 | 읽기/쓰기<br>읽기/쓰기 | 읽기/쓰기<br>읽기/쓰기 | 읽기/쓰기<br>읽기/쓰기 | 읽기/쓰기<br>읽기/쓰기 | 읽기/쓰기<br>읽기/쓰기 | 읽기/쓰기<br>읽기/쓰기 | 읽기/쓰기<br>읽기/쓰기 | |
| 초기값 | 0<br>0 | 0<br>0 | 0<br>0 | 0<br>0 | 0<br>0 | 0<br>0 | 0<br>0 | 0<br>0 | |

출력 비교 레지스터 OCRnA, OCRnB, OCRnC(n=1, 3)는 TCNTn과의 값이 일치할 때 OCnA, OCnB, OCnC 핀을 통해 파형을 출력시키기 위해 비교값을 저장하기 위한 16비트 레지스터이다. 이 레지스터들도 TCNTn과 마찬가지로 I/O 영역에 각기 다른 어드레스를 가지고 있는 8비트 레지스터 OCRnAH와 OCRnAL, OCRnBH와 OCRnBL, OCRnCH와 OCRnCL로 각각 구성되어 있으며, 이 레지스터들에 값을 쓰거나 읽는 프로그램을 작성할 때는 TCNTn의 경우와 같이 주의가 필요하다.

## ■ ICR1(Timer/Counter1 Input Capture Register) : 타이머/카운터1 입력 캡쳐 레지스터 ICR3(Timer/Counter3 Input Capture Register) : 타이머/카운터3 입력 캡쳐 레지스터

### 타이머/카운터1 입력 캡쳐 레지스터 ICR1- ICR1H와 ICR1L

| 비트 | 15 | 14 | 13 | 12 | 11 | 10 | 9 | 8 | |
|---|---|---|---|---|---|---|---|---|---|
| 0x27(0x47) | MSB | | | | | | | | ICR1H |
| 0x26(0x46) | | | | | | | | LSB | ICR1L |
| | 7 | 6 | 5 | 4 | 3 | 2 | 1 | 0 | |
| 읽기/쓰기 | 읽기/쓰기<br>읽기/쓰기 | 읽기/쓰기<br>읽기/쓰기 | 읽기/쓰기<br>읽기/쓰기 | 읽기/쓰기<br>읽기/쓰기 | 읽기/쓰기<br>읽기/쓰기 | 읽기/쓰기<br>읽기/쓰기 | 읽기/쓰기<br>읽기/쓰기 | 읽기/쓰기<br>읽기/쓰기 | |
| 초기값 | 0<br>0 | 0<br>0 | 0<br>0 | 0<br>0 | 0<br>0 | 0<br>0 | 0<br>0 | 0<br>0 | |

### 타이머/카운터3 입력 캡쳐 레지스터 ICR3- ICR3H와 ICR3L

| 비트 | 15 | 14 | 13 | 12 | 11 | 10 | 9 | 8 | |
|---|---|---|---|---|---|---|---|---|---|
| 0x81 | MSB | | | | | | | | ICR3H |
| 0x80 | | | | | | | | LSB | ICR3L |
| | 7 | 6 | 5 | 4 | 3 | 2 | 1 | 0 | |
| 읽기/쓰기 | 읽기/쓰기<br>읽기/쓰기 | 읽기/쓰기<br>읽기/쓰기 | 읽기/쓰기<br>읽기/쓰기 | 읽기/쓰기<br>읽기/쓰기 | 읽기/쓰기<br>읽기/쓰기 | 읽기/쓰기<br>읽기/쓰기 | 읽기/쓰기<br>읽기/쓰기 | 읽기/쓰기<br>읽기/쓰기 | |
| 초기값 | 0<br>0 | 0<br>0 | 0<br>0 | 0<br>0 | 0<br>0 | 0<br>0 | 0<br>0 | 0<br>0 | |

입력 캡쳐 핀 ICPn(n=1,3)에 이벤트가 발생할 때마다(또는 선택적으로 아날로그 비교기의 출력에 따라) TCNTn 값으로 갱신되는 16비트 레지스터이며, 타이머/카운터1과 3의 동작모드에 따라 TOP 값을 정의하는데도 이용된다.

이 레지스터들도 TCNTn과 마찬가지로 I/O 영역에 각기 다른 어드레스를 가지고 있는 8비트 레지스터 ICRnH와 ICRnL로 각각 구성되어 있으며, 이 레지스터들에 값을 쓰거나 읽는 프로그램을 작성할 때는 TCNTn의 경우와 같이 주의가 필요하다.

### ■ TCCR1A(Timer/Counter1 Control Register A) : 타이머/카운터1 제어 레지스터 A<br>TCCR3A(Timer/Counter3 Control Register A) : 타이머/카운터3 제어 레지스터 A

| 비트 | 7 | 6 | 5 | 4 | 3 | 2 | 1 | 0 | |
|---|---|---|---|---|---|---|---|---|---|
| 0x2F(0x4F) | COM1A1 | COM1A0 | COM1B1 | COM1B0 | COM1C1 | COM1C0 | WGM11 | WGM10 | TCCR1A |
| 읽기/쓰기 | 읽기/쓰기 | 읽기/쓰기 | 읽기/쓰기 | 읽기/쓰기 | 읽기/쓰기 | 읽기/쓰기 | 읽기/쓰기 | 읽기/쓰기 | |
| 초기값 | 0 | 0 | 0 | 0 | 0 | 0 | 0 | 0 | |

| 비트 | 7 | 6 | 5 | 4 | 3 | 2 | 1 | 0 | |
|---|---|---|---|---|---|---|---|---|---|
| 0x8B | COM3A1 | COM3A0 | COM3B1 | COM3B0 | COM3C1 | COM3C0 | WGM31 | WGM30 | TCCR3A |
| 읽기/쓰기 | 읽기/쓰기 | 읽기/쓰기 | 읽기/쓰기 | 읽기/쓰기 | 읽기/쓰기 | 읽기/쓰기 | 읽기/쓰기 | 읽기/쓰기 | |
| 초기값 | 0 | 0 | 0 | 0 | 0 | 0 | 0 | 0 | |

- Bit 1..0 – WGMn1, WGMn0 : 파형 발생 모드(Waveform Generation Mode)
  이 비트들은 TCCRnB 레지스터의 WGMn3, WGMn2비트와 함께 타이머/카운터1과 3의 동작모드를 [표 6-12]와 같이 설정한다.

[표 6-12] 타이머/카운터1과 3의 동작모드(n=1,3, x=A, B, C)

| 모드 | WGM n3 | WGM n2 | WGM n1 | WGM n0 | 동 작 모 드 | TOP값 | OCRnx의 업데이트 시점 | TOVn 플래그 셋 시점 |
|---|---|---|---|---|---|---|---|---|
| 0 | 0 | 0 | 0 | 0 | 일반모드 | 0xFFFF | 설정즉시 | 0xFFFF |
| 1 | 0 | 0 | 0 | 1 | Phase Correct PWM(8비트) | 0x00FF | TOP | 0x0000 |
| 2 | 0 | 0 | 1 | 0 | Phase Correct PWM(9비트) | 0x01FF | TOP | 0x0000 |
| 3 | 0 | 0 | 1 | 1 | Phase Correct PWM(10비트) | 0x03FF | TOP | 0x0000 |
| 4 | 0 | 1 | 0 | 0 | CTC | OCRnA | 설정즉시 | 0xFFFF |
| 5 | 0 | 1 | 0 | 1 | Fast PWM(8비트) | 0x00FF | TOP | TOP |
| 6 | 0 | 1 | 1 | 0 | Fast PWM(9비트) | 0x01FF | TOP | TOP |
| 7 | 0 | 1 | 1 | 1 | Fast PWM(10비트) | 0x03FF | TOP | TOP |
| 8 | 1 | 0 | 0 | 0 | Phase and Frequency Correct PWM | ICRn | 0x00 | 0x0000 |
| 9 | 1 | 0 | 0 | 1 | Phase and Frequency Correct PWM | OCRnA | 0x00 | 0x0000 |
| 10 | 1 | 0 | 1 | 0 | Phase Correct PWM | ICRn | TOP | 0x0000 |
| 11 | 1 | 0 | 1 | 1 | Phase Correct PWM | OCRnA | TOP | 0x0000 |
| 12 | 1 | 1 | 0 | 0 | CTC | ICRn | 설정즉시 | 0xFFFF |
| 13 | 1 | 1 | 0 | 1 | reserved | - | - | - |
| 14 | 1 | 1 | 1 | 0 | Fast PWM | ICRn | TOP | TOP |
| 15 | 1 | 1 | 1 | 1 | Fast PWM | OCRnA | TOP | TOP |

- Bit 7..2 – COMnx1, COMnx0 : OCnx 핀의 출력 모드 선택 비트(n=1,3, x=A, B, C)

  COMnx1과 COMnx0 제어 비트는 타이머/카운터1과 3에서 비교 매치 동작에 따른 출력 핀의 동작을 결정하며, [표 6-13], [표 6-14], [표 6-15]와 같다. 출력 핀의 동작은 출력 비교 x핀 OCnx에 영향을 주며, 이 핀에 대응되는 비트는 출력으로 설정되어야 한다.

[표 6-13] 일반모드와 CTC 동작모드에서 OCnx 핀의 출력 동작 (n=1,3, x=A,B,C)

| COMnx1 | COMnx0 | OCnx 핀의 출력 동작 |
|---|---|---|
| 0 | 0 | 일반 I/O 포트로 사용(OCnx 핀 차단) |
| 0 | 1 | 비교 매치에서 OCnx 출력 토글(toggle) |
| 1 | 0 | OCnx 출력 클리어 |
| 1 | 1 | OCnx 출력 셋 |

[표 6-14] Fast PWM 동작모드에서 OCnx 핀의 출력동작

| COMnx1 | COMnx0 | OCnx 핀의 출력값 |
|---|---|---|
| 0 | 0 | 일반 I/O 포트로 사용(OCnx 핀 차단) |
| 0 | 1 | 모드 15인 경우에만 비교 매치에서 OCnA 출력을 토글(toggle)하며, OCnB 핀은 차단된다. 그 밖의 모드에서는 일반 I/O 포트로 사용(OCnA/OCnB 출력 차단) |
| 1 | 0 | 비교 매치에서 OCnx 출력 클리어, TOP에서 OCnx 출력 셋 |
| 1 | 1 | 비교 매치에서 OCnx 출력 셋, TOP에서 OCnx 출력 클리어 |

[표 6-15] Phase (and Frequency) Correct PWM 동작모드에서 OCnx 핀의 출력동작

| COMnx1 | COMnx0 | OCnx 핀의 출력값 |
|---|---|---|
| 0 | 0 | 일반 I/O 포트로 사용(OCnx 핀 차단) |
| 0 | 1 | 모드 9, 11인 경우에만 비교 매치에서 OCnA 출력을 토글(toggle)하며, OCnB 핀은 차단된다. 그 밖의 모드에서는 일반 I/O 포트로 사용(OCnx 출력 차단) |
| 1 | 0 | 업 카운트 중의 비교 매치에서 OCnx 출력 클리어<br>다운 카운트 중의 비교 매치에서 OCnx 출력 셋 |
| 1 | 1 | 업 카운트 중의 비교 매치에서 OCnx 출력 셋<br>다운 카운트 중의 비교 매치에서 OCnx 출력 클리어 |

## ■ TCCR1B(Timer/Counter1 Control Register B) : 타이머/카운터1 제어 레지스터 B<br>TCCR3B(Timer/Counter3 Control Register B) : 타이머/카운터3 제어 레지스터 B

| 비트 | 7 | 6 | 5 | 4 | 3 | 2 | 1 | 0 | |
|---|---|---|---|---|---|---|---|---|---|
| 0x2E(0x4E) | ICNC1 | ICES1 | - | WGM13 | WGM12 | CS12 | CS11 | CS10 | TCCR1B |
| 읽기/쓰기 | 읽기/쓰기 | 읽기/쓰기 | 읽기 | 읽기/쓰기 | 읽기/쓰기 | 읽기/쓰기 | 읽기/쓰기 | 읽기/쓰기 | |
| 초기값 | 0 | 0 | 0 | 0 | 0 | 0 | 0 | 0 | |

| 비트 | 7 | 6 | 5 | 4 | 3 | 2 | 1 | 0 | |
|---|---|---|---|---|---|---|---|---|---|
| 0x8A | ICNC3 | ICES3 | - | WGM33 | WGM32 | CS32 | CS31 | CS30 | TCCR3B |
| 읽기/쓰기 | 읽기/쓰기 | 읽기/쓰기 | 읽기 | 읽기/쓰기 | 읽기/쓰기 | 읽기/쓰기 | 읽기/쓰기 | 읽기/쓰기 | |
| 초기값 | 0 | 0 | 0 | 0 | 0 | 0 | 0 | 0 | |

- Bit 7 – ICNCn : 입력 캡쳐 n 노이즈 제거기(Input Capture Noise Canceler)

  이 비트가 1이면, 입력 캡쳐 노이즈 제거기가 동작하여 ICn(n=1, 3) 핀으

로 입력되는 신호가 필터링 된다. 이 필터에는 출력이 변화하는데 있어 같은 입력 신호값이 4클럭 동안 지속되는 것이 요구되며, 이에 따라 입력 캡쳐는 4클럭 만큼 지연되어 동작하게 된다.

- Bit 6 – ICESn : 입력캡쳐 에지 선택(Input Capture Edge Select)

  이 비트가 0이면, 입력캡쳐 핀 ICn에 입력되는 신호의 하강 에지에서 타이머/카운터n의 값이 입력캡쳐 레지스터 ICRn에 전달된다. 반면에 이 비트가 1이면, ICn에 입력되는 신호의 상승 에지에서 타이머/카운터n의 값이 입력캡쳐 레지스터 ICRn에 전달된다.

  ICESn의 설정에 따라 캡쳐 신호가 입력되면 타이머/카운터n의 값이 ICRn에 저장되며, 입력캡쳐 인터럽트 플래그 ICFn이 1이 되어 인터럽트가 발생하게 된다.

  그러나, 레지스터 ICRn이 타이머/카운터1의 최대값(TOP)을 저장하는 레지스터로 사용하는 동작모드에서는 ICn 핀은 차단되고 입력캡쳐 기능은 사용할 수 없게 된다.

- Bit 4, Bit 3 – WGMn3, WGMn2 : 파형 발생 모드

  이 비트들은 TCCRnA 레지스터의 WGMn1, WGMn0 비트와 함께 타이머/카운터n의 동작모드를 [표 6-12]와 같이 설정한다.

- Bit 2, 1, 0 – CSn2, CSn1, CSn0 : 클럭 선택(Clock Select)

  타이머/카운터n의 클럭 소스를 선택하며, [표 6-16]과 같다.

[표 6-16] 타이머/카운터n 클럭 소스 (n=1, 3)

| CSn2 | CSn1 | CSn0 | 클럭 소스 |
|---|---|---|---|
| 0 | 0 | 0 | 타이머/카운터n 정지 |
| 0 | 0 | 1 | $clk_{I/O}$ / 1 ($clk_{I/O}$는 시스템 주파수와 같음) |
| 0 | 1 | 0 | $clk_{I/O}$ / 8 |
| 0 | 1 | 1 | $clk_{I/O}$ / 64 |
| 1 | 0 | 0 | $clk_{I/O}$ / 256 |
| 1 | 0 | 1 | $clk_{I/O}$ / 1024 |
| 1 | 1 | 0 | Tn 핀에 입력되는 외부 클럭(하강 에지에서 동작) |
| 1 | 1 | 1 | Tn 핀에 입력되는 외부 클럭(상승 에지에서 동작) |

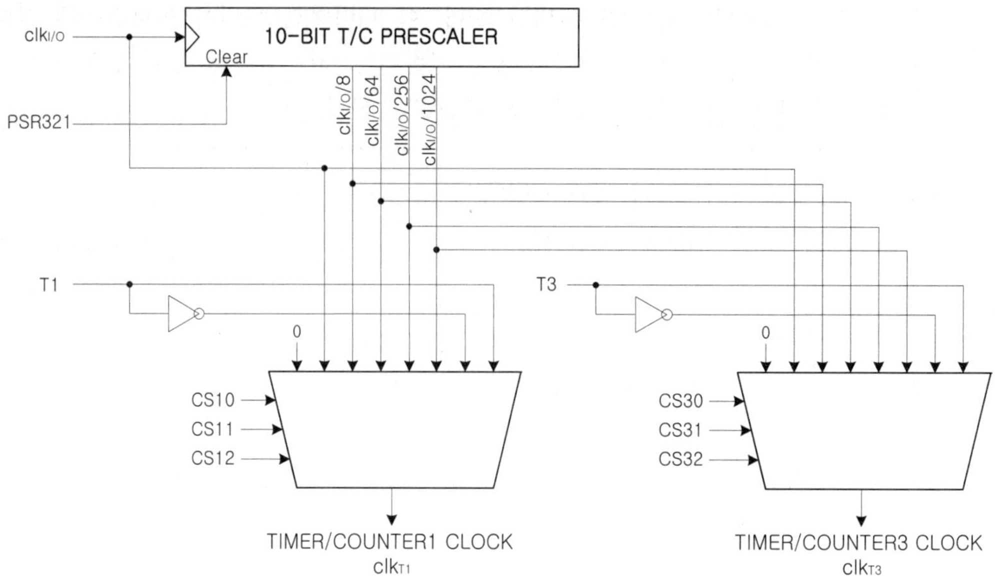


[그림 6-22] 타이머/카운터1과 3의 프리스케일러

## ■ TCCR1C(Timer/Counter1 Control Register C) : 타이머/카운터1 제어 레지스터 C<br>TCCR3C(Timer/Counter3 Control Register C) : 타이머/카운터3 제어 레지스터 C

| 비트 | 7 | 6 | 5 | 4 | 3 | 2 | 1 | 0 | |
|---|---|---|---|---|---|---|---|---|---|
| 7A | FOC1A | FOC1B | FOC1C | | | | | | TCCR1C |
| 읽기/쓰기 | 쓰기 | 쓰기 | 쓰기 | 읽기 | 읽기 | 읽기 | 읽기 | 읽기 | |
| 초기값 | 0 | 0 | 0 | 0 | 0 | 0 | 0 | 0 | |

| 비트 | 7 | 6 | 5 | 4 | 3 | 2 | 1 | 0 | |
|---|---|---|---|---|---|---|---|---|---|
| 8C | FOC3A | FOC3B | FOC3C | | | | | | TCCR3C |
| 읽기/쓰기 | 쓰기 | 쓰기 | 쓰기 | 읽기 | 읽기 | 읽기 | 읽기 | 읽기 | |
| 초기값 | 0 | 0 | 0 | 0 | 0 | 0 | 0 | 0 | |

- Bit 7..5 – FOCnx(Force Output Compare) (n=1,3, x=A,B,C)

  이 비트는 PWM 모드가 아닌 경우에만 유효하며, 이 비트가 1이면 비교 출력 단자 OCnx 핀을 통해 COMnx1:COMnx0 비트에 의해 설정된 값이 즉시 출력된다. 이 비트는 인터럽트를 발생시키지 않으며, 또한 OCRnx 레지스터를 TOP으로 사용하는 CTC 모드에서 타이머를 클리어시키지 않는다.

## ■ TIMSK(Timer/Counter Interrupt Mask Register) : 타이머/카운터 인터럽트 마스크 레지스터

| 비트 | 7 | 6 | 5 | 4 | 3 | 2 | 1 | 0 | |
|---|---|---|---|---|---|---|---|---|---|
| 0x37(0x57) | OCIE2 | TOIE2 | TICIE1 | OCIE1A | OCIE1B | TOIE1 | OCIE0 | TOIE0 | TIMSK |
| 읽기/쓰기 | 읽기/쓰기 | 읽기/쓰기 | 읽기/쓰기 | 읽기/쓰기 | 읽기/쓰기 | 읽기/쓰기 | 읽기/쓰기 | 읽기/쓰기 | |
| 초기값 | 0 | 0 | 0 | 0 | 0 | 0 | 0 | 0 | |

- Bit 5 – TICIE1 : 타이머/카운터1 입력캡쳐(Capture) 인터럽트 인에이블 비트

  이 비트가 1이고 상태 레지스터 SREG의 I 비트가 1이면 타이머/카운터1 입력캡쳐 인터럽트가 인에이블된다. 대응되는 인터럽트는 IC1 핀에서 캡쳐 트리거(trigger) 이벤트가 발생했을 경우 즉, 타이머/카운터 인터럽트 플래그 레지스터 TIFR의 ICF1 비트가 셋 되었을 때 인터럽트가 실행된다.

- Bit 4 – OCIE1A : 타이머/카운터1 출력 비교 A 매치 인터럽트 인에이블 비트

  이 비트가 1이고 상태 레지스터 SREG의 I 비트가 1이면 타이머/카운터1의 비교 A 매치 인터럽트가 인에이블 된다. 대응되는 인터럽트는 타이머/카운터1의 비교 A 매치가 발생했을 경우 즉, 타이머/카운터 인터럽트 플래그 레지스터 TIFR의 OCF1A 비트가 셋 되면 인터럽트가 실행된다.

- Bit 3 – OCIE1B : 타이머/카운터1 출력 비교B 매치 인터럽트 인에이블 비트

  이 비트가 1이고 상태 레지스터 SREG의 I 비트가 1이면 타이머/카운터1의 비교 B 매치 인터럽트가 인에이블 된다. 대응되는 인터럽트는 타이머/카운터1의 비교 B 매치가 발생했을 경우 즉, 타이머/카운터 인터럽트 플래그 레지스터 TIFR의 OCF1B 비트가 셋 되었을 때 인터럽트 벡터가 실행된다.

- Bit 2 – TOIE1 : 타이머/카운터1 오버플로우 인터럽트 인에이블 비트

  이 비트가 1이고 상태 레지스터 SREG의 I 비트가 1이면 타이머/카운터1의 오버플로우 인터럽트가 인에이블 된다. 대응되는 인터럽트는 타이머/카운터 오버플로우가 발생했을 경우 즉, 타이머/카운터 인터럽트 플래그 레지스터 TIFR의 TOV1 비트가 셋 되었을 때 인터럽트가 실행된다.

■ ETIMSK(Extended Timer/Counter Interrupt Mask Register) : 확장 타이머/카운터 인터럽트 마스크 레지스터

| 비트 | 7 | 6 | 5 | 4 | 3 | 2 | 1 | 0 | |
|---|---|---|---|---|---|---|---|---|---|
| 0x7D | – | – | TICIE3 | OCIE3A | OCIE3B | TOIE3 | OCIE3C | OCIE1C | ETIMSK |
| 읽기/쓰기 | 읽기 | 읽기 | 읽기/쓰기 | 읽기/쓰기 | 읽기/쓰기 | 읽기/쓰기 | 읽기/쓰기 | 읽기/쓰기 | |
| 초기값 | 0 | 0 | 0 | 0 | 0 | 0 | 0 | 0 | |

- Bit 5 – TICIE3 : 타이머/카운터3 입력캡쳐(Capture) 인터럽트 인에이블 비트

  이 비트가 1이고 상태 레지스터 SREG의 I 비트가 1이면 타이머/카운터3 입력캡쳐 인터럽트가 인에이블된다. 대응되는 인터럽트는 IC3 핀에서 캡쳐 트리거(trigger) 이벤트가 발생했을 경우 즉, 타이머/카운터 인터럽트 플래그 레지스터 TIFR의 ICF3 비트가 셋 되었을 때 인터럽트가 실행된다.

- Bit 4 – OCIE3A : 타이머/카운터3 출력 비교 A 매치 인터럽트 인에이블 비트

  이 비트가 1이고 상태 레지스터 SREG의 I 비트가 1이면 타이머/카운터3의 비교 A 매치 인터럽트가 인에이블 된다. 대응되는 인터럽트는 타이머/카운터3의 비교 A 매치가 발생했을 경우 즉, 타이머/카운터 인터럽트 플래그 레지스터 TIFR의 OCF3A 비트가 셋 되면 인터럽트가 실행된다.

- Bit 3 – OCIE3B : 타이머/카운터3 출력 비교B 매치 인터럽트 인에이블 비트

  이 비트가 1이고 상태 레지스터 SREG의 I 비트가 1이면 타이머/카운터3의 비교 B 매치 인터럽트가 인에이블 된다. 대응되는 인터럽트는 타이머/카운터3의 비교 B 매치가 발생했을 경우 즉, 타이머/카운터 인터럽트 플래그 레지스터 TIFR의 OCF1B 비트가 셋 되었을 때 인터럽트 벡터가 실행된다.

- Bit 2 – TOIE3 : 타이머/카운터3 오버플로우 인터럽트 인에이블 비트

  이 비트가 1이고 상태 레지스터 SREG의 I 비트가 1이면 타이머/카운터3의 오버플로우 인터럽트가 인에이블 된다. 대응되는 인터럽트는 타이머/카운터 오버플로우가 발생했을 경우 즉, 타이머/카운터 인터럽트 플래그 레지스터 TIFR의 TOV3 비트가 셋 되었을 때 인터럽트가 실행된다.

• Bit 1 – OCIE3C : 타이머/카운터3 출력 비교C 매치 인터럽트 인에이블 비트

이 비트가 1이고 상태 레지스터 SREG의 I 비트가 1이면 타이머/카운터3의 비교 C 매치 인터럽트가 인에이블 된다. 대응되는 인터럽트는 타이머/카운터3의 비교 C 매치가 발생했을 경우 즉, 타이머/카운터 인터럽트 플래그 레지스터 TIFR의 OCF3C 비트가 셋 되었을 때 인터럽트 벡터가 실행된다.

•Bit 0 – OCIE1C : 타이머/카운터1 출력 비교C 매치 인터럽트 인에이블 비트

이 비트가 1이고 상태 레지스터 SREG의 I 비트가 1이면 타이머/카운터1의 비교 C 매치 인터럽트가 인에이블 된다. 대응되는 인터럽트는 타이머/카운터1의 비교 C 매치가 발생했을 경우 즉, 타이머/카운터 인터럽트 플래그 레지스터 TIFR의 OCF1C 비트가 셋 되었을 때 인터럽트 벡터가 실행된다.

## ■ TIFR(Timer/Counter Interrupt Flag Register) : 타이머/카운터 인터럽트 플래그 레지스터

| 비트 | 7 | 6 | 5 | 4 | 3 | 2 | 1 | 0 | |
|---|---|---|---|---|---|---|---|---|---|
| 0x36(0x56) | OCF2 | TOV2 | ICF1 | OCF1A | OCF1B | TOV1 | OCF0 | TOV0 | TIFR |
| 읽기/쓰기 | 읽기/쓰기 | 읽기/쓰기 | 읽기/쓰기 | 읽기/쓰기 | 읽기/쓰기 | 읽기/쓰기 | 읽기/쓰기 | 읽기/쓰기 | |
| 초기값 | 0 | 0 | 0 | 0 | 0 | 0 | 0 | 0 | |

• Bit 5 – ICF1 : 타이머/카운터1 입력캡쳐 플래그 비트

이 비트는 IC1 핀에 캡쳐 이벤트가 발생했을 때 셋 되며, 입력캡쳐 인터럽트가 발생한다. 그리고, ICR1 레지스터가 TOP 값으로 사용되는 동작모드에서는 TCNT1의 값이 TOP 값이 될 때 이 비트가 셋 된다. SREG의 I 비트, TIMSK의 TICIE1 비트와 ICF1이 셋 되었을 때 타이머/카운터1 입력 캡쳐 인터럽트가 실행되며, 이 비트는 대응되는 인터럽트 처리 루틴이 실행되면 자동적으로 클리어 된다.

• Bit 4 – OCF1A : 출력 비교 플래그 비트 1A

이 비트는 TCNT1과 출력 비교 레지스터 1A인 OCR1A가 일치했을 경우에 셋 된다. OCF1A는 대응되는 인터럽트 처리 루틴을 실행할 경우에 하드웨어적으로 자동 클리어 되거나 플래그에 1을 쓸 경우에 클리어 된다.

SREG의 I 비트, TIMSK의 OCIE1A 비트와 OCF1A가 셋 되었을 때 타이머/카운터1 비교 A 매치 인터럽트가 실행된다.

- Bit 3 – OCF1B : 출력 비교 플래그 비트 1B

이 비트는 TCNT1과 출력 비교 레지스터 1B인 OCR1B가 일치했을 경우에 셋 된다. OCF1B는 대응되는 인터럽트 처리 루틴을 실행할 경우에 하드웨어적으로 자동 클리어 되거나 플래그에 1을 쓸 경우에 클리어 된다. SREG의 I 비트, TIMSK의 OCIE1B 비트와 OCF1B가 셋 되었을 때 타이머/카운터1 비교 B 매치 인터럽트가 실행된다.

- Bit 2 – TOV1 : 타이머/카운터1 오버플로우 플래그 비트

이 비트는 타이머/카운터1에서 오버플로우가 발생했을 경우에 셋 된다. TOV1은 대응되는 인터럽트 처리 루틴을 실행할 경우에 하드웨어적으로 자동 클리어 되거나, TOV1에 1을 쓰면 클리어 된다. SREG의 I 비트와 TIMSK의 TOIE1 비트와 TOV1이 셋 되었을 때 타이머/카운터1 오버플로우 인터럽트가 실행된다. Phase Correct PWM 모드에서 이 비트는 타이머/카운터1의 카운터 값이 0x0000에서 카운터 방향이 바뀔 때 셋 된다.

## ■ ETIFR(Extended Timer/Counter Interrupt Flag Register) : 확장 타이머/카운터 인터럽트 플래그 레지스터

| 비트 | 7 | 6 | 5 | 4 | 3 | 2 | 1 | 0 | |
|---|---|---|---|---|---|---|---|---|---|
| 0x7C | - | - | ICF3 | OCF3A | OCF3B | TOV3 | OCF3C | OCF1C | TIFR |
| 읽기/쓰기 | 읽기 | 읽기 | 읽기/쓰기 | 읽기/쓰기 | 읽기/쓰기 | 읽기/쓰기 | 읽기/쓰기 | 읽기/쓰기 | |
| 초기값 | 0 | 0 | 0 | 0 | 0 | 0 | 0 | 0 | |

- Bit 5 – ICF3 : 타이머/카운터3 입력 캡쳐 플래그 비트

이 비트는 IC3 핀에 캡쳐 이벤트가 발생했을 때 셋 되며, 입력 캡쳐 인터럽트가 발생한다. 그리고, ICR3 레지스터가 TOP 값으로 사용되는 동작 모드에서는 TCNT3의 값이 TOP 값이 될 때 이 비트가 셋 된다. SREG의 I 비트, ETIMSK의 TICIE3 비트와 ICF3이 셋 되었을 때 타이머/카운터3 입력 캡쳐 인터럽트가 실행되며, 이 비트는 대응되는 인터럽트 처리 루틴이 실행되면 자동적으로 클리어 된다.

- Bit 4 – OCF3A : 출력 비교 플래그 비트 3A

  이 비트는 TCNT3과 출력 비교 레지스터 3A인 OCR3A가 일치했을 경우에 셋 된다. OCF3A는 대응되는 인터럽트 처리 루틴을 실행할 경우에 하드웨어적으로 자동 클리어 되거나 플래그에 1을 쓸 경우에 클리어 된다. SREG의 I 비트, ETIMSK의 OCIE3A 비트와 OCF3A가 셋 되었을 때 타이머/카운터3 비교 A 매치 인터럽트가 실행된다.

- Bit 3 – OCF3B : 출력 비교 플래그 비트 3B

  이 비트는 TCNT3과 출력 비교 레지스터 3B인 OCR3B가 일치했을 경우에 셋 된다. OCF3B는 대응되는 인터럽트 처리 루틴을 실행할 경우에 하드웨어적으로 자동 클리어 되거나 플래그에 1을 쓸 경우에 클리어 된다. SREG의 I 비트, ETIMSK의 OCIE3B 비트와 OCF3B가 셋 되었을 때 타이머/카운터3 비교 B 매치 인터럽트가 실행된다.

- Bit 2 – TOV3 : 타이머/카운터3 오버플로우 플래그 비트

  이 비트는 타이머/카운터3에서 오버플로우가 발생했을 경우에 셋 된다. TOV3은 대응되는 인터럽트 처리 루틴을 실행할 경우에 하드웨어적으로 자동 클리어 되거나, TOV3에 1을 쓰면 클리어 된다. SREG의 I 비트와 ETIMSK의 TOIE3 비트와 TOV3이 셋 되었을 때 타이머/카운터3 오버플로우 인터럽트가 실행된다. Phase Correct PWM 모드에서 이 비트는 타이머/카운터3의 카운터 값이 0x0000에서 카운터 방향이 바뀔 때 셋 된다.

- Bit 1 – OCF3C : 출력 비교 플래그 3C 비트

  이 비트는 TCNT3과 출력 비교 레지스터 3C인 OCR3C가 일치했을 경우에 셋 된다. OCF3C는 대응되는 인터럽트 처리 루틴을 실행할 경우에 하드웨어적으로 자동 클리어 되거나 플래그에 1을 쓸 경우에 클리어 된다. SREG의 I 비트, ETIMSK의 OCIE3C 비트와 OCF3C가 셋 되었을 때 타이머/카운터3 비교 C 매치 인터럽트가 실행된다.

- Bit 0 – OCF1C : 출력 비교 플래그 1C 비트

  이 비트는 TCNT1과 출력 비교 레지스터 1C인 OCR1C가 일치했을 경우에 셋 된다. OCF1C는 대응되는 인터럽트 처리 루틴을 실행할 경우에 하드웨어적으로 자동 클리어 되거나 플래그에 1을 쓸 경우에 클리어 된다.

SREG의 I 비트, ETIMSK의 OCIE1C 비트와 OCF1C가 셋 되었을 때 타이머/카운터1 비교 C 매치 인터럽트가 실행된다.

### ■ SFIOR(Special Function I/O Register) : 특수 기능 I/O 레지스터

| 비트 | 7 | 6 | 5 | 4 | 3 | 2 | 1 | 0 | |
|---|---|---|---|---|---|---|---|---|---|
| 0x20(0x40) | TSM | - | - | - | ACME | PUD | PSR0 | PSR321 | SFIOR |
| 읽기/쓰기 | 읽기/쓰기 | 읽기 | 읽기 | 읽기 | 읽기/쓰기 | 읽기/쓰기 | 읽기/쓰기 | 읽기/쓰기 | |
| 초기값 | 0 | 0 | 0 | 0 | 0 | 0 | 0 | 0 | |

- Bit 7 – TSM(Timer/Counter Synchronization Mode) : 타이머/카운터 동기 모드

  이 비트는 모든 타이머/카운터를 동기화시키는 기능을 하며, 1로 설정하면 PSR0 및 PSR321 비트값이 그대로 유지된다. 이것은 PSR0과 PSR321이 모두 1인 경우 대응하는 프리스케일러를 계속해서 리셋 상태를 유지하게 해주어 모든 타이머/카운터를 정지시켜 주는 역할을 하게 된다. 이와 같이 타이머/카운터가 정지된 상태에서 타이머/카운터에 같은 값을 설정할 수 있다. 그리고, 이 비트를 0으로 하면 PSR0과 PSR321 비트는 하드웨어적으로 클리어 되어 타이머/카운터는 동시에 카운팅을 시작하게 되어 동기를 맞출 수 있게 된다.

- Bit 0 – PSR321 : 타이머/카운터 1, 2, 3의 프리스케일러 리셋

  이 비트를 1로 설정하면 타이머/카운터 1~3이 공통으로 사용하고 있는 프리스케일러를 리셋시키며, TSM 비트가 0이면 이 비트는 자동적으로 클리어 된다.

## 6.3.2 타이머/카운터n의 동작 (n=1, 3)

타이머/카운터n의 동작은 앞 절에서 설명했듯이 레지스터 TCCRnA와 TCCRnB의 WGMn3..n0 4비트 값에 의해 결정되며, [표 6-12]에서 처럼 일반 모드, CTC 모드, 고속 PWM 모드, Phase Correct PWM 모드, Phase and Frequency Correct PWM 모드가 있다. 이 절에서는 각각의 모드에 대해 설명한다.

### (1) 일반 모드(Normal Mode)

타이머/카운터n의 가장 간단한 동작모드로서, 이 모드에서는 항상 업 카운터로서만 동작한다. 타이머/카운터값이 16비트 최대값 0xFFFF(TOP=0xFFFF)가 되면 0x0000부터 다시 시작한다. 타이머/카운터n의 오버플로우 인터럽트 플래그 TOVn은 TCNTn값이 0xFFFF에서 0x0000으로 될 때 1이 되어 인터럽트를 발생시킨다.

TCNTn의 초기값은 0일 필요는 없으며, 필요로 하는 시정수(인터럽트 주기)를 갖도록 오버플로우 인터럽트가 발생할 때마다 같은 초기값으로 설정하면 일정한 시간 간격으로 원하는 처리를 할 수 있게 된다. 예를 들면, 시스템 클럭이 16MHz인 ATmega128 시스템에서 TCCRnA=0x00, TCCRnB=0x02(8분주), TCNTn=55536을 설정했다면, 오버플로우가 될 때까지 카운트하는 값은 (65536 - 55536)=10000이 된다. 따라서, 초기값 설정 후 오버플로우가 발생하기까지의 시간을 계산하면,

(1/16)us * 8분주 * (65536 - 55536) = 5000us = 5ms

가 된다. 즉, 오버플로우 인터럽트가 발생할 때마다 TCNTn에 55536을 넣어 주면 5ms마다 계속해서 인터럽트를 발생할 수 있게 된다.

### (2) CTC 모드(Clear Time on Compare Match Mode)

타이머/카운터n에서의 CTC 모드는 모드 4와 모드 12가 있다. CTC 모드에서 TCNTn 값은 OCRnA와 일치하거나(모드 4) 또는 ICRn과 일치할 때(모드 12)까지 증가하며, 일치한 후에 다음 클럭에서 TCNTn은 0x0000으로 클리어 된다. [그림 6-23]은 CTC 모드에 대한 동작을 보여주며, OCRnA 또는 ICRn은 TCNTn에 대한 TOP값을 정의한다.

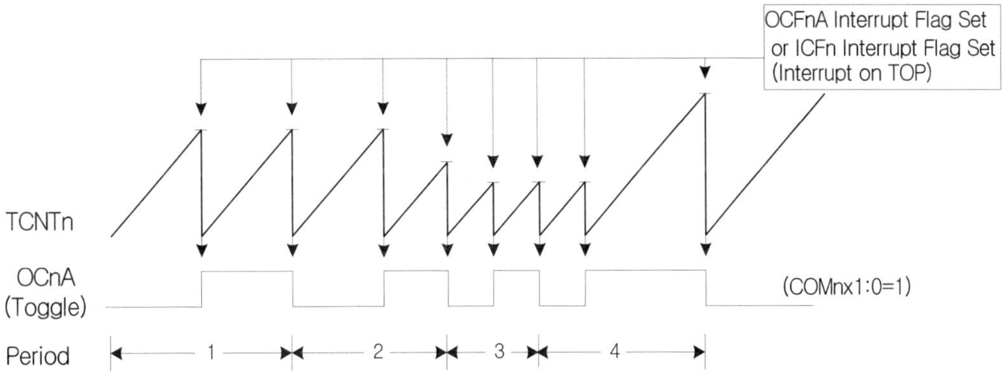


[그림 6-23] 타이머/카운터n CTC 모드(n=1, 3, x = A,B,C)

OCRnA를 TOP 값으로 사용하는 모드 4에서는 TCNTn이 OCRnA와 일치할 때마다 OCFnA가 셋 되어 출력비교 인터럽트가 발생하며, ICRn을 TOP 값으로 사용하는 모드 12에서는 TCNTn이 ICRn과 일치할 때마다 ICFn이 셋 되어 입력 캡처 인터럽트가 발생한다.

CTC 모드에서 파형 출력모드를 토글 모드로 하면, TCNTn이 TOP과 같을 때마다 OCnA 핀을 통해 토글된 값이 계속해서 출력된다. 이때 출력되는 파형의 주파수는

$$f_{OCnA} = \frac{f_{clk\_I/O}}{2 \cdot N \cdot (1 + TOP)}$$

(N : 분주비 1, 8, 64. 256, 1024, $f_{clk\_I/O}$ : 시스템 클럭의 주파수)
(모드 4에서 TOP = OCRnA, 모드 12에서 TOP = ICRn)

이 되며, TOP이 0일 때 $f_{OCnA} = \frac{f_{clk\_I/O}}{2}$ 의 최대 주파수를 갖게 된다. 이때 OCnA 핀을 통해 파형을 출력하기 위해서는 OCnA 핀에 대응하는 비트의 입출력방향을 출력으로 설정하여야 한다.

이 모드에서도 일반모드와 마찬가지로, TOVn 플래그는 TCNTn 값이 0xFFFF에서 0x0000으로 될 때 셋 되어 인터럽트를 발생하게 된다.

### (3) 고속 PWM 모드 (Fast Pulse Width Modulation Mode)

이 모드에서는 높은 주파수의 PWM 파형을 발생하는데 유용하며, [표 6-12]에서와 같이 모드 5, 6, 7, 14, 15의 동작모드를 갖는다. 이 모드에서는 TCNTn 값이 0에서 TOP까지 증가하다 다시 0부터 카운트하는 동작을 반복하며, TOP 값은 [표 6-12]에서와 같이 0x00FF(8비트), 0x01FF(9비트), 0x03FF(10비트), ICRn, OCRnA로 지정된다.

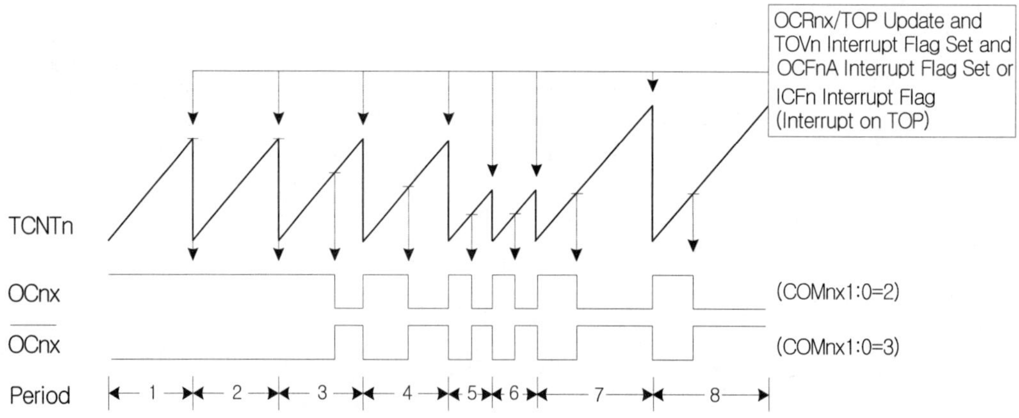


[그림 6-24] 타이머/카운터n의 Fast PWM 모드(n=1, 3, x=A,B,C))

비반전 비교 출력모드에서 TCNTn 값은 계속하여 증가하다 OCRnx와 일치하면 OCnx 핀을 통해 0이 출력되고, TCNTn이 TOP -> 0x0000으로 되면서 1이 출력된다. [그림 6-24]는 이를 보여주며, 반전 비교 출력모드에서는 반대의 값이 OCnx 핀을 통해 출력된다. 그림으로부터 알 수 있듯이, 설정된 TOP 값에 따라 OCnx 핀에 출력되는 펄스의 주기가 결정되며, OCRnx 레지스터의 값에 따라 High(또는 Low) 부분의 펄스폭이 결정되어 PWM의 파형을 출력하게 된다.

이 모드에서 OCnx 핀을 통해 출력되는 파형의 주파수는

$$f_{OCnx}pwm = \frac{f_{clk\_I/O}}{N \cdot (1 + TOP)}$$

가 된다. 여기서, N은 분주비로 1, 8, 64, 256, 1024의 값을 가지며, $f_{clk_I/O}$는 시스템 클럭과 같은 주파수를 나타낸다.

OCnx 핀을 통해 파형을 출력할 때는 이 핀에 해당하는 데이터 방향 레지스터의 비트를 출력이 되도록 설정해야 한다.

이 모드에서는 TCNTn의 값이 TOP과 일치할 때 타이머/카운터n의 오버플로우 인터럽트 플래그 TOVn이 셋 되면서 오버플로우 인터럽트가 요청되며, 또한 TOP으로 사용하는 레지스터에 따라 OCFnx 및 ICFn 플래그도 TOVn과 같은 클럭 사이클에서 셋 되어 해당 인터럽트가 요청된다.

OCRnA를 TOP으로 이용하는 모드 15에서 파형 출력을 토글 모드로 설정하면, 듀티비 50%를 갖는 구형파를 출력할 수 있다.

### (4) PC PWM (Phase Correct PWM) Mode

이 모드는 높은 분해능의 PWM 파형을 발생하는데 유용하며, [표 6-12]에서와 같이 모드 1, 2, 3, 10, 11의 동작모드를 갖는다. 이 모드에서는 TCNTn 값이 0에서 TOP까지 증가하다 0으로 감소하는 카운트 동작을 반복하며, TOP 값은 [표 6-12]에서와 같이 0x00FF(8비트), 0x01FF(9비트), 0x03FF(10비트), ICRn, OCRnA로 지정된다.

비반전 비교 출력모드에서 업 카운트 중에 TCNTn과 출력 비교 레지스터 OCRnx의 값이 일치하면 OCnx 핀을 통해 0이 출력되고, 다운 카운트 중에 일치하면 1이 출력된다. [그림 6-25]는 이를 보여주며, 반전 비교 출력모드에서는 반대의 값이 OCnx 핀을 통해 출력된다. 그림으로부터 알 수 있듯이, TOP으로 설정되는 값에 따라 OCnx 핀에 출력되는 펄스의 주기가 결정되며, OCRnx 레지스터의 값에 따라 High(또는 Low) 부분의 펄스

폭이 결정되어 PWM의 파형을 출력하게 된다.

이 모드에서 OCnx 핀을 통해 출력되는 파형의 주파수는

$$f_{OC_{nx}}pwm = \frac{f_{clk\_I/O}}{2 \cdot N \cdot TOP}$$

가 된다. 여기서, N은 분주비로 1, 8, 64, 256, 1024의 값을 가지며, $f_{clk_I/O}$는 시스템 클럭과 같은 주파수를 나타낸다. 이처럼 PC PWM 모드에서의 주파수는 고속 PWM 모드에 비해 반으로 줄어든다.

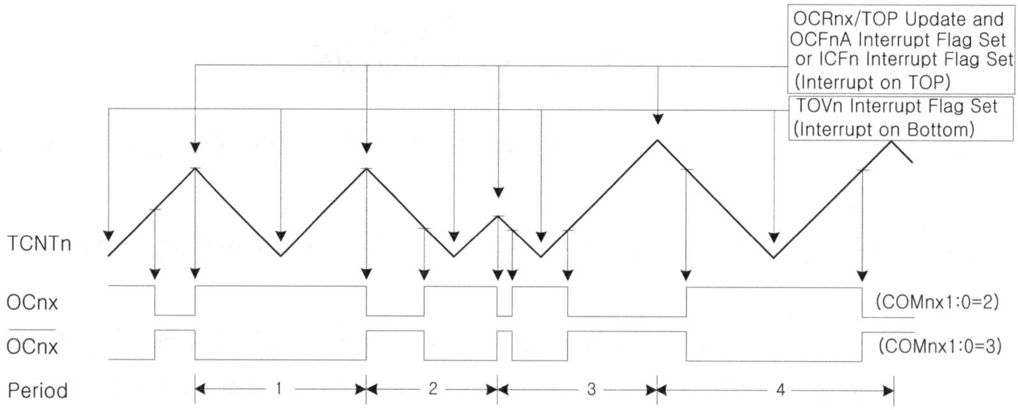


**[그림 6-25]** 타이머/카운터n의 Phase Correct PWM 모드(n=1,3, x=A,B,C)

OCnx 핀을 통해 파형을 출력할 때는 이 핀에 해당하는 데이터 방향 레지스터의 비트를 출력이 되도록 설정해야 한다.

이 모드에서는 TOP으로 사용하는 레지스터에 따라 TCNTn의 값이 TOP과 일치할 때 OCFnx 또는 ICFn 플래그 비트가 셋 되면서 해당 인터럽트가 요청되며, 또한 TCNTn 값이 TOP에서 0x0000이 될 때마다 TOVn이 셋 되면서 오버플로우 인터럽트가 요청된다.

OCRnA를 TOP으로 이용하는 모드 11에서 파형 출력을 토글 모드로 설정하면 듀티비 50%를 갖는 구형파를 출력할 수 있다.

### (5) PFC PWM (Phase and Frequency Correct PWM) Mode

이 모드도 PC PWM 모드와 같이 높은 분해능의 PWM 파형을 발생하는데 유용하며, [표 6-12]에서와 같이 모드 8, 9의 동작 모드를 갖는다. 이 모드에서는 TCNTn 값이 0에서 TOP까지 증가하다 0으로 감소하는 카운트 동작을 반복하며, TOP 값은 [표 6-12]에서와 같이 ICRn, OCRnA로 지정된다.

이 모드는 PC PWM 동작 모드와 거의 같지만, 다른 점은 TOP으로 설정되는 레지스터의 값이 갱신되는 시점이 [표 6-12]와 같이 PC PWM 모드에서는 TCNTn이 TOP에서 갱신되고 PFC PWM 모드에서는 0x0000에서 갱신된다.

비반전 비교 출력모드에서 업 카운트 중에 TCNTn과 출력 비교 레지스터 OCRnx의 값이 일치하면 OCnx 핀을 통해 0이 출력되고, 다운 카운트 중에 일치하면 1이 출력된다. [그림 6-26]은 이를 보여주며, 반전 비교 출력모드에서는 반대의 값이 OCnx 핀을 통해 출력된다. 그림으로부터 알 수 있듯이, TOP으로 설정되는 값에 따라 High(또는 Low)인 부분의 펄스폭이 가변되어 PWM의 파형을 출력하게 된다.

이 모드에서 OCnx 핀을 통해 출력되는 파형의 주파수는

$$f_{OCnx}pwm = \frac{f_{clk\_I/O}}{2 \cdot N \cdot TOP}$$

가 된다. 여기서, N은 분주비로 1, 8, 64, 256, 1024의 값을 가지며, $f_{clk_I/O}$는 시스템 클럭과 같은 주파수를 나타낸다.

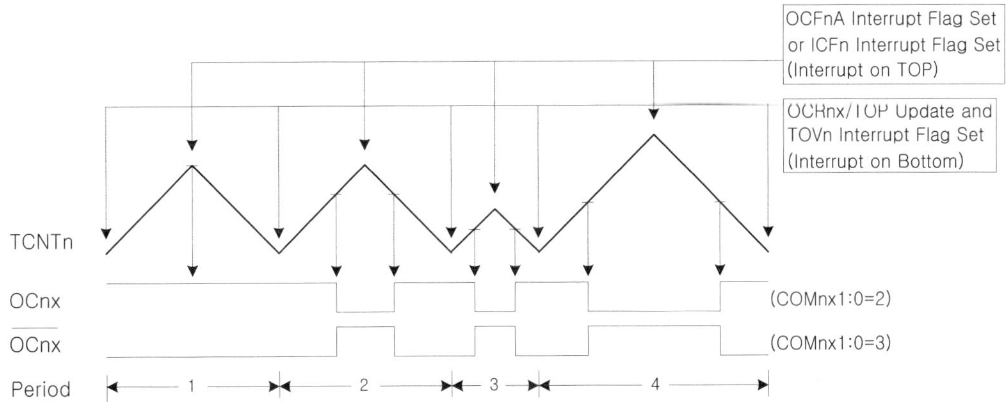


**[그림 6-26]** 타이머/카운터n의 Phase and Frequency Correct PWM 모드(n=1, 3)

OCnx 핀을 통해 파형을 출력할 때는 이 핀에 해당하는 데이터 방향 레지스터의 비트를 출력이 되도록 설정해야 한다.

이 모드에서는 TOP으로 사용하는 레지스터에 따라 TCNTn의 값이 TOP과 일치할 때 OCFnx 또는 ICFn 플래그 비트가 셋 되면서 해당 인터럽트가 요청되며, 또한 TCNTn 값이 0x0000이 될 때마다 TOVn이 셋 되면서 오버플로우 인터럽트가 요청된다.

OCRnA를 TOP으로 이용하는 모드 9에서 파형 출력을 토글 모드로 설정하면, 듀티비

50%를 갖는 구형파를 출력할 수 있다.

### 6.3.3 입력캡쳐 유닛(Input Capture Unit)

ATmega128에는 타이머/카운터n의 값을 캡처하여 레지스터 ICRn(n=1,3)에 저장하는 기능을 가지고 있으며, [그림 6-27]은 이러한 입력캡쳐 유닛의 블록도를 보여준다.

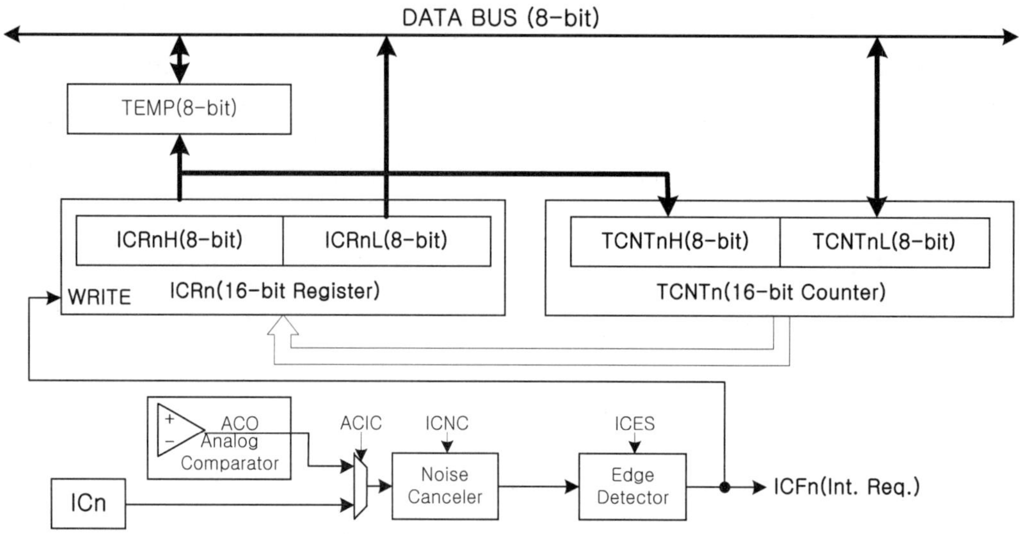


[그림 6-27] 입력캡쳐 유닛 블록도(n=1, 3)

입력캡쳐 유닛의 주 트리거 신호는 ICn 핀으로 입력되는 신호이지만, 아날로그 비교기 제어 및 상태 레지스터 ACSR의 ACIC(Analog Compare Input Capture) 비트를 셋 하면 아날로그 비교기의 출력을 트리거 신호로 사용할 수 있다.

입력캡쳐 기능에 관련하여 타이머/카운터n 제어 레지스터 TCCRnB의 ICNCn 비트와 ICESn 비트가 각각 노이즈 제거 기능과 캡쳐 타이밍의 설정을 위해 사용되며, 이 부분은 타이머/카운터n 관련 레지스터에서 TCCRnB를 참조하기 바란다.

입력캡쳐 유닛에 캡쳐 신호가 입력되면 타이머/카운터n의 TCNTn 값이 ICRn에 복사되고 동시에 입력캡쳐 플래그 ICFn이 셋 되어 입력캡쳐 인터럽트가 요청된다.

### 6.3.4 출력비교 유닛(Output Compare Unit)

[그림 6-28]은 타이머/카운터n(n=1, 3)의 출력비교 유닛 블록도를 보여주며, 레지스터

TCNTn과 출력비교 레지스터 OCRnx(x : A, B, C)는 16비트 비교기에 의해 계속 비교된다. TCNTn과 OCRnx의 값이 일치하면 OCFnx 플래그 비트가 다음 클럭에서 셋 되어 인터럽트를 요청하게 된다. OCFnx는 인터럽트처리가 실행되면 자동적으로 클리어 되지만, 소프트웨어적으로 0을 써주어 클리어 시킬 수도 있다. TCNTn과 OCRnx이 값이 일치하면 WGMn3..0비트에 의해 설정된 파형 출력모드에 따라 OCnx 핀을 통해 파형이 출력된다.

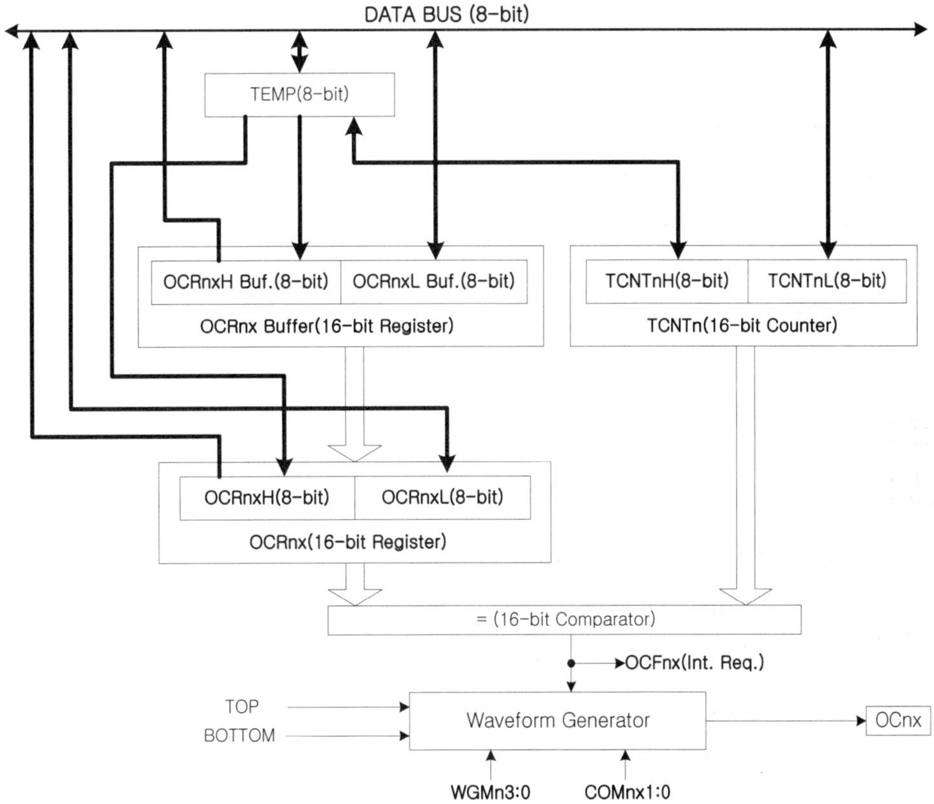


[그림 6-28] 출력비교 유닛 블록도(n=1,3, x=A, B)

## ■ 출력비교 변조기(Output Compare Modulator)

OCM은 반송 주파수(Carrier frequency)에 변조된 파형을 발생하는 기능을 갖는다. 이 변조기는 16비트 타이머/카운터1의 출력비교 유닛 C와 8비트 타이머/카운터2의 출력비교 유닛의 출력을 이용한다. [그림 6-29]는 출력비교 변조기를 보여주며, 변조기가 인에이블 되어 있으면 두개의 출력비교 채널은 그림에 나타낸 것과 같이 변조된다.

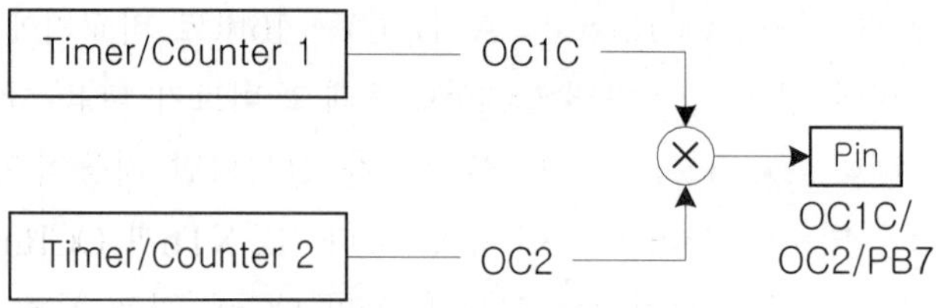


[그림 6-29] 출력비교 변조기

출력비교 유닛 1C와 출력비교 유닛 2는 PB7 포트핀과 겸용으로 사용되며, 출력비교 OC1C 또는 OC2 중에 하나가 인에이블 되어 있으면 이 핀을 통해 출력비교값이 출력된다. 그러나, OC1C와 OC2가 동시에 인에이블 되어 있으면 변조기는 자동적으로 인에이블 되어 PORTB7의 값에 따라 OC1C와 OC2의 값이 합성되어 출력된다.

변조기의 기능 등가 구조는 [그림 6-30]과 같으며, PORTB7 핀의 출력 구동회로와 타이머/카운터 유닛의 일부를 포함한다. OC1C 또는 OC2를 인에이블 시키는 경우에는 PORTB7을 출력으로 설정해야 한다.

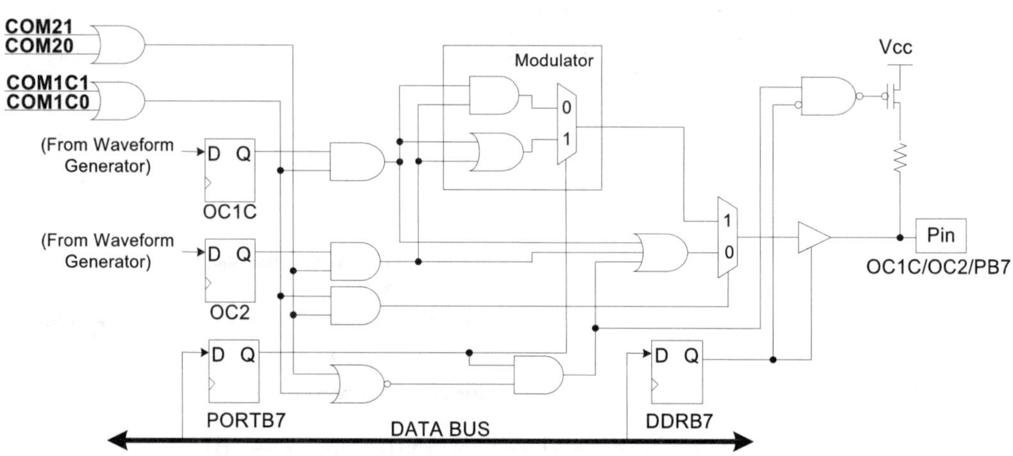


[그림 6-30] 출력비교 변조기 구조

변조기가 인에이블 되면, 변조기의 출력은 OC1C와 OC2의 값을 PORTB7의 값에 따라 AND 또는 OR시켜 출력하게 된다. [그림 6-31]은 타이머/카운터1이 고속 PWM 모드(비반전 출력)로 설정되어 있고 타이머/카운터2가 CTC 모드(토글 비교출력모드)로 설정되었을 때 PORTB7의 값에 따른 변조기의 출력파형을 보여준다,

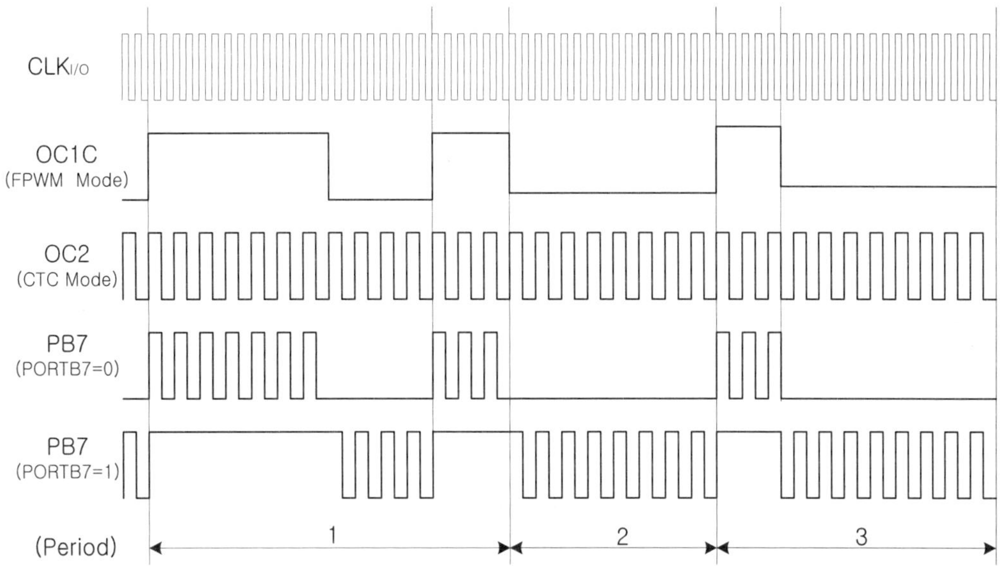


[그림 6-31] 출력비교 변조기 출력 파형

# 6.4 타이머/카운터 실험

*CodeVisionAVR*에서 인터럽트를 사용하기 위해서는 2부 5.4.1절에서 설명했듯이 다음과 같은 형식을 갖추어야 한다.

```
interrupt [인터럽트 소스명] void 함수명(void)
{
        인터럽트 서브루틴
}
```

여기서, 인터럽트 소스명은 *CodeVisionAVR*에서 제공하는 헤더 파일 <mega128.h>에 정의된 소스명을 사용하며, 함수명은 사용자가 임의로 정해주면 된다. [표 6-17]은 <mega128.h>에서 인터럽트 소스명 정의부분만 표시한 것이다.

[표 6-17] <mega128.h>에서 정의된 인터럽트 소스명

```
// Interrupt vectors definitions

#define EXT_INT0 2
#define EXT_INT1 3
#define EXT_INT2 4
#define EXT_INT3 5
#define EXT_INT4 6
#define EXT_INT5 7
#define EXT_INT6 8
#define EXT_INT7 9
#define TIM2_COMP 10
#define TIM2_OVF 11
#define TIM1_CAPT 12
#define TIM1_COMPA 13
#define TIM1_COMPB 14
#define TIM1_OVF 15
#define TIM0_COMP 16
#define TIM0_OVF 17
#define SPI_STC 18
#define USART0_RXC 19
#define USART0_DRE 20
#define USART0_TXC 21
#define ADC_INT 22
#define EE_RDY 23
#define ANA_COMP 24
#define TIM1_COMPC 25
#define TIM3_CAPT 26
#define TIM3_COMPA 27
#define TIM3_COMPB 28
#define TIM3_COMPC 29
#define TIM3_OVF 30
#define USART1_RXC 31
#define USART1_DRE 32
#define USART1_TXC 33
#define TWI 34
#define SPM_RDY 35

#endif
```

[예] 타이머/카운터0 비교 매치

```
interrupt [TIM0_COMP] void tim0_comp(void)
{
        .....

}
```

### [예제 6-1] 타이머/카운터0을 이용한 LED 제어 실험 (일반 모드)

타이머/카운터0의 일반 모드를 사용하여 오버플로우 인터럽트가 발생할 때마다 LED를 1비트씩 쉬프트하면서 ON시키는 프로그램을 작성하라. 타이머/카운터의 인터럽트 주기는 최대가 되도록 TCNT0은 0으로 하고 프리스케일러는 1024분주로 한다.

**[예제 6-1] 타이머/카운터0을 이용한 LED 제어 실험(일반 모드)**

```
// 파일명 : ex6-1.c
// 설  명 : 타이머/카운터0 실험1
//           - 타이머/카운터0에 의한 LED 순차 점멸

#include <mega128.h>

unsigned char led = 0xFE;

void main(void)
{
        // 포트 초기화
        DDRC = 0xFF;                    // 포트 C 출력으로 설정
        PORTC = led;                    // 포트 C에 초기값 출력

        // 인터럽트 초기화
        TIMSK = 0x01;                   // TOIE0 = 1;
        TCCR0 = 0x07;                   // 일반모드, 프리스케일 = CK/1024
        TCNT0 = 0x00;                   // 타이머/카운터0 레지스터 초기값
        SREG = 0x80;                    // 전역 인터럽트 인에이블 비트 I 셋.

        while(1);                       // 무한 루프
}

// 타이머/카운터0 오버플로우 서비스 루틴
// 인터럽트 발생 주기 1/16us * 1024분주 * 256 = 16,384us
interrupt [TIM0_OVF] void timer_int0(void)
{
        // LED 순차 점멸
        led <<= 1;
        led |= 0x01;
        if(led == 0xFF) led = 0xFE;
        PORTC = led;
}
```

### [예제 6-2] 타이머/카운터0을 이용한 LED 제어 실험 (모드 2 : CTC 모드)

[예제 6-1]에 대해 타이머/카운터0의 CTC 모드를 이용하여 출력비교 인터럽트가 발생할 때마다 LED를 1비트씩 쉬프트하면서 ON시키는 프로그램을 작성하라.

**[예제 6-2] 타이머/카운터0을 이용한 LED 제어 실험(모드 2 : CTC 모드)**

```
// 파일명 : ex6-2.c
// 설  명 : 타이머/카운터0 실험(CTC 모드 이용)
//          - 타이머/카운터0에 의한 LED 순차 점멸

#include <mega128.h>

unsigned char led = 0xFE;

void main(void)
{
        // 포트 초기화
        DDRC = 0xFF;         // 포트 C 모든 핀을 출력으로 설정
        PORTC = led;         // 포트 C에 초기값 출력

        // 인터럽트 초기화
        TIMSK = 0x02;        // OCIE0 = 1 출력 비교 인터럽트 인에이블
        TCCR0 = 0x0F;        // 프리스케일 = CK/1024, CTC 모드
        OCR0 = 255;          // 출력 비교 레지스터값
        TCNT0 = 0x00;        // 타이머/카운터0 레지스터 초기값
        SREG = 0x80;         // 전역 인터럽트 인에이블 비트 I 셋.

        while(1);            // 무한 루프
}

// 타이머/카운터0 출력비교(TCNT0 = OCRO 일 때) 인터럽트 서비스 루틴
// 인터럽트 발생 주기 1/16us * 1024분주 * 256 = 16,384us
interrupt [TIM0_COMP] void timer_comp0(void)
{
        // LED 순차 점멸
        led <<= 1;
        led |= 0x01;
        if(led == 0xFF) led = 0xFE;
        PORTC = led;
}
```

### [예제 6-3] 타이머/카운터0을 이용한 LED 제어 실험 (일반모드 0.5초 간격)

타이머/카운터0의 오버플로우 인터럽트를 이용하여 0.5초 마다 모든 LED를 ON/OFF (토글 출력) 시키는 프로그램을 작성하라. X-TAL 클럭의 1024 분주한 클럭을 타이머/카운터의 클럭으로 이용한다.(힌트 : 16MHz의 클럭을 사용하는 KUT-128보드에서 타이머/카운터0이 갖는 가장 긴 오버플로우 인터럽트 주기는 1/16us*256카운터주기*1024분주 =16.384ms가 된다. 따라서, 이 인터럽트가 31회 걸리면 508ms되어 약 0.5초의 시간 주기를 얻을 수 있게 된다.)

**[예제 6-3] 타이머/카운터0을 이용한 LED 제어 실험(일반모드 0.5초 간격)**

```
// 파일명 : ex6-3.c
// 설  명 : 타이머/카운터0 실험
//          - 타이머/카운터0에 의한 LED 순차 점멸(0.5초 마다)

#include <mega128.h>

unsigned char led = 0xFF, cnt;

void main(void)
{
        // 포트 초기화
        DDRC = 0xFF;          // 포트 C 출력으로 설정
        PORTC = led;          // 포트 C에 초기값 출력
        cnt = 0;              // 인터럽트 발생 횟수

        // 인터럽트 초기화
        TIMSK = 0x01;         // TOIE0 = 1;
        TCCR0 = 0x07;         // 프리스케일 = CK/1024
        TCNT0 = 0x00;         // 타이머/카운터0 레지스터 초기값
        SREG = 0x80;          // 전역 인터럽트 인에이블 비트 I 셋.

        while(1);             // 무한 루프
}

// 타이머/카운터0 오버플로우 서비스 루틴
// 1/16us x 1024 x 256 = 16.384ms
interrupt [TIM0_OVF] void timer_int0(void)
{
        // LED 순차 점멸
        cnt++;
        if(cnt == 31){                    // 16.384ms x 31 = 0.5sec
                led = led ^ 0xFF;
                PORTC = led;
                cnt = 0;
        }
}
```

### [예제 6-4] 타이머/카운터3을 이용한 카운터 모드 실험 (T3핀 클럭 입력)

T3에 연결된 스위치 SW3을 누를 때마다 LED를 한 비트씩 쉬프트하면서 ON시키는 프로그램을 작성하라. 즉, 타이머/카운터3을 카운터로 이용하여 SW3이 눌려질 때마다 타이머/카운터3에 오버플로우 인터럽트가 발생시키도록 하라.

**[예제 6-4] 타이머/카운터3을 이용한 카운터 모드 실험(T3핀 클럭 입력)**

```
// 파일명 : ex6-4.c
// 설  명 : 타이머/카운터3의 카운터 모드 실험
//          - 클럭 소스를 외부 신호 T3(SW3) 이용
//          - SW3을 누를 때마다 LED 순차 점멸

#include <mega128.h>

unsigned char led = 0b11111110;


void main(void)
{
        // 포트 초기화
        DDRC = 0xFF;                    // 포트 C 출력으로 설정
        PORTC = led;                    // 포트 C에 초기값 출력

        // 인터럽트 초기화
        ETIMSK = 0b00000100;            // TOIE3 = '1';
        TCCR3A = 0x0;                   // 외부 T3핀의 하강 에지 선택
        TCCR3B = 0x06;                  // T3 하강 에지에서 카운팅
        TCCR3C = 0x0;
        TCNT3H = 0xFF;                  // TCNT3 초기값 설정
        TCNT3L = 0xFF;
        SREG = 0x80;                    // 전역 인터럽트 인에이블 비트 I 셋.

        while(1);                       // 무한 루프
}
// 타이머/카운터 오버플로우 3 서비스 루틴
interrupt [TIM3_OVF] void timer_int3(void)
{
        // LED 순차 점멸
        led <<= 1;
        led |= 0x01;
        if(led == 0xFF) led = 0b11111110;
        PORTC = led;
        TCNT3H = 0xFF;          // 초기값 재설정
        TCNT3L = 0xFF;
}
```

### [예제 6-5] 타이머/카운터1을 이용한 LED 제어 실험 (모드 0 : 일반 모드)

타이머/카운터1 레지스터의 값을 0x8000으로 초기 설정하고, 256분주 된 클럭을 타이머/카운터의1의 클럭으로 이용하여 오버플로우 인터럽트가 발생할 때 마다 LED를 쉬프트하면서 ON시키는 프로그램을 작성하라.

**[예제 6-5] 타이머/카운터1을 이용한 LED 제어 실험(모드 0 : 일반 모드)**

```
// 파일명 : ex6-5.c
// 설  명 : 타이머/카운터1을 이용한 LED 제어 실험(일반 모드)

#include <mega128.h>
unsigned char led = 0xFE;
unsigned int time = 0x8000;

void main(void)
{
        // 포트 초기화
        DDRC = 0xFF;          // 포트 C 출력으로 설정
        PORTC = led;          // 포트 C에 초기값 출력

        // 인터럽트 초기화
        TIMSK = 0x04;         // TOIE1 = 1, 오버플로우 인터럽트 인에이블
        TCCR1A = 0x00;        // 모드 0(일반모드)
        TCCR1B = 0x04;        // 프리스케일 = CK/256
        TCCR1C = 0x0;
        TCNT1 = time;         // 타이머/카운터1 레지스터 초기값 : 16 비트
        SREG = 0x80;          // 전역 인터럽트 인에이블 비트 I 셋.

        while(1);             // 무한 루프
}
// 타이머/카운터1 오버플로우 서비스 루틴
// (1/16)us * 32768 * 256분주 = 524ms
interrupt [TIM1_OVF] void timer_int1(void)
{
        // LED 순차 점멸
        led <<= 1;
        led |= 0x01;
        if(led == 0xFF) led = 0xFE;
        PORTC = led;

        TCNT1 = time;
}
```

### [예제 6-6] 타이머/카운터1을 이용한 LED 제어 실험(출력비교 레지스터 이용)

타이머/카운터1의 출력비교 A 레지스터 OCR1A에 비교값 0x8000을 설정하고, 타이머/카운터1의 값과 일치하면 비교 매치 인터럽트를 발생시켜 LED를 쉬프트 시키며 순차 점멸시키는 프로그램을 작성하라.

**[예제 6-6] 타이머/카운터1을 이용한 LED 제어 실험(출력 비교 레지스터 이용)**

```
// 파일명 : ex6-6.c
// 설  명 : 타이머/카운터1을 이용한 LED 제어 실험
//          - 타이머/카운터1의 비교 매치 동작 실험
//          - TCNT1과 OCR1A의 값이 같으면 인터럽트 발생.

#include <mega128.h>

unsigned char led = 0xFE;

void main(void)
{
        // 포트 초기화
        DDRC = 0xFF;          // 포트 C 출력으로 설정
        PORTC = led;          // 포트 C에 초기값 출력

        // 인터럽트 초기화
        TIMSK = 0x10;         // OCIE1A = 1, 출력비교 A 인터럽트 인에이블
        TCCR1A = 0x00;        // 모드 0(일반 모드)
        TCCR1B = 0x04;        // 프리스케일 = CK/256
        TCCR1C = 0x0;
        TCNT1 = 0x0000;       // 타이머/카운터1 레지스터 초기값 : 16 비트
        OCR1A = 0x8000;       // 타이머/카운터1 비교 매치 A 레지스터 : 16 비트

        SREG = 0x80;          // 전역 인터럽트 인에이블 비트 I 셋.

        while(1);             // 무한 루프
}

// 타이머/카운터1 비교 A 매치 인터럽트 서비스 루틴
// (1/16)us * OCR1A(32768) * 256분주 = 524ms
interrupt [TIM1_COMPA] void timer1_compa(void)
{
        // LED 순차 점멸
        led <<= 1;
        led |= 0x01;
        if(led == 0xFF) led = 0xFE;
        PORTC = led;

        TCNT1 = 0x0000;
}
```

### [예제 6-7] 타이머/카운터1을 이용한 출력비교 매치 실험(일반 모드)

타이머/카운터1의 출력비교 C 레지스터 OCR1C에 0.5초마다 출력비교 C 인터럽트를 발생시키도록 값을 설정하고, 인터럽트가 발생할 때마다 OC1C핀(KUT-128 보드의 PWM)의 출력을 반전(토글)시켜가는 프로그램을 작성하라. 이렇게 하면, OC1C 핀의 출력은 0.5초마다 토글되지만, 결국엔 1초 주기의 펄스를 발생하게 된다.

1024 분주비를 사용하는 경우 0.5초마다 출력비교 인터럽트가 발생하기 위해 레지스터 OCR1C에 설정해야 할 값은 다음과 같이 계산된다. 정확한 시간은 아니지만 거의 0.5초에 가까운 신호가 출력된다.

- 1 클럭 시간 : 1/(16MHz) = 1/16 [us]
- 프리스케일된 클럭 주기 : 1/16 x 1024 = 64us
- 비교 매치 값 : 0.5s / 64us = 7812.5

**[예제 6-7] 타이머/카운터1을 이용한 출력비교 매치 실험(일반 모드)**

```
// 파일명 : ex6-7.c
// 설  명 : 타이머/카운터1을 이용한 PWM 출력 실험(일반 모드)
//          - 타이머/카운터1의 비교 매치 동작 실험
//          - TCNT1과 OCR1C의 값이 같으면 인터럽트 발생.
//          - OC1C 핀에 매치 신호 출력
//          - 0.5초마다 PWM LED가 깜박 거린다. -> 1초 신호

#include <mega128.h>

void main(void)
{
        DDRB = 0xFF;                    // OC1C(PB7) 핀 출력방향설정

        // 인터럽트 초기화
        ETIMSK = 0x01;                  // OCIE1C = 1
        TCCR1A = 0x04;                  // COM1Cx = 01 : OC1C 토글
        TCCR1B = 0x05;                  // 프리스케일 = CK/1024
        TCNT1 = 0x0000;                 // 타이머/카운터1 레지스터 초기값 : 16 비트
        OCR1CH = (7812 & 0xFF00) >> 8; // 타이머/카운터1 비교 매치 C 레지스터
        OCR1CL = 7812 & 0x0FF;
        SREG = 0x80;                    // 전역 인터럽트 인에이블 비트 I 셋.

        while(1);                       // 무한 루프
}

// 타이머/카운터1 비교 B 매치 인터럽트 서비스 루틴
interrupt [TIM1_COMPC] void timer1_compc(void)
{
        TCNT1 = 0x0000;                 // 타이머/카운터1 레지스터 초기화
}
```

### [예제 6-8] 타이머/카운터1을 이용한 PWM 제어 실험 (PC PWM : 모드 3)

타이머/카운터1의 PWM 모드에 대한 실험으로서, 모드 3의 PC PWM 모드를 이용하여 SW1이 눌려지면 KUT-128 보드의 OC1C에 연결되어 있는 LED의 ON 시간이 길어지게 하고, SW2가 눌려지면 LED의 ON 시간이 짧아지도록 프로그램을 작성하라.

**힌트**

타이머/카운터1의 모드 3에서 TOP값은 0x03FF이며, 출력이 1 또는 0이 되는 시간폭은 출력비교 레지스터 OCR1A, OCR1B, OCR1C에 의해 결정된다. 따라서, 출력파형의 주기는 일정하며, 출력비교 레지스터의 값을 가변시키면 듀티비가 다른 PWM의 파형을 얻을 수 있게 된다. 그리고, OC1C핀에 출력되는 파형은 레지스터 TCCR1A의 COM1C1:COM1C0 비트에 의해 설정되므로, 이 레지스터에 원하는 출력의 파형을 얻을 수 있도록 값을 설정하면 된다.

실험에서 COM1C1:COM1C0를 1:0로 설정하면 OC1C는 업 카운트의 비교매치에서 0, 다운 카운트의 비교매치에서는 1이 출력된다. 이 때 출력비교 C 레지스터 OCR1C의 값을 증가시키면 0 출력부분이 짧아지게 되며, OCR1C의 값을 감소시키면 0 출력부분이 길어지게 된다. KUT-128보드에서 LED는 0을 출력할 때 ON이 되도록 설계되어 있으므로, SW1이 눌려지면 OCR1C의 값을 감소시켜 0 출력부분이 길어지도록 하고, SW2가 눌려지면 OCR1C의 값을 증가시켜 0 출력부분이 짧아지도록 프로그램을 작성하면 된다. 이때 출력되는 파형의 주기는

(1/16)us x 1024(TOP) x 1024분주 x 2 = 131ms

가 된다.

**[예제 6-8] 타이머/카운터1을 이용한 PWM 제어 실험(PC PWM 모드)**

```
// 파일명 : ex6-8.c
// 설  명 : 타이머/카운터1의 PWM 모드 실험
//          - OC1C 핀에 PWM 신호 출력 : 모드 3(10 비트 PWM)
//          - SW1을 누르면 PWM LED ON 시간 길어짐
//            SW2를 누르면 PWM LED ON 시간 짧아짐

#include <mega128.h>

unsigned int pwm = 0x0200;          // 현재의 출력비교 레지스터 값 저장

void main(void)
{
        // I/O 포트 설정
        DDRB = 0xFF;                // OC1C(PB7) 출력 설정

        // 외부 인터럽트 초기화
        EIMSK = 0b00110000;         // 외부INT4 = 1, INT5 = 1
        EICRB = 0b00001010;         // 외부 인터럽트 하강 에지

        // 타이머/카운터1 초기화
        TCCR1A = 0b00001011;        // 모드 3, 10 비트 PC PWM.
                                    // OC1B 출력 업 카운트에서  클리어, 다운에서 셋
        TCCR1B = 0x05;              // 타이머/카운터1 프리스케일러 = CK/1024
        TCCR1C = 0x0;
        TCNT1 = 0x0000;             // 타이머/카운터1 레지스터 초기값 : 16 비트
        OCR1CH = (pwm & 0xFF00) >> 8;         // OCR1C 초기값 설정
        OCR1CL = pwm & 0x0FF;
        SREG = 0x80;                // 전역 인터럽트 인에이블 비트 I 셋.

        while(1);                   // 무한 루프
}

// 외부 인터럽트 요구 4 서비스 루틴(SW1 처리)
interrupt [EXT_INT4] void external_int4(void)
{
        if(pwm > 0x0050) pwm -= 0x0040;       // 0x0050보다 크면 감소
        OCR1CH = (pwm & 0xFF00) >> 8;         // OCR1C 값 갱신
        OCR1CL = pwm & 0x0FF;
}

// 외부 인터럽트 요구 5 서비스 루틴(SW2 처리)
interrupt [EXT_INT5] void external_int5(void)
{
        if(pwm < 0x03B0) pwm += 0x0040;       // 0x03B0)보다 작으면 증가
        OCR1CH = (pwm & 0xFF00) >> 8;         // OCR1C 값 갱신
        OCR1CL = pwm & 0x0FF;
}
```

### [예제 6-9] 타이머/카운터1을 이용한 PWM 제어 실험 (PC PWM : 모드 11)

[예제 6-8]에 대해 출력 파형의 주기를 OCR1A으로 제어할 수 있는 모드 11을 이용하여 프로그램을 작성하도록 하라

**[예제 6-9] 타이머/카운터1을 이용한 PWM 제어 실험 (PC PWM : 모드 11)**

```
// 파일명 : ex6-9.c
// 설  명 : 타이머/카운터1의 PWM 모드 실험
//           - OC1C 핀에 PWM 신호 출력 : 모드 11(PC PWM)
//           - SW1을 누르면 PWM LED ON 시간 길어짐
//             SW2를 누르면 PWM LED ON 시간 짧아짐

#include <mega128.h>

unsigned int pwm = 0x2000;

void main(void)
{
        // I/O 포트 설정
        DDRB = 0xFF;                    // PB 포트 출력 설장

        DDRE = 0b00000010;              // E 포트 입력

        // 인터럽트 초기화
        EIMSK = 0b00110000;             // 외부INT4 = 1, INT5 = 1
        EICRB = 0b00001010;             // 외부 인터럽트 하강 에지

        // 타이머/카운터 초기화
        TCCR1A = 0b00001011;            // 모드 3, 10 비트 PC PWM.
                                        // OC1B 출력 업 카운트에서  클리어, 다운에서 셋
        TCCR1B = 0x15;                  // 타이머/카운터1 프리스케일러 = CK/1024
        TCCR1C = 0x0;
        TCNT1 = 0x0000;                 // 타이머/카운터1 레지스터 초기값 : 16 비트
        OCR1A = 0x4000;                 // TOP VALUE

        OCR1CH = (pwm & 0xFF00) >> 8;          // OCR1C 초기값 설정
        OCR1CL = pwm & 0x0FF;
        SREG = 0x80;                    // 전역 인터럽트 인에이블 비트 I 셋.

        while(1);             // 무한 루프
}
// 외부 인터럽트 요구 4 서비스 루틴(SW1 처리)
interrupt [EXT_INT4] void external_int4(void)
{
        if(pwm > 0x0500) pwm -= 0x400;         // 0x0500보다 크면 감소
        OCR1CH = (pwm & 0xFF00) >> 8;          // OCR1C 값 갱신
        OCR1CL = pwm & 0x0FF;
```

**[예제 6-9] 타이머/카운터1을 이용한 PWM 제어 실험 (계속)**

```
}

// 외부 인터럽트 요구 5 서비스 루틴(SW2 처리)
interrupt [EXT_INT5] void external_int5(void)
{
        if(pwm < 0x3B00) pwm += 0x400;          // 0x3B00보다 작으면 증가
        OCR1CH = (pwm & 0xFF00) >> 8;           // OCR1C 값 갱신
        OCR1CL = pwm & 0x0FF;
}
```

### [예제 6-10] 타이머/카운터0을 이용한 시계 제작

타이머/카운터0의 일반모드를 이용하여 시계를 제작하는 프로그램을 작성하라. 시간 조정은 SW1(INT4)과 SW2(INT5)의 외부 인터럽트를 이용하여 INT5는 입력할 자리 선택, INT4는 선택된 자리의 값을 +1 하도록 한다.

- 초기값 0, 분주비 1024일 때 인터럽트 주기
  (256 - 0) x 1024분주 x 1/16 us = 16.384ms
- 1sec가 되기 위해서 16.384ms 인터럽트가 요구될 횟수
  1s / 16.384ms ==> 61회

**[예제 6-10] 타이머/카운터0을 이용한 시계 제작**

```
// 파일명 : ex6-10.c
// 설  명 : 타이머/카운터0 이용 시계 제작

#include <mega128.h>
#include <delay.h>

char seg_pat[16]= {0x3f, 0x06, 0x5b, 0x4f, 0x66, 0x6d, 0x7d, 0x07,
                   0x7f, 0x6f, 0x77, 0x7c, 0x39, 0x5e, 0x79, 0x71};

char  N1 = 0, N10 = 0, N100 = 0, N1000 = 0;
char  pos = 0;    // 0 : 1자리, 1 : 10자리 , 2 : 100자리 , 3 : 1000자리
char  hour = 0, min = 0, sec = 0;
char  cnt = 0;

void Time_out(void);      // 시간 출력 함수

void main(void)
{
```

**[예제 6-10] 타이머/카운터0을 이용한 시계 제작(계속)**

```
        DDRB = 0xFF;                    // 포트 B 출력 설정
        DDRF = 0b11110000;              // PF4-PF7 출력

        // 인터럽트 초기화
        EICRB = 0b00001010;             // 외부 인터럽트 4, 5  : 하강 에지
        EIMSK = 0b00110000;             // 외부 인터럽트 4, 5 인에이블

        TIMSK = 0x01;                   // TOIE0 = 1;
        TCCR0 = 0x07;                   // 일반모드, 프리스케일 = CK/1024
        TCNT0 = 0x00;                   // 타이머/카운터0 레지스터 초기값
        SREG = 0x80;                    // 전역 인터럽트 인에이블 비트 I 셋.

        while(1) {
                Time_out();             // 시간 출력

                if(cnt >= 61){          // 시간값 갱신
                        cnt = 0;

                        sec = sec + 1;
                        if(sec == 60) {
                                sec = 0;
                                min = min + 1;
                                if(min == 60) {
                                        min = 0;
                                        hour = (hour + 1) % 24;
                                }
                        }
                }
        }
}
// 시간 출력 함수
void Time_out(void)
{
        PORTF = 0b11100000;             // SEG 1(분 1단위)
        PORTB = seg_pat[min % 10];
        delay_ms(5);

        PORTF = 0b11010000;             // SEG 2(분 10단위)
        PORTB = seg_pat[min / 10];
        delay_ms(5);

        PORTF = 0b10110000;             // SEG 3(시간 1단위)
        PORTB = seg_pat[hour % 10];
        delay_ms(5);

        PORTF = 0b10110000;             // SEG 3(시간 1단위)
```

**[예제 6-10] 타이머/카운터0을 이용한 시계 제작 (계속)**

```
        PORTB = seg_pat[hour % 10];
        delay_ms(5);

        PORTF = 0b01110000;              // SEG 4(시간 10단위)
        PORTB = seg_pat[hour / 10];
        delay_ms(5);
}

// 외부 인터럽트 요구 4 서비스 루틴(SW1 처리)
interrupt [EXT_INT4] void external_int4(void)
{
        N1 = min % 10;                                  // 현재 분 1자리 추출
        N10 = min / 10;                                 // 현재 분 10자리 추출
        N100 = hour % 10;                               // 현재 시간 1자리 추출
        N1000 = hour / 10;                              // 현재 시간 10자리 추출

        if(pos == 0) N1 = (N1 + 1) % 10;                // 분 1단위 +1
        else if(pos == 1) N10 = (N10 + 1) % 6;          // 분 10단위 +1
        else if(pos == 2) {                             // 시간 1단위 +1
                if(N1000 == 2) N100 = (N100 + 1) % 4;
                else N100 = (N100 + 1) % 10;
        }
        else {                                          // 시간 10단위 +1
                if(N100 >= 4) N1000 = (N1000 + 1) % 2;
                else N1000 = (N1000 + 1) % 3;
        }

        hour = N1000 * 10 + N100;                       // 시간 계산
        min = N10 * 10 + N1;                            // 분 계산
}

// 외부 인터럽트 요구 5 서비스 루틴(SW2 처리)
interrupt [EXT_INT5] void external_int5(void)
{
        pos = (pos + 1) % 4;             // 입력 자리 이동
}

// 타이머/카운터0 오버플로우 인터럽트 처리, 주기 = 1/16 * 1024 * 256 = 16.384ms
interrupt [TIM0_OVF] void timer0_int(void)
{
        cnt++;                           // 인터럽트 회수 =1
}
```

### [예제 6-11] 타이머/카운터1을 이용한 시계 제작

타이머/카운터1의 일반모드를 이용하여 시계를 제작하는 프로그램을 작성하라. 시간 조정은 SW1(INT4)과 SW2(INT5)의 외부 인터럽트를 이용하여 INT5는 입력할 자리 선택, INT4는 선택된 자리의 값을 +1 하도록 한다. 그리고, 포트 C에 연결된 LED를 1초마다 점멸시켜라.

1초 주기를 갖기 위한 초기값은 다음과 같이 계산된다.

(65536 - 초기값) x 1024분주 x 1/16 us = 1s

---> 초기값 = 49911

**[예제 6-11] 타이머/카운터1을 이용한 시계 제작**

```
// 파일명 : ex6-11.c
// 설  명 : 타이머/카운터1 이용 시계 제작

#include <mega128.h>
#include <delay.h>

char seg_pat[16]= {0x3f, 0x06, 0x5b, 0x4f, 0x66, 0x6d, 0x7d, 0x07,
                   0x7f, 0x6f, 0x77, 0x7c, 0x39, 0x5e, 0x79, 0x71};

char  N1 = 0, N10 = 0, N100 = 2, N1000 = 1;
char  pos = 0;   // 0 : 1자리, 1 : 10자리 , 2 : 100자리 , 3 : 1000자리
char  hour, min, sec = 0;

void Time_out(void);     // 시간 출력 함수

void main(void)
{
        DDRB = 0xFF;                    // 포트 B 출력 설정
        DDRF = 0b11110000;              // PF4-PF7 출력 설정
        DDRC = 0xFF;                    // 포트 C 출력 설정

        PORTC = 0;

        // 인터럽트 초기화
        EICRB = 0b00001010;             // 외부 인터럽트 4, 5  : 하강 에지
        EIMSK = 0b00110000;             // 외부 인터럽트 4, 5 인에이블

        // 타이머 카운터 1   1/16us * 1024 * (65536 - 49911) = 1 sec
        TIMSK = 0x04;                   // TOIE1 = 1;
        TCCR1A = 0x00;
        TCCR1B = 0x05;                  // 일반모드, 프리스케일 = CK/1024
```

**[예제 6-11] 타이머/카운터1을 이용한 시계 제작**

```
        TCCR1B = 0x05;                  // 일반모드, 프리스케일 = CK/1024
        TCNT1 = 49911;                  // 타이머/카운터1 레지스터 초기값
        SREG = 0x80;                    // 전역 인터럽트 인에이블 비트 I 셋.

        hour = N1000 * 10 + N100;
        min = N10 * 10 + N1;

        while(1) {
                Time_out();             // 시간 출력

                if(sec >= 60){
                        sec = 0;
                        min = min + 1;
                        if(min == 60) {
                                min = 0;
                                hour = (hour + 1) % 24;
                        }
                }
        }
}
// 시간 출력 함수
void Time_out(void)
{
        PORTF = 0b11100000;             // SEG 1(분 1단위)
        PORTB = seg_pat[min % 10];
        delay_ms(5);

        PORTF = 0b11010000;             // SEG 2(분 10단위)
        PORTB = seg_pat[min / 10];
        delay_ms(5);

        PORTF = 0b10110000;             // SEG 3(시간 1단위)
        PORTB = seg_pat[hour % 10];
        delay_ms(5);

        PORTF = 0b01110000;             // SEG 4(시간 10단위)
        PORTB = seg_pat[hour / 10];
        delay_ms(5);
}

// 외부 인터럽트 요구 4 서비스 루틴(SW1 처리)
interrupt [EXT_INT4] void external_int4(void)
{
        N1 = min % 10;
        N10 = min / 10;
        N100 = hour % 10;
        N1000 = hour / 10;

        if(pos == 0) N1 = (N1 + 1) % 10;          // 분 1단위 +1
```

**[예제 6-11] 타이머/카운터1을 이용한 시계 제작 (계속)**

```
        else if(pos == 1) N10 = (N10 + 1) % 6;    // 분 10단위 +1
        else if(pos == 2) {                        // 시간 1단위 +1
                if(N1000 == 2) N100 = (N100 + 1) % 4;
                else N100 = (N100 + 1) % 10;
        }
        else {                                     // 시간 10단위 +1
                if(N100 >= 4) N1000 = (N1000 + 1) % 2;
                else N1000 = (N1000 + 1) % 3;
        }

        hour = N1000 * 10 + N100;                  // 시간 계산
        min = N10 * 10 + N1;                       // 분 계산
}

// 외부 인터럽트 요구 5 서비스 루틴(SW2 처리)
interrupt [EXT_INT5] void external_int5(void)
{
        pos = (pos + 1) % 4;           // 입력 자리 이동
}

// 타이머/카운터1 오버플로우 인터럽트 처리
// 주기 = 1/16us * 1024 * (65536 - 49911) = 1 sec
interrupt [TIM1_OVF] void timer1_int(void)
{
        TCNT1 = 49911;
        sec = sec + 1;
        PORTC = PORTC ^ 0xFF;          // LED 반전 표시
}
```

Chapter 07

# 워치독 타이머

워치독 타이머(Watchdog timer)는 CPU가 정상적으로 동작하는지의 여부를 점검하며, 이상동작을 검출한 경우에는 이상의 발생을 CPU에 알려주고 직접 CPU를 리셋시킨다. 시스템이 프로그램의 착오로 무한 루프에 들어가거나 또는 기계고장으로 휴지상태로 되는 것을 방지하기 위해 프로그램에 의해 설정된 타이머로서 주어진 일정시간이 경과하면 워치독 리셋이 발생한다.

워치독 타이머는 [그림 7-1]과 같이 별도의 1MHz 내장 발진기로부터 클럭을 공급받아 동작하며, 워치독 타이머 프리스케일러에 의해 워치독 타이머 리셋(타임 아웃)의 주기가 설정된다. 워치독 타이머 리셋은 WDR 명령에 의해 이루어지며, 워치독 타이머 리셋 없이 리셋 주기가 끝나면 ATmega128은 리셋된다.

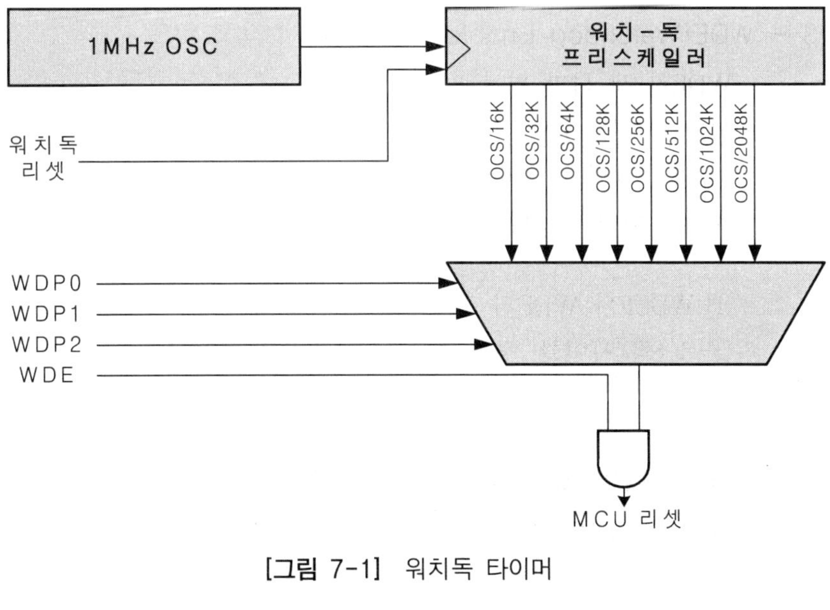


[그림 7-1] 워치독 타이머

# 7.1 워치독 타이머 관련 레지스터

워치독 타이머는 워치독 타이머 제어 레지스터 WDTCR에 의해 제어되며, MCU 상태 및 제어 레지스터 MCUCSR에 의해 상태가 표시된다.

### ■ WDTCR(Watchdog Timer Control Register) : 워치독 타이머 제어 레지스터

| 비트 | 7 | 6 | 5 | 4 | 3 | 2 | 1 | 0 | |
|---|---|---|---|---|---|---|---|---|---|
| 0x21(0x41) | - | - | - | WDCE | WDE | WDP2 | WDP1 | WDP0 | WDTCR |
| 읽기/쓰기 | 읽기 | 읽기 | 읽기 | 읽기/쓰기 | 읽기/쓰기 | 읽기/쓰기 | 읽기/쓰기 | 읽기/쓰기 | |
| 초기값 | 0 | 0 | 0 | 0 | 0 | 0 | 0 | 0 | |

- Bit 4 – WDCE(Watchdog Change Enable) : 워치독 변경 인에이블 비트

  이 비트는 WDE 비트를 클리어 할 때 셋 되어져야 한다. 그렇지 않으면, 워치독은 금지상태가 되지 않으며, 한번 셋 되면 하드웨어적으로 4클럭 사이클 후에 자동 클리어 된다. 그리고, 안전 레벨 1과 2에서 워치독 프리스케일러를 변경할 때 역시 1이어야 한다.

- Bit 3 – WDE(Watchdog Enable) : 워치독 인에이블 비트

  WDE가 셋 되면 워치독 타이머의 기능이 인에이블되며, WDE가 클리어 되면 워치독 타이머 기능은 금지된다. WDE 비트는 WDCE 비트가 셋 되어 있을 때만 클리어 시킬 수 있으며, 인에이블 된 워치독 타이머를 금지시키기 위해서는 다음과 같은 과정에 따라 처리되어야 한다.

  ① WDCE와 WDE의 값을 동시에 1로 설정한다.
  ② 4클럭 사이클 내에 WDE에 0을 쓰면 워치독 타이머는 금지상태가 된다.

- Bit 2..0 – WDP2, WDP1, WDP0(Watchdog Prescaler) : 워치독 타이머 프리스케일러

  WDP2, WDP1, WDP0 비트는 워치독 타이머의 기능이 인에이블 되었을 때 워치독 타이머의 프리스케일 동작을 결정한다. [표 7-1]은 이들 값에 따른 리셋 주기를 나타낸다.

[표 7-1] 워치독 타이머 프리스케일 선택

| WDP2 | WDP1 | WDP0 | WDT오실레이터 사이클 수 | Vcc=3.0V 에서 전형적인 타임-아웃 | Vcc=5.0V 에서 전형적인 타임-아웃 |
|---|---|---|---|---|---|
| 0 | 0 | 0 | 16K(16,384) | 17.1ms | 16.3ms |
| 0 | 0 | 1 | 32K(32,768) | 34..34ms | 32.50ms |
| 0 | 1 | 0 | 64K(65,536) | 68.5ms | 65ms |
| 0 | 1 | 1 | 128K(131,072) | 0.14s | 0.13s |
| 1 | 0 | 0 | 256K(262,144) | 0.27s | 0.26s |
| 1 | 0 | 1 | 512K(524,288) | 0.55s | 0.52s |
| 1 | 1 | 0 | 1,024K(1,048,576) | 1.1s | 1.0s |
| 1 | 1 | 1 | 2,048K(2,097,152) | 2.2s | 2.1s |

■ **MCUCSR(MCU Control and Status Register) : MCU 제어 및 상태 레지스터**

이 레지스터는 I/O 영역 0x34(0x54) 번지에 위치하며, 워치독 타이머에 관련된 기능은 다음과 같다.

| 비트 | 7 | 6 | 5 | 4 | 3 | 2 | 1 | 0 | |
|---|---|---|---|---|---|---|---|---|---|
| 0x34(0x54) | JTD | - | - | JTRF | WDRF | BORF | EXTRF | PORF | MCUCSR |
| 읽기/쓰기 | 읽기/쓰기 | 읽기 | 읽기 | 읽기/쓰기 | 읽기/쓰기 | 읽기/쓰기 | 읽기/쓰기 | 읽기/쓰기 | |
| 초기값 | 0 | 0 | 0 | | | | | | |

• BIT 3 – WDRF(Watchdog Reset Flag) : 워치독 리셋 플래그

워치독 리셋이 발생했음을 나타내며, 파워온 리셋이나 이 비트에 0을 써 주면 리셋된다.

## 7.2 워치독 타이머 안전 레벨

ATmega128은 뜻하지 않게 워치독이 금지되거나 리셋 주기가 바뀌는 것을 방지하기 위해 3개의 다른 안전 레벨이 퓨즈 비트 M103과 WDTON에 의해 [표 7-2]와 같이 설정된다.

[표 7-2] 퓨즈 비트 설정에 따른 WDT의 안전 레벨

| M103 | WDTON | 안전 레벨 | WDT 초기 상태 | 워치독 타이머 동작을 금지시키는 방법 | 워치독 리셋 주기 변경 방법 |
|---|---|---|---|---|---|
| 1 | 1 | 1 | 금지 | 지정된 순서 | 지정된 순서 |
| 1 | 0 | 2 | 인에이블 | 항상 인에이블 상태 | 지정된 순서 |
| 0 | 1 | 0 | 금지 | 지정된 순서 | 제약 없음 |
| 0 | 0 | 2 | 인에이블 | 항상 인에이블 상태 | 지정된 순서 |

### (1) 안전 레벨 0

안전 레벨0에서 워치독 타이머는 초기에 금지상태로 되어 있지만, 워치독 타이머 제어 레지스터 WDTCR의 워치독 인에이블 비트 WDE 비트를 셋 하면 인에이블 상태로 된다. 그리고, 워치독 리셋 간격은 언제든지 변경할 수 있지만, 인에이블 상태로 되어 있는 워치독 타이머를 금지상태로 하기 위해서는 다음과 같은 과정에 따라 처리해야 한다.

① WDCE와 WDE의 값을 동시에 1로 설정한다.

② 다음 4클럭 사이클 내에 WDE 비트를 0으로 한다.

### (2) 안전 레벨 1

안전 레벨1에서 워치독 타이머는 초기에 금지상태로 되어 있지만, 워치독 타이머 제어 레지스터 WDTCR의 워치독 인에이블 비트 WDE 비트를 셋 하면 인에이블 상태로 된다. 그러나, 허용상태로 되어 있는 워치독 타이머를 금지상태로 하거나 또는 워치독 리셋(타임 아웃) 주기를 변경하기 위해서는 다음과 같은 절차에 의해 이루어져야 한다.

① WDCE와 WDE의 값을 동시에 1로 설정한다.

② 다음 4클럭 사이클 내에 WDCE 비트를 0으로 하고 WDE와 WDP2:0에 원하는 값을 설정한다.

### (3) 안전 레벨 2

안전 레벨2에서 워치독 타이머는 초기에 인에이블 상태로 되어 있으며, 또한 [표 7-2]에서와 같이 항상 인에이블 상태이기 때문에 금지상태로 변경할 수가 없다.

그러나, 워치독 리셋(타임 아웃) 주기는 변경이 가능하며, 다음과 같은 절차에 의해 이루어져야 한다.

① WDCE와 WDE의 값을 동시에 1로 설정한다.

② 다음 4클럭 사이클 내에 WDCE 비트를 0으로 하고 WDP2:0에 원하는 값을 설정한다. 이때 WDE 비트는 무슨 값이든 상관없다.

## 7.3 워치독 타이머 실험

워치독 타이머에 대한 간단한 실험을 해보자. 기본 동작은 LED 순차 제어에 대한 실험이며, 워치독 리셋을 하는 경우와 하지 않는 경우에 대해서 실험해 본다. 워치독 타이머의 주기가 완료되기 전에 워치독 타이머를 리셋하지 않으면 워치독 리셋이 발생한다.

### [예제 7-1] 워치독 실험(워치독 타이머 리셋 명령을 실행하는 경우)

워치독 리셋 주기를 1.0초로 설정하고, 타이머/카운터1의 오버플로우의 주기는 프리스케일러 64분주로 하여 0.26초마다 인터럽트를 발생시키도록 하라. 그리고, 타이머/카운터1의 오버플로우 인터럽트가 발생될 때마다 워치독 타이머를 리셋하여(wdr 명령 사용) LED 순차 점멸이 정상적으로 동작하도록 프로그램을 작성하라.

**[예제 7-1] 워치독 실험(워치독 타이머 리셋 명령을 실행하는 경우)**

```
// 파일명 : ex7-1.c
// 설  명 : 워치독 타이머 실험(워치독 타이머 리셋 명령을 실행하는 경우)

#include <mega128.h>

unsigned char led = 0xFE;

void main(void)
{
        // B 포트 초기화
        DDRC = 0xFF;                    // 포트 C 출력으로 설정
        PORTC = led;                    // 포트 C에 초기값 출력

        // 타이머/카운터1 오버플로 인터럽트 초기화
        TIMSK = 0x04;                   // TOIE1 = 1
        TCCR1A = 0x0;                   // 일반 모드
        TCCR1B = 0x03;                  // 프리스케일 = CK/64
        TCCR1C = 0x0;
        TCNT1 = 0x0000;                 // 타이머/카운터1 레지스터 초기값

        // 워치독 타이머 초기화
        WDTCR = 0x18;                   // WDTCE =1, WDE = 1
        WDTCR = 0x0E;                   // WDE = 1, 프리스케일 = 1024 : 1.0s

        SREG = 0x80;                    // 전역 인터럽트 인에이블 비트 I 셋.

        while(1);                       // 무한 루프
```

**[예제 7-1] 워치독 실험(워치독 타이머 리셋 명령을 실행하는 경우)**

```
}

// 타이머/카운터 오버플로 1 서비스 루틴
// (1/16us) * 64 * 65536 = 0.26s
interrupt [TIM1_OVF] void timer_int1(void)
{
        // LED 순차 점멸
        led <<= 1;
        led |= 0x01;
        if(led == 0xFF) led = 0xFE;
        PORTC = led;

        #asm ("wdr")                    // 워치-독 타이머 리셋
}
```

### [예제 7-2] 워치독 실험(워치독 타이머 리셋 명령을 실행하지 않는 경우)

[예제 7-1]의 타이머/카운터1의 오버플로우 서브루틴에서 워치독 타이머 리셋 명령을 삭제하고 실험을 해보자. 이 경우에는 워치독 타이머 리셋이 실행되지 않아 LED가 4번 정도 쉬프트 되고 리셋이 걸려 프로그램이 처음부터 실행되는 것을 확인할 수 있다.

**[예제 7-2] 워치독 실험(워치독 타이머 리셋 명령을 실행하지 않는 경우)**

```
// 파일명 : ex7-2.c
// 설  명 : 워치독 타이머 실험(워치독 타이머 리셋을 하지 않을 경우)

#include <mega128.h>

unsigned char led = 0xFE;

void main(void)
{
        // B 포트 초기화
        DDRC = 0xFF;                    // 포트 C 출력으로 설정
        PORTC = led;                    // 포트 C에 초기값 출력

        // 타이머/카운터1 오버플로 인터럽트 초기화
        TIMSK = 0x04;                   // TOIE1 = 1
        TCCR1A = 0x0;                   // 일반 모드
        TCCR1B = 0x03;                  // 프리스케일 = CK/64
        TCCR1C = 0x0;
        TCNT1 = 0x0000;                 // 타이머/카운터1 레지스터 초기값

        // 워치독 타이머 초기화
        WDTCR = 0x18;                   // WDTCE =1, WDE = 1
        WDTCR = 0x0E;                   // WDE = 1, 프리스케일 = 1024 : 1.0s

        SREG = 0x80;                    // 전역 인터럽트 인에이블 비트 I 셋.

        while(1);                       // 무한 루프
}

// 타이머/카운터 오버플로 1 서비스 루틴
// (1/16us) * 64 * 65536 = 0.26s
interrupt [TIM1_OVF] void timer_int1(void)
{
        // LED 순차 점멸
        led <<= 1;
        led |= 0x01;
        if(led == 0xFF) led = 0xFE;
        PORTC = led;
}
```

Chapter 08

# 아날로그 비교기

아날로그 비교기는 양의 입력핀 AIN0과 음의 입력핀 AIN1의 입력 값을 비교한다. [그림 8-1]은 아날로그 비교기의 내부 구성을 보여주며, AIN0의 전압이 AIN1보다 높으면 ACO에는 1이 출력되고, AIN1의 전압이 AIN0보다 높으면 ACO에는 0이 출력된다. 아날로그 비교기의 출력은 타이머/카운터1의 입력 캡쳐 트리거 신호로도 사용될 수 있으며, 또한 아날로그 비교기 인터럽트를 발생시킬 수도 있다. 사용자는 비교기 출력에 대한 인터럽트 트리거를 상승, 하강 또는 토글(toggle)로 선택할 수 있다. 아날로그 비교기를 사용할 때 AIN1과 AIN0(사용시)은 방향설정 레지스터를 이용하여 입력으로 설정해야 한다.

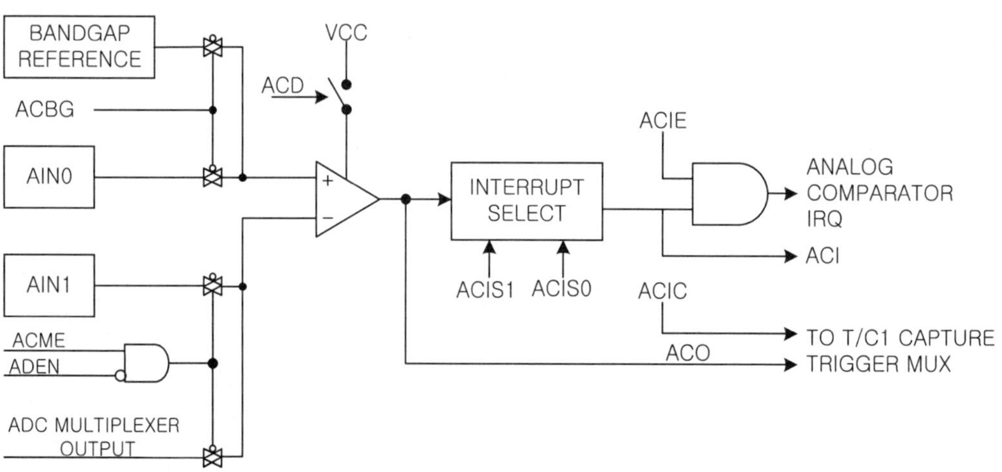


[그림 8-1] 아날로그 비교기 블록도

## 8.1 아날로그 비교기 관련 레지스터

아날로그 비교기의 제어는 ACSR(Analog Comparator Control and Staus Register)과 SFIOR 레지스터에 의해 이루어지며, 다음과 같은 기능을 갖는다.

## ■ ACSR(Analog Comparator Control and Status Register) : 아날로그 비교기 제어 및 상태 레지스터

| 비트 | 7 | 6 | 5 | 4 | 3 | 2 | 1 | 0 | |
|---|---|---|---|---|---|---|---|---|---|
| 0x08(0x28) | ACD | ACBG | ACO | ACI | ACIE | ACIC | ACIS1 | ACIS0 | ACSR |
| 읽기/쓰기 | 읽기/쓰기 | 읽기/쓰기 | 읽기 | 읽기/쓰기 | 읽기/쓰기 | 읽기/쓰기 | 읽기/쓰기 | 읽기/쓰기 | |
| 초기값 | 0 | 0 | 0 | 0 | 0 | 0 | 0 | 0 | |

- Bit 7 – ACD(Analog Comparator Disable) : 아날로그 비교기 동작 정지 비트

  이 비트가 셋 되었을 때 아날로그 비교기의 전원은 차단된다. 이 비트는 아날로그 비교기의 전원을 단락하기 위해 언제든지 셋 될 수 있으며, 이는 MCU가 동작중이거나 아이들(idle) 모드에 있을 때 소비 전력을 감소시킨다. 이 비트를 변경시키면 아날로그 비교기 인터럽트가 발생할 수도 있기 때문에, ACSR의 ACIE 비트를 미리 클리어 시켜 인터럽트를 금지시켜야 한다.

- Bit 6 – ACBG(Analog Bandgap Select) : 아날로그 비교기의 양전압 선택 비트

  이 비트를 셋 하면 고정된 내부 기준전압 1.23V가 양의 입력전압으로 공급되며, 이 비트를 클리어 하면 AIN0(PB2)에 양의 입력 전압이 공급된다.

- Bit 5 – ACO(Analog Comparator Output) : 아날로그 비교기 출력 비트

  이 비트는 아날로그 비교기 출력 ACO와 직접 연결되어 있으며, 1~2클럭의 지연시간이 발생한다.

- Bit 4 – ACI(Analog Comparator Interrupt Flag) :

  아날로그 비교기 인터럽트 플래그 비트

  이 비트는 아날로그 비교기 출력 이벤트가 ACIS1과 ACIS0에 의해 정의된 인터럽트 모드에 의해 트리거 되었을 때 셋 된다. ACIE 비트가 셋 되고 SREG의 I 비트가 셋 되어 있으면 아날로그 비교기 인터럽트 루틴이 실행된다. ACI는 대응되는 인터럽트 처리 루틴이 실행되면 하드웨어적으로 자동 클리어 되거나 ACI에 1을 쓰면 클리어 된다.

- Bit 3 – ACIE(Analog Comparator Interrupt Enable) :
  아날로그 비교기 인터럽트 인에이블 비트

  이 비트는 아날로그 비교기 인터럽트 개별 인에이블 비트로서, 이 비트와 SREG 레지스터의 I 비트가 셋 되어 있을 때 아날로그 비교기 인터럽트가 발생된다. 이 비트가 클리어 되었을 때 인터럽트는 금지된다.

- Bit 2 – ACIC(Analog Comparator Input Capture Enable) :
  아날로그 비교기 입력캡쳐 인에이블 비트

  이 비트는 아날로그 비교기의 출력이 타이머/카운터1의 입력캡쳐 트리거 신호로 사용되는 것을 허용하며, 이 트리거 신호에 의해 타이머/카운터1의 입력캡쳐 인터럽트를 발생시키기 위해서는 타이머/카운터 인터럽트 마스크 레지스터 TIMSK의 타이머/카운터1 입력캡쳐 인터럽트 인에이블 비트 TICIE1을 미리 셋 하여야 한다.

- Bit 1, 0 – ACIS1, ACIS0(Analog Comparator Interrupt Mode Select) :
  아날로그 비교기 인터럽트 모드 선택

  이 비트들은 아날로그 비교기 인터럽트의 트리거 모드를 선택하며, [표 8-1]은 이를 나타낸다. 이 비트들을 변경하면 아날로그 비교기의 인터럽트가 발생될 수 있기 때문에, ACIE 비트를 미리 클리어 시킨 상태에서 이 비트값을 변경시켜야 한다.

[표 8-1] ACIS1/ACIS0에 의한 아날로그 비교기의 인터럽트 트리거 모드 설정

| ACIS1 | ACIS0 | 인터럽트 방식 |
|---|---|---|
| 0 | 0 | 토글 출력에 대한 비교기 인터럽트 발생 |
| 0 | 1 | - |
| 1 | 0 | 하강 에지 출력에 대한 비교기 인터럽트 발생 |
| 1 | 1 | 상승 에지 출력에 대한 비교기 인터럽트 발생 |

## ■ SFIOR(Special Function I/O Register) : 특수 기능 I/O 레지스터

| 비트 | 7 | 6 | 5 | 4 | 3 | 2 | 1 | 0 | |
|---|---|---|---|---|---|---|---|---|---|
| 0x20(0x40) | TSM | - | - | - | ACME | PUD | PSR0 | PSR321 | SFIOR |
| 읽기/쓰기 | 읽기/쓰기 | 읽기 | 읽기 | 읽기 | 읽기/쓰기 | 읽기/쓰기 | 읽기/쓰기 | 읽기/쓰기 | |
| 초기값 | 0 | 0 | 0 | 0 | 0 | 0 | 0 | 0 | |

- Bit 3 – ACME(Analog Comparator Multiplexer Enable) :
  아날로그 비교기 멀티플렉서 인에이블 비트

  이 비트는 아날로그 비교기의 음극성 입력에 대해 A/D 컨버터의 입력신호가 사용될 수 있도록 하며, 이 비트를 1로 하고 ADC를 동작 정지시키면(ADCSRA 레지스터의 ADEN=0) ADC 멀티플렉서(ADC0~ADC7)가 아날로그 비교기의 음극성 입력으로 선택된다. 반면에 이 비트가 0이면 AIN1에 음의 입력 전압이 공급된다.

[표 8-2] 아날로그 비교기 음극성 입력 선택

| ACME | ADEN | MUX2..0 | 아날로그 비교기 음극성 입력 단자 |
|---|---|---|---|
| 0 | x | xxx | AIN1 |
| 1 | 1 | xxx | AIN1 |
| 1 | 0 | 000 | ADC0 |
| 1 | 0 | 001 | ADC1 |
| 1 | 0 | 010 | ADC2 |
| 1 | 0 | 011 | ADC3 |
| 1 | 0 | 100 | ADC4 |
| 1 | 0 | 101 | ADC5 |
| 1 | 0 | 110 | ADC6 |
| 1 | 0 | 111 | ADC7 |

# 8.2 아날로그 비교기 실험

### [예제 8-1] 폴링 방식에 의한 아날로그 비교기 실험

AIN1 핀에 연결된 가변저항을 조정하여 임의적으로 전압을 일정하게 설정한 후에 AIN0 핀에 연결된 가변저항을 서서히 돌려서 AIN0의 전압이 AIN1의 전압보다 같거나 크면 LED가 순차 점멸하도록 프로그램을 작성하라. 여기서, 프로그램은 아날로그 비교기의 출력 신호인 ACO를 계속 체크하는 폴링(polling) 방식을 이용한다.

### [예제 8-1] 폴링 방식에 의한 아날로그 비교기 실험

```
// 파일명 : ex8-1.c
// 설  명 : 폴링 방식에 의한 아날로그 비교기 실험
//           - AIN0 >= AIN1 이면 LED 순차 점멸 --> ACO = 1 출력
//             AIN0 < AIN1 이면 정지 -----------> ACO = 0 출력
// 주  의 :  ACO의 출력에 의한 폴링 방식

#include <mega128.h>
void Delay(unsigned int);

void main(void)
{
        char led = 0xFE;

        DDRC = 0xFF;            // 포트 C 출력 설정
        DDRE = 0b00000010;      // AIN0(PE2), AIN1(PE3) 입력 설정
        ACSR = 0x0;             // 아날로그 비교기 동작
        SFIOR = 0x0;            // ACME=0, 음극성 입력단자 AIN1

        PORTC = led;

        while(1){
                if(ACSR & 0x20){     // ACO = 1 (AIN0 >= AIN1) ?
                        // LED 순차 점멸
                        led <<= 1;
                        led |= 0x01;
                        if(led == 0xFF) led = 0xFE;

                        PORTC = led;
                        Delay(5);
                }
        }
}

// 시간 지연 함수
void Delay(unsigned int cnt)
{
        unsigned int  i, j;

        for(i = 0;i < cnt;i++){
                j = 60000;
                while(j--);
        }
}
```

### [예제 8-2] 인터럽트 방식에 의한 아날로그 비교기 실험

[예제 8-1]과 같은 방법으로 조작하여 AIN0 ≥ AIN1이면 포트 C에 연결되어 있는 하위 LED 4개를 ON시키고, AIN0 < AIN1이면 포트 C에 연결되어 있는 상위 LED 4개를 ON시키는 프로그램을 작성하라. 단, ACO의 토글 출력에 대해 아날로그 비교기 출력의 인터럽트가 발생하도록 하라.

**[예제 8-2] 인터럽트 방식에 의한 아날로그 비교기 실험**

```
// 파일명 : ex8-2.c
// 설  명 : 인터럽트 방식에 의한 아날로그 비교기 실험
//          - AIN0 >= AIN1 ---> PB7 LED ON,
//            AIN0 < AIN1 ---> PB4 LED ON
// 주  의 :  ACO의 출력에 의한 인터럽트 방식

#include <mega128.h>

void main(void)
{

        DDRC = 0xFF;                    // 포트 C 출력 설정
        DDRE = 0b00000010;              // AIN0(PE2), AIN1(PE3) 입력 설정
        ACSR = 0x08;    // 아날로그 비교기 인터럽트 인에이블 ACIE=1, 토글출력 트리거

        // LED 출력 초기화
        if(ACSR & 0x20) PORTC = 0xF0;   // AIN0 >= AIN1
        else PORTC = 0x0F;              // AIN0 < AIN1

        SREG = SREG | 0x80;             // 전역 인터럽트 플래그 셋

        while(1);
}

// 아날로그 비교기 인터럽트 처리 함수
interrupt [ANA_COMP] void ana_comp(void)
{
        if(ACSR & 0x20) PORTC = 0xF0;           // AIN0 >= AIN1
        else PORTC = 0x0F;                      // AIN0 < AIN1
}
```

Chapter 09

# A/D 변환기

ATmega128은 10비트 분해능의 A/D 변환기를 8채널 가지고 있으며, 다음과 같은 특징을 갖는다.

- 10비트 분해능
- 13~260us 변환시간
- 8개의 단극성 입력 채널
- 22종류의 차동 입력
- 아날로그 입력신호 10배 또는 200배 증폭기능을 갖는 2개의 차동 입력 채널
- 선택 가능한 2.56V 내부 기준전압

A/D 변환기의 8채널 아날로그 입력은 포트 F를 통해 입력되며, 멀티플렉서에 의해 A/D 변환기에 연결된다.

MCU는 16가지의 다른 전압입력 조합을 가지며, 2개의 차동 입력(ADC1, ADC0 그리고 ADC3, ADC2) 전압이 A/D 변환되기 전에 10배 또는 200배로 증폭되어질 수 있다. 7개의 아날로그 입력 채널이 공통 음극성 채널 ADC1을 공유하며, 나머지 입력채널은 양극성 입력단자로 사용되어진다.

A/D 변환기는 변환기간 동안 아날로그 입력전압을 일정하게 하는 샘플/홀드 회로를 내장하고 있으며, [그림 9-1]은 A/D 변환기의 블록도를 보여준다.

A/D 변환기에 대한 기준전압 $V_{REF}$는 A/D 변환되는 전압의 범위를 나타내며, 단극성 모드에서 $V_{REF}$는 0x3FF로 변환된다. $V_{REF}$는 AVCC, 내부 2.56V, 외부 AREF 단자에 공급되는 전압 중에서 선택된다.

A/D 변환기에는 단극성인 경우 0~$V_{REF}$의 입력전압이 공급되어 0x000~0x3FF(0~1023)의 디지털 값으로 변환되며, 차동 입력의 경우에는 -$V_{REF}$~$V_{REF}$의 입력전압이 공급되어 2의 보수 0x200~0x1FF(-512~511)의 디지털 값으로 변환된다.

A/D 변환결과는 16비트 A/D 변환기 데이터 레지스터에 좌측 또는 우측으로 정렬되어

저장되어진다.

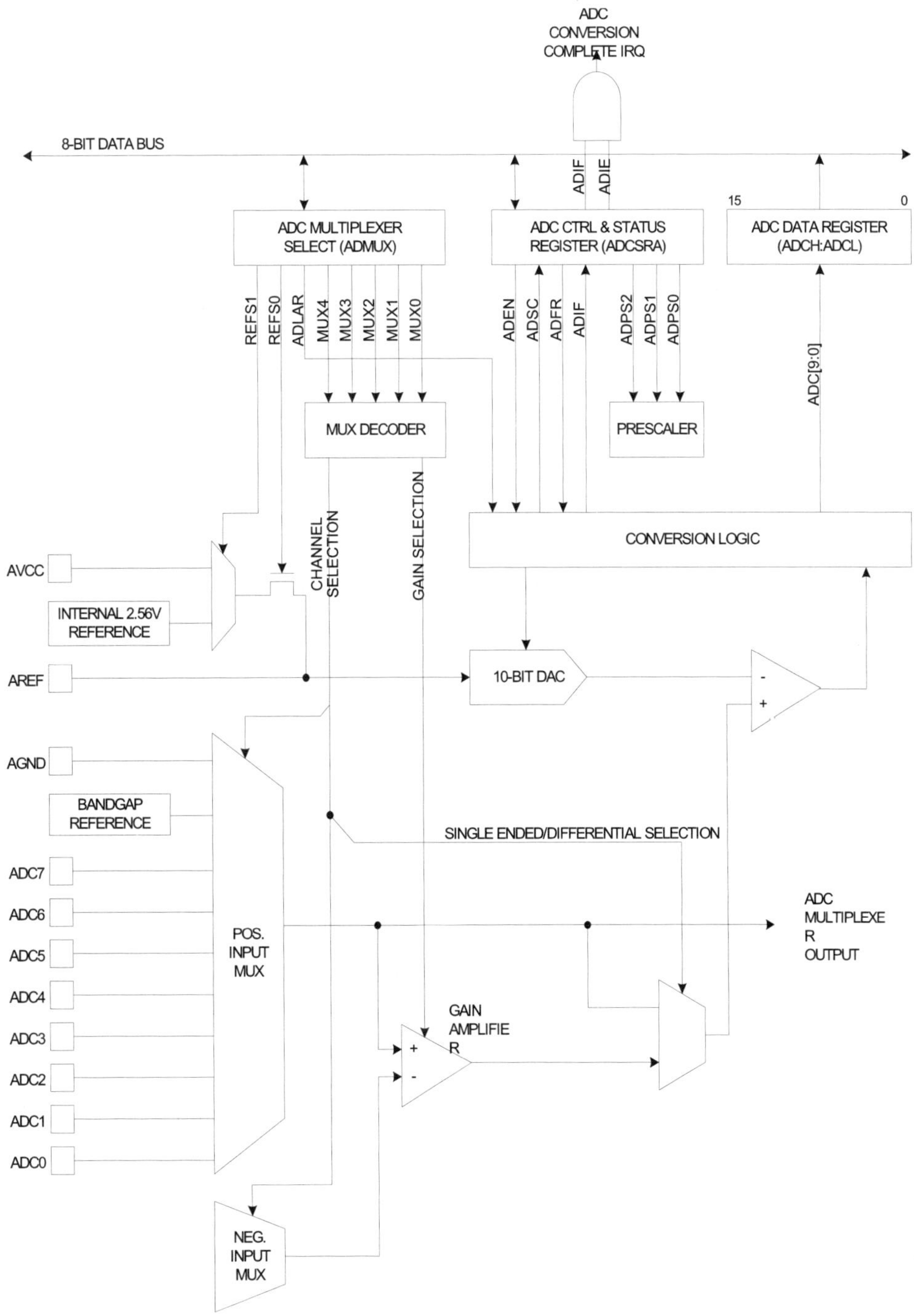


[그림 9-1] A/D 변환기 구성도

# 9.1 A/D 변환기 관련 레지스터

## ■ ADMUX(ADC Multiplexer Selection Register) : A/D 변환기 멀티플렉서 선택 레지스터

이 레지스터는 A/D 변환기의 아날로그 입력채널 선택, A/D 변환의 기준전압 소스 선택, 변환결과의 저장형식을 지정한다.

| 비트 | 7 | 6 | 5 | 4 | 3 | 2 | 1 | 0 | |
|---|---|---|---|---|---|---|---|---|---|
| 0x07(0x27) | REFS1 | REFS0 | ADLAR | MUX4 | MUX3 | MUX2 | MUX1 | MUX0 | ADMUX |
| 읽기/쓰기 | 읽기/쓰기 | 읽기/쓰기 | 읽기/쓰기 | 읽기/쓰기 | 읽기/쓰기 | 읽기/쓰기 | 읽기/쓰기 | 읽기/쓰기 | |
| 초기값 | 0 | 0 | 0 | 0 | 0 | 0 | 0 | 0 | |

• Bit 7, 6 – RFS1, RFS0 (Reference Selection Bits)

A/D 변환기의 기준전압을 선택하며, [표 9-1]과 같다.

[표 9-1] A/D 변환기의 기준전압

| RFS1 | RFS0 | 기준전압 |
|---|---|---|
| 0 | 0 | AREF 단자전압 이용 |
| 0 | 1 | AVCC 단자전압을 이용하며, AREF 단자와 GND 사이를 콘덴서로 접속 |
| 1 | 0 | - |
| 1 | 1 | 내부 2.56V를 이용하며, AREF 단자와 GND 사이를 콘덴서로 접속 |

• Bit 5 – ADLAR (ADC Left Adjust Result)

A/D 변환된 결과를 ADCH:ADCL에 저장하는 형식을 지정하며, 0이면 하위부터 10비트를 사용하고, 1이면 상위부터 10비트를 사용한다.

• Bit 4~0 – MUX4~0 (Analog Channel and Gain Selection Bits)

A/D 변환기에 연결되는 아날로그 입력채널과 차동 입력 채널에 대한 이득을 선택하며, [표 9-2]와 같다.

[표 9-2] A/D 컨버터 입력채널의 선택

| MUX4 ~ 0 | 단극성 입력 | + 차동 입력 | - 차동 입력 | 이득 |
|---|---|---|---|---|
| 00000 | ADC0 | | | |
| 00001 | ADC1 | | | |
| 00010 | ADC2 | | | |
| 00011 | ADC3 | | | |
| 00100 | ADC4 | | | |
| 00101 | ADC5 | | | |
| 00110 | ADC6 | | | |
| 00111 | ADC7 | | | |
| 01000 | | ADC0 | ADC0 | 10x |
| 01001 | | ADC1 | ADC0 | 10x |
| 01010 | | ADC0 | ADC0 | 200x |
| 01011 | | ADC1 | ADC0 | 200x |
| 01100 | | ADC2 | ADC2 | 10x |
| 01101 | | ADC3 | ADC2 | 10x |
| 01110 | | ADC2 | ADC2 | 200x |
| 01111 | | ADC3 | ADC2 | 200x |
| 10000 | | ADC0 | ADC1 | 1x |
| 10001 | | ADC1 | ADC1 | 1x |
| 10010 | | ADC2 | ADC1 | 1x |
| 10011 | | ADC3 | ADC1 | 1x |
| 10100 | | ADC4 | ADC1 | 1x |
| 10101 | | ADC5 | ADC1 | 1x |
| 10110 | | ADC6 | ADC1 | 1x |
| 10111 | | ADC7 | ADC1 | 1x |
| 11000 | | ADC0 | ADC2 | 1x |
| 11001 | | ADC1 | ADC2 | 1x |
| 11010 | | ADC2 | ADC2 | 1x |
| 11011 | | ADC3 | ADC2 | 1x |
| 11100 | | ADC4 | ADC2 | 1x |
| 11101 | | ADC5 | ADC2 | 1x |
| 11110 | 1.23V | | | |
| 11111 | 0V(GND) | | | |

## ■ ADCSRA(ADC Control and Status Register A) : A/D 변환기 제어 및 상태 레지스터 A

이 레지스터는 A/D 변환기의 동작을 제어하거나 상태를 표시하는 기능을 갖는다.

| 비트 | 7 | 6 | 5 | 4 | 3 | 2 | 1 | 0 | |
|---|---|---|---|---|---|---|---|---|---|
| 0x06(0x26) | ADEN | ADSC | ADFR | ADIF | ADIE | ADPS2 | ADPS1 | ADPS0 | ADCSRA |
| 읽기/쓰기 | 읽기/쓰기 | 읽기/쓰기 | 읽기/쓰기 | 읽기/쓰기 | 읽기/쓰기 | 읽기/쓰기 | 읽기/쓰기 | 읽기/쓰기 | |
| 초기값 | 0 | 0 | 0 | 0 | 0 | 0 | 0 | 0 | |

- Bit 7 – ADEN (ADC Enable)

  이 비트가 1이면 A/D 변환기의 동작이 허용되고, 0이면 A/D 변환기는 동작이 정지된다.

- Bit 6 – ADSC (ADC Start Conversion)

  단일 변환 모드에서 이 비트를 1로 하면 A/D 변환이 시작된다. 프리 러닝(Free Running)모드에서 이 비트를 1로 하면 첫 번째 A/D 변환이 시작되고, 그 다음부터는 자동적으로 변환이 반복된다. A/D 변환기가 인에이블되고 이 비트를 1로 하면 첫 번째 변환에서는 25개의 클럭이 필요하며, 그 다음부터는 13개의 클럭이 소요된다. 이 비트는 A/D 변환 중에는 1로 읽혀지며, 변환이 종료하면 0으로 읽혀진다.

- Bit 5 – ADFR (ADC Free Running Select)

  이 비트를 1로 하면 A/D 변환기는 프리 러닝 모드로 동작하며, 이 모드에서 A/D 변환기는 반복적으로 A/D 변환을 수행한다.

- Bit 4 – ADIF (ADC Interrupt Flag)

  A/D 변환이 완료되어 A/D 변환기 데이터 레지스터의 값이 갱신되면 셋된다. ADIE 비트와 SREG 레지스터의 I 비트가 1이면 A/D 변환 완료 인터럽트가 요구된다. 이 플래그 비트는 대응하는 인터럽트 서브루틴이 실행되면 자동 클리어 되며, 이 비트에 1을 써주어도 클리어 된다.

- Bit 3 – ADIE (ADC Interrupt Enable)

  이 비트는 A/D 변환기의 개별 인터럽트 인에이블 비트로서, SREG 레지스터의 I 비트와 함께 1이면 인터럽트가 인에이블 된다.

- Bit 2~0 – ADPS2~0 (ADC Prescaler Select Bits)

  이 비트들은 A/D 변환기에 입력되는 시스템 클럭에 대한 분주비를 선택한다.

[표 9-3] A/D 변환기 분주비 선택

| ADPS2 | ADPS1 | ADPS0 | 분주비 |
|---|---|---|---|
| 0 | 0 | 0 | 2 |
| 0 | 0 | 1 | 2 |
| 0 | 1 | 0 | 4 |
| 0 | 1 | 1 | 8 |
| 1 | 0 | 0 | 16 |
| 1 | 0 | 1 | 32 |
| 1 | 1 | 0 | 64 |
| 1 | 1 | 1 | 128 |

## ■ ADCH, ADCL(ADC Data Register) – A/D 변환기 데이터 레지스터

A/D 변환된 결과를 저장하는 레지스터로서 ADMUX 레지스터의 ADLAR 비트값에 따라 다음과 같은 저장형식을 갖는다.

**ADLAR = 0**

| 비트 | 15 | 14 | 13 | 12 | 11 | 10 | 9 | 8 | |
|---|---|---|---|---|---|---|---|---|---|
| 0x05(0x25) | – | – | – | – | – | – | ADC9 | ADC8 | ADCH |
| 0x04(0x24) | ADC7 | ADC6 | ADC5 | ADC4 | ADC3 | ADC2 | ADC1 | ADC0 | ADCL |
| | 7 | 6 | 5 | 4 | 3 | 2 | 1 | 0 | |
| 읽기/쓰기 | 읽기<br>읽기 | 읽기<br>읽기 | 읽기<br>읽기 | 읽기<br>읽기 | 읽기<br>읽기 | 읽기<br>읽기 | 읽기<br>읽기 | 읽기<br>읽기 | |
| 초기값 | 0<br>0 | 0<br>0 | 0<br>0 | 0<br>0 | 0<br>0 | 0<br>0 | 0<br>0 | 0<br>0 | |

**ADLAR = 1**

| 비트 | 15 | 14 | 13 | 12 | 11 | 10 | 9 | 8 | |
|---|---|---|---|---|---|---|---|---|---|
| 0x05(0x25) | ADC9 | ADC8 | ADC7 | ADC6 | ADC5 | ADC4 | ADC3 | ADC2 | ADCH |
| 0x04(0x24) | ADC1 | ADC0 | – | – | – | – | – | – | ADCL |
| | 7 | 6 | 5 | 4 | 3 | 2 | 1 | 0 | |
| 읽기/쓰기 | 읽기<br>읽기 | 읽기<br>읽기 | 읽기<br>읽기 | 읽기<br>읽기 | 읽기<br>읽기 | 읽기<br>읽기 | 읽기<br>읽기 | 읽기<br>읽기 | |
| 초기값 | 0<br>0 | 0<br>0 | 0<br>0 | 0<br>0 | 0<br>0 | 0<br>0 | 0<br>0 | 0<br>0 | |

단극성 채널을 사용하는 경우에는 10비트 양의 정수 0x000~0x3FF(0~1023)로 저장되고, 차동 채널을 사용하는 경우에는 2의 보수형식 0x200~0x1FF로 나타내어 -512~511의 값을 갖는다.

ADCL이 읽혀지면 ADCH가 읽혀질 때까지 ADC 데이터 레지스터는 갱신되지 않으며, 16비트 레지스터를 읽을 때는 반드시 하위 바이트부터 읽도록 해야 한다.

## 9.2 A/D 변환 프리스케일러와 변환 타이밍

ATmega128의 A/D 변환기는 프리스케일러를 내장하고 있으며, 프리스케일러는 ADCSRA 레지스터의 ADEN 비트가 1인 경우에만 계속해서 동작한다. [그림 9-2]는 A/D 변환기의 프리스케일러를 보여주며, 분주비는 ADCSRA 레지스터의 ADPS2 ~ADPS0에 의해 2, 4, 8, 16, 32, 64, 128 중의 하나로 선택되어진다.

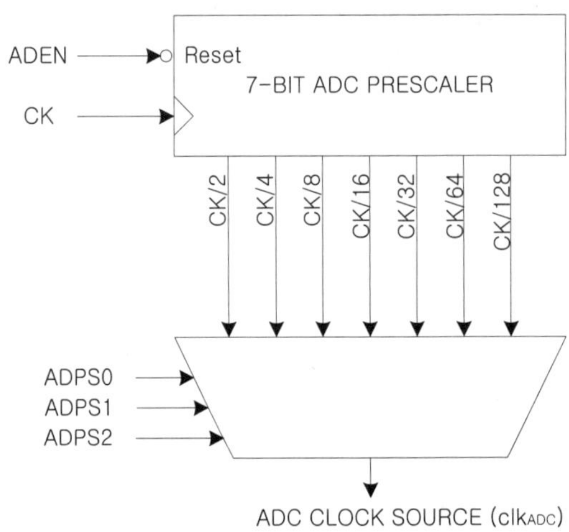


[그림 9-2] A/D 변환기 프리스케일러

단일변환 모드에서 ADCSRA 레지스터의 ADSC 비트를 1로 하면 [그림 9-3]에서와 같이 1로 한 이후 첫 번째 A/D 변환기 클럭의 상승에지에서 변환이 시작된다. 일반적으로 ADEN=1로 설정하고 나서 첫 번째 변환에는 25개의 A/D 변환기 클럭이 요구되지만, 그 이후의 변환에서는 13개의 클럭이 요구된다. 그리고, 첫 번째 변환에서 샘플/홀드는 변환이 시작되고 나서 13.5번째 클럭에서 이루어지며, 두 번째 이후의 변환에서는 1.5번째 클럭에서 이루어진다.([그림 9-4], [그림 9-5])

A/D 변환이 완료되면 그 결과가 A/D 변환기 데이터 레지스터에 쓰여지게 되며, ADIF 비트가 셋 된다. 또한 단일변환 모드에서는 ADSC 비트가 자동 클리어 되어 다시 소프트웨어적으로 셋 할 수 있게 된다.

프리 러닝(Free running) 모드에서는 변환이 완료되면 자동적으로 즉시 새로운 A/D변환이 시작되지만, ADSC 비트는 High 상태를 유지하게 된다.

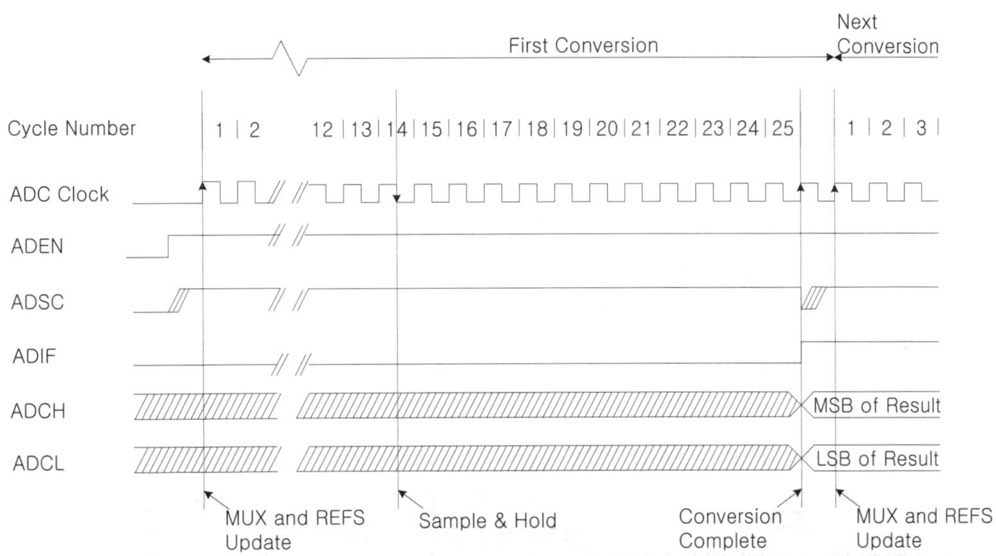


[그림 9-3] 단일 변환 모드에서 ADEN=1 설정 후 첫 번째 변환 동작 타이밍

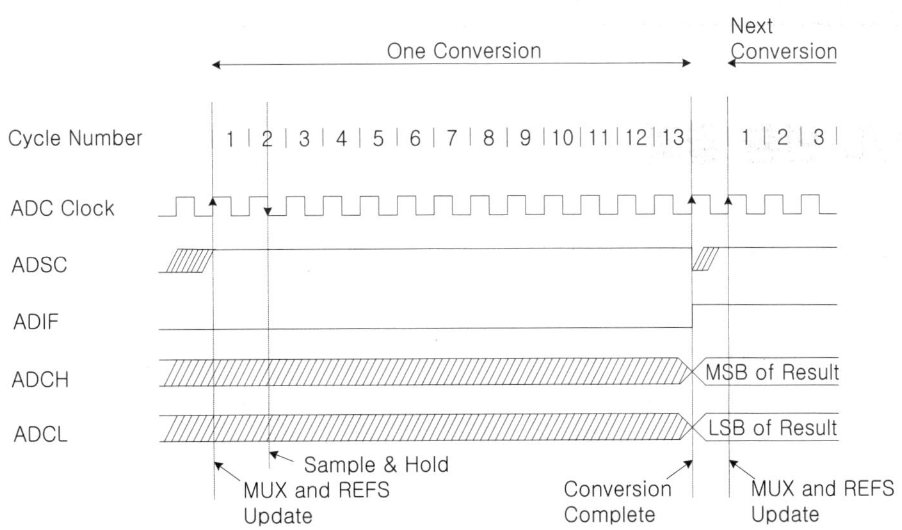


[그림 9-4] 단일 변환 모드에서 첫 번째 변환 이후의 동작 타이밍

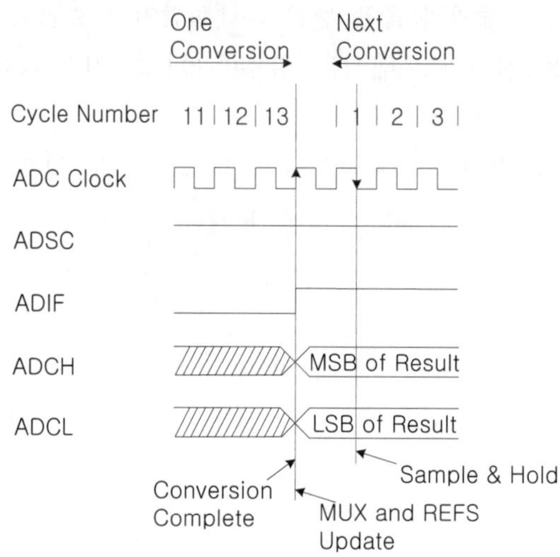


**[그림 9-5]** 프리 러닝 모드에서의 변환 동작 타이밍

[표 9-4]는 A/D 변환기의 각 모드에서의 변환시간을 보여준다.

[표 9-4] A/D 변환 시간(사이클 : A/D 클럭 사이클)

| 조건 | 샘플/홀드 (변환시작후의 클럭 사이클) | 변환시간 (사이클) |
|---|---|---|
| 첫 번째 변환 | 13.5 | 25 |
| 그 이후의 단극성 입력 변환 | 1.5 | 13 |
| 그 이후의 차동 입력 변환 | 1.5~2.5 | 13~14 |

# 9.3 A/D 변환 결과

A/D 변환이 완료되면 그 변환 결과는 A/D 변환기의 데이터 레지스터 ADCH:ADCL에 저장된다.

단극성 변환의 경우에는

$$ADC = \frac{V_{IN} \times 1024}{V_{REF}}$$

으로 변환되며, $V_{IN}$은 선택된 입력핀의 아날로그 전압이고 $V_{REF}$는 선택된 기준전압을 나타낸다. 변환값 0x000은 접지와 같은 전압을 나타내고, 1023(0x3FF)은 기준전압보다 1 LSB 만큼 낮은 전압값을 나타낸다.

차동 채널이 선택된 경우에는

$$ADC = \frac{(V_{POS} - V_{NEG}) \times GAIN \times 512}{V_{REF}}$$

으로 변환되며, $V_{POS}$는 양의 입력핀에 입력되는 전압이고 $V_{NEG}$는 음의 입력핀에 입력되는 전압이다. GAIN은 이득값을 나타내고, $V_{REF}$는 선택된 기준전압을 나타낸다. 변환값은 2의 보수로 표현되어 0x200(-512) ~ 0x1FF(511)의 값을 갖는다.

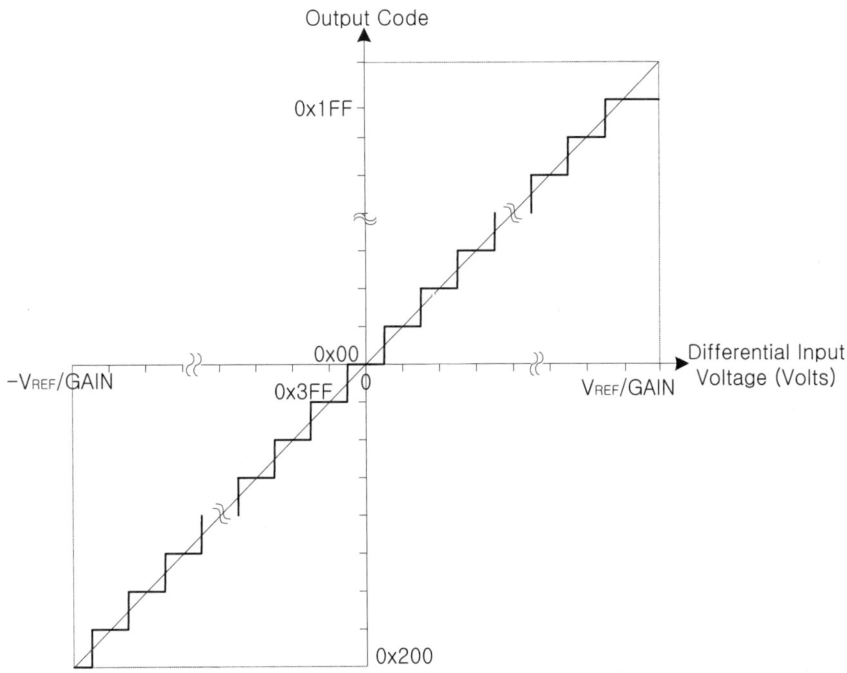


[그림 9-6] 차동 입력에 대한 입력전압과 변환결과

### [예제 9-1] ADC0에 입력되는 전압 7-Segment 표시(단극성 입력)

ADC0에는 가변저항 10K가 연결되어 있으며, 이 단자를 통해 입력되는 전압을 3개의 7-Segment에 소수 2자리까지 전압값으로 표시하는 프로그램을 작성하라. ADC0에 연결된 가변저항을 가변시키며 표시되는 전압값을 확인하라.

**[예제 9-1] ADC0에 입력되는 전압 7-Segment 에 표시**

```
// 파일명 : ex9-1.c
// 설  명 : ADC0 전압 소수 두 자리까지 표시

#include <mega128.h>
#include <delay.h>

char seg_pat[16]= {0x3f, 0x06, 0x5b, 0x4f, 0x66, 0x6d, 0x7d, 0x07,
                   0x7f, 0x6f, 0x77, 0x7c, 0x39, 0x5e, 0x79, 0x71};

void  AD_disp(int); // A/D 변환값 표시

void main(void)
{
        int   ad_val;

        DDRB = 0xFF;        // 포트 B 출력 설정
        DDRF = 0xF0;        // PF4-PF7 출력, PF0-PF3 입력

        ADMUX = 0x0;        // ADC0 단극성 입력 선택
        ADCSRA = 0x87;      // ADEN=1, 16MHz  128분주 -> 125kHz
        delay_ms(5);

        while(1){
                ADCSRA = 0xC7;                          // ADEN=1, ADSC = 1 변환 시작
                while((ADCSRA & 0x10) == 0);            // ADIF=1이 될 때까지
                ad_val = (int)ADCL + ((int)ADCH << 8);  // A/D 변환값 읽기

                AD_disp(ad_val);    // A/D 변환값 표시
        }
}
// A/D 변환값 표시
void AD_disp(int val)
{
        float  fval;
        int  ival, buf;
        char N100, N10, N1;

        fval = (float)val * 5.0 / 1023.0;
        ival = (int)(fval  * 100.0 + 0.5);
```

**[예제 9-1] ADC0에 입력되는 전압 7-Segment 에 표시(계속)**

```
        N100 = ival / 100;              // 정수부 추출
        buf = ival % 100;

        N10 = buf / 10;                 // 소수 첫째 자리 추출
        N1 = buf % 10;                  // 소수 둘째 자리 추출

        PORTF = 0b11100000;             // SEG 1(소수 둘째 자리 표시)
        PORTB = seg_pat[N1];
        delay_ms(1);

        PORTF = 0b11010000;             // SEG 2(소수 첫째 자리 표시)
        PORTB = seg_pat[N10];
        delay_ms(1);

        PORTF = 0b10110000;             // SEG 3(정수부 표시)
        PORTB = seg_pat[N100];
        delay_ms(1);
}
```

### [예제 9-2] Free 러닝 모드를 이용한 ADC1 입력 전압 7-Segment 표시

[예제 9-1]의 프로그램을 Free 러닝 모드로 작성하라.

**[예제 9-2] Free 러닝 모드를 이용한 ADC1 입력 전압 7-Segment 표시**

```
// 파일명 : ex9-2.c
// 설  명 : ADC1 전압 읽어 표시하기

#include <mega128.h>
#include <delay.h>

char seg_pat[16]= {0x3f, 0x06, 0x5b, 0x4f, 0x66, 0x6d, 0x7d, 0x07,
                   0x7f, 0x6f, 0x77, 0x7c, 0x39, 0x5e, 0x79, 0x71};

void  AD_disp(int);

void main(void)
{
        int   ad_val;

        DDRB = 0xFF;            // 포트 B 출력 설정
        DDRF = 0xF0;            // PF4-PF7 출력, PF0-PF3 입력

        ADMUX = 0x01;           // ADC1 단극성 입력 선택
```

**[예제 9-2] Free 러닝 모드를 이용한 ADC1 입력 전압 7-Segment 표시(계속)**

```
        ADCSRA = 0xE7;     // ADEN=1, ADFR=1, ADSC=1, 16MHz  128분주 -> 125kHz
        delay_ms(5);

        while(1){
                ad_val = (int)ADCL + ((int)ADCH << 8);        // A/D값 읽기
                AD_disp(ad_val);                              // A/D값 표시
                delay_ms(2);
        }
}

// A/D 변환값 표시
void AD_disp(int val)
{
        float  fval;
        int  ival, buf;
        char N100, N10, N1;

        fval = (float)val * 5.0 / 1023.0;
        ival = (int)(fval  * 100.0 + 0.5);

        N100 = ival / 100;              // 정수부 추출
        buf = ival % 100;

        N10 = buf / 10;                 // 소수 첫째 자리 추출
        N1 = buf % 10;                  // 소수 둘째 자리 추출

        PORTF = 0b11100000;             // SEG 1(소수 둘째 자리 표시)
        PORTB = seg_pat[N1];
        delay_ms(5);

        PORTF = 0b11010000;             // SEG 2(소수 첫째 자리 표시)
        PORTB = seg_pat[N10];
        delay_ms(5);

        PORTF = 0b10110000;             // SEG 3(정수부 표시)
        PORTB = seg_pat[N100];
        delay_ms(5);
}
```

## [예제 9-3] 차동입력(ADC0 - ADC1) A/D 변환 전압 표시

차동입력 (ADC0 - ADC1)을 A/D 변환하여 7-Segment에 표시하라. 단, 이득은 1로 하고, -의 경우에는 7-Segment의 맨 왼쪽에 '-'로 표시하라.

**[예제 9-3] 차동입력 (ADC0 - ADC1) A/D 변환 전압 표시**

```
// 파일명 : ex13-1.c
// 설  명 : ADC0 전압 읽어 표시하기

#include <mega128.h>
#include <delay.h>

char seg_pat[17]= {0x3f, 0x06, 0x5b, 0x4f,          // '0', '1', '2', '3',
                   0x66, 0x6d, 0x7d, 0x07,          // '4', '5', '6', '7'
                   0x7f, 0x6f, 0x77, 0x7c,          // '8', '9', 'A', 'b'
                   0x39, 0x5e, 0x79, 0x71, 0x40};   // 'C', 'd', 'E', 'F', '-'
void  Diff_AD_disp(int);          // 차동입력 전압 A/D 변환값 표시

void main(void)
{
        int    ad_val;

        DDRB = 0xFF;          // 포트 B 출력 설정
        DDRF = 0xF0;          // PF4-PF7 출력, PF0-PF3 입력

        ADMUX = 0x10;         // ADC0+, ADC1- 차동입력
        ADCSRA = 0x87;        // ADEN=1, 16MHz  128분주 -> 125kHz
        delay_ms(5);

        while(1){
                ADCSRA = 0xC7;                      // ADEN=1, ADSC = 1 변환 시작
                while((ADCSRA & 0x10) == 0);        // ADIF=1이 될 때까지
                ad_val = (int)ADCL + ((int)ADCH << 8);

                Diff_AD_disp(ad_val);   // 차동입력 표시
        }
}

// 차동입력 전압 A/D 변환  표시
void Diff_AD_disp(int val)
{
        float  fval;
        int  ival, buf;
        char N100, N10, N1, sign = 0;

        //  ADC+ >= ADC-   : 0 1 2 3 4 7 ....   508 509 510 511
```

**[예제 9-3] 차동입력 (ADC0 - ADC1) A/D 변환 전압 표시(계속)**

```
    // ADC+ < ADC-   :      -1              -2      ....     -511        -512
    // 10비트 2의 보수 : 1111111111   1111111110 ....1000000001  1000000000
    // 16비트 값 AA   :     1023            1022    .....     513         512
    // 실제 표시할 값 = -(1024 - AA)

    if(val >= 512) {            // -값
            fval = (float)(1024 - val);
            sign = 1;
    }
    else fval = (float)val;

    fval = fval * 5.0 / 512.0;
    ival = (int)(fval  * 100.0 + 0.5);

    N100 = ival / 100;              // 정수부 추출
    buf = ival % 100;

    N10 = buf / 10;                 // 소수 첫째 자리 추출
    N1 = buf % 10;                  // 소수 둘째 자리 추출

    PORTF = 0b11100000;             // SEG 1(소수 둘째 자리 표시)
    PORTB = seg_pat[N1];
    delay_ms(1);

    PORTF = 0b11010000;             // SEG 2(소수 첫째 자리 표시)
    PORTB = seg_pat[N10];
    delay_ms(1);

    PORTF = 0b10110000;             // SEG 3(정수부 표시)
    PORTB = seg_pat[N100];
    delay_ms(1);

    if(sign == 1){
            PORTF = 0b01110000;             // SEG 4('-' 표시)
            PORTB = seg_pat[16];
            delay_ms(1);
    }
}
```

Chapter 10

# USART (Universal Synchronous and Asynchronous Receiver and Transmitter)

기기간의 통신이나 컴퓨터와 기기와의 통신에서 시리얼 방식을 이용하면 적은 수의 선으로 장거리의 통신을 가능하게 한다.

시리얼 통신 방식은 크게 동기식 통신과 비동기식 통신으로 나누어지며, 고속의 데이터 전송을 위해서 동기식 통신을 이용하지만 송·수신 기기간의 동기를 맞춰야 하기 때문에 비동기식에 비해 제어가 어렵다.

ATmega128은 동기 및 비동기 전송모드에서 전이중 통신이 가능한 USART를 2개 내장하고 있으며, 다음과 같은 특징을 갖는다.

① 전이중 통신방식(별도의 송수신 레지스터 내장)
② 높은 정밀도의 보레이트 발생기(Baud Rate Generator) 내상
③ 5~9 비트의 데이터 비트와 1~2 비트의 스톱 비트 설정
④ 노이즈 필터링(Noise filtering) 내장
⑤ 짝수 또는 홀수 패리티 설정
⑥ 데이터 오버런(Overrun), 프레임 오류 검출
⑦ 3개의 인터럽트 소스 : 송신 완료, 송신 데이터 레지스터 빔(empty), 수신 완료

[그림 10-1]은 USART의 블록도를 보여주며, 클럭 발생부, 송신부, 수신부로 구성된다. 클럭 발생부는 동기모드에서 마스터로부터 공급되는 클럭과의 동기를 취하는 부분과 보레이트 발생기로 구성되며, XCK핀은 동기모드에서만 사용된다. 송신부는 쉬프트 레지스터, 패리티 발생기 등으로 구성되며, 수신부는 2개의 수신 버퍼, 쉬프트 레지스터, 패리티 검사기 등으로 구성된다.

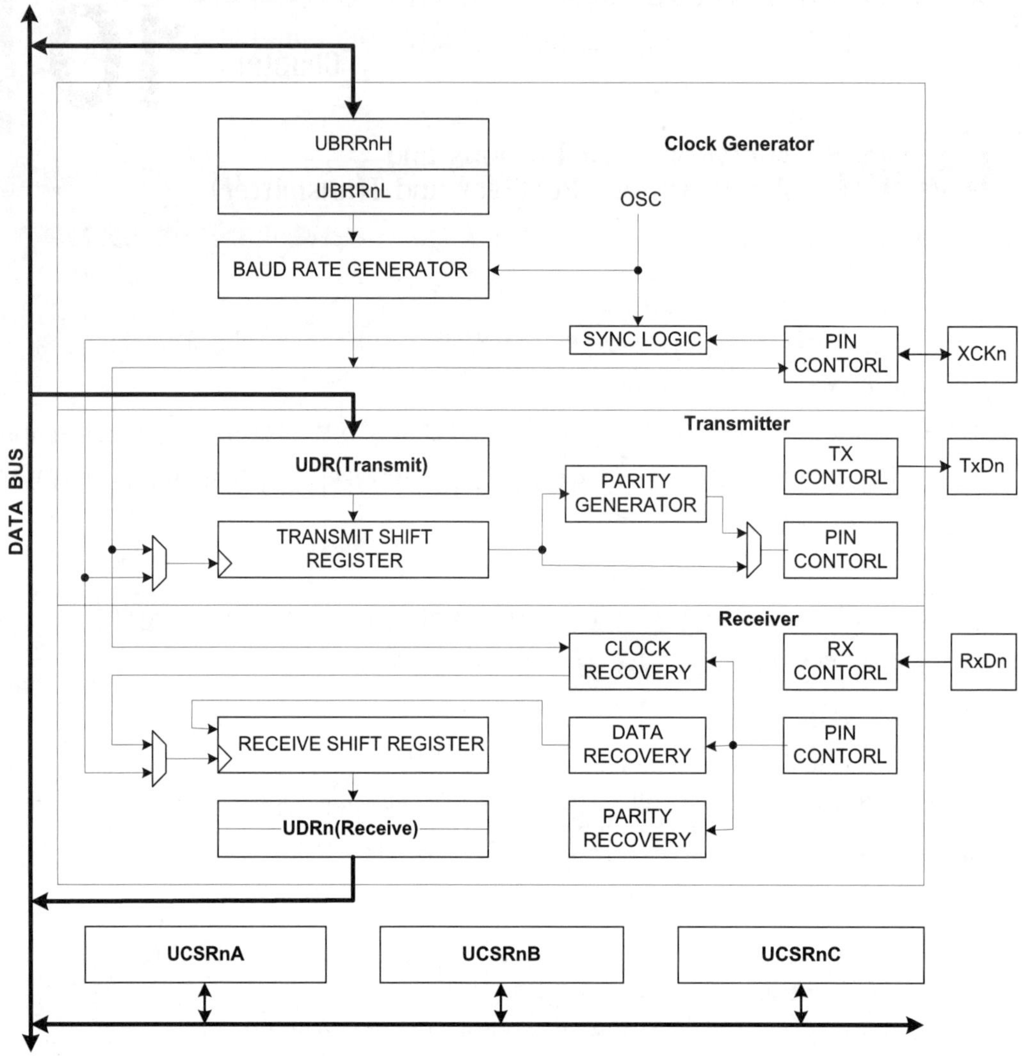


[그림 10-1] USART 구성 블록도 (n=0, 1)

# 10.1 USART 관련 레지스터

USART는 송수신 겸용의 데이터 레지스터 UDR과 3개의 제어 레지스터 UCSRA, UCSRB, UCSRC 그리고 보레이트 레지스터 UBRRH, UBRRL에 의해 제어된다.

## ■ UDR0(USART0 I/O Data Register) : USART0 I/O 데이터 레지스터 UDR1(USART1 I/O Data Register) : USART1 I/O 데이터 레지스터

| 비트 | 7 | 6 | 5 | 4 | 3 | 2 | 1 | 0 | |
|---|---|---|---|---|---|---|---|---|---|
| 0x0C(0x2C) | RXB0[7:0] | | | | | | | | UDR0(Read) |
| 0x0C(0x2C) | TXB0[7:0] | | | | | | | | UDR0(Write) |
| 읽기/쓰기 | 읽기/쓰기 | 읽기/쓰기 | 읽기/쓰기 | 읽기/쓰기 | 읽기/쓰기 | 읽기/쓰기 | 읽기/쓰기 | 읽기/쓰기 | |
| 초기값 | 0 | 0 | 0 | 0 | 0 | 0 | 0 | 0 | |

| 비트 | 7 | 6 | 5 | 4 | 3 | 2 | 1 | 0 | |
|---|---|---|---|---|---|---|---|---|---|
| 0x9C | RXB1[7:0] | | | | | | | | UDR1(Read) |
| 0x9C | TXB1[7:0] | | | | | | | | UDR1(Write) |
| 읽기/쓰기 | 읽기/쓰기 | 읽기/쓰기 | 읽기/쓰기 | 읽기/쓰기 | 읽기/쓰기 | 읽기/쓰기 | 읽기/쓰기 | 읽기/쓰기 | |
| 초기값 | 0 | 0 | 0 | 0 | 0 | 0 | 0 | 0 | |

USART 송신 데이터 버퍼 레지스터와 수신 데이터 버퍼 레지스터는 UDRn (n=0,1)이라고 하는 같은 이름의 USART 데이터 레지스터를 공유한다. UDRn 레지스터는 동일한 I/O 번지를 갖지만, 내부적으로는 서로 분리되어 있다. UDRn 레지스터에 데이터를 쓰면 송신 데이터 버퍼 TXBn에 값이 써지고, UDRn 레지스터를 읽으면 데이터 버퍼 RXBn에 들어 있는 내용이 읽혀진다.

5~7비트 통신모드의 경우 사용하지 않는 상위 비트에 대해 송신부에서는 무시하며, 수신부에서는 0으로 채워 처리된다.

송신 버퍼에는 UCSRA 레지스터의 UDRE(Data Register Empty) 플래그 비트가 1일 때만 값을 쓸 수 있으며, 0일 때 데이터를 쓰면 무시된다. 송신이 가능하고 또한 송신 쉬프트 레지스터가 비어 있으면 송신버퍼에 쓰여진 데이터는 송신 쉬프트 레지스터에 옮겨져서 TxD 핀을 통해 1비트씩 전송된다.

수신 버퍼는 FIFO로 구성되어 있으며, 수신 버퍼가 읽혀질 때마다 상태가 변하기 때문에 수신버퍼에 대한 명령어 SBI, CBI, SBIC, SBIS는 사용하지 말아야 한다.

## ■ UCSR0A(USART0 Control and Status Register A) : USART0 제어 및 상태 레지스터 A UCSR1A(USART1 Control and Status Register A) : USART1 제어 및 상태 레지스터 A

이 레지스터는 USART의 송수신 동작을 제어하거나 상태를 저장하는 레지스터이다.

| 비트 | 7 | 6 | 5 | 4 | 3 | 2 | 1 | 0 | |
|---|---|---|---|---|---|---|---|---|---|
| 0x0B(0x2B) | RXC0 | TXC0 | UDRE0 | FE0 | DOR0 | PE0 | U2X0 | MPCM0 | UCSR0A |
| 읽기/쓰기 | 읽기 | 읽기/쓰기 | 읽기 | 읽기 | 읽기 | 읽기 | 읽기/쓰기 | 읽기/쓰기 | |
| 초기값 | 0 | 0 | 1 | 0 | 0 | 0 | 0 | 0 | |

| 비트 | 7 | 6 | 5 | 4 | 3 | 2 | 1 | 0 | |
|---|---|---|---|---|---|---|---|---|---|
| 0x9B | RXC1 | TXC1 | UDRE1 | FE1 | DOR1 | PE1 | U2X1 | MPCM1 | UCSR1A |
| 읽기/쓰기 | 읽기 | 읽기/쓰기 | 읽기 | 읽기 | 읽기 | 읽기 | 읽기/쓰기 | 읽기/쓰기 | |
| 초기값 | 0 | 0 | 1 | 0 | 0 | 0 | 0 | 0 | |

- Bit 7 – RXCn(USART Receive Complete) : USART 수신 완료 플래그 비트

  이 비트는 수신 버퍼(UDRn)에 읽혀지지 않은 데이터가 있을 때 셋 되며, 수신 버퍼가 비어 있는(새로운 데이터가 없는) 경우에는 클리어 된다. 이 비트는 수신이 금지되면 클리어 되며, 또한 이 비트는 수신 완료 인터럽트를 발생하는데 플래그 비트로 사용된다.

- Bit 6 – TXCn(USART Transmit Complete) : USART 송신 완료 플래그 비트

  이 비트는 정지 비트를 포함한 모든 문자가 송신 쉬프트 레지스터에서 쉬프트 출력되고 UDRn에 새로운 데이터가 준비되지 않았을 때 셋 된다. 이 플래그 비트는 송신 완료 인터럽트를 발생시키며, 송신 완료 인터럽트가 실행되면 이 비트는 하드웨어적으로 자동 클리어 된다.

- Bit 5 – UDREn(USART Data Register Empty) :
  USART 송신 데이터 레지스터 준비완료 플래그 비트

  이 플래그 비트는 송신 버퍼 UDRn이 비어 있어 새로운 데이터를 받을 준비가 되어 있을 때 셋 된다. 이 플래그 비트는 송신 데이터 레지스터 준비완료 인터럽트를 발생시킨다.

- Bit 4 – FEn(Frame Error) : 프레임 에러

  이 비트는 수신되고 있는 문자의 첫 번째 정지(Stop) 비트가 0일 때 셋 되며, 수신 버퍼 UDRn이 읽혀질 때까지 유효하다. 그리고, 이 비트는 UCSRnA 레지스터에 값을 쓰게 되면 항상 클리어 된다.

- Bit 3 – DORn(Data OverRun) : 데이터 오버런 에러

  이 비트는 수신 버퍼가 꽉 차 있을 때(읽지 않은 2개의 데이터가 들어 있을 때) 새로운 데이터의 시작(Start) 비트가 수신 쉬프트 레지스터에 입력되면 셋 된다. 이 비트는 수신 버퍼 UDRn이 읽혀질 때까지 유효하며, UCSRnA 레지스터에 값을 쓰게 되면 항상 클리어 된다.

- Bit 2 – PEn(Parity Error) : 패리티 에러

  이 비트는 패리티 검사가 허용된 상태에서 수신 버퍼에 있는 데이터에 대해 패리티 에러가 발생하면 셋 되어진다. 이 비트는 수신 버퍼 UDRn이 읽혀질 때까지 유효하며, UCSRnA 레지스터에 값을 쓰게 되면 항상 클리어 된다.

- Bit 1 – U2Xn(Double the USART Transmission Speed) : 송신 속도 2배 설정

  이 비트는 비동기 방식에서만 유효하며, 이 비트를 1로 하면 클럭의 분주비가 16에서 8로 되어 전송속도가 2배가 된다.

- Bit 0 – MPCMn(Multi-processor Communication Mode) : 멀티프로세서 통신 모드

  이 비트는 멀티프로세서 통신모드를 설정한다. 멀티프로세서 통신모드에서 어드레스 정보가 포함되지 않는 모든 수신 데이터는 수신부에 의해 무시되지만, 이 비트는 송신부에 아무런 영향도 주지 않는다.

### ■ UCSR0B(USART0 Control and Status Register B) : USART0 제어 및 상태 레지스터 B<br>UCSR1B(USART1 Control and Status Register B) : USART1 제어 및 상태 레지스터 B

| 비트 | 7 | 6 | 5 | 4 | 3 | 2 | 1 | 0 | |
|---|---|---|---|---|---|---|---|---|---|
| 0x0A(0x2A) | RXCIE0 | TXCIE0 | UDRIE0 | RXEN0 | TXEN0 | UCSZ02 | RXB80 | TXB80 | UCSR0B |
| 읽기/쓰기 | 읽기/쓰기 | 읽기/쓰기 | 읽기/쓰기 | 읽기/쓰기 | 읽기/쓰기 | 읽기/쓰기 | 읽기 | 읽기/쓰기 | |
| 초기값 | 0 | 0 | 0 | 0 | 0 | 0 | 0 | 0 | |

| 비트 | 7 | 6 | 5 | 4 | 3 | 2 | 1 | 0 | |
|---|---|---|---|---|---|---|---|---|---|
| 0x9A | RXCIE1 | TXCIE1 | UDRIE1 | RXEN1 | TXEN1 | UCSZ12 | RXB81 | TXB81 | UCSR1B |
| 읽기/쓰기 | 읽기/쓰기 | 읽기/쓰기 | 읽기/쓰기 | 읽기/쓰기 | 읽기/쓰기 | 읽기/쓰기 | 읽기 | 읽기/쓰기 | |
| 초기값 | 0 | 0 | 0 | 0 | 0 | 0 | 0 | 0 | |

- Bit 7 – RXCIEn(RX Complete Interrupt Enable) : 수신 완료 인터럽트 인에이블 비트

  이 비트는 수신 완료 인터럽트 개별 인에이블 비트이며, SREG 레지스터의 I 비트와 이 비트가 1인 상태에서 수신이 완료되어 UCSRnA레지스터의 RXCn 플래그 비트가 1이 되면 수신 완료 인터럽트가 발생한다.

- Bit 6 – TXCIEn(TX Complete Interrupt Enable) : 송신 완료 인터럽트 인에이블 비트

  이 비트는 송신 완료 인터럽트 개별 인에이블 비트이며, SREG 레지스터의 I 비트와 이 비트가 1인 상태에서 송신 쉬프트 레지스터가 비어 UCSRnA레지스터의 TXCn 플래그 비트가 1이 되면 송신 완료 인터럽트가 발생한다.

- Bit 5 – UDRIEn(USART Data Register Empty Interrupt Enable)
  : USART 송신 데이터 레지스터 준비완료 인터럽트 인에이블 비트

  이 비트는 송신 데이터 레지스터(버퍼) 준비완료 인터럽트 개별 인에이블 비트이며, SREG 레지스터의 I 비트와 이 비트가 1인 상태에서 송신 데이터 레지스터가 비어 UCSRnA레지스터의 UDREn 플래그 비트가 1이 되면 송신 데이터 레지스터 준비완료 인터럽트가 발생한다.

- Bit 4 – RXENn(Receiver Enable) : 수신기 인에이블

  이 비트가 1이면 수신기가 인에이블 되어 수신 가능 상태가 되며, RxDn 핀이 범용 I/O 포트가 아니라 수신 단자로 동작하게 된다.

- Bit 3 – TXENn(Transmitter Enable) : 송신기 인에이블

  이 비트가 1이면 송신기가 인에이블 되어 송신 가능 상태가 되며, TxDn 핀이 범용 I/O 포트가 아니라 송신 단자로 동작하게 된다.

- Bit 2 – UCSZ2n(Character Size) : 전송 데이터 길이 선택 비트

  이 비트는 UCSRnC 레지스터의 UCSZn1, UCSZn0과 함께 전송 데이터의 길이를 선택하는 비트이다.

- Bit 1 – RXB8n(Receive Data Bit 8) : 수신 데이터 비트 8

  9비트 전송모드에서 수신된 문자의 9번째 비트를 저장하는 비트이며, 수신 버퍼 UDRn으로부터 하위 8비트를 읽기 전에 먼저 읽혀져야 한다.

• Bit 0 – TXB8n : 송신 데이터 비트 8

9비트 전송모드에서 송신할 문자의 9번째 비트를 저장하는 비트이며, 송신 버퍼 UDRn에 하위 8비트를 쓰기 전에 먼저 써야 한다.

## ■ UCSR0C(USART0 Control and Status Register C) : USART0 제어 및 상태 레지스터 C
## UCSR1C(USART1 Control and Status Register C) : USART1 제어 및 상태 레지스터 C

| 비트 | 7 | 6 | 5 | 4 | 3 | 2 | 1 | 0 | |
|---|---|---|---|---|---|---|---|---|---|
| 0x95 | - | UMSEL0 | UPM01 | UPM00 | USBS0 | UCSZ01 | UCSZ00 | UCPOL0 | UCSR0C |
| 읽기/쓰기 | 읽기/쓰기 | 읽기/쓰기 | 읽기/쓰기 | 읽기/쓰기 | 읽기/쓰기 | 읽기/쓰기 | 읽기/쓰기 | 읽기/쓰기 | |
| 초기값 | 1 | 0 | 0 | 0 | 0 | 1 | 1 | 0 | |

| 비트 | 7 | 6 | 5 | 4 | 3 | 2 | 1 | 0 | |
|---|---|---|---|---|---|---|---|---|---|
| 0x9D | - | UMSEL1 | UPM11 | UPM10 | USBS1 | UCSZ11 | UCSZ10 | UCPOL1 | UCSR1C |
| 읽기/쓰기 | 읽기/쓰기 | 읽기/쓰기 | 읽기/쓰기 | 읽기/쓰기 | 읽기/쓰기 | 읽기/쓰기 | 읽기/쓰기 | 읽기/쓰기 | |
| 초기값 | 1 | 0 | 0 | 0 | 0 | 1 | 1 | 0 | |

이 레지스터는 USART의 송수신 동작을 제어하는 기능을 수행한다.

• Bit 6 – UMSELn(USART Mode Select) : USART 모드 설정 비트

이 비트는 통신 모드에 대한 설정 비트로서 0이면 비동기 모드, 1이면 동기 모드가 설정된다.

• Bit 5, Bit 4 – UPMn(USART Parity Mode) : 패리티 모드 설정 비트

이 두 비트는 [표 10-1]과 같이 패리티 모드를 설정한다.

[표 10-1] UPM 비트값에 의한 패리티 모드

| UPMn1 | UPMn0 | 패리티 모드 |
|---|---|---|
| 0 | 0 | 패리티 모드 사용 안함 |
| 0 | 1 | - |
| 1 | 0 | 짝수 패리티 |
| 1 | 1 | 홀수 패리티 |

- Bit 3 – USBSn(Stop Bit Select) : 정지 비트 선택

  이 비트는 정지 비트의 길이를 설정하며, 0이면 1비트, 1이면 2비트가 설정된다.

- Bit 2, Bit 1 – UCSZn1, UCSZn0(Character Size) : 전송 데이터 비트수 설정

  이 두 비트는 UCSRnB 레지스터의 UCSZn2와 함께 [표 10-2]와 같이 전송 데이터의 비트수를 설정한다.

[표 10-2] UCSZ에 의한 전송 데이터 비트수

| UCSZn2 | UCSZn1 | UCSZn0 | 데이터 비트수 |
|---|---|---|---|
| 0 | 0 | 0 | 5비트 |
| 0 | 0 | 1 | 6비트 |
| 0 | 1 | 0 | 7비트 |
| 0 | 1 | 1 | 8비트 |
| 1 | 0 | 0 | (예약) |
| 1 | 0 | 1 | (예약) |
| 1 | 1 | 0 | (예약) |
| 1 | 1 | 1 | 9비트 |

- Bit 0 – UCPOLn(Clock Polarity) : 클럭 극성 선택

  이 비트는 동기모드에서만 사용되며, 송신 데이터의 출력 시점과 수신 데이터의 입력 시점을 설정한다. [표 10-3]은 이를 보여준다.

[표 10-3] UCPOL에 의한 송수신 데이터의 입출력 시점

| UCPOL | 송신 데이터의 출력시점 (TxD 핀의 출력) | 수신 데이터의 샘플링 시점 (RxD핀 입력) |
|---|---|---|
| 0 | XCKn 상승 에지 | XCKn 하강 에지 |
| 1 | XCKn 하강 에지 | XCKn 상승 에지 |

### ■ UBRR0H, UBRR0L(USART0 Baud Rate Register) : USART0 보레이트 레지스터<br>UBRR1H, UBRR1L(USART1 Baud Rate Register) : USART1 보레이트 레지스터

| 비트 | 15 | 14 | 13 | 12 | 11 | 10 | 9 | 8 | |
|---|---|---|---|---|---|---|---|---|---|
| 0x90 | – | – | – | – | UBRR0[11:8] | | | | UBRR0H |
| 0x09(0x29) | UBRR0[7:0] | | | | | | | | UBRR0L |
| 비트 | 7 | 6 | 5 | 4 | 3 | 2 | 1 | 0 | |
| 읽기/쓰기 | 읽기/쓰기 | 읽기/쓰기 | 읽기/쓰기 | 읽기/쓰기 | 읽기/쓰기 | 읽기/쓰기 | 읽기/쓰기 | 읽기/쓰기 | |
| 초기값 | 0 | 0 | 0 | 0 | 0 | 0 | 0 | 0 | |

| 비트 | 15 | 14 | 13 | 12 | 11 | 10 | 9 | 8 | |
|---|---|---|---|---|---|---|---|---|---|
| 0x98 | – | – | – | – | UBRR1[11:8] | | | | UBRR1H |
| 0x99 | UBRR1[7:0] | | | | | | | | UBRR1L |
| 비트 | 7 | 6 | 5 | 4 | 3 | 2 | 1 | 0 | |
| 읽기/쓰기 | 읽기/쓰기 | 읽기/쓰기 | 읽기/쓰기 | 읽기/쓰기 | 읽기/쓰기 | 읽기/쓰기 | 읽기/쓰기 | 읽기/쓰기 | |
| 초기값 | 0 | 0 | 0 | 0 | 0 | 0 | 0 | 0 | |

USART의 전송속도(Baud Rate)는 레지스터 UBRRn(UBRRnH:UBRRnL)의 16비트 중에서 12비트에 의해 설정되며, 전송속도를 설정할 때는 상위바이트 값을 저장하는 UBRRnH에 우선 값을 쓰고 난 후에 UBRRnL에 값을 써 주어야 한다. [표 10-4]는 전송속도 및 UBRRn 레지스터의 설정값을 구하는 공식을 보여주며, [표 10-5]는 16MHz 시스템 클럭을 갖는 경우의 전송속도에 따른 UBRRn 레지스터의 설정값을 보여준다. 비동기 통신 모드에서 전송속도에 대한 오차범위는 8비트 일반 모드의 경우 ±2.0%이며, 2배속 모드의 경우에는 ±1.5%이다.

[표 10-4] 전송속도 및 설정해야 할 UBRRn 레지스터값 계산식

| 동작 모드 | 전송속도 계산식(bps) | UBRR 계산식 |
|---|---|---|
| 비동기 정상 모드<br>(U2Xn=0) | $BAUD = \frac{f_{OSC}}{16(UBRRn+1)}$ | $UBRRn = \frac{f_{OSC}}{16 \cdot BAUD} - 1$ |
| 비동기 2배속 모드<br>(U2Xn=1) | $BAUD = \frac{f_{OSC}}{8(UBRRn+1)}$ | $UBRRn = \frac{f_{OSC}}{8 \cdot BAUD} - 1$ |
| 동기 마스터 모드 | $BAUD = \frac{f_{OSC}}{2(UBRRn+1)}$ | $UBRRn = \frac{f_{OSC}}{2 \cdot BAUD} - 1$ |

[표 10-5] 16MHz 시스템 클럭에서 전송속도에 따른 UBRRn 레지스터의 설정값

| 전송속도 (Baud Rate : bps) | 비동기 일반 모드 | | 비동기 2배속 모드 | |
|---|---|---|---|---|
| | UBRR | 에러 | UBRR | 에러 |
| 2400 | 416 | -0.1% | 832 | +0.0% |
| 4800 | 207 | +0.2% | 416 | -0.1% |
| 9,600 | 103 | +0.2% | 207 | +0.2% |
| 14.4K | 68 | +0.6% | 138 | -0.1% |
| 19.2K | 51 | +0.2% | 103 | +0.2% |
| 28.8K | 34 | -0.8% | 68 | +0.6% |
| 38.4K | 25 | +0.2% | 51 | +0.2% |
| 57.6K | 16 | +2.1% | 34 | -0.8% |
| 76.8K | 12 | +0.2% | 25 | +0.2% |
| 115.2K | 8 | -3.5% | 16 | +2.1% |
| 230.4K | 3 | +8.5% | 8 | -3.5% |
| 250K | 3 | +0.0% | 7 | +0.0% |
| 0.5M | 1 | +0.0% | 3 | +0.0% |
| 1M | 0 | +0.0% | 1 | +0.0% |

ATmega128의 USART 클럭 발생부는 데이터의 송신과 수신을 위해 기본 클럭을 발생하며, 비동기 일반 모드, 비동기 2배속 모드, 동기 마스터 모드, 동기 슬레이브 모드를 지원한다. USART 제어 및 상태 레지스터 UCSRnC의 UMSEL 비트는 동기모드와 비동기 모드를 선택하며, 2배속 모드는 UCSRnA 레지스터의 U2X 비트에 의해 제어된다. 동기모드에서(UMSEL=1) XCKn 핀에 대한 데이터 방향 레지스터의 값은 클럭 소스가 내부(마스터 모드)에 있는지 아니면 외부에 있는지(슬레이브 모드)에 따라 제어된다. XCKn 핀은 동기모드인 경우에만 동작한다.

# 10.2 USART 송신 및 수신

이 절에서는 USART 시리얼 통신에 관련된 전송 데이터의 포맷과 송수신 처리과정에 대해 설명한다.

## 10.2.1 전송 데이터 형식

USART에 의한 시리얼 통신에서의 데이터는 다음과 같은 값들로 구성된다.

- 1 비트의 시작(Start) 비트
- 5~9 데이터 비트

· 0~1 비트의 패리티 비트
· 1~2 비트의 정지(Stop) 비트

[그림 10-2]는 이들 비트들로 구성된 데이터의 전송 포맷을 보여주며, 그림에서와 같이 맨 처음에 0값을 갖는 1비트의 시작 비트가 전송되고 다음에 데이터가 설정된 비트수 만큼 전송된다. 그리고, 1비트의 패리티 비트가 전송되는데 패리티 비트가 설정되지 않은 경우에 이 비트는 생략된다. 패리티 비트를 설정하는 경우에는 홀수 또는 짝수 패리티를 지정할 수 있으며, 패리티 비트값은 다음식에 의해 구해진다.

$$P_{even} = d_{n-1} \oplus \ldots \oplus d_3 \oplus d_2 \oplus d_1 \oplus d_0 \oplus 0 \quad \text{(짝수 패리티 비트값)}$$
$$P_{odd} = d_{n-1} \oplus \ldots \oplus d_3 \oplus d_2 \oplus d_1 \oplus d_0 \oplus 1 \quad \text{(홀수 패리티 비트값)}$$

그리고, 마지막으로 1의 값을 갖는 정지 비트가 설정된 길이만큼 전송되면서 전송이 완료된다.

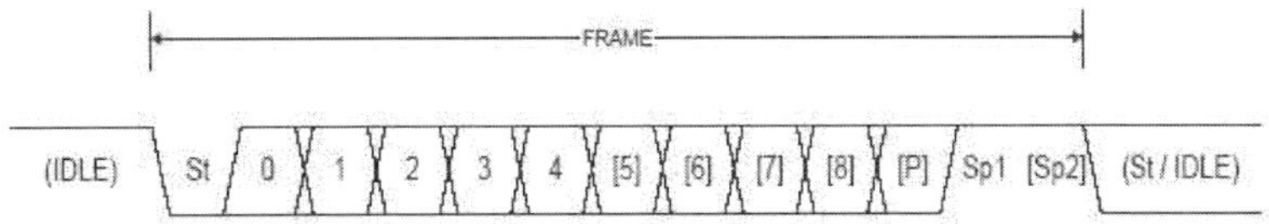


| | |
|---|---|
| St | Start bit, always low |
| (n) | Data bits (0 to 8) |
| P | Parity bit. Can be odd or even |
| Sp | Stop bit, always high |
| IDLE | No transfers on the communication line (RxD or TxD). An IDLE line must be high. |

**[그림 10-2]** 시리얼 통신 데이터 포맷

USART 에서의 송신은 다음과 같은 순서에 의해 이루어진다.

① 우선 제어 레지스터에 대해 필요한 통신모드를 설정한다. (동기/비동기 모드 선택, 데이터 비트수 및 정지 비트수 등)
② 보레이트 레지스터에 사용자 전송속도에 맞는 값을 설정한다.
③ UCSRB 레지스터의 TXEN 비트를 셋하여 TxD 핀이 USART의 송신단자로 사용될 수 있도록 한다.
④ 전송할 데이터를 송신 버퍼 UDR에 써준다. 그러나, 이때 UCSRA 레지스터의

UDRE 또는 TXC 플래그 비트를 체크하여 송신 버퍼에 데이터를 쓸 수 있는지 검사해야 한다. 여기서, UDRE 플래그 비트는 송신 버퍼가 비어 있는 것을 나타내지만, TXC 플래그 비트는 송신 버퍼 뿐 아니라 송신 쉬프트 레지스터까지 비어 있는 것을 나타낸다. 따라서, TXC 비트를 체크하는 경우에는 데이터의 전송이 모두 완료해야 되기 때문에 UDRE 플래그 비트를 이용하여 송신하는 것이 전송속도 면에서 유리하다고 말할 수 있다.

UDRE 및 TXC 플래그 비트를 검사하는 방법은 직접 UCSRA 레지스터를 읽어 이 비트를 검사하는 방법과 인터럽트를 이용하는 방법이 있다. 인터럽트를 이용하는 경우에는 UCSRB 레지스터의 대응하는 인터럽트 인에이블 비트와 SREG 레지스터의 I 비트를 함께 셋 하여야 한다.

⑤ 새로운 데이터를 송신하려면 ④의 과정을 반복한다.

### 10.2.2 USART 수신

USART에서의 수신은 다음과 같은 순서에 의해 이루어진다.

① 우선 제어 레지스터에 대해 필요한 통신모드를 설정한다. (동기/비동기 모드 선택, 데이터 비트수 및 정지 비트수 등)

② 보레이트 레지스터에 사용자 전송속도에 맞는 값을 설정한다.

③ UCSRB 레지스터의 RXEN 비트를 셋하여 RxD 핀이 USART의 수신단자로 사용될 수 있도록 한다.

④ 수신 버퍼 UDR 레지스터의 값을 읽기 전에 수신 데이터가 전송되어 수신 버퍼 UDR에 저장되어 있는지 UCSRA 레지스터의 RXC 플래그 비트를 검사한다. RXC 플래그 비트가 셋 되어 있으면 아직 읽지 않은 수신 데이터가 수신 버퍼에 있는 것을 의미하므로 이 때 수신 버퍼 UDR 레지스터를 읽으면 된다.

RXC 플래그 비트를 검사하는 방법은 직접 UCSRA 레지스터를 읽어 검사하는 방법과 인터럽트를 이용하는 방법이 있다. 인터럽트를 이용하는 경우에는 UCSRB 레지스터의 대응하는 인터럽트 인에이블 비트와 SREG 레지스터의 I 비트를 함께 셋 하여야만 한다. RXC 플래그 비트는 수신 버퍼 UDR을 읽으면 자동 클리어 된다.

⑤ 새로운 데이터를 수신하려면 ④의 과정을 반복한다.

USART의 비동기 통신 방식에서는 클럭을 데이터와 같이 전송하지 않기 때문에, 데이터를 정확히 수신하기 위해 전송속도의 16배 또는 8배(2배속 모드)에 해당하는 주파수로

RxD에 입력되는 신호를 샘플링한다.

[그림 10-3]은 시작 비트를 검출하기 위한 샘플링을 보여준다. RxD 핀이 아이들(idle) 상태에 있을 때 논리 0에 대한 하나의 샘플은 시작 비트의 하강 에지로 해석되어 시작 비트 검출 과정이 초기화된다. 샘플 1이 첫 번째 0 샘플이라고 할 때 1에서 0으로의 신호 천이에 따라 수신기는 8, 9, 10번째(2배속 모드에서는 4, 5, 6번째) 샘플에서 RxD핀의 입력신호를 샘플링 한다. 만일 3개의 샘플에서 2개 이상의 0이 검출되면, 이 신호 부분을 시작 비트로 간주한다. 그러나, 3개의 샘플에서 2개 이상의 1이 검출되면 시작 비트는 노이즈 스파크로서 인식 거부되고 수신기는 다음 1에서 0으로의 신호 천이를 찾기 시작한다.

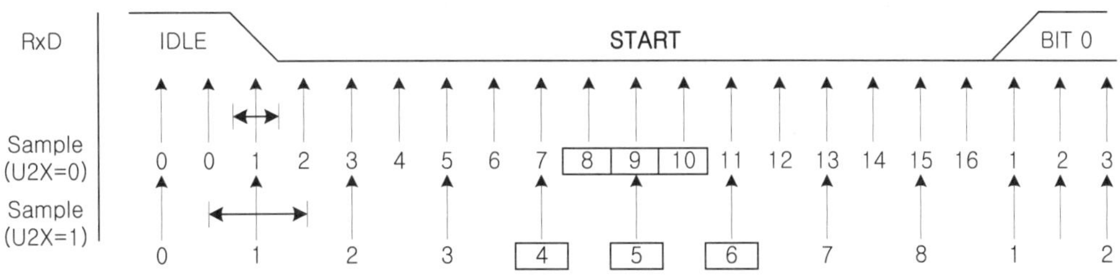


[그림 10-3] 시작 비트 검출을 위한 샘플링

유효한 시작 비트가 검출되면 시작 비트 다음의 데이터에 대한 샘플링이 수행된다. [그림 10-4]는 데이터 비트 검출을 위한 샘플링을 보여주며, 각 비트들에 대해 8, 9, 10 번째 샘플에서 샘플링 된다. 시작 비트 검출과 마찬가지로, 3개의 샘플 중에서 2개 이상 검출된 논리값을 검출결과로 처리하며, 검출된 비트는 수신 쉬프트 레지스터로 입력된다.

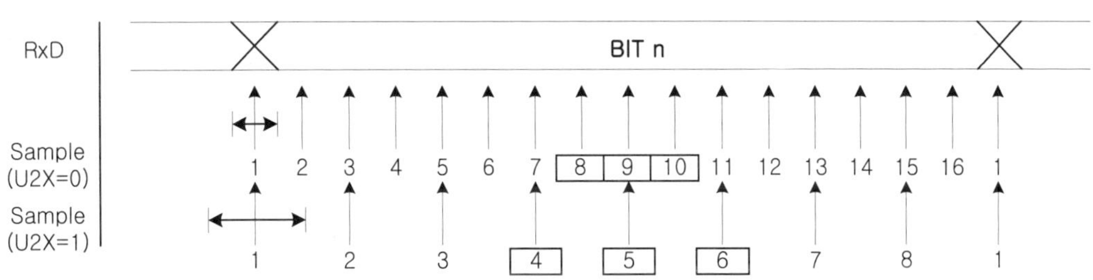


[그림 10-4] 데이터 비트 검출을 위한 샘플링

마지막으로 정지 비트에 대한 검출은 시작 비트나 데이터 비트 검출에서와 같이 8, 9, 10번째에서 샘플링하여 2번 이상 1이 검출되면 정지 비트로 간주한다. 이와 같이 정지 비트가 올바르게 검출되면 수신기는 하나의 데이터에 대한 수신 처리 과정을 마치고, 다시 시작 비트 검출 모드로 들어간다. 만일 3개의 샘플 중에서 2개 이상의 샘플이 0이면

USART 상태 레지스터 UCSRA 레지스터의 프레임 에러 FE 플래그 비트가 셋 된다.

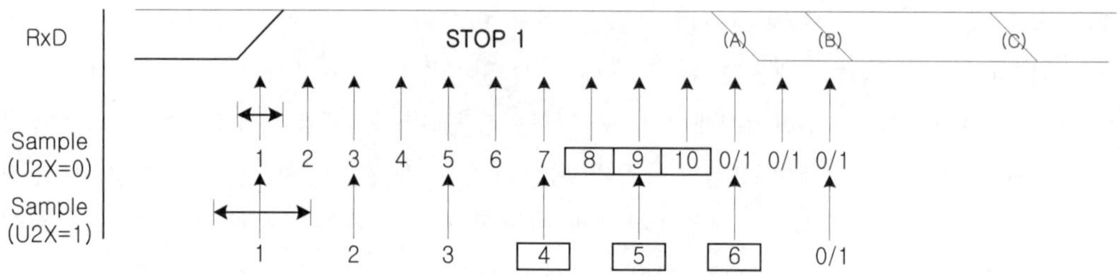


[그림 10-5] 정지 비트 검출을 위한 샘플링

# 10.3 멀티프로세서 통신 모드

멀티프로세서 통신 모드는 여러 개의 슬레이브 MCU가 1개의 마스터 MCU로부터 데이터를 수신할 수 있는 통신 모드이며, UCSRnB 레지스터의 TXB8n 비트와 RXB8n 비트를 이용하여 다음과 같이 수행된다.

① 마스터 MCU로 동작하는 MCU는 9비트 통신모드를 설정한다. 그리고, 슬레이브의 어드레스를 넣어 전송하는 경우에는 9번째 비트 TXB8n을 1로 하여 전송하고, 어드레스가 아닌 일반 데이터를 전송하는 경우에는 TXB8n에 0을 넣어 전송한다.

② 모든 슬레이브 MCU들도 9비트 통신모드로 하고, 또한 UCSRnA 레지스터의 MPCMn 비트를 1로 하여 멀티프로세서 통신모드로 한다.

③ 마스터 MCU는 우선 선택할 슬레이브의 어드레스 값을 모든 슬레이브 MCU에 전송한다.

④ 각 슬레이브 MCU는 수신 버퍼 UDRn을 읽어 자신이 선택되었는지 어떤지를 확인한다. 여기서, 선택된 슬레이브 MCU는 UCSRnA 레지스터의 MPCMn 비트를 클리어하여 1대 1 통신 모드로 바꾸고 다음에 전송되어 올 데이터를 수신할 준비를 한다. 선택되지 않은 나머지 슬레이브 MCU들은 계속하여 MPCMn 비트를 1로 유지하면서 전송되어 오는 데이터들을 모두 무시한다. 그리고, 전송되어 오는 데이터에 대해 RXB8n을 확인하여 새로운 어드레스 값이 들어 있는 데이터가 전송되기를 기다린다.

⑤ 선택되어진 슬레이브 MCU는 마지막 데이터를 수신하면 UCSRnA레지스터의 MPCMn 비트를 1로 하여 멀티프로세서 통신모드로 한다.

⑥ 과정 ③부터 다시 반복한다.

# 10.4 USART 실험

### [예제 10-1] USART0 송신 실험

KUT-128 보드의 RS-232 포트0를 통해서 문자열 "This is USART control program"을 PC에 전송하는 프로그램을 작성하라. 전송속도는 9600bps로 하고, 정지비트는 1비트로 한다. 전송된 문자열은 *CodeVisionAVR*에 내장된 터미널 창을 통해서 확인할 수 있으며, 툴바의  아이콘을 클릭하면 터미널 창이 열린다. 그리고, RS-232 시리얼 케이블 제작은 부록의 [케이블 제작]을 참조하라.

**[예제 10-1] USART0 송신 실험**

```
// 파일명 : ex10-1.c
// 설  명 : USART0 송신실험
// 주  의 : BAUD = 9600, DataBit = 8 bit, StopBit = 1, Parity = None;

#include <mega128.h>
void Putch(char);                        // 1바이트 송신

void main(void)
{
        // 전송 문자열
        char string[] = "This is USART0 control program";
        char *pStr;                // 문자열 포인터

        // USART 초기화
        UCSR0A = 0x0;
        UCSR0B = 0b00001000;           // 송신 인에이블 TXEN = 1
        UCSR0C = 0b00000110;           // 비동기 데이터 8비트 모드
        UBRR0H = 0;                    // X-TAL = 16MHz 일때, BAUD = 9600
        UBRR0L = 103;

        pStr = string;
        while(*pStr) Putch(*pStr++);   // 문자열 전송

        while(1);
}

// 1바이트 송신
void Putch(char data)
{
        while(!(UCSR0A & 0x20));       // UDRE0 = 1 ?
        UDR0 = data;                   // USART I/O 레지스터에 데이터 전송
}
```

### [예제 10-2] USART0 송수신 실험

*CodeVisionAVR*에 내장된 터미널 프로그램을 이용하여 키 입력된 문자를 KUT-128 보드에 전송하고, 보드에서는 수신 받은 문자의 다음 문자를 PC로 전송하는 프로그램을 작성하라. 내장된 터미널 창은 툴바의  아이콘을 클릭하면 열린다.

**[예제 10-2] USART0 송수신 실험**

```
// 파일명 : ex10-2.c
// 설  명 : USART0 송수신 실험
// 주  의 : BAUD = 9600, DataBit = 8 bit, StopBit = 1, Parity = None;

#include <mega128.h>
void Putch(char);                // 1바이트 송신
char Getch(void);                // 1바이트 수신

void main(void)
{
        // USART 초기화
        UCSR0A = 0x0;
        UCSR0B = 0b00011000;         // 송수신 인에이블 TXEN = 1, RXEN=1
        UCSR0C = 0b10000110;         // 비동기 데이터 8비트 모드
        UBRR0H = 0;                  // X-TAL = 16MHz 일때, BAUD = 9600
        UBRR0L = 103;

        while(1){
            Putch(Getch() + 1);      // 수신 받은 문자의 다음 문자 전송
        }
}

// 1바이트 송신
void Putch(char data)
{
        while(!(UCSR0A & 0x20));     // UDRE0 = 1 ?
        UDR0 = data;                 // USART0 I/O 레지스터에 데이터 전송
}
// 1바이트 수신
char Getch(void)
{
        while(!(UCSR0A & 0x80));     // RXC = 1 ?
        return UDR0;                 // USART I/O 레지스터 리턴
}
```

### [예제 10-3] 인터럽트를 사용한 USART0 송수신 실험

[예제 10-2]에 대해 인터럽트를 이용하여 프로그램을 작성하라. 그리고, 인터럽트 처리 중이 아닌 경우에는 LED를 순차 점등시키도록 하라.

**힌트**

처음에는 수신 완료 인터럽트만 허용하여 *CodeVisionAVR*의 터미널 창으로부터 입력된 문자가 보드에 전송되면 수신완료 인터럽트가 발생하도록 한다. 수신완료 인터럽트가 발생하면 수신 데이터를 저장한 후에 송신 버퍼 준비완료 인터럽트를 허용한다. 그리고, 송신 버퍼 준비완료 인터럽트가 발생하면 수신된 문자 다음의 문자를 PC에 전송하면서 송신 버퍼 준비완료 인터럽트를 금지하고 이러한 과정을 반복한다.(인터럽트 사용법은 5.4절 참조)

**[예제 10-3] 인터럽트를 이용한 USART0 송수신 실험**

```
// 파일명 : ex10-3.c
// 설  명 : 인터럽트를 이용한 USART0 송수신 실험
// 주  의 : BAUD = 9600, DataBit = 8 bit, StopBit = 1, Parity = None;

#include <mega128.h>
#include <stdio.h>

void Delay(int);
char rx;
                                        // 수신 문자 코드 저장

void main(void)
{
        unsigned char led = 0xFE;

        DDRC = 0xFF;                    // 포트 C 출력 설정

        // USART0 최기화
        UCSR0A = 0x0;
        UCSR0B = 0b10011000;            // 송수신 인에이블 TXEN = 1, RXEN=1
                                        // 수신 완료 인터럽트 인에이블 RXCIE=1
        UCSR0C = 0b10000110;            // 비동기 데이터 8비트 모드
        UBRR0H = 0;                     // X-TAL = 16MHz 일때, BAUD = 9600
        UBRR0L = 103;

        SREG = 0x80;                    // 전역 인터럽트 플래그 I=1
```

**[예제 10-3] 인터럽트를 이용한 USART0 송수신 실험(계속)**

```
        // LED 순차 점멸
        while(1){
                led <<= 1;
                led |= 0x01;
                if(led == 0xFF) led = 0xFE;
                PORTC = led;
                Delay(60000);
        }
}

// 시간 지연 함수
void Delay(int i)
{
        while(--i);
}

// 수신 인터럽트 처리 함수
interrupt [USART0_RXC] void usart0_rxc(void)
{
        rx = UDR0;            // 수신 버퍼로부터 데이터 읽어 rx에 저장
        UCSR0B |= 0x20;       // 송신 버퍼 empty 인터럽트 허용 UDRIE=1
}

// 송신 인터럽트 처리 함수
interrupt [USART0_DRE] void usart0_dre(void)
{
        UDR0 = rx + 1;        // 수신된 rx를 USART 송신 버퍼에 전송
        UCSR0B &= 0xDF;       // 송신 버퍼 empty 인터럽트 금지 UDRIE=0
}
```

## [예제 10-4] 컴파일 라이브러리 함수를 이용한 USART 송신 실험

*CodeVisionAVR*은 USART와 관련하여 송신 함수 printf(), putchar(), puts()와 수신 함수 scanf(), getchar(), gets()를 제공하고 있으며, 이 함수들은 <stdio.h>에 선언되어 있다.

이 예제에서는 3개의 송신 함수를 각각 사용하여 다음과 같은 3개의 문자열을 출력하는 프로그램을 작성하도록 한다.

문자열1 : "Hello!! "
문자열 2 : "Atmel RISC Microprocessor "
문자열 3 : "AVR ATmega128"

결과 확인은 *CodeVisionAVR*의 터미널 창을 열면 확인할 수 있다.

**[예제 10-4] 컴파일러 라이브러리 함수를 이용한 USART0 송신 실험**

```
// 파일명 : ex10-4.c
// 설  명 : 컴파일러에서 제공하는 라이브러리 함수를 이용한 USART 송신 실험
// 주  의 : BAUD = 9600, DataBit = 8 bit, StopBit = 1, Parity = None;

#include <mega128.h>
#include <stdio.h>

flash char fstr[10] = "Hello!! ";

void main(void)
{
        char string1[] = "Atmel RISC Microprocessor ";
        char string2[] = "AVR ATmega128";
        char *pStr;
        char flash *pFstr;

        // USART 초기화
        UCSR0A = 0x0;
        UCSR0B = 0b00011000;          // 송수신 인에이블 TXEN = 1, RXEN=1
        UCSR0C = 0b10000110;          // 비동기 데이터 8비트 모드
        UBRR0H = 0;                   // X-TAL = 16MHz 일때, BAUD = 9600
        UBRR0L = 103;

        // putsf() 함수
        pFstr = fstr;
        putsf(pFstr);

        // puts() 함수
        puts(string1);

        // putchar() 함수
        pStr = string2;
        while(*pStr) putchar(*pStr++);

        // printf() 함수
        printf("Evaluation Board Test");

        // getchar() 함수
        while(1) putchar(getchar());
}
```

Chapter 11

# SPI (Serial Peripheral Interface)

SPI는 ATmega128과 주변 장치 또는 다른 AVR 디바이스 사이의 고속 동기식 데이터 전송을 가능하게 하며, 다음과 같은 특징을 갖는다.

- 전이중, 4선 동기식 데이터 전송
- 마스터 또는 슬레이브로 동작
- LSB 우선 또는 MSB 우선 데이터 전송
- 프로그램 가능한 7개의 전송속도
- 전송 완료 인터럽트 플래그
- 쓰기 충돌 플래그
- 아이들 모드로부터 탈출(wake-up)

## 11.1 SPI 동작

[그림 11-1]은 SPI의 내부 구성 블록도를 보여주며, SPI 통신을 위해 외부적으로 4개의 단자 MISO(Master In Slave Out), MOSI(Master Out Slave In), SCK(Serial Clock), $\overline{SS}$ (Slave Select)가 준비되어 있다. 그리고, 내부적으로는 3개의 레지스터 SPCR(SPI Control Register), SPSR(SPI Status Register), SPDR(SPI Data Register)을 갖는다.

[그림 11-2]는 SPI 기능이 있는 마스터와 슬레이브 사이의 연결을 보여주며, 마스터는 우선 통신하려는 슬레이브의 $\overline{SS}$ 핀을 Low로 하여 통신할 수 있는 상태를 만든다. 그리고, 마스터와 슬레이브는 전송할 데이터를 각각의 레지스터에 설정하며, 마스터는 SCK 단자를 통해 클럭 신호를 출력한다. 마스터에서 슬레이브로의 데이터 전송은 MOSI 핀을 통해서 이루어지며, 슬레이브에서 마스터에로의 데이터 전송은 MISO 핀을 통해 이루어진다. 데이터 전송이 끝난 후에는 $\overline{SS}$ 핀을 High로 하여 슬레이브와의 통신상태를 정지시킨다.

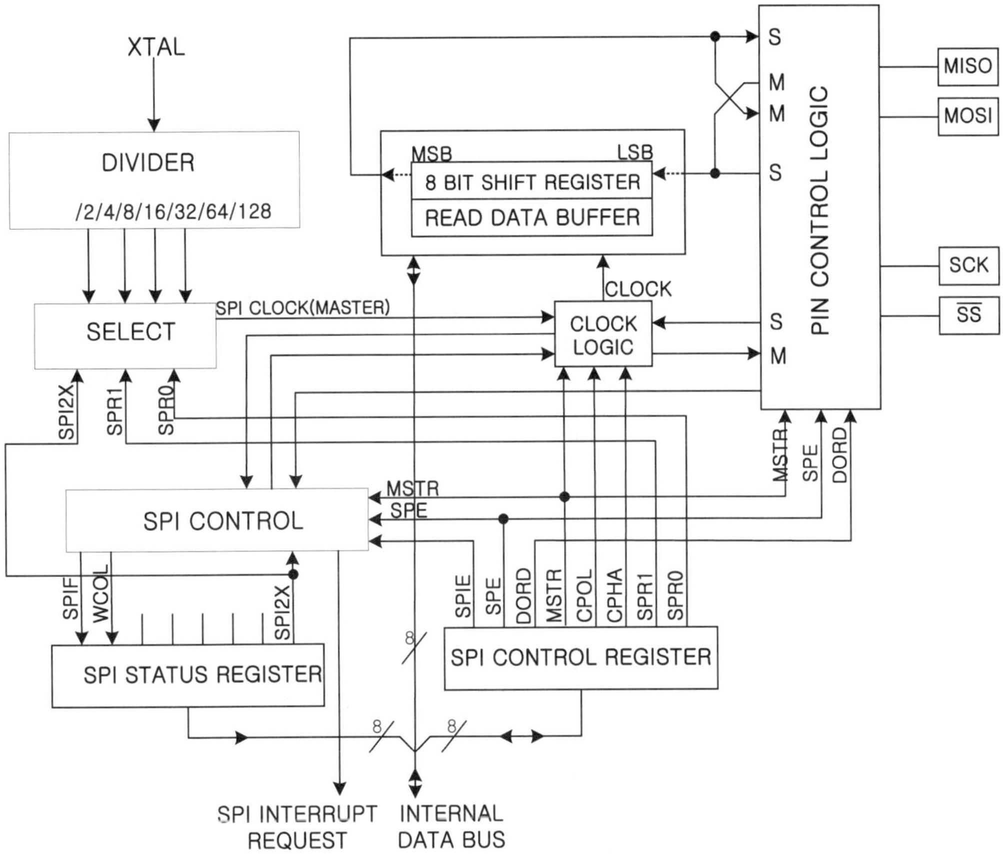


[그림 11-1] SPI 블록도

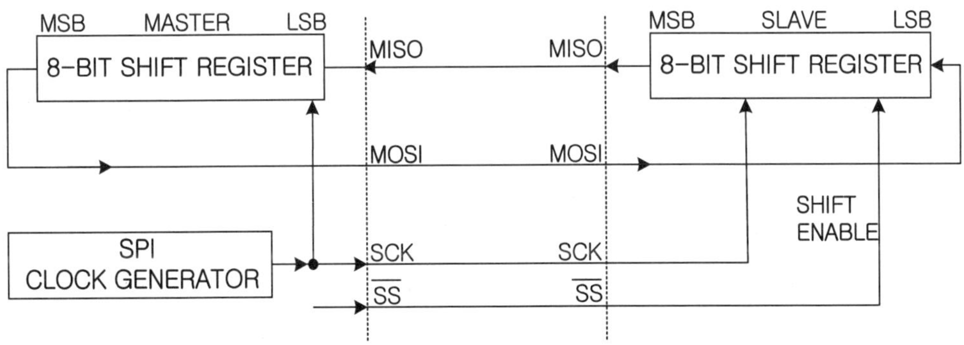


[그림 11-2] SPI 마스터와 슬레이브의 연결

시스템이 마스터 모드로 동작할 때 $\overline{SS}$ 신호는 자동적으로 출력되지 않으므로 사용자가 통신시작 전에 소프트웨어적으로 처리해 주어야 한다. 즉, [표 11-1]에 나타낸 것과 같이 $\overline{SS}$에 대응하는 I/O핀 PB0의 입출력 방향을 DDRB 레지스터를 이용하여 우선 출력으로 설정한 후에 PB0에 0를 출력시켜 슬레이브를 지정한다.

그리고, SPI 데이터 레지스터 SPDR에 1바이트의 값을 써주면 SPI 클럭 발생기가 클럭을 출력하면서 데이터가 슬레이브쪽으로 쉬프트되어 출력된다. 1바이트 쉬프트가 끝나면 SPI 클럭 발생기는 정지하며, 전송 완료 플래그 비트 SPIF가 셋 된다. 만일 SPCR 레지스터의 SPI 인터럽트 인에이블 비트 SPIE가 셋 되어 있으면 인터럽트가 발생하게 된다. 데이터를 계속해서 보내는 경우에는 다음 데이터를 레지스터 SPDR에 설정하면 마스터는 계속해서 쉬프트 처리를 하게 되며, 데이터 전송이 모두 끝나면 $\overline{SS}$ 라인에 High를 출력한다.

시스템이 슬레이브 모드로 동작할 때 $\overline{SS}$ 핀은 [표 11-1]과 자동적으로 입력으로 설정되며, High 상태인 경우에 MISO 핀은 3 스테이트 상태가 되면서 데이터의 송수신 동작이 정지된다. 이 상태에서 레지스터 SPDR에 전송할 데이터를 쓸 수는 있지만, $\overline{SS}$ 단자가 Low로 될 때까지 쉬프트 출력은 일어나지 않는다. 이 경우에도 1바이트의 전송이 완료되면 전송 완료 플래그 SPIF가 셋 되어 인터럽트를 요구하게 된다.

[표 11-1] SPI 핀의 입출력 방향

| 핀(대응 I/O 핀) | 방향, 마스터 SPI | 방향, 슬레이브 SPI |
|---|---|---|
| MOSI(PB2) | 출력(사용자 설정) | 입력 |
| MISO(PB3) | 입력 | 출력(사용자 설정) |
| SCK(PB1) | 출력(사용자 설정) | 입력 |
| $\overline{SS}$(PB0) | 출력(사용자 설정) | 입력 |

SPI가 마스터로서 동작할 때 $\overline{SS}$ 핀이 입력으로 설정되었다면 안전한 마스터 SPI 동작을 위해서 High 상태를 유지해야 한다. 만일 이러한 상태에서 $\overline{SS}$ 핀이 외부 회로에 의해서 Low가 되면 SPI는 다른 마스터가 SPI를 슬레이브로 선택한 것으로 해석한다. 그러면, SPI는 버스 다툼을 피하기 위해 자동적으로 SPCR의 MSTR 비트를 클리어 하여 슬레이브가 되며, MOSI와 SCK핀은 입력핀으로 바뀌게 된다.

# 11.2 SPI 관련 레지스터

ATmega128의 SPI 기능은 3개의 레지스터 SPCR(SPI Control Register), SPSR(SPI Status Register), SPDR(SPI Data Register)에 의해 이루어지며, 다음과 같은 기능을 갖는다.

## ■ SPCR(SPI Control Register) : SPI 제어 레지스터

| 비트 | 7 | 6 | 5 | 4 | 3 | 2 | 1 | 0 | |
|---|---|---|---|---|---|---|---|---|---|
| 0x0D(0x2D) | SPIE | SPE | DORD | MSTR | CPOL | CPHA | SPR1 | SPR0 | SPCR |
| 읽기/쓰기 | 읽기/쓰기 | 읽기/쓰기 | 읽기/쓰기 | 읽기/쓰기 | 읽기/쓰기 | 읽기/쓰기 | 읽기/쓰기 | 읽기/쓰기 | |
| 초기값 | 0 | 0 | 0 | 0 | 0 | 0 | 0 | 0 | |

- Bit 7 – SPIE(SPI Interrupt Enable) : SPI 인터럽트 인에이블 비트

  이 비트는 SPI 전송 완료 인터럽트 인에이블 비트이며, SPSR 레지스터의 SPIF 비트와 SREG의 I 비트가 셋 되어 있으면 SPI 인터럽트가 발생된다.

- Bit 6 – SPE(SPI Enable) : SPI 동작 인에이블 비트

  이 비트가 셋 되었을 때 SPI 동작이 인에이블 된다.

- Bit 5 – DORD(Data Order) : 데이터 전송 순서 설정 비트

  이 비트는 데이터를 전송할 때의 전송 순서를 지정한다. 이 비트가 1이면 최하위 (LSB) 비트부터 전송되고, 0이면 좌상위(MSB) 비트부터 전송된다.

- Bit 4 – MSTR(Master/Slave Select) : 마스터/슬레이브 선택 비트

  이 비트가 셋 되면 마스터 SPI 모드가 되고, 클리어 되면 슬레이브 SPI 모드가 된다. MSTR이 셋되어 있는 동안 $\overline{SS}$가 입력으로 설정되어 Low로 되면 MSTR은 자동 클리어 되고 SPSR의 SPIF는 셋 된다. 사용자는 SPI 마스터 모드로 하기 위해 다시 MSTR을 셋 하여야 한다.

- Bit 3 – CPOL(Clock Polarity) : 클럭 극성(Polarity)

  이 비트를 1로 설정하면 데이터 전송이 없는 동안 SCK는 High로 되며,

이 비트를 0으로 설정하면 데이터 전송이 없는 동안 SCK는 Low로 된다. ([그림 11-3], [그림 11-4] 참조)

- Bit 2 – CPHA(Clock Phase) : 클럭 위상

이 비트는 데이터가 SCK의 어느 부분에서 샘플링 되는지를 설정하며, 0이면 leading(first) edge, 1이면 trailing(last) edge에서 샘플링이 수행된다. [그림 11-3]과 [그림 11-4]는 이를 보여주며, CPOL과의 조합에 의해 [표 11-2]와 같은 동작을 하게 된다.

[표 11-2] CPOL과 CPHA에 의한 SPI 모드

| CPOL | CPHA | Leading Edge | Trailing Edge | SPI 모드 |
|---|---|---|---|---|
| 0 | 0 | Sample(Rising) | Setup(Falling) | 0 |
| 0 | 1 | Setup(Rising) | Sample(Falling) | 1 |
| 1 | 0 | Sample(Falling) | Setup(Rising) | 2 |
| 1 | 1 | Setup(Falling) | Sample(Rising) | 3 |

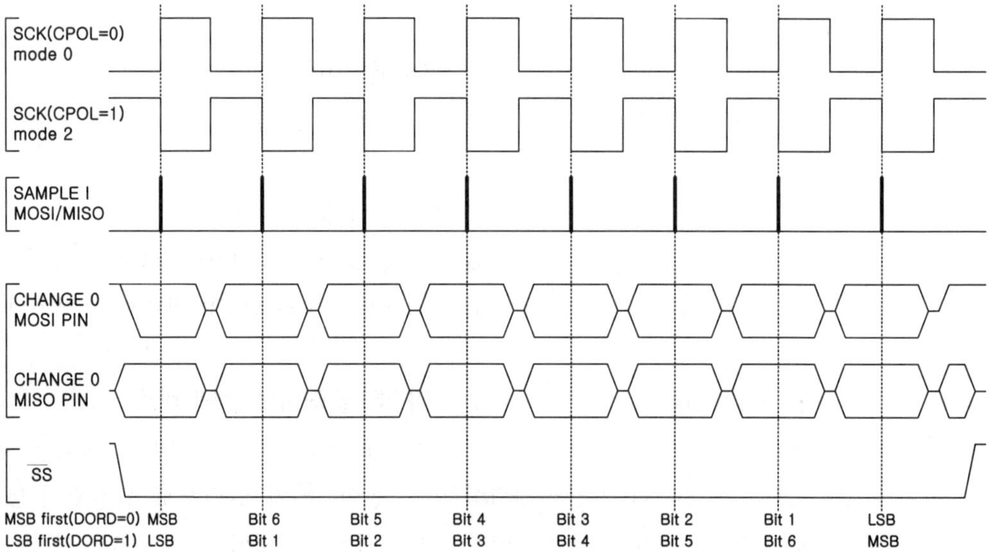


[그림 11-3] CHPA=0일 때의 데이터 전송 동작

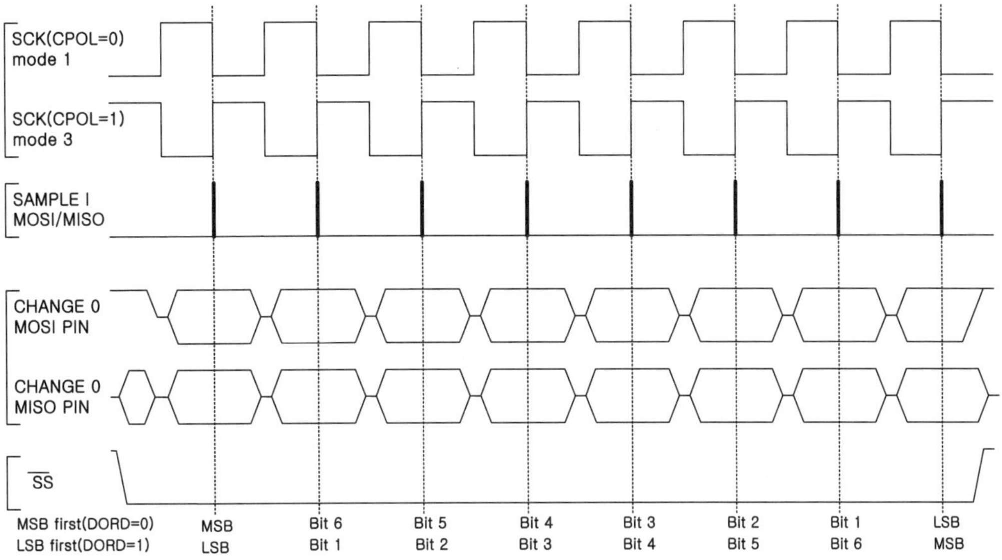


[그림 11-4] CHPA=1일 때의 데이터 전송 동작

- Bit 1,0 – SPR1, SPR0 : SPI 클럭 속도 선택 비트

이 2비트는 마스터로서 SPI가 설정되었을 때 SCK 클럭 신호의 클럭 주파수를 선택하지만, 슬레이브 모드에서는 어떤 영향도 없다. [표 11-3]은 SPI가 선택할 수 있는 SCK의 클럭 주파수를 보여주며, SPSR 레지스터의 SPI2X는 주파수를 2배로 증가시키는 비트임을 알 수 있다.

[표 11-3] SCK 클럭 신호의 클럭 주파수

| SPI2X | SPR1 | SPR0 | SCK 주파수 |
|---|---|---|---|
| 0 | 0 | 0 | $f_{OSC}$ / 4 |
| 0 | 0 | 1 | $f_{OSC}$ / 16 |
| 0 | 1 | 0 | $f_{OSC}$ / 64 |
| 0 | 1 | 1 | $f_{OSC}$ / 128 |
| 1 | 0 | 0 | $f_{OSC}$ / 2 |
| 1 | 0 | 1 | $f_{OSC}$ / 8 |
| 1 | 1 | 0 | $f_{OSC}$ / 32 |
| 1 | 1 | 1 | $f_{OSC}$ / 64 |

## ■ SPSR(SPI Status Register) : SPI 상태 레지스터

| 비트 | 7 | 6 | 5 | 4 | 3 | 2 | 1 | 0 | |
|---|---|---|---|---|---|---|---|---|---|
| 0x0E(0x2E) | SPIF | WCOL | - | - | - | - | - | SPI2X | SPSR |
| 읽기/쓰기 | 읽기 | 읽기 | 읽기 | 읽기 | 읽기 | 읽기 | 읽기 | 읽기/쓰기 | |
| 초기값 | 0 | 0 | 0 | 0 | 0 | 0 | 0 | 0 | |

- Bit 7 – SPIF(SPI Interrupt Flag) : SPI 인터럽트 플래그 비트

  이 비트는 직렬 전송이 완료되었을 때 셋 되며, SPCR의 SPIE 비트와 SREG의 I 비트가 셋 되어 있으면 인터럽트가 발생한다. 또한 SPI가 마스터 모드일 때 $\overline{SS}$가 입력이고 Low로 되어 있으면 이 비트는 셋 된다. 이 비트는 대응하는 인터럽트가 실행되면 하드웨어적으로 자동 클리어 된다. 또한, 이 비트가 셋 되었을 때 SPI 상태 레지스터 SPSR를 처음 읽고나서 SPI 데이터 레지스터 SPDR을 액세스하는 경우에도 자동 클리어 된다.

- Bit 6 – WCOL(Write Collison Flag) : 쓰기 충돌 플래그

  이 비트는 SPI가 데이터를 전송하는 동안 데이터 레지스터 SPDR에 어떤 값을 쓰려고 하면 셋 된다. 이 비트가 셋 되어 있을 때 SPI 상태 레지스터 SPSR을 읽고 나서 SPI 데이터 레지스터 SPDR을 액세스하면 이 비트는 자동 클리어 된다.

- Bit 0 – SPI2X(SPI Double Speed Bit) : SPI 2배 속도 설정 비트

  이 비트는 [표 11-3]에서와 같이 SPI가 마스터로 동작할 때 SCK의 주파수를 2배로 설정한다. 마스터 모드에서는 SCK 클럭 신호의 주파수가 fosc/2 까지 사용할 수 있지만, 슬레이브 모드에서는 fosc/4 이하에서만 사용해야 정상적인 동작이 보증된다.

## ■ SPDR(SPI Data Register) : SPI 데이터 레지스터

| 비트 | 7 | 6 | 5 | 4 | 3 | 2 | 1 | 0 | |
|---|---|---|---|---|---|---|---|---|---|
| 0x0F(0x2F) | MSB | | | | | | | LSB | SPDR |
| 읽기/쓰기 | 읽기/쓰기 | 읽기/쓰기 | 읽기/쓰기 | 읽기/쓰기 | 읽기/쓰기 | 읽기/쓰기 | 읽기/쓰기 | 읽기/쓰기 | |
| 초기값 | x | x | x | x | x | x | x | x | |

SPI 데이터 레지스터는 범용 레지스터와 SPI 쉬프트 레지스터 사이의 데이터 전송을 위해 사용되는 읽기/쓰기 가능한 레지스터이다.

Chapter 12

# TWI (Two-wire Serial Interface)

TWI 는 2개의 선만을 이용하여 128개까지의 디바이스를 연결하여 데이터를 주고 받을 수 있는 직렬 통신 방식으로 다음과 같은 특징을 갖는다.

- 2개의 버스 신호 필요(클럭, 데이터)
- 마스터 또는 슬레이브 동작 가능
- 송신기 또는 수신기로서 동작 가능
- 7비트 어드레스에 의한 128개의 슬레이브 지정 가능
- 400kHz까지의 전송속도 지원
- 슬레이브 모드에서의 어드레스 지정에 의한 슬립모드 해제 기능

[그림 12-1]은 TWI 버스 연결을 보여주며, 그림으로부터 알 수 있듯이 두개의 버스선(SDA, SCL)과 풀업 저항만이 요구된다. 각 디바이스는 서로 다른 어드레스를 갖는다.

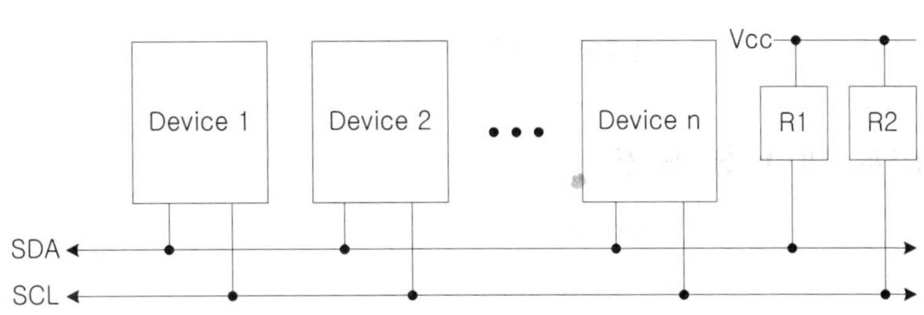


**[그림 12-1]** TWI 버스 연결

[표 12-1]은 TWI 관련 용어를 나타낸다.

[표 12-1] TWI 관련 용어

| 용 어 | 정 의 |
|---|---|
| 마스터(Master) | 전송을 초기화하고 종료하며, 또한 SCL 클럭을 발생하는 디바이스 |
| 슬레이브(Slave) | 마스터에 의해 지정받은 디바이스 |
| 송신기(Transmitter) | 버스에 신호를 출력하는 디바이스 |
| 수신기(Receiver) | 버스의 신호를 읽는 디바이스 |

## 12.1 데이터 전송 프레임 형식

TWI 버스에서 데이터 전송은 클럭 라인(SCL)의 펄스에 의해 수행되며, 데이터 라인(SDA)의 데이터는 스타트 조건과 스톱 조건을 제외하고는 클럭이 High일 때 안정해 있어야 한다.

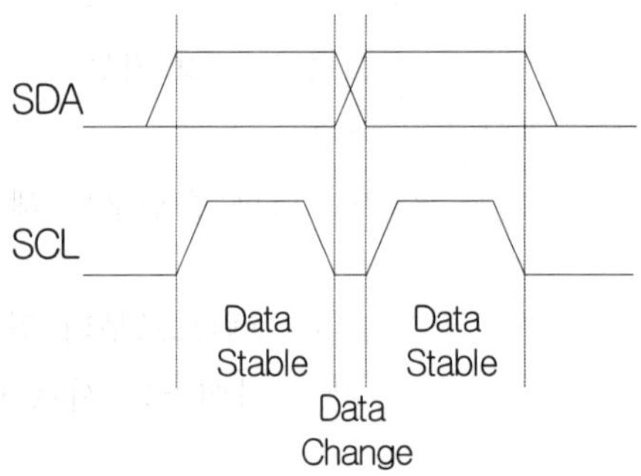


[그림 12-2] 데이터 유효 시간

### (1) 스타트 및 스톱 조건

마스터는 데이터 전송을 초기화하고 종료하는 역할을 하며, 전송 시작과 종료는 마스터가 버스 상에서 스타트 조건과 스톱 조건을 각각 발생함으로써 수행되어진다. 스타트와 스톱 조건사이에서 버스는 사용(busy) 상태가 되며, 이 상태에서는 버스 제어를 차지하기 위한 동작이 일어나서는 안된다. 스타트 조건과 스톱 조건사이에서 새로운 스타트 조건이 발생할 수 있는데, 이것은 현재의 마스터가 버스 제어를 포기하지 않고 새로운 전송을 초기화할 때 사용하며 반복 스타트 조건으로 취급된다. 반복 스타트 조건이 발생한 후 버스는 다음 스톱 조건이 발생할 때까지 busy 상태가 되며, 스타트 조건과 똑같은 동작을 하게 된다. 스타트 조건과 스톱 조건은 [그림 12-3]에서와 같이 SCL신호가 1이고 SDA 신호의 값이 변화할 때 발생한다. 즉, 스타트 조건은 SCL 신호가 1이고 SDA 신호가 1에서

0으로 변화할 때 발생하며, 스톱 조건은 SCL 신호가 1이고 SDA 신호가 0에서 1로 변화할 때 발생한다.

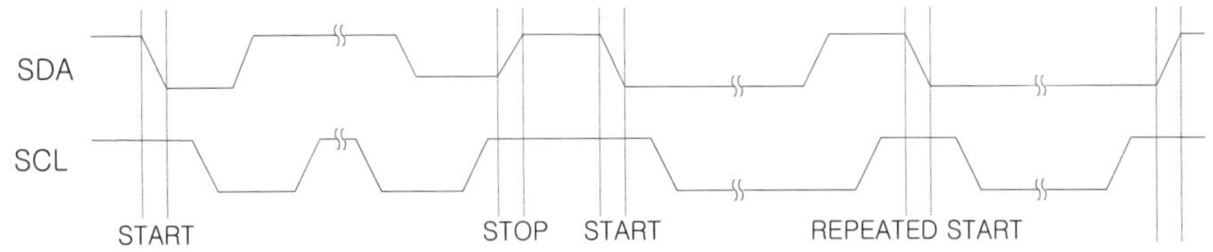


[그림 12-3] 스타트, 반복 스타트, 스톱 조건

### (2) 어드레스 패킷 형식

TWI 버스 상에서 어드레스 패킷의 전송은 9비트 길이로 수행되며, 이 9비트는 [그림 12-4]와 같이 어드레스 7비트, R/W 제어 1비트, 확인(Acknowledge) 신호 1비트로 구성된다. 읽기/쓰기 비트가 1이면 읽기 동작이 수행되어지며, 0이면 쓰기 동작이 수행된다. 슬레이브는 자기가 지정된 것을 인지하게 되면 9번째 SCL(ACK) 사이클에서 SDA 라인을 0으로 하여 응답해야 한다. 지정된 슬레이브가 busy 상태일 때 또는 마스터의 요구에 대응할 수 없을 때는 SDA 라인을 ACK 클럭 사이클에서 1상태 그대로 내버려둔다. 그러면 마스터는 스톱 조건을 발생하거나 또는 새로운 전송을 위한 반복 스타트 조건을 발생시킬 수 있다. 슬레이브 어드레스와 읽기/쓰기 신호는 각각 SLA+R 또는 SLA+W로 불려진다.

슬레이브의 어드레스는 사용자에 의해 임의적으로 주어질 수 있지만, 범용 콜(general call)을 위해 0x00는 사용하지 말아야 한다. 범용 콜은 마스터가 시스템에 연결된 모든 슬레이브에 같은 메시지를 전송할 때 사용되어지며, 범용 콜이 발생하면 모든 슬레이브가 ACK 사이클에서 SDA 라인을 0으로 하여 응답하여야 한다.

범용 콜 어드레스와 쓰기 비트가 버스 상에서 전송되면 모든 슬레이브들은 ACK 사이클에서 SDA 라인을 0으로 하여 확인 신호를 설정한다. 그리고, 이어서 데이터 패킷이 범용 콜을 인식한 모든 슬레이브에 의해 수신되어진다.

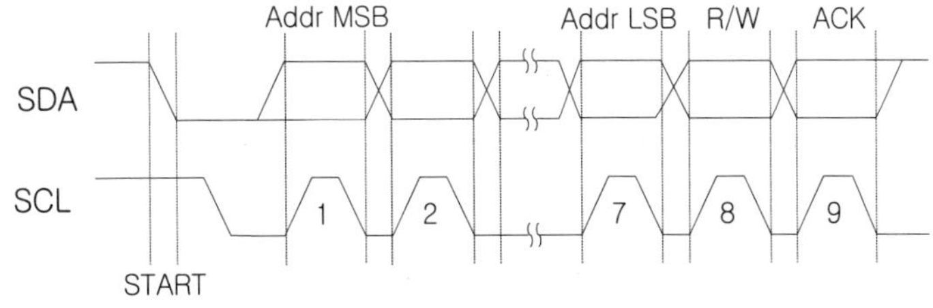


[그림 12-4] 어드레스 패킷 형식

### (3) 데이터 패킷 형식

TWI 버스 상에서 전송된 데이터 패킷은 9비트 길이를 가지며, [그림 12-5]와 같이 8비트 데이터 비트와 확인(Acknowledge) 신호 1비트로 구성된다. 데이터 전송기간에 마스터는 클럭, 스타트 조건, 스톱 조건을 발생하며, 수신기는 확인 신호를 출력한다. 확인 신호 ACK는 9번째 SCL 사이클 기간 동안 수신기가 SDA 라인을 0으로 함으로써 발생하게 된다. 만일 수신기가 SDA 라인을 1로 내버려두면 NACK(not Acknowledge) 신호가 발생하게 된다. 수신기가 마지막 바이트를 수신했거나 또는 더 이상의 데이터를 받을 수 없는 상태일 때 NACK 신호를 출력하여 송신기에게 알리게 된다.

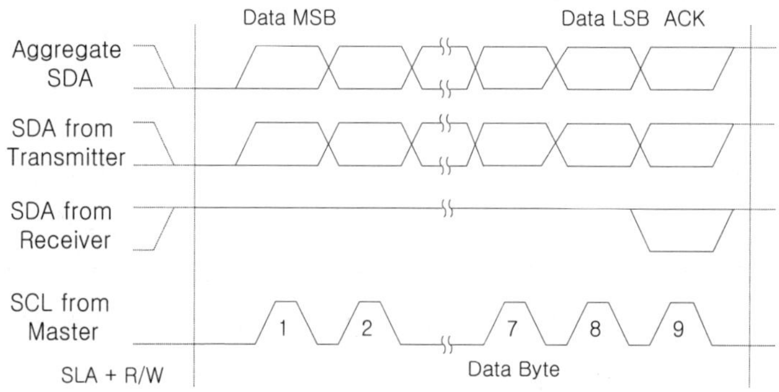


[그림 12-5] 데이터 패킷 형식

### (4) 어드레스와 데이터 패킷의 전송

전송은 기본적으로 다음과 같이 구성된다.

- 스타트 조건
- SLA+R/W
- 하나 또는 그 이상의 데이터 패킷
- 스톱 조건

SCL 라인은 마스터와 슬레이브 사이에 handshaking을 수행할 수 있도록 wired-AND로 구성되어 있다. 슬레이브는 SCL 라인을 0으로 하여 SCL의 0주기를 늘릴 수가 있다. 이것은 마스터에 의해 출력되는 클럭 속도가 슬레이브에 비해 너무 빠르거나 또는 데이터 전송사이의 처리를 위해 여분의 시간이 필요할 때 유용하다. 슬레이브가 SCL의 Low 주기를 늘리는 것은 SCL의 High 주기와는 무관하며, 이것은 마스터에 의해 결정된다. 결과적으로, 슬레이브는 SCL 듀티 사이클을 길게 하여 TWI 데이터 전송속도를 늦출 수가 있다.

[그림 12-6]은 전형적인 데이터 전송 타이밍을 보여주며, 여러 개의 데이터가 소프트웨어적으로 SLA+W와 스톱 조건 사이에서 전송될 수 있다.

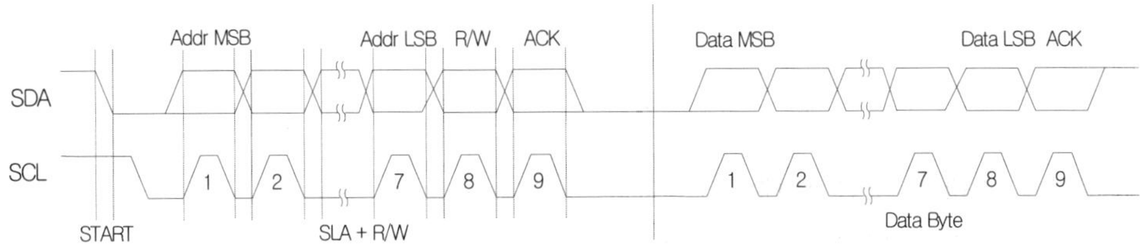


[그림 12-6] 데이터 전송

## (5) 멀티 마스터 버스 시스템

TWI 프로토콜은 여러 개의 마스터가 있는 버스 시스템을 허용하며, 2개 이상의 마스터가 동시에 전송을 초기화할지라도 정상적인 전송이 이루어지도록 하기 위해 특별한 주의가 필요하다. 멀티 마스터 시스템에서는 다음과 같은 2개의 문제점이 발생한다.

① 여러 개의 마스터 중에 단지 하나만이 전송을 원료할 수 있도록 알고리즘이 수행되어져야 한다. 다른 모든 마스터들은 선택과정에서 선택되지 않은 것을 알았을 때 전송을 중지해야 하며, 이 마스터 선택 과정을 버스 조정이라 한다. 선택되지 않는 마스터들은 버스 조정에서 선택되지 않은 것을 알았을 때 선택된 마스터에 의해 지정되었는지를 체크하기 위해 즉시 슬레이브 모드로 전환해야 한다.

② 여러 개의 마스터들은 다른 SCL 주파수를 사용할 수 있으며, 모든 마스터들이 동기를 취할 수 있도록 체제가 마련되어 있어야 한다.

버스 라인의 wired-AND는 위의 문제들을 모두 해결하며, 모든 마스터들로 부터의 시리얼 클럭은 wired-AND 된다. 따라서, 가장 짧은 High 주기를 갖는 마스터의 High 주기와 같은 클럭을 생성하며, 조합된 클럭의 Low 주기는 가장 긴 Low 주기를 갖는 마스터의 Low 주기와 같은 클럭을 발생한다.([그림 12-8])

버스 조정은 모든 마스터들이 버스상에 출력되고 있는 데이터를 계속 감시함으로써 수행되며, 마스터가 출력한 값과 SDA 라인으로부터 읽혀진 값이 일치하지 않은 경우 이 마스터는 버스 제어권을 읽게 된다. 다른 마스터가 0을 출력하고 있는 동안 SDA 라인에

1을 출력할 때 이 마스터는 버스 제어권을 상실하며, 버스 제어권을 상실한 마스터들은 즉시 슬레이브 모드로 전환해야 한다.([그림 12-9])

SDA 라인은 High 상태를 유지해야 하지만, 제어권을 상실한 마스터들은 현재 데이터 또는 어드레스 패킷이 끝날 때까지 클럭 신호를 발생하도록 허용된다.

여러 개의 마스터가 같은 어드레스의 슬레이브를 지정하고 있다면 버스 제어권 조정이 데이터 패킷이 전송되는 중에도 계속되지만, 버스 제어권 조정은 다음과 같은 경우 수행되지 않는다.

- 반복 스타트 조건과 데이터 비트 사이
- 스톱 조건과 데이터 비트 사이
- 반복 스타트 조건과 스톱 조건 사이

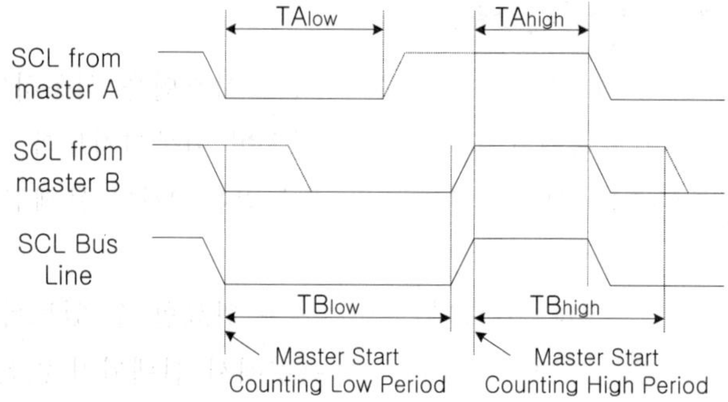


[그림 12-8] 여러 마스터 사이의 SCL 동기화

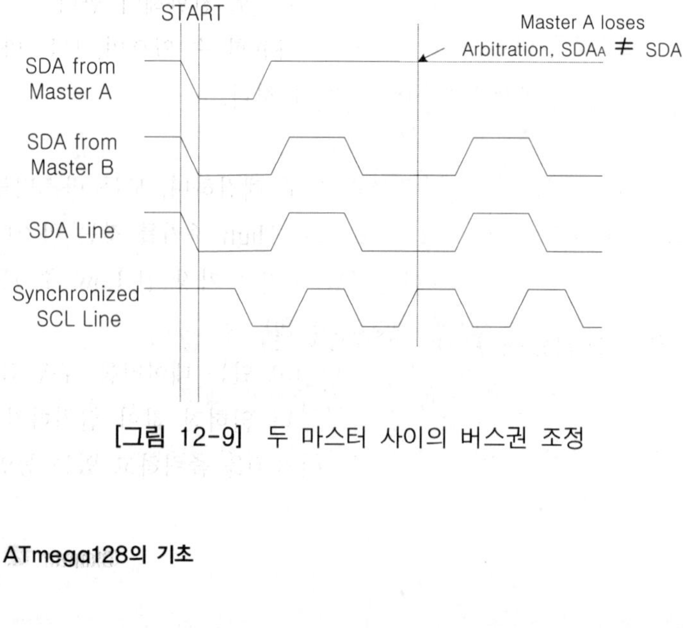


[그림 12-9] 두 마스터 사이의 버스권 조정

## 12.2 TWI 모듈 동작

TWI 모듈은 [그림 12-10]과 같이 여러 개의 서브 모듈로 구성되어 있으며, 굵은 선으로 그려진 레지스터들은 AVR 데이터 버스를 통해 액세스가 가능하다.

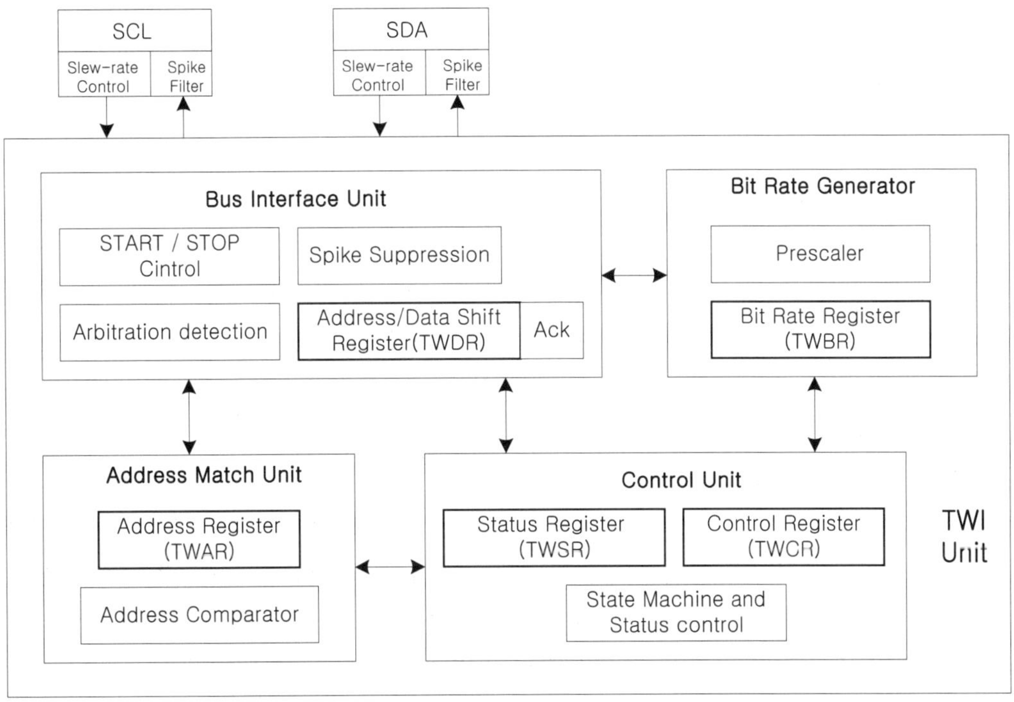


[그림 12-10] TWI 모듈 구성도

### (1) SCL과 SDA 핀

이 핀들의 출력단 드라이버는 TWI 사양을 만족시키기 위해 슬루 레이트 제한기(Slew-rate limiter)를 가지며, 입력단은 50ns 보다 짧은 펄스를 제거하기 위한 스파이크 억제 유닛을 가지고 있다.

### (2) 전송 속도 발생(Bit Rate Generator) 유닛

이 유닛은 마스터 모드로 동작할 때 SCL의 주기를 제어하며, SCL 주기는 TWI 전송 속도 설정 레지스터 TWBR과 TWI 상태 레지스터 TWSR의 프리스케일러 비트들에 의해 결정되어진다. 슬레이브 동작은 전송속도 레지스터 또는 프리스케일러 설정과는 무관하지만, 슬레이브의 MCU 클럭 주파수는 적어도 SCL 주파수보다 16배 이상 커야 한다.

SCL 주파수는 다음 식에 의해 결정된다.

$$SCL\ frequency = \frac{MCU\ Clock\ frequency}{16 + 2(TWBR) \cdot 4^{TWPS}}$$

여기서, TWBR은 TWI의 전송속도 설정 레지스터 값으로 10이상의 값을 가져야 하며, TWPS는 TWI 상태 레지스터 TWSR에서 프리스케일러의 비트값을 나타낸다.

### (3) 버스 인터페이스부

이 유닛은 데이터와 어드레스 쉬프트 레지스터 TWDR, 스타트/스톱 제어기, 버스 조정 검출기를 가지고 있다. TWDR에는 전송하거나 수신된 어드레스 또는 데이터를 바이트로 저장한다. 그리고, 전송하거나 수신된 ACK 비트를 저장하는 ACK 레지스터를 가지고 있다. 그러나, 이 ACK 1비트 레지스터는 수신하고 있을 때 TWI 제어 레지스터 TWCR을 조작하여 셋 하거나 클리어 할 수 있다. 전송 모드에서 수신된 ACK 비트는 TWSR에 쓰여진 값에 의해 결정된다.

스타트/스톱 제어기는 스타트 및 반복스타트와 스톱 조건의 발생과 검출을 위해 필요하며, 이 제어기는 MCU가 슬립모드에 있더라도 스타트 및 스톱 조건을 검출할 수가 있어 마스터에 의해 지정되면 슬립 모드로부터 벗어나게 할 수가 있다.

만일 TWI가 마스터로서 전송을 초기화하였다면 버스 조정 장치가 계속하여 TWI 버스를 감시한다.

### (4) 어드레스 일치 검출부(Address Match Unit)

어드레스 일치 검출부는 TWI 어드레스 레지스터 TWAR에 있는 7비트 어드레스값과 수신된 어드레스 값과 일치하는지를 체크하며, 만일 TWAR의 TWGCE(범용 콜 인에이블) 비트가 1이면 입력되는 모든 어드레스 비트는 범용 콜 어드레스와의 비교가 수행된다. 어드레스가 일치하면 올바른 동작을 취하기 위해 제어부에 알려진다.

TWI는 TWCR 레지스터의 설정에 따라 어드레스를 감지할 수도 있고, 감지할 수 없을 수도 있다. 어드레스 검출부는 MCU가 슬립 모드에 있을지라도 어드레스 비교가 가능하며, 마스터에 의해 지정되면 슬립 모드로부터 깨어나게 할 수도 있다.

### (5) 제어부(Control Unit)

제어부는 TWI 버스를 감시하고 TWCR 레지스터의 설정에 따라 적절한 대응 동작을 한다. TWI 버스에 이벤트가 발생하여 응용 소프트웨어에 의해 적절한 대응처리가 요구되는 경우에는 TWINT 인터럽트 플래그 비트가 셋 되어진다.

TWINT 플래그 비트가 셋 되어 있는 동안 SCL 라인은 0을 유지하며, 이것은 TWI 전송이 계속되기 전에 응용 소프트웨어가 완료될 수 있도록 해준다.

TWINT 플래그 비트는 다음과 같은 경우에 셋 되어진다.

① TWI가 스타트/반복 스타트 조건을 전송한 후
② TWI가 SLA+R/W를 전송한 후
③ TWI가 어드레스 바이트를 전송한 후
④ TWI가 버스 제어권을 상실한 후
⑤ TWI가 슬레이브 어드레스 또는 범용 콜에 의해 지정된 후
⑥ TWI가 데이터 바이트를 수신한 후
⑦ 슬레이브로서 계속 지정되어 있는 동안 스톱 또는 반복 스타트 조건을 수신한 후
⑧ 잘못된 스타트 또는 스톱 조건에 의해 버스 에러가 발생한 후

## 12.3 TWI 관련 레지스터

ATmega128의 TWI 기능은 5개의 레지스터 TWBR(TWI Bit Rate Register), TWCR (TWI Control Register), TWSR(TWI Status Register), TWDR(TWI Data Register), TWAR(TWI Address Register)에 의해 이루어지며, 다음과 같은 기능을 갖는다.

### ■ TWBR(TWI Bit Rate Register) : TWI 전송 속도 설정 레지스터

| 비트 | 7 | 6 | 5 | 4 | 3 | 2 | 1 | 0 | |
|---|---|---|---|---|---|---|---|---|---|
| 0x70 | TWBR7 | TWBR6 | TWBR5 | TWBR4 | TWBR3 | TWBR2 | TWBR1 | TWBR0 | TWBR |
| 읽기/쓰기 | 읽기/쓰기 | 읽기/쓰기 | 읽기/쓰기 | 읽기/쓰기 | 읽기/쓰기 | 읽기/쓰기 | 읽기/쓰기 | 읽기/쓰기 | |
| 초기값 | 0 | 0 | 0 | 0 | 0 | 0 | 0 | 0 | |

• Bit 7-0 – TWBR7..0 : TWI 전송 속도 설정 비트

이 비트들은 마스터 모드에서 SCL 신호의 클럭 주파수를 만들기 위해

필요한 분주비를 설정한다.

## ■ TWCR(TWI Control Register) : TWI 제어 레지스터

이 레지스터는 TWI의 동작을 제어하는데 사용되며, TWI 동작을 인에이블 시키거나 TWI의 스타트 조건 및 스톱조건을 발생시킨다.

| 비트 | 7 | 6 | 5 | 4 | 3 | 2 | 1 | 0 | |
|---|---|---|---|---|---|---|---|---|---|
| 0x74 | TWINT | TWEA | TWSTA | TWSTO | TWWC | TWEN | - | TWIE | TWCR |
| 읽기/쓰기 | 읽기/쓰기 | 읽기/쓰기 | 읽기/쓰기 | 읽기/쓰기 | 읽기 | 읽기/쓰기 | 읽기 | 읽기/쓰기 | |
| 초기값 | 0 | 0 | 0 | 0 | 0 | 0 | 0 | 0 | |

- Bit 7 – TWINT(TWI Interrupt Flag) : TWI 인터럽트 플래그 비트

  이 비트는 TWI가 현재의 작업을 마치고 응용 소프트웨어 응답이 필요할 때 하드웨어적으로 셋 되어진다. SREG 레지스터의 I 비트와 TWCR 레지스터의 TWIE 비트가 셋되어 있으면 TWI 인터럽트 벡터로 점프한다. TWINT 비트가 셋 되어 있는 동안에는 SCL 라인이 0상태를 계속 유지한다. 이 비트는 직접 1을 써주어야 클리어 되며, 인터럽트 루틴이 실행되어도 자동적으로 클리어 되지 않는다. 이 비트를 클리어하면 TWI 동작이 시작되므로, 이 비트를 클리어 하기 전에 TWAR, TWSR, TWDR에 대한 설정이 미리 완료되어 있어야 한다.

- Bit 6 – TWEA(TWI Enable Acknowledge) : TWI 확인신호 발생 비트

  이 비트는 확인 신호의 출력을 제어하며, 이 비트가 1이고 다음과 같은 조건이 되면 ACK 펄스가 TWI 버스상에 출력된다.

  ① 자신의 슬레이브 어드레스를 수신하였을 경우
  ② TWAR 레지스터의 TWGCE 비트가 셋 되어 있고 범용 콜(전체 콜)이 수신된 경우
  ③ 마스터 수신 또는 슬레이브 수신 모드에서 1바이트 데이터를 수신한 경우

  이 비트를 0으로 하면 디바이스가 TWI 버스로부터 끊어진 상태가 되며, 이 비트를 1로 하면 어드레스 인식이 다시 시작된다.

- Bit 5 – TWSTA(TWI START condition Bit) : TWI 스타트 조건 발생 비트

  이 비트는 디바이스가 TWI 버스의 마스터가 되기를 원할 때 1로 하며, TWI 하드웨어는 버스를 사용가능한 상태인지 체크하여 버스에 스타트 조건을 발생한다. 그러나, 버스가 사용가능한 상태가 아니면 스톱 조건이 검출될 때까지 대기하다가 버스 마스터 상태임을 선언하기 위해 새로운 스타트 조건을 발생한다. 이 비트는 스타트 조건이 출력되면 소프트웨어적으로 클리어 시켜야 한다.

- Bit 4 – TWSTO(TWI STOP condition Bit) : TWI 스톱 조건 발생 비트

  마스터 모드에서 이 비트를 1로 하면 TWI 버스에서 스톱 조건이 발생되며, 스톱 조건이 발생되면 이 비트는 자동적으로 클리어 된다. 슬레이브 모드에서는 이 비트를 1로 설정하면 스톱 조건을 발생하지는 않지만 에러 조건으로부터 해제시킬 수가 있다.

- Bit 3 – TWWC(TWI Write Collsion Flag) : TWI 쓰기 충돌 플래그 비트

  TWINT 비트가 0일 때 TWDR 레지스터에 어떤 값을 쓰게 되면 이 비트가 셋 되어진다. 이 비트는 TWINT 비트가 1일 때 TWDR 레지스터에 어떤 값을 쓰면 클리어 된다.

- Bit 2 – TWEN(TWI Enable Bit) : TWI 인에이블 비트

  이 비트는 TWI 동작을 인에이블 시키며, TWI 인터페이스를 활성화시킨다. 즉, 이 비트를 1로 하면 TWI의 신호 SDA, SCL핀을 유효하게 하며, 슬루 레이트 리미터와 스파이크 필터가 인에이블 된다.

- Bit 0 – TWIE(TWI Interrupt Enable) : TWI 인터럽트 인에이블 비트

  TWI 인터럽트를 인에이블 시키며, 이 비트와 SREG 레지스터의 I 비트가 1인 상태에서 TWINT 비트가 1이면 인터럽트 처리 요구가 발생한다.

### ■ TWSR(TWI Status Register) : TWI 제어 레지스터

이 레지스터는 TWI의 동작 상태를 나타내거나 전송속도를 결정하기 위한 프리스케일러를 설정한다.

| 비트 | 7 | 6 | 5 | 4 | 3 | 2 | 1 | 0 | |
|---|---|---|---|---|---|---|---|---|---|
| 0x71 | TWS7 | TWS6 | TWS5 | TWS4 | TWS3 | - | TWPS1 | TWPS0 | TWSR |
| 읽기/쓰기 | 읽기 | 읽기 | 읽기 | 읽기 | 읽기 | 읽기 | 읽기/쓰기 | 읽기/쓰기 | |
| 초기값 | 0 | 0 | 0 | 0 | 0 | 0 | 0 | 0 | |

- Bit 7-3 – TWS7-TWS3(TWI Status) : TWI 상태 비트

  이 비트들은 TWI 버스의 상태를 나타내며, 이들 상태에 대한 자세한 내용은 ATmega128의 데이터 시트를 참조하기 바란다.

- Bit 1-0 – TWPS1-TWPS0(TWI Prescaler Bits) : TWI 프리스케일러 비트

  이 비트들은 TWI의 데이터 전송 속도를 결정하기 위한 프리스케일러를 제어하며, [표 12-2]와 같다.

[표 12-2] TWI 전송속도를 결정하기 위한 프리스케일러 값

| TWPS1 | TWPS0 | 프리스케일러 값 |
|---|---|---|
| 0 | 0 | 1 |
| 0 | 1 | 4 |
| 1 | 0 | 16 |
| 1 | 1 | 64 |

## ■ TWDR(TWI Data Register) : TWI 데이터 레지스터

| 비트 | 7 | 6 | 5 | 4 | 3 | 2 | 1 | 0 | |
|---|---|---|---|---|---|---|---|---|---|
| 0x73 | TWD7 | TWD6 | TWD5 | TWD4 | TWD3 | TWD2 | TWD1 | TWD0 | TWDR |
| 읽기/쓰기 | 읽기/쓰기 | 읽기/쓰기 | 읽기/쓰기 | 읽기/쓰기 | 읽기/쓰기 | 읽기/쓰기 | 읽기/쓰기 | 읽기/쓰기 | |
| 초기값 | 1 | 1 | 1 | 1 | 1 | 1 | 1 | 1 | |

이 레지스터는 송신 모드와 수신 모드에서 각각 다음에 전송할 바이트와 마지막에 수신한 바이트를 저장한다. 이 레지스터는 데이터를 쉬프트하고 있는 상태가 아니면 데이터를 쓸 수 있는 상태가 되며, 이것은 TWINT 비트가 하드웨어적으로 셋 되어질 때 수행된다.

■ TWAR(TWI Address Register) : TWI 어드레스 레지스터

| 비트 | 7 | 6 | 5 | 4 | 3 | 2 | 1 | 0 | |
|---|---|---|---|---|---|---|---|---|---|
| 0x72 | TWA6 | TWA5 | TWA4 | TWA3 | TWA2 | TWA1 | TWA0 | TWGCE | TWAR |
| 읽기/쓰기 | 읽기/쓰기 | 읽기/쓰기 | 읽기/쓰기 | 읽기/쓰기 | 읽기/쓰기 | 읽기/쓰기 | 읽기/쓰기 | 읽기/쓰기 | |
| 초기값 | 1 | 1 | 1 | 1 | 1 | 1 | 1 | 0 | |

이 레지스터는 슬레이브의 7비트 어드레스를 저장하며, 또한 범용(전체) 콜에 대한 인식여부를 설정한다.

- Bit 7-1 – TWA6-TWA0(TWI Slave Address) : TWI 슬레이브 어드레스 비트
  이 비트들은 슬레이브 모드에 있을 때 슬레이브의 7비트 어드레스를 설정하며, 마스터 모드에서는 사용하지 않는다.

- Bit 0 – TWGCE(TWI General Call Recognition Enable) : TWI 범용 콜 인식 인에이블 비트
  이 비트는 범용 콜(전체 콜)을 인식할 수 있도록 인에이블 한다.

# 12.4 TWI 동작

TWI는 인터럽트에 기반을 둔 바이트 단위의 데이터 전송이며, 인터럽트는 스타트 조건의 전송 또는 1바이트의 수신과 같은 버스 이벤트가 있은 후에 발생한다. TWI는 인터럽트에 기반을 두고 있기 때문에 응용 소프트웨어는 TWI 바이트 전송 동안 다른 동작을 수행하는데 있어서 아무런 부담을 가지지 않는다.

TWCR 레지스터의 TWI 인터럽트 인에이블 비트 TWIE 비트와 SREG 레지스터의 전체 인터럽트 인에이블 비트 I는 TWINT 인터럽트 플래그 비트가 인터럽트 요구를 발생할지 어떨지를 결정한다. TWIE 비트가 0이면 응용 프로그램에서는 TWI 버스에서 동작을 검출하기 위해 TWINT 플래그 비트를 계속 체크해야 한다.

TWINT 플래그 비트가 셋 되면 TWI는 동작을 종료하고 응용 응답을 기다리며, 이때 TWSR 레지스터는 TWI 버스의 현재 상태를 나타내는 값을 가지게 된다. 그러면, 응용 소프트웨어는 어떻게 TWI 버스가 다음 TWI 버스 사이클에서 TWCR과 TWDR 레지스터를 조작하여 어떻게 동작해야 할지를 결정할 수 있게 된다.

[그림 12-10]은 마스터가 슬레이브에 1바이트 데이터를 전송하는 과정을 보여준다.

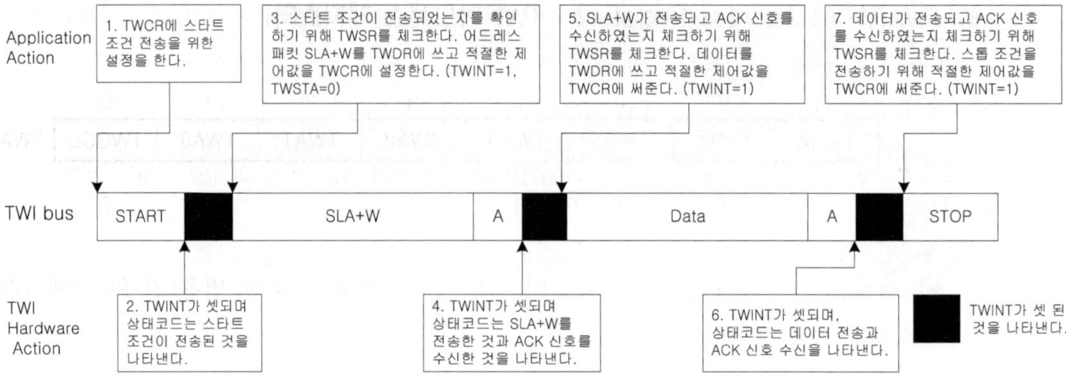


[그림 12-10] TWI에서의 1바이트 데이터 전송 동작

① TWI 전송에서 첫 번째 단계는 스타트 조건을 전송하는 것이며, 이것은 TWCR 레지스터에 스타트 조건을 발생하도록 값을 설정함으로써 이루어진다. TWCR 레지스터에서 TWINT 비트가 1이면 TWI는 어떠한 동작도 시작하지 않으며, 응용(사용자) 프로그램에서 TWINT를 클리어하면 바로 TWI는 스타트 조건의 전송을 시작한다. TWINT를 클리어 하기 위해서는 TWINT 비트에 1을 써주면 된다.

② 스타트 조건이 전송되면 TWCR 레지스터에서 TWINT 플래그 비트가 셋 되어지며, TWSR 레지스터는 스타트 조건이 성공적으로 완료되었다는 것을 나타내는 상태코드로 갱신된다.

③ 응용 소프트웨어에서는 스타트 조건이 성공적으로 전송되었다는 것을 확인하기 위해 TWSR 레지스터의 값을 조사해야 하며, TWSR 레지스터의 상태 코드값이 다른 상태를 나타내면 에러 처리 등과 같은 특별한 조처를 취해야 한다. 스타트 조건의 전송이 성공적으로 완료되었으면 응용 소프트웨어에서는 어드레스 패킷 SLA+W를 TWDR 레지스터에 쓰고 이 데이터가 전송되도록 TWCR 레지스터를 설정해 주어야 한다. 어드레스 패킷은 TWINT 플래그 비트가 클리어 되면 바로 전송이 시작된다.

④ 어드레스 패킷이 전송되면 TWCR 레지스터의 TWINT 플래그 비트가 셋 되어지고 TWSR 레지스터는 어드레스 패킷이 성공적으로 전송된 것을 나타내는 상태 코드로 갱신된다. 이 상태 코드에는 슬레이브가 전송된 어드레스 패킷에 대해 확인 신호(ACK)로 응답했는지도 나타낸다.

⑤ 응용 소프트웨어에서는 어드레스 패킷이 성공적으로 전송되었다는 것을 확인하기 위해 TWSR 레지스터의 값을 조사해야 하며, TWSR 레지스터의 상태 코드값이 다른 상태를 나타내면 에러 처리 등과 같은 특별한 조처를 취해야 한다. 어드레스 패킷 전송이 성공적으로 완료되었으면 응용 소프트웨어에서는 데이터 패킷을 TWDR

레지스터에 쓰고 이 데이터가 전송되도록 TWCR 레지스터를 설정해 주어야 한다. 데이터 패킷은 TWINT 플래그 비트가 클리어 되면 바로 전송이 시작된다.

⑥ 데이터 패킷이 전송되면 TWCR 레지스터의 TWINT 플래그 비트가 셋 되어지고 TWSR 레지스터는 데이터 패킷이 성공적으로 전송된 것을 나타내는 상태 코드로 갱신된다. 이 상태 코드에는 슬레이브가 전송된 데이터 패킷에 대해 확인 신호(ACK)로 응답했는지도 나타낸다.

⑦ 응용 소프트웨어에서는 데이터 패킷이 성공적으로 전송되었다는 것을 확인하기 위해 TWSR 레지스터의 값을 조사해야 하며, TWSR 레지스터의 상태 코드값이 다른 상태를 나타내면 에러 처리 등과 같은 특별한 조치를 취해야 한다. 데이터 패킷 전송이 성공적으로 완료되었으면 응용 소프트웨어에서는 스톱 조건이 전송되도록 TWCR 레지스터를 설정해 주어야 한다. 스톱 조건은 TWINT 플래그 비트가 클리어 되면 바로 전송이 시작된다. 스톱 조건이 전송된 후에 TWINT 플래그 비트는 셋 되지 않는다.

[표 12-3]은 위의 각 과정을 C 프로그램으로 나타낸 것이다.

[표12-3] TWI 전송동작 요약표

| 단계 | C 프로그램 | 내용 |
|---|---|---|
| 1 | TWCR = 0xA4;<br>//TWINT, TWSTA, TWEN 비트 셋) | 스타트 조건 전송 |
| 2 | while(!(TWCR & 0x80)); | TWINT 플래그 비트가 셋 될 때까지 대기. 이것은 스타트 조건이 전송된 것을 의미한다. |
| 3 | if((TWSR & 0xf8) != START) ERROR(); | 스타트 조건 전송이 성공적으로 종료했는지 체크 |
|  | TWDR = SLA_W;<br>TWCR = 0x84; //TWINT, TWEN 비트 셋) | 어드레스 패킷 SLA+W를 TWDR에 로드. 전송시작을 위해 TWINT 비트 클리어 |
| 4 | while(!(TWCR & 0x80)); | TWINT 플래그 비트가 셋 될 때까지 대기. 이것은 어드레스 패킷이 전송되고, ACK/NACK 신호를 수신한 것을 의미. |
| 5 | if((TWSR & 0xf8) != MT_SLA_ACK)<br>ERROR(); | TWSR 레지스터 체크 |
|  | TWDR = DATA;<br>TWCR = 0x84; //TWINT, TWEN 비트 셋) | 데이터를 TWDR에 로드. 전송시작을 위해 TWINT 비트 클리어 |
| 6 | while(!(TWCR & 0x80)); | TWINT 플래그 비트가 셋 될 때까지 대기. 이것은 데이터가 전송되고, ACK/NACK 신호를 수신한 것을 의미. |
| 7 | if((TWSR & 0xf8) != MT_DATA_ACK)<br>ERROR(); | TWSR 레지스터 체크 |
|  | TWDR = DATA;<br>TWCR = 0x94;<br>//TWINT, TWSTO, TWEN 비트 셋) | 스톱 조건 전송 |

# 12.5 전송 모드

TWI는 다음과 같은 4개 동작 중에 하나의 모드로 동작한다.

- 마스터 송신(Master Transmitter : MT)
- 마스터 수신(Master Receiver : MR)
- 슬레이브 송신(Slave Transmitter : ST)
- 슬레이브 수신(Slave Receiver : SR)

이들 모드들은 하나의 응용을 위해 여러 모드가 동시에 사용된다. 예를 들면, TWI EEPROM에 데이터를 쓰는 경우에 TWI는 MT모드로 사용되지만, TWI EEPROM으로부터 데이터를 읽을 때 TWI는 MR 모드로 사용된다.

앞으로 각 모드를 설명하는 데 있어서 사용하는 약어를 요약하면 다음과 같다.

S : 스타트 조건 (Start Condition)
R : 읽기 비트 (Read bit : High level at SDA)
W : 쓰기 비트 (Write bit : Low level at SDA)
A : 확인 신호 (Acknowledge bit : Low level at SDA)
/A : 비확인 신호 (Not Acknowledge bit : High level at SDA)
Data : 8비트 데이터 바이트
P : 스톱 조건 (Stop condition)
SLA : 슬레이브 어드레스

## (1) 마스터 송신 모드(MT)

마스터 송신 모드에서는 여러 바이트의 데이터가 슬레이브 수신기로 전송된다.([그림 12-11]) 마스터 모드로 들어가기 위해서는 스타트 조건을 전송해야 하며, 송신모드가 되기 위해서는 SLA+W가 전송되어져야 한다. 마스터 송신 모드에서의 데이터 전송 과정은 다음과 같다.

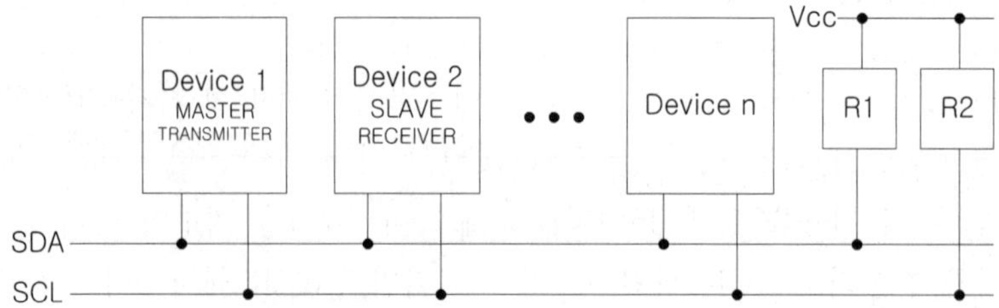


[그림 12-11] 마스터 송신 모드에서의 데이터 전송

① TWCR 레지스터를 다음과 같이 설정하여 스타트 조건을 전송한다.

| TWCR | TWINT | TWEA | TWSTA | TWSTO | TWWC | TWEN | - | TWIE |
|---|---|---|---|---|---|---|---|---|
| value | 1 | x | 1 | 0 | x | 1 | 0 | x |

TWEN 비트는 TWI를 인에이블하기 위해 셋 되어져야 하며, TWSTA 비트는 스타트 조건을 발생하기 위해 셋 되어져야 한다. 그리고, TWINT 플래그 비트는 TWINT 비트를 클리어 시키기 위해 셋 되어져야 한다. 그러면, TWI 시리얼 버스를 조사하여 버스가 자유롭게 되면 바로 스타트 조건을 발생시킨다. 스타트 조건이 전송된 후에 TWINT 플래그 비트는 자동적으로 셋 되어지며, TWSR 레지스터의 상태코드는 0x08의 값을 가지게 된다.

② MT 모드가 되기 위해 SLA+W를 TWDR 레지스터에 쓰고 난 후에 TWCR 레지스터를 다음과 같이 설정한다.

| TWCR | TWINT | TWEA | TWSTA | TWSTO | TWWC | TWEN | - | TWIE |
|---|---|---|---|---|---|---|---|---|
| value | 1 | x | 0 | 0 | x | 1 | 0 | x |

SLA+W가 전송되고 ACK 확인신호가 수신되면 TWINT 비트가 다시 셋 된다. TWSR 레지스터의 상태코드는 SLA+W의 전송과 ACK 확인신호의 수신이 성공적으로 수행되면 0x18의 값을, ACK 신호를 수신하지 못한 경우에는 0x20의 값을 가지게 된다.

③ SLA+W가 성공적으로 전송되면, 전송할 데이터를 TWDR 레지스터에 저장하고 TWCR 레지스터를 다음과 같이 설정한다.

| TWCR | TWINT | TWEA | TWSTA | TWSTO | TWWC | TWEN | - | TWIE |
|---|---|---|---|---|---|---|---|---|
| value | 1 | x | 0 | 0 | x | 1 | 0 | x |

TWDR 레지스터에는 TWINT 플래그 비트가 1일 때만 쓰기가 가능하며, 0일 때 쓰기가 수행되면 TWCR 레지스터 TWWC 비트가 셋 되어진다. 따라서, TWDR에 값을 쓰고 난 후에 전송을 위해 TWINT 플래그 비트에 1을 써주어 클리어 시켜야 한다. 데이터가 전송되고 ACK 확인신호가 수신되면 TWSR 레지스터의 상태코드는 0x28의 값을, ACK 신호를 수신하지 못한 경우에는 0x30의 값을 가지게 된다.

④ 전송은 스톱 조건 또는 반복 스타트 조건에 의해 종료된다.

스톱 조건은 TWCR 레지스터를 다음과 같이 설정하며, 데이터 전송을 완료하게 된다.

| TWCR | TWINT | TWEA | TWSTA | TWSTO | TWWC | TWEN | - | TWIE |
|---|---|---|---|---|---|---|---|---|
| value | 1 | x | 0 | 1 | x | 1 | 0 | x |

반복 스타트 조건은 TWCR 레지스터를 아래와 같이 설정하여 같은 슬레이브를 다시 지정할 수도 있으며, 또한 스톱 조건을 전송하지 않고 새로운 슬레이브를 지정할 수도 있다. 이 반복 스타트 조건은 마스터가 슬레이브 지정을 바꿀 수 있게 해주며, 또한 TWI 버스 제어권을 상실하지 않고 마스터 송신 모드 또는 마스터 수신 모드가 될 수 있게 해준다. 반복 스타트 조건이 성공적으로 종료하면 TWSR 레지스터의 상태코드는 0x10의 값을 갖는다.

| TWCR | TWINT | TWEA | TWSTA | TWSTO | TWWC | TWEN | - | TWIE |
|---|---|---|---|---|---|---|---|---|
| value | 1 | x | 1 | 0 | x | 1 | 0 | x |

SLA+W 또는 데이터 전송에 있어서 버스 제어권을 상실하게 되면 TWSR 레지스터의 상태코드는 0x38의 값을 가지게 된다.

## (2) 마스터 수신 모드(MR)

마스터 수신 모드에서는 여러 바이트의 데이터가 슬레이브 송신기로 부터 전송된다. ([그림 12-12]) 마스터 모드로 들어가기 위해서는 스타트 조건이 전송되어져야 하며, 수신 모드가 되기 위해서는 SLA+R이 전송되어져야 한다. 마스터 수신 모드에서의 데이터 전송 과정은 다음과 같다.

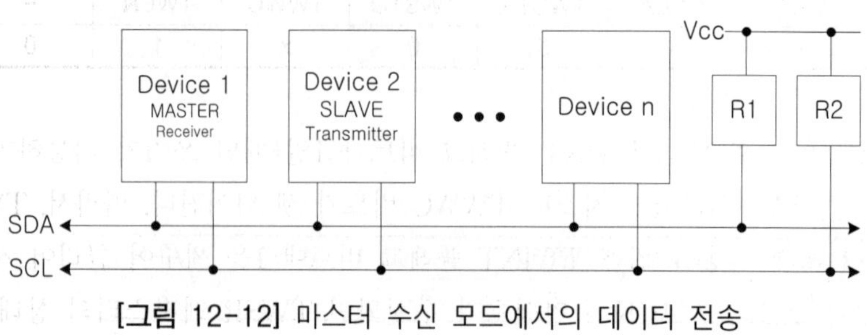


[그림 12-12] 마스터 수신 모드에서의 데이터 전송

① TWCR 레지스터를 다음과 같이 설정하여 스타트 조건을 전송한다.

| TWCR | TWINT | TWEA | TWSTA | TWSTO | TWWC | TWEN | - | TWIE |
|---|---|---|---|---|---|---|---|---|
| value | 1 | x | 1 | 0 | x | 1 | 0 | x |

TWEN 비트는 TWI를 인에이블하기 위해 셋 되어져야 하며, TWSTA 비트는 스타트 조건을 발생하기 위해 셋 되어져야 한다. 그리고, TWINT 플래그 비트는 TWINT 비트를 클리어 시키기 위해 셋 되어져야 한다. 그러면, TWI 시리얼 버스를 조사하여 버스가 자유롭게 되면 바로 스타트 조건을 발생시킨다. 스타트 조건이 전송된 후에 TWINT 플래그 비트는 자동적으로 셋 되어지며, TWSR 레지스터의 상태코드는 0x08의 값을 가지게 된다.

② MR 모드가 되기 위해 SLA+R을 TWDR 레지스터에 쓰고 난 후에 TWCR 레지스터를 다음과 같이 설정한다.

| TWCR | TWINT | TWEA | TWSTA | TWSTO | TWWC | TWEN | - | TWIE |
|---|---|---|---|---|---|---|---|---|
| value | 1 | x | 0 | 0 | x | 1 | 0 | x |

SLA+R이 전송되고 ACK 확인신호가 수신되면 TWINT 비트가 다시 셋 된다. TWSR 레지스터의 상태코드는 성공적으로 수행되면 0x40의 값을, ACK 신호를 수신하지 못한 경우에는 0x48의 값을 가지게 된다.
수신된 데이터는 TWINT 플래그 비트가 하드웨어적으로 1이 되었을 때 TWDR 레지스터로부터 읽을 수 있으며 이 과정은 마지막 바이트가 수신될 때까지 반복된다. 마지막 바이트를 수신하면 마스터 수신기는 슬레이브 송신기에게 NACK(1)을 송신한다.
데이터가 수신되고 ACK 확인신호가 송신되면 TWSR 레지스터의 상태코드는 0x50의 값을, NACK 신호를 송신한 경우에는 0x58의 값을 가지게 된다.

④ 전송은 스톱 조건 또는 반복 스타트 조건에 의해 종료된다.
스톱 조건은 TWCR 레지스터를 다음과 같이 설정하여 데이터 전송을 완료하게 된다.

| TWCR | TWINT | TWEA | TWSTA | TWSTO | TWWC | TWEN | - | TWIE |
|---|---|---|---|---|---|---|---|---|
| value | 1 | x | 0 | 1 | x | 1 | 0 | x |

반복 스타트 조건은 TWCR 레지스터를 아래와 같이 설정하여 같은 슬레이브를 다시 지정할 수도 있으며, 또한 스톱 조건을 전송하지 않고 새로운 슬레이브를 지정할 수도 있다. 이 반복 스타트 조건은 마스터가 슬레이브 지정을 바꿀 수 있게 해주며, 또한 TWI 버스 제어권을 상실하지 않고 마스터 송신 모드 또는 마스터 수신 모드가 될 수 있게 해준다. 반복 스타트 조건이 성공적으로 종료하면, TWSR 레지스터의 상태코드는 0x10의 값을 갖는다.

| TWCR | TWINT | TWEA | TWSTA | TWSTO | TWWC | TWEN | - | TWIE |
|---|---|---|---|---|---|---|---|---|
| value | 1 | x | 1 | 0 | x | 1 | 0 | x |

SLA+R 전송 또는 데이터 전송에 있어서 버스 제어권을 상실하게 되면 TWSR 레지스터의 상태코드는 0x38의 값을 가지게 된다.

### (3) 슬레이브 수신 모드(SR)

슬레이브 수신 모드에서는 여러 바이트의 데이터가 마스터 송신기로부터 전송된다.([그림 12-13])

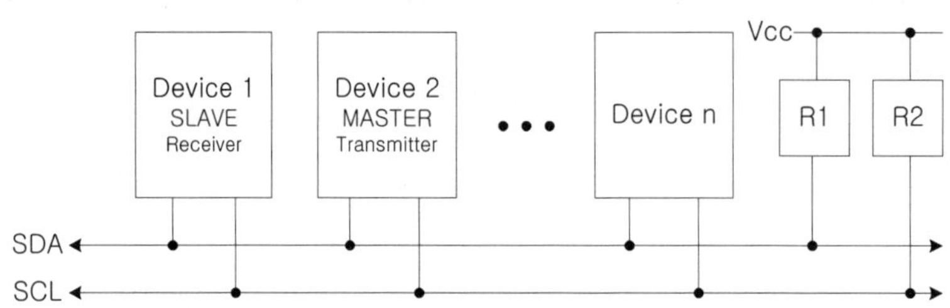


[그림 12-13] 슬레이브 수신 모드에서의 데이터 전송

① 슬레이브 수신 모드가 되기 위해서는 TWAR 레지스터를 다음과 같이 설정하여야 한다.

| TWAR | TWA6 | TWA5 | TWA4 | TWA3 | TWA2 | TWA1 | TWA0 | TWGCE |
|---|---|---|---|---|---|---|---|---|
| value | Device's Own Slave Address | | | | | | | |

TWAR 레지스터의 상위 7비트에 마스터로부터 지정받을 수 있는 슬레이브 어드레스를 설정한다. TWGCE 비트는 범용 콜(0x00)에 응답할 것인지를 지정하며, 1이면 응답하고 0이면 무시하게 된다.

② TWEN 비트는 TWI를 인에이블하기 위해 셋 되어져야 하며, TWEA 비트는 자기 자신의 슬레이브 어드레스 지정 또는 범용 콜 지정에 대한 확인신호 발생을 인에이블 시킨다. TWSTA 비트와 TWSTO 비트는 0으로 한다.

| TWCR | TWINT | TWEA | TWSTA | TWSTO | TWWC | TWEN | - | TWIE |
|---|---|---|---|---|---|---|---|---|
| value | 1 | 1 | 0 | 0 | x | 1 | 0 | x |

TWAR과 TWCR 레지스터가 초기화되면 자기의 슬레이브 어드레스(또는 범용 콜)가 지정될 때까지 대기한다. 그리고, 어드레스에 이어 전송되어지는 데이터 방향 비트값이 0이면 TWI는 슬레이브 수신(SR) 모드로 동작하며, 1이면 슬레이브 송신(ST) 모드로 동작하게 된다. 자신의 슬레이브 어드레스와 라이트 비트를 수신하면 TWINT 플래그 비트가 셋 되어지고 TWSR 레지스터에는 상태코드가 쓰여진다. 상태 코드는 적절한 소프트웨어 동작을 결정하기 위해 사용되며, 정상적으로 동작하는 경우에는 0x60의 값을 갖는다(범용 콜의 경우는 0x70). 다른 상태 코드는 데이터 시트를 참조하기 바란다.

데이터 전송 중에 TWEA 비트가 리셋되면 TWI는 Not ACK(1) 신호를 다음 데이터 바이트 수신 후에 SDA 라인에 출력하며, 더 이상의 데이터를 받을 수 없음을 알리게 된다. TWEA 비트가 0이면 TWI는 자신의 슬레이브 어드레스 인식을 수행하지 않지만, TWI 버스는 계속 감시되어 TWEA 비트를 셋 하게 되면 다시 어드레스 인식을 재개한다. 이것은 TWEA 비트가 TWI를 일시적으로 TWI 버스로부터 고립시키는 것을 의미한다.

아이들 모드이외의 모든 슬립모드에서 TWI에 공급되는 클럭 시스템은 차단된다. 그러나, TWEA 비트가 셋 되어 있으면 인터페이스는 TWI 시리얼 버스의 클럭을 클럭 소스로 사용하여 자신의 슬레이브 어드레스 또는 범용 콜 어드레스에 대한 인식을 계속 수행하게 된다. 그러면, 슬립 모드로부터 해제될 수 있고, TWI는 슬립모드로부터의 해제(wake-up) 기간동안 그리고 TWINT 플래그가 클리어 될 때까지 SCL 클럭을 0상태로 유지한다.

### (4) 슬레이브 송신 모드(ST)

슬레이브 송신 모드에서는 여러 바이트의 데이터가 마스터 수신기로 전송된다.([그림 12-14])

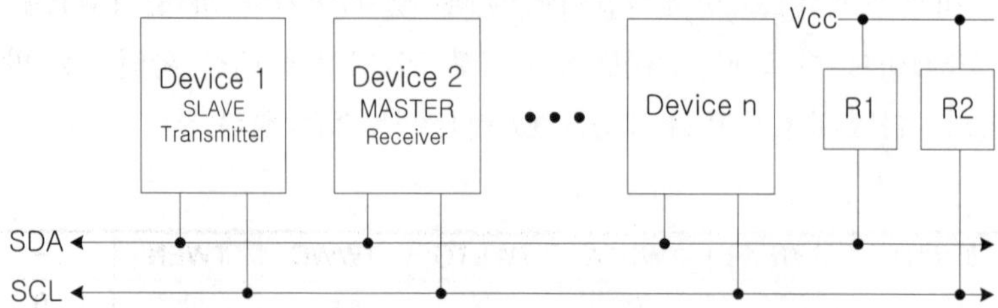


[그림 12-14] 슬레이브 송신 모드에서의 데이터 전송

① 슬레이브 송신 모드가 되기 위해서는 TWAR 레지스터를 다음과 같이 설정하여야 한다.

| TWAR | TWA6 | TWA5 | TWA4 | TWA3 | TWA2 | TWA1 | TWA0 | TWGCE |
|---|---|---|---|---|---|---|---|---|
| value | Device's Own Slave Address | | | | | | | |

TWAR 레지스터의 상위 7비트에 마스터로부터 지정받을 수 있는 슬레이브 어드레스를 설정해야 한다. TWGCE 비트는 범용 콜(0x00)에 응답할 것인지를 지정하며, 1이면 응답하고 0이면 무시하게 된다.

②

| TWCR | TWINT | TWEA | TWSTA | TWSTO | TWWC | TWEN | - | TWIE |
|---|---|---|---|---|---|---|---|---|
| value | 1 | 1 | 0 | 0 | x | 1 | 0 | x |

TWEN 비트는 TWI를 인에이블하기 위해 셋 되어져야 하며, TWEA 비트는 자기 자신의 슬레이브 어드레스 지정 또는 범용 콜 지정에 대한 확인신호 발생을 인에이블 시킨다. TWSTA 비트와 TWSTO 비트는 0으로 한다.

TWAR과 TWCR 레지스터가 초기화되면 자기의 슬레이브 어드레스(또는 범용 콜)가 지정될 때까지 대기한다. 그리고, 어드레스에 이어 전송되어지는 데이터 방향 비트값이 0이면 TWI는 슬레이브 수신(SR) 모드로 동작하며, 1이면 슬레이브 송신(ST) 모드로 동작하게 된다. 자신의 슬레이브 어드레스와 라이트 비트를 수신하면 TWINT 플래그 비트가 셋 되어지고 TWSR 레지스터에는 상태코드가 쓰여진다. 상태 코드는 적절한 소프트웨어 동작을 결정하기 위해 사용되며, 정상적으로 동작하는 경우에는 0xA8의 값을 가진다. 다른 상태 코드는 데이터 시트를 참조하기 바란다.

데이터 전송 중에 TWEA 비트가 리셋되면 TWI는 마지막 바이트를 전송하게 되며,

마스터 수신기로부터 ACK 신호를 수신하면 상태 코드는 0xC8이 되고 NACK를 수신하게 되면 0xC0이 된다.
TWEA 비트가 0이면 TWI는 자신의 슬레이브 어드레스 인식을 수행하지 않지만, TWI 버스는 계속 감시되어 TWEA 비트를 셋 하게 되면 다시 어드레스 인식을 재개한다. 이것은 TWEA 비트가 TWI를 일시적으로 TWI 버스로부터 고립시키는 것을 의미한다.
아이들 모드이외의 모든 슬립모드에서 TWI에 공급되는 클럭 시스템은 차단된다. 그러나, TWEA 비트가 셋 되어 있으면, 인터페이스는 TWI 시리얼 버스의 클럭을 클럭 소스로 사용하여 자신의 슬레이브 어드레스 또는 범용 콜 어드레스에 대한 인식을 계속해서 수행하게 된다. 그러면, 슬립 모드로부터 해제될 수 있고, TWI는 슬립모드로부터의 wake up(해제) 기간동안 그리고 TWINT 플래그가 클리어 될 때까지 SCL 클럭을 0상태로 유지한다.

# 12.6 TWI 실험

### [예제 12-1] TWI 실습

KUT-128 보드의 LCD 커넥터의 PD0, PD1핀에 24LC32A를 [그림 12-15]와 같이 연결하고, 7-Segment의 16진 문자 패턴을 24LC32A에 저장한 후 하나씩 읽어 7-Segment에 출력하는 프로그램을 작성하라.

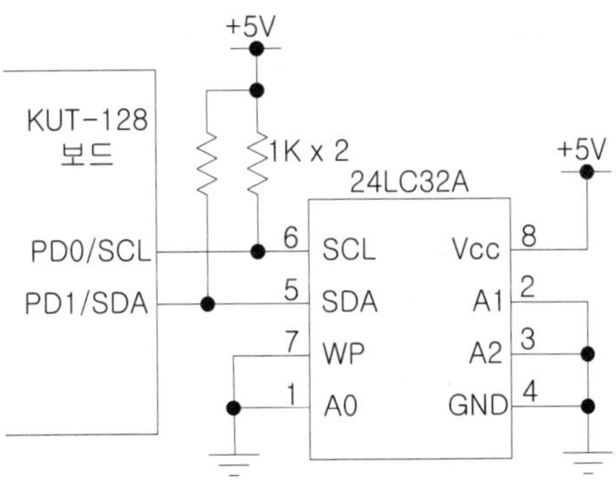


[그림 12-15] 24LC32A 배선도

### ★ 24LC32A에 대하여

24LC32A는 4Kx8bit의 용량과 $I^2C$ 시리얼 핀을 가지고 있는 8핀의 EEPROM이다. 이에 대한 자세한 기능은 매뉴얼을 참조하길 바라며, 여기서는 데이터 쓰기와 읽기에 대해서만 간단히 설명한다. [그림 12-16], [그림 12-17]은 데이터 쓰기 및 읽기 전송데이터 포맷을 보여주며, 읽기와 쓰기에 대한 데이터 전송 순서는 다음과 같다.

<쓰기>

① 마스터(MCU)에서 시작조건을 발생시키고, 1바이트의 제어 데이터를 EEPROM에 전송한다. 이 제어 바이트는 "1010000d"로 상위 7비트는 고정되어 있으며, 최하위 비트 d는 EEPROM이 다음에 전송할 데이터를 수신하는 경우에는 0이고 EEPROM이 송신하는 경우에는 1이 된다. [그림 12-16]에서 첫 번째 제어 바이트의 최하위 비트가 0인데, 이것은 2바이트의 어드레스와 쓰여질 데이터가 EEPROM에 전송되어지기 때문이다.

② EEPROM에서는 ACK(0) 비트를 마스터로 전송한다.

③ 마스터는 상위 어드레스를 EEPROM에 전송하고, EEPROM은 ACK 비트를 마스터로 전송한다.

④ 마스터는 하위 어드레스를 EEPROM에 전송하고, EEPROM은 ACK 비트를 마스터로 전송한다.

⑤ 마스터는 EEPROM에 쓸 데이터를 전송하고, EEPROM은 ACK 비트를 마스터로 전송한다.

⑥ 마스터는 스톱 조건을 발생하고 쓰기 동작을 완료한다.

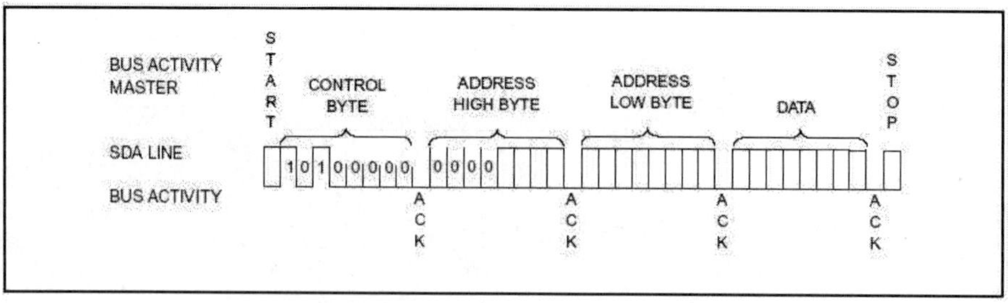


[그림 12-16] 24LC32A 쓰기 전송 데이터 포맷

<읽기>

① 마스터에서 시작조건을 발생시키고, 1바이트의 제어 데이터 "10100000"을 EEPROM에 전송한다. 이것은 마스터가 EEPROM의 데이터를 수신하기에 앞서 우선 읽어올

메모리의 어드레스를 전송해야 하기 때문에 EEPROM이 수신 상태임을 알리는 것이다.

② EEPROM에서는 ACK(0) 비트를 마스터로 전송한다.

③ 마스터는 상위 어드레스를 EEPROM에 전송하고, EEPROM은 ACK 비트를 마스터로 전송한다.

④ 마스터는 하위 어드레스를 EEPROM에 전송하고, EEPROM은 ACK 비트를 마스터로 전송한다.

⑤ 마스터는 새로 시작조건을 발생시키고, 1바이트의 제어 데이터 "10100001"을 EEPROM에 전송한다. 이것은 마스터가 ③,④에서 지정한 어드레스의 데이터를 수신하기 위해 EEPROM이 데이터를 송신해야 하는 것을 알리는 것이다.

⑥ EEPROM은 지정된 어드레스가 가르키는 메모리의 내용을 마스터에 전송하며, 마스터는 데이터를 수신한 후에 not ACK 신호(1)를 EEPROM에 보낸다.

⑦ 마스터는 스톱 조건을 발생하고 쓰기 동작을 완료한다.

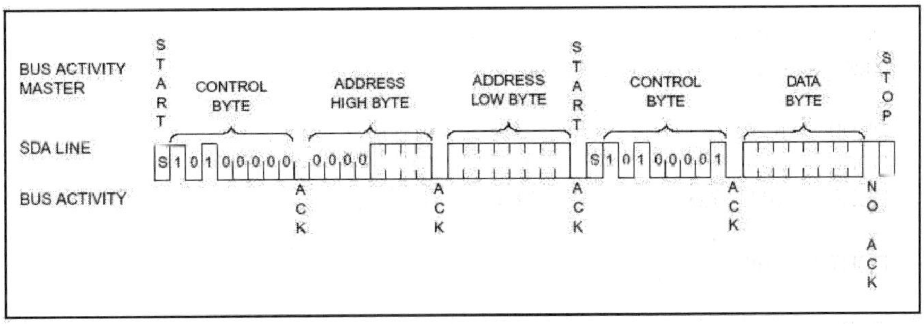


[그림 12-17] 24LC32A 읽기 전송 데이터 포맷

**[예제 12-1] TWI 실험**

```
/************************************************************/
/* 파일명 : TWI.C                                             */
/************************************************************/

/// 파일명 : twi.c

#include <mega128.h>
#include <delay.h>

char seg_pat[16]= {0x3f, 0x06, 0x5b, 0x4f, 0x66, 0x6d, 0x7d, 0x07,
                   0x7f, 0x6f, 0x77, 0x7c, 0x39, 0x5e, 0x79, 0x71};

void TWI_Write(int, char);        // TWI EERPOM 쓰기 함수
char TWI_Read(int);               // TWI EERPOM 읽기 함수
void TWI_Comm(int);               // TWI EERPOM 공통 함수
void error_out(char);             // TWI EERPOM 에러 처리 함수

void main(void)
{
        int     addr;
        char    val;

        DDRB = 0xFF;              // 포트 B(7-Segment) 출력 설정
        DDRC = 0xFF;              // 포트 C(LED) 출력 설정
        DDRF = 0b11110000;        // PF4-PF7 출력

        PORTC = 0xff;

        TWBR = 32;                // 200kHz(TWPS=0)
        TWSR = 0x00;

        // EEPROM 쓰기
        for(addr = 0;addr < 16;addr++){
                TWI_Write(addr, seg_pat[addr]);   // Segment 패턴 쓰기
        }

        // EEPROM 읽어 LED에 표시하기
        PORTF = 0b11100000;       // SEG 1

        while(1){
                for(addr = 0;addr < 16;addr++){
                        val = TWI_Read(addr);   // Segment 패턴 읽기

                        PORTB = val;
                        delay_ms(500);
```

**[예제 12-1] TWI 실험(계속)**

```
                }
        }
}
void TWI_Write(int addr, char data)        // TWI EEPROM 쓰기
{
        char        tmp;

        TWI_Comm(addr);

        // Data
        TWDR = data;
        TWCR = 0x84;
        while((TWCR & 0x80) != 0x80); // TWINT 비트가 1이 될 때까지
        if((TWSR & 0xF8)!= 0x28) error_out(0xEF);

        // STOP 조건 발생
        TWCR = 0x94;
        delay_ms(5);

        // VERIGY
        tmp = TWI_Read(addr);
        if(tmp != data) error_out(0xDF);
}

char TWI_Read(int addr)        // TWI EEPROM 읽기
{
        char data;

        TWI_Comm(addr);

        // 반복 START 조건 발생
        TWCR = 0xA4;
        while((TWCR & 0x80) != 0x80); // TWINT 비트가 1이 될 때까지
        if((TWSR & 0xF8)!= 0x10) error_out(0x0F);

        // SLA + R
        TWDR = 0xA1;
        TWCR = 0x84;
        while((TWCR & 0x80) != 0x80); // TWINT 비트가 1이 될 때까지
        if((TWSR & 0xF8)!= 0x40) error_out(0x7F);

        // Data Read
        TWCR = 0x84;
        while((TWCR & 0x80) != 0x80); // TWINT 비트가 1이 될 때까지
        if((TWSR & 0xF8)!= 0x58) error_out(0xF0);
```

**[예제 12-1] TWI 실험(계속)**

```
        data = TWDR;

        // STOP 조건 발생
        TWCR = 0x94;
        delay_ms(5);

        return data;
}
void TWI_Comm(int addr)  // TWI 공통 함수
{
        // START 조건 발생
        TWCR = 0xA4;
        while((TWCR & 0x80) != 0x80); // TWINT 비트가 1이 될 때까지
        if((TWSR & 0xF8)!= 0x08) error_out(0xFE);

        // SLA + W
        TWDR = 0xA0;
        TWCR = 0x84;
        while((TWCR & 0x80) != 0x80); // TWINT 비트가 1이 될 때까지
        if((TWSR & 0xF8)!= 0x18) error_out(0xFD);

        // HIGH Address
        TWDR = (addr >> 8) & 0x0FF;
        TWCR = 0x84;
        while((TWCR & 0x80) != 0x80); // TWINT 비트가 1이 될 때까지
        if((TWSR & 0xF8)!= 0x28) error_out(0xFB);

        // LOW Address
        TWDR = addr & 0x0FF;
        TWCR = 0x84;
        while((TWCR & 0x80) != 0x80); // TWINT 비트가 1이 될 때까지
        if((TWSR & 0xF8)!= 0x28) error_out(0xF7);
}

// 에러 처리
void error_out(char val)
{
        PORTC = val;
        while(1);
}
```

Chapter 13

# EEPROM 액세스

ATmega128은 4K 바이트의 EEPROM 메모리를 내장하고 있으며, 이것은 다른 데이터 메모리 영역과는 별도의 영역에 할당되어 있다. 이 EEPROM은 1바이트 단위로 읽기와 쓰기가 가능하며, 적어도 100,000번의 쓰기/지우기가 보장된다. EEPROM과 MCU사이의 액세스는 EEPROM 어드레스 레지스터, EEPROM 데이터 레지스터, EEPROM 제어 레지스터에 의해 이루어진다.

## 13.1 EEPROM 관련 레지스터

### ■ EEAR(EEPROM Address Register) - EEARH, EEARL : EEPROM 어드레스 레지스터

EEAR은 EEPROM의 메모리 위치를 지정하기 위한 레지스터로서 16비트의 길이를 갖는다. 레지스터의 16비트 중에서 4K바이트의 EEPROM 메모리 위치 지정을 위해 12비트가 사용되며, I/O 영역에 각기 다른 어드레스를 가지고 있는 8비트 레지스터 EEARH와 EEARL 2개로 구성되어 있다.

| 비트 | 15 | 14 | 13 | 12 | 11 | 10 | 9 | 8 | |
|---|---|---|---|---|---|---|---|---|---|
| 0x1F(0x3F) | - | - | - | - | EEAR11 | EEAR10 | EEAR9 | EEAR8 | EEARH |
| 0x1E(0x3E) | EEAR7 | EEAR6 | EEAR5 | EEAR4 | EEAR3 | EEAR2 | EEAR1 | EEAR0 | EEARL |
| | 7 | 6 | 5 | 4 | 3 | 2 | 1 | 0 | |
| 읽기/쓰기 | 읽기 | 읽기 | 읽기 | 읽기 | 읽기/쓰기 | 읽기/쓰기 | 읽기/쓰기 | 읽기/쓰기 | |
| | 읽기/쓰기 | 읽기/쓰기 | 읽기/쓰기 | 읽기/쓰기 | 읽기/쓰기 | 읽기/쓰기 | 읽기/쓰기 | 읽기/쓰기 | |
| 초기값 | 0 | 0 | 0 | 0 | x | x | x | x | |
| | x(미정의) | x | x | x | x | x | x | x | |

### ■ EEDR(EEPROM Data Register) : EEPROM 데이터 레지스터

EEDR은 EEPROM에 쓸 데이터나 EEPROM으로부터 읽은 데이터를 저장하기 위한 레지스터로 8비트의 길이를 갖는다.

| 비트 | 7 | 6 | 5 | 4 | 3 | 2 | 1 | 0 | |
|---|---|---|---|---|---|---|---|---|---|
| 0x1D(0x3D) | MSB | | | | | | | LSB | EEDR |
| 읽기/쓰기 | 읽기/쓰기 | 읽기/쓰기 | 읽기/쓰기 | 읽기/쓰기 | 읽기/쓰기 | 읽기/쓰기 | 읽기/쓰기 | 읽기/쓰기 | |
| 초기값 | 0 | 0 | 0 | 0 | 0 | 0 | 0 | 0 | |

## ■ EECR(EEPROM Control Register) : EEPROM 제어 레지스터

| 비트 | 7 | 6 | 5 | 4 | 3 | 2 | 1 | 0 | |
|---|---|---|---|---|---|---|---|---|---|
| 0x1C(0x3C) | - | - | - | - | EERIE | EEMWE | EEWE | EERE | EECR |
| 읽기/쓰기 | 읽기 | 읽기 | 읽기 | 읽기 | 읽기/쓰기 | 읽기/쓰기 | 읽기/쓰기 | 읽기/쓰기 | |
| 초기값 | 0 | 0 | 0 | 0 | 0 | 0 | x(미정의) | 0 | |

- Bit 3 – EERIE(EEPROM Ready Interrupt Enable)

  EEPROM Ready 인터럽트 인에이블 비트이며, EEWE 비트가 0일 때 인터럽트를 발생시킨다.

- Bit 2 – EEMWE(EEPROM Master Write Enable)

  이 비트는 EEWE 비트가 1일 때 EEPROM에 쓰기가 가능하도록 하기 위한 비트이다. 즉, 이 비트를 1로 하고, 4클럭 사이클 이내에 EEWE 비트를 1로 하면 지정된 EEPROM의 주소에 데이터가 쓰여진다. 그러나, 이 비트가 0이면 EEWE 비트는 EEPROM 쓰기 동작에 아무런 영향을 주지 않는다. 이 비트가 소프트웨어적으로 셋 되었을 때 이 비트는 4클럭 사이클 후에 하드웨어적으로 자동 클리어 된다.

- Bit 1 – EEWE(EEPROM Write Enable)

  이 비트는 EEPROM에 데이터를 쓰기 위한 스트로브(strobe) 신호이다. 어드레스와 데이터를 EEAR과 EEDR에 설정하고 EEMWE 비트를 1로 한 상태에서, 이 비트를 1로 설정하면 쓰기 동작이 수행된다. EEPROM에 데이터를 쓸 때의 절차는 다음과 같다.

  ① EEWE가 0이 될 때까지 기다린다.
  ② EEAR에 어드레스를 설정한다.
  ③ EEDR에 데이터를 설정한다.
  ④ EECR에서 EEMWE = 1, EEWE = 0을 설정한다.

⑤ EEMWE 설정 후 4클럭 사이클 내에 EEWE에 1을 쓴다.

쓰기 액세스 시간이 경과하면 EEWE 비트는 하드웨어적으로 자동 클리어 된다. 사용자는 프로그램에서 이 비트를 계속해서 체크할 수 있으며, 다음 바이트를 쓰기 전에 0이 되기를 기다려야 한다. EEWE 비트가 셋 되었을 때 MCU는 다음 명령어가 실행되기 전에 두 사이클 동안 정지된다.
위의 절차 ④와 ⑤ 사이에 인터럽트가 발생하면 EEMWE 비트의 유효 시간이(4클럭 사이클) 초과되어 EEPROM의 쓰기 동작이 실패하는 경우가 발생할 수 있으므로, 이 과정 동안에는 SREG 레지스터의 전역 인터럽트 플래그 I를 클리어 시킬 것을 권한다.

- Bit 0 – EERE(EEPROM Read Enable)

이 비트는 EEPROM을 읽기 위한 스트로브 신호이며, EEPROM에 데이터를 읽을 때의 절차는 다음과 같다.

① EEWE가 0이 될 때까지 기다린다.
② EEAR에 어드레스를 설정한다.
③ EERE 비트를 1로 한다.
④ EEDR 레지스터로부터 데이터를 읽는다.

EEPROM 읽기는 하나의 명령어로 처리되며, EERE 비트를 폴링할 필요는 없다. EERE 비트가 셋 되었을 때 MCU는 다음 명령이 실행되기 전에 4클럭 사이클 동안 정지된다.

## 13.2 EEPROM 실험

여기서는 ATmega128의 내부 레지스터(EEAR, EEDR, EECR)를 직접 제어하여 EEPROM에 데이터 쓰기를 실험해본다. 저장된 EEPROM의 내용을 확인하는 방법은 1부 3.2.3절에서 설명한 *CodeVisionAVR*의 프로그래머(툴바 )를 이용하여 EEPROM에 대한 Read와 Edit메뉴를 실행시켜 EEPROM의 내용을 확인할 수 있다.

### [예제 13-1] EEPROM 데이터 쓰기 실험

EEPROM 0번지부터 문자열 "Atmel AVR - ATmega128"를 저장하는 프로그램을 작성하라.

**[예제 13-1] EEPROM 데이터 쓰기 실험**

```
// 파일명 : ex13-1.c
// 설  명 : EEPROM에 데이터 쓰기 실험

#include <mega128.h>

void main(void)
{
        int addr;
        char string[] = "Atmel AVR - ATmega128";
        char *pStr;

        pStr = string;          // string[] 참조

        addr = 0x00;            // EEPROM 시작 주소

        // string 저장
        while(*pStr != 0){                          // 문자열 끝인가 ?
                while((EECR & 0x02) == 0x02);       // EEWE = '0'?
                EEAR = addr++;                      // EEPROM 주소
                EEDR = *pStr++;                     // EEPROM 데이터
                EECR |= 0x04;                       // EEMWE = '1'
                EECR |= 0x02;                       // EEWE = '1'
        }

        while(1);                                    // 무한 루프
}
```

### [예제 13-2] EEPROM 데이터 읽기 실험

EEPROM의 0번지부터 다음의 데이터를 *CodeVisionAVR*의 프로그래머를 이용하여 EEPROM에 대한 Edit와 Program 메뉴를 실행시켜 저장하라.

| 주소 | 00h | 01h | 02h | 03h | 04h | 05h | 06h | 07h |
|---|---|---|---|---|---|---|---|---|
| 데이터 | feh | fdh | fbh | f7h | efh | dfh | bfh | 7fh |

그리고, EEPROM의 0번지부터 저장되어 있는 8개의 데이터를 차례대로 읽어 포트 C에 출력하는 프로그램을 작성하라. 프로그램 실행순서는 우선 소스파일을 컴파일하여 헥사파일을 다운로드하고, 그 다음에 EEPROM에 대한 값을 Edit와 Program 메뉴를 실행시켜 프로그램한다.

**[예제 13-2] EEPROM 데이터 읽기 실험**

```
// 파일명 : ex13-2.c
// 설   명 : EEPROM의 데이터를 읽어 포트에 출력한다.

#include <mega128.h>

void Delay(unsigned int);

void main(void)
{
        int i;

        DDRC = 0xFF;        // 포트 C 출력 설정

        // EEPROM의 데이터를 읽어 와서 포트에 출력하기
        while(1){
                for(i=0; i< 8; i++){
                        EEAR = i;           // EEPROM 주소
                        EECR |= 0x01;       // EEPROM 데이터 읽기(EERE=1)
                        PORTC = EEDR;       // 읽은 데이터 B 포트 출력

                        Delay(5);           // 시간 지연
                }
        }
}

// 시간 지연 함수
void Delay(unsigned int cnt)
{
        unsigned int i, j;

        for(i = 0;i < cnt;i++){
             for(j = 0;j < 60000;j++);
        }
}
```

# 제3부

# 응용 실험

Chapter 01

# LCD 제어

이 장에서는 문자를 표시할 수 있는 LCD의 사용법에 대해 설명한다. KUT-128 보드에서는 16문자 x 2행의 LCD를 사용하며, 다음과 같은 특징을 갖는다.

① 5V 단일전원으로 구동된다.
② 5x7, 5x10 도트의 폰트로 문자를 표시할 수 있다.
③ 인터페이스가 표준화되어 있기 때문에 마이크로프로세서에 쉽게 연결할 수 있다.
④ 8비트 또는 4비트 데이터 버스 방식으로 구동된다.
⑤ C.G.RAM(Character Generator RAM), C.G.ROM(Character Generator ROM)과 D.D.RAM(Data Display RAM)을 내장하고 있다.

LCD 모듈의 핀 번호와 기능은 [표 1-1]과 같다.

[표 1-1] LCD 모듈의 핀 번호와 기능

| 핀 번호 | 기 호 | 기 능 | 핀 번호 | 기 호 | 기 능 |
|---|---|---|---|---|---|
| 1 | Vss | GND | 8 | DB1 | Data 1 |
| 2 | Vdd | +5V | 9 | DB2 | Data 2 |
| 3 | Vo | contrast 조절 | 10 | DB3 | Data 3 |
| 4 | RS | 0 : Instruction<br>1 : Data | 11 | DB4 | Data 4 |
| 5 | R/$\overline{W}$ | 0 : Write<br>1 : Read | 12 | DB5 | Data 5 |
| 6 | E | Enable 신호 | 13 | DB6 | Data 6 |
| 7 | DB0 | Data 0 | 14 | DB7 | Data 7 |

[그림 1-1]은 LCD 모듈의 읽기와 쓰기 동작을 보여주며, Enable 신호 E에는 명령어 또는 데이터의 읽기/쓰기 동작에 대해 펄스를 하나씩 그림과 같이 입력해 주어야 한다.

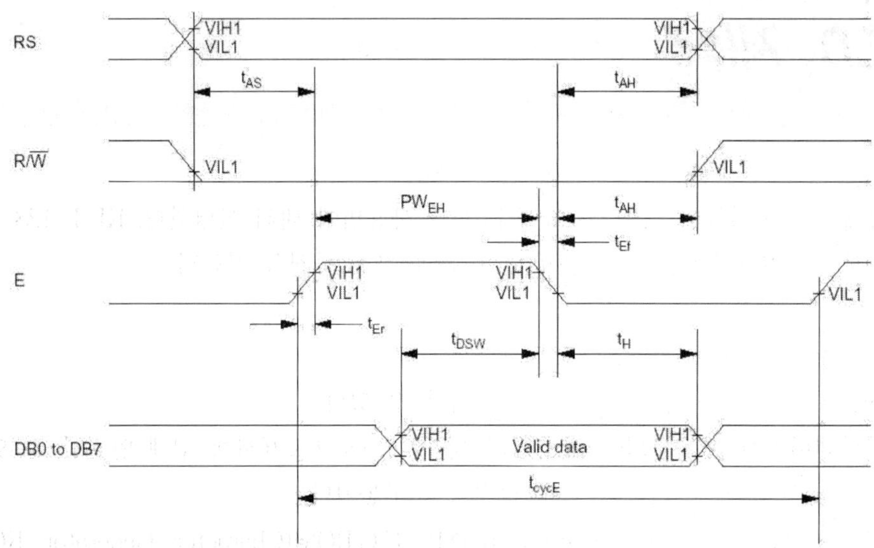


(a) 쓰기 동작

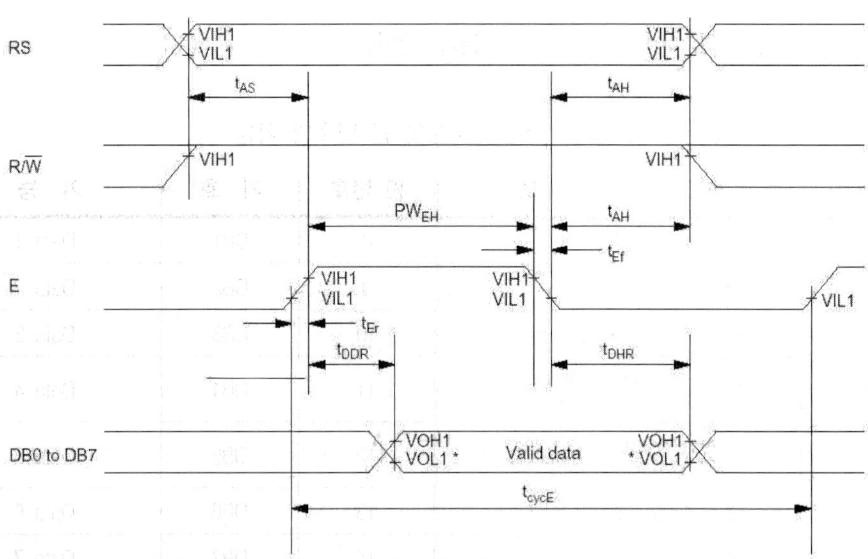


Note: * VOL1 is assumed to be 0.8 V at 2 MHz operation.

(b) 읽기 동작

**[그림 1-1]** LCD 모듈 읽기/쓰기 동작($PW_{EH} \geq 230ns$)

# 1.1 LCD 기본 동작

## (1) 레지스터

LCD에는 8비트의 인스트럭션 레지스터(IR : Instruction Register)와 데이터 레지스터(DR : Data Register)가 있으며, RS(4번 핀) 신호에 의해 선택된다.

IR은 D.D.RAM과 C.G.RAM에 대한 어드레스의 설정, 메모리 클리어, 표시 ON/OFF, 커서 이동 등에 대한 명령어 코드를 가지며, 이 레지스터는 CPU에 의해 써넣기만 가능하다.

DR은 D.D.RAM과 C.G.RAM에 써넣은 데이터나 읽은 데이터를 일시적으로 저장하는 역할을 한다. DR에 써넣은 데이터는 D.D.RAM과 C.G.RAM에 자동으로 써지게 되며, D.D.RAM 또는 C.G.RAM로부터 데이터를 읽을 경우에는 IR에 어드레스를 써넣으면 DR로 데이터가 전송된다. 읽기 동작이 종료되면 다음 어드레스가 자동으로 AC에 전송되어 그 다음 번지를 읽어 낼 수 있는 상태가 된다. [표 1-2]에는 RS와 $R/\overline{W}$ 핀에 대한 IR과 DR의 동작을 나타낸다.

[표 1-2] RS와 $R/\overline{W}$에 의한 레지스터 선택

| RS | $R/\overline{W}$ | 동 작 |
|---|---|---|
| 0 | 0 | IR 쓰기 동작 |
| 0 | 1 | Busy 플래그와 어드레스 카운터 읽기 |
| 1 | 0 | DR 쓰기 동작<br>DR → D.D.RAM, C.G.RAM |
| 1 | 1 | DR 읽기 동작<br>DR ← D.D.RAM, C.G.RAM |

## (2) Busy Flag(BF)

BF는 LCD 모듈이 다음 명령을 받을 수 있는지를 나타내며, BF가 1이면 LCD는 내부 동작을 수행하고 있는 중으로 다음 명령을 받을 수 없다. 반면에 BF가 0이면 다음 명령을 받을 수 있으며, [표 1-2]에 나타낸 것처럼 RS=0, $R/\overline{W}$=1인 조건하에서 BF의 상태가 읽혀진다.

## (3) 어드레스 카운터(AC : Address Counter)

어드레스 카운터(AC)는 D.D.RAM 또는 C.G.RAM의 어드레스를 지정할 때 사용되며, IR에 어드레스 셋 명령어를 쓰면 IR에서 AC로 어드레스 정보가 전송된다. D.D.RAM과

C.G.RAM은 명령어에 의해서 선택되며, D.D.RAM 또는 C.G.RAM에 디스플레이 데이터를 쓰면 AC는 자동으로 +1 또는 -1이 된다.

AC의 내용은 [표 1-2]에 나타낸 것처럼 RS=0, R/$\overline{W}$=1인 조건에서 DB0~DB6으로 출력된다.

### (4) Display Data RAM(D.D.RAM)

D.D.RAM은 8비트 문자 데이터를 최대 80글자까지 기억할 수 있으며, D.D.RAM내의 표시에 사용되지 않는 메모리영역은 일반적인 데이터 RAM으로 사용할 수 있다.

D.D.RAM의 1행은 0x00~0x27, 2행은 0x40~0x67의 어드레스를 가지며, 1행의 마지막 어드레스와 2행의 처음 어드레스가 연속적이 아니라는 점에 주의하여야 한다. 따라서, 각 행에는 40문자씩 저장할 수 있지만, LCD의 각 행에는 40문자 중에 16문자만 표시된다. 그리고, D.D.RAM의 각 행 왼쪽 첫 번째 메모리와 오른쪽 마지막 메모리는 연결된 것처럼 동작한다. 즉, 1행의 0x00번지와 0x27번지 그리고 2행의 0x40번지와 0x67은 마치 연결된 것처럼 동작한다. 따라서, 쉬프트 동작이 실행되면 [그림 1-2]와 같이 D.D.RAM의 어드레스 내용이 LCD상에 표시된다.

| | 1 | 2 | 3 | 4 | 5 | 6 | 7 | 8 | 9 | 10 | 11 | 12 | 13 | 14 | 15 | 16 |
|---|---|---|---|---|---|---|---|---|---|---|---|---|---|---|---|---|
| 1 행 | 00 | 01 | 02 | 03 | 04 | 05 | 06 | 07 | 08 | 09 | 0A | 0B | 0C | 0D | 0E | 0F |
| 2 행 | 40 | 41 | 42 | 43 | 44 | 45 | 46 | 47 | 48 | 49 | 4A | 4B | 4C | 4D | 4E | 4F |

(a) 초기 상태

| | 1 | 2 | 3 | 4 | 5 | 6 | 7 | 8 | 9 | 10 | 11 | 12 | 13 | 14 | 15 | 16 |
|---|---|---|---|---|---|---|---|---|---|---|---|---|---|---|---|---|
| 1 행 | 01 | 02 | 03 | 04 | 05 | 06 | 07 | 08 | 09 | 0A | 0B | 0C | 0D | 0E | 0F | 10 |
| 2 행 | 41 | 42 | 43 | 44 | 45 | 46 | 47 | 48 | 49 | 4A | 4B | 4C | 4D | 4E | 4F | 50 |

(b) 1문자 왼쪽 쉬프트

| | 1 | 2 | 3 | 4 | 5 | 6 | 7 | 8 | 9 | 10 | 11 | 12 | 13 | 14 | 15 | 16 |
|---|---|---|---|---|---|---|---|---|---|---|---|---|---|---|---|---|
| 1 행 | 27 | 00 | 01 | 02 | 03 | 04 | 05 | 06 | 07 | 08 | 09 | 0A | 0B | 0C | 0D | 0E |
| 2 행 | 67 | 40 | 41 | 42 | 43 | 44 | 45 | 46 | 47 | 48 | 49 | 4A | 4B | 4C | 4D | 4E |

(c) 1문자 오른쪽 쉬프트

**[그림 1-2]** D.D.RAM과 LCD에 표시되는 부분의 관계

## (5) C.G.ROM(Character Generator ROM)

C.G.ROM은 5x7, 5x10 도트의 글자를 발생시키며, [표 1-3]에 C.G.ROM의 문자 코드를 나타낸다. 사용자는 LCD에 표시할 문자의 코드값만 D.D.RAM에 써주면 되며, LCD에는 문자코드에 해당하는 문자패턴이 표시된다.

[표 1-3] C.G.ROM 문자 코드

| LOWER 4 BITS \ UPPER 4 BITS | 0000 | 0010 | 0011 | 0100 | 0101 | 0110 | 0111 | 1010 | 1011 | 1100 | 1101 | 1110 | 1111 |
|---|---|---|---|---|---|---|---|---|---|---|---|---|---|
| 0000 | CG RAM (1) | | 0 | @ | P | ` | p | | ー | タ | ミ | α | p |
| 0001 | (2) | ! | 1 | A | Q | a | q | 。 | ア | チ | ム | ä | q |
| 0010 | (3) | " | 2 | B | R | b | r | 「 | イ | ツ | メ | β | θ |
| 0011 | (4) | # | 3 | C | S | c | s | 」 | ウ | テ | モ | ε | ∞ |
| 0100 | (5) | $ | 4 | D | T | d | t | 、 | エ | ト | ヤ | μ | Ω |
| 0101 | (6) | % | 5 | E | U | e | u | ・ | オ | ナ | ユ | σ | ü |
| 0110 | (7) | & | 6 | F | V | f | v | ヲ | カ | ニ | ヨ | ρ | Σ |
| 0111 | (8) | ' | 7 | G | W | g | w | ァ | キ | ヌ | ラ | g | π |
| 1000 | (1) | ( | 8 | H | X | h | x | ィ | ク | ネ | リ | √ | x̄ |
| 1001 | (2) | ) | 9 | I | Y | i | y | ゥ | ケ | ノ | ル | ⁻¹ | y |
| 1010 | (3) | * | : | J | Z | j | z | ェ | コ | ハ | レ | j | 千 |
| 1011 | (4) | + | ; | K | [ | k | { | ォ | サ | ヒ | ロ | ˣ | 万 |
| 1100 | (5) | , | < | L | ¥ | l | \| | ャ | シ | フ | ワ | ¢ | 円 |
| 1101 | (6) | - | = | M | ] | m | } | ュ | ス | ヘ | ン | £ | ÷ |
| 1110 | (7) | . | > | N | ^ | n | → | ョ | セ | ホ | ゛ | ñ | |
| 1111 | (8) | / | ? | O | _ | o | ← | ッ | ソ | マ | ゜ | ö | █ |

## (6) C.G.RAM(Character Generator RAM)

C.G.RAM은 사용자가 정의하는 문자의 패턴을 저장하기 위한 RAM이며, 전원을 끄면 모두 지워져 버린다. 그리고, 새로 정의되는 문자 패턴은 [그림 1-3]과 같이 C.G.RAM의 0x00~0x3F 번지에 저장되며, 8개의 정의 문자가 각각 8바이트씩의 패턴을 저장하기 위해 메모리를 차지한다. 사용자는 이렇게 C.G.RAM에 문자 패턴을 정의하고, LCD에 표시할 때는 0x00~0x07(또는 0x08~0x0F)의 문자 코드를 D.D.RAM에 써주면 된다.

| Character code (DD RAM data) | CG RAM address | | Character pattern (DD RAM data) | | |
|---|---|---|---|---|---|
| 7 6 5 4 3 2 1 0<br>→Higher order bit / Low order bit→ | 5 4 3<br>→Higher order bit | 2 1 0<br>Low order bit→ | 7 6 5<br>→Higher order bit | 4 3 2 1 0<br>Low order bit→ | |
| 0 0 0 0 * 0 0 0 | 0 0 0 | 0 0 0 | * * * | 1 1 1 1 0 | Example of character(1) |
| | | 0 0 1 | ↕ | 1 0 0 0 1 | |
| | | 0 1 0 | | 1 0 0 0 1 | |
| | | 0 1 1 | | 1 1 1 1 0 | |
| | | 1 0 0 | | 1 0 1 0 0 | |
| | | 1 0 1 | | 1 0 0 1 0 | |
| | | 1 1 0 | | 1 0 0 0 1 | |
| | | 1 1 1 | * * * | 0 0 0 0 0 | Cursor position |
| 0 0 0 0 * 0 0 1 | 0 0 1 | 0 0 0 | * * * | 1 0 0 0 1 | Example of character(2) |
| | | 0 0 1 | ↕ | 0 1 0 1 0 | |
| | | 0 1 0 | | 1 1 1 1 1 | |
| | | 0 1 1 | | 0 0 1 0 0 | |
| | | 1 0 0 | | 1 1 1 1 1 | |
| | | 1 0 1 | | 0 0 1 0 0 | |
| | | 1 1 0 | | 0 0 1 0 0 | |
| | | 1 1 1 | * * * | 0 0 0 0 0 | |
| 0 0 0 0 * 1 1 1 | 1 1 1 | 0 0 0 | * * * | | |
| | | 0 0 0 | ↕ | | |
| | | ⋮ | | | |
| | | 1 0 0 | | | |
| | | 1 0 1 | | | |
| | | 1 1 0 | | | |
| | | 1 1 1 | * * * | | *means Don't care |

[그림 1-3] C.G.RAM의 문자 작성(5x7 도트)

## 1.2 LCD 명령어

LCD를 제어하기 위한 명령어는 [표 1-4]와 같다. 이 명령어는 MCU가 LCD를 제어하는 프로그램에서 사용되며, 데이터 버스를 통해서 전송된다.

[표 1-4] LCD 제어 명령어

| 기 능 | 제어신호 | | 명 령 어 코 드 값 | | | | | | | | 실행시간 |
|---|---|---|---|---|---|---|---|---|---|---|---|
| | RS | R/$\overline{W}$ | DB7 | DB6 | DB5 | DB4 | DB3 | DB2 | DB1 | DB0 | |
| 1. 표시 클리어 | 0 | 0 | 0 | 0 | 0 | 0 | 0 | 0 | 0 | 1 | 1.64ms |
| 2. 커서 홈 | 0 | 0 | 0 | 0 | 0 | 0 | 0 | 0 | 1 | 0 | 1.64ms |
| 3. 엔트리 모드 셋 | 0 | 0 | 0 | 0 | 0 | 0 | 0 | 1 | I/D | S | 40us |
| 4. 표시 On/Off 제어 | 0 | 0 | 0 | 0 | 0 | 0 | 1 | D | C | B | 40us |
| 5. 커서/표시 이동 | 0 | 0 | 0 | 0 | 0 | 1 | S/C | R/L | 0 | 0 | 40us |
| 6. 펑션 셋 | 0 | 0 | 0 | 0 | 1 | DL | N | F | 0 | 0 | 40us |
| 7. C.G.RAM 어드레스 설정 | 0 | 0 | 0 | 1 | C.G.RAM Address | | | | | | 40us |
| 8. D.D.RAM 어드레스 설정 | 0 | 0 | 1 | D.D.RAM Address | | | | | | | 40us |
| 9. BF/어드레스 읽기 | 0 | 1 | BF | Address Counter | | | | | | | 0us |
| 10. C.G.RAM, D.D.RAM 으로 데이터 쓰기 | 1 | 0 | Write Data | | | | | | | | 40us |
| 11. C.G.RAM, D.D.RAM 에서 데이터 읽기 | 1 | 1 | Read Data | | | | | | | | 40us |

*실행시간은 fosc=250KHz

### (1) 표시 클리어

LCD 화면을 클리어하고 커서는 1행 1열의 홈(Home) 위치로 돌아가며, D.D.RAM의 어드레스 카운터는 0이 된다.

### (2) 커서 홈

D.D.RAM의 어드레스 카운터는 0이 되며, 커서의 위치는 홈에 위치한다.

### (3) 엔트리모드 셋

커서의 움직이는 방향과 디스플레이를 이동시킬 것인지를 결정한다. I/D값은 문자코드를 DDRAM 또는 CGRAM에 써넣거나 읽을 때 어드레스를 +1 또는 -1 하기 위한 설정 비트로서, I/D가 1이면 어드레스를 +1 하고 커서를 우로 이동시킨다. 그리고, I/D가 0이면 어드레스를 -1 하고 커서를 좌로 이동시킨다.

그리고, S는 DDRAM에 데이터를 써넣은 후에 표시전체를 좌로 또는 우로 이동시키기 위한 설정비트이며, S=0이면 이동되지 않는다. S=1이고 I/D=1이면 표시전체가 좌로 이동하며, S=1이고 I/D=0이면 표시전체가 우로 이동한다. S=1이면 커서의 위치는 변하지 않는다.

### (4) 표시 On/Off 제어

전체 디스플레이의 On/Off 제어, 커서의 On/Off 제어, 커서 위치의 문자를 깜박이게 하는 기능을 갖는다. D=1이면 LCD 전체가 On되어 글자가 표시되며, D=0이면 Off되어 글자가 표시되지 않는다. 그러나, D.D.RAM은 지워지지 않은 상태로 남아 있기 때문에 D=1로 해주면 다시 표시된다. C=1이면 커서가 나타나며, C=0이면 커서가 나타나지 않는다. 5x7 도트의 폰트에서 커서는 8번째 줄에 나타나고, 5x10 도트에서는 11번째 줄에 나타난다. B=1이면 커서가 깜박이며, B=0이면 커서는 깜박이지 않는다.

### (5) 커서/표시 이동

D.D.RAM의 내용을 변경시키지 않은 상태에서 커서를 움직이거나 표시 전체를 이동한다. 커서의 이동은 첫 번째 라인의 마지막 칸(40번째)에서 다음 라인으로 넘어간다. 표시 이동은 첫 번째 라인과 두 번째 라인이 동시에 이루어지며, 표시 이동은 수평으로만 가능하다. [표 1-5]는 커서/표시 이동에 대한 설정조건을 나타낸다.

[표 1-5] 커서 및 표시 이동에 대한 설정

| S/C | R/L | 동 작 |
|---|---|---|
| 0 | 0 | 커서의 위치를 좌로 이동한다. (AC는 -1된다.) |
| 0 | 1 | 커서의 위치를 우로 이동한다. (AC는 +1된다.) |
| 1 | 0 | 표시와 커서를 좌로 이동한다. |
| 1 | 1 | 표시와 커서를 우로 이동한다. |

### (6) 펑션 셋

인터페이스 길이를 결정하거나 표시 행수와 문자 폰트를 설정한다. 즉, DL=1일 때 8비트로 설정되고, DL=0일 때 4비트로 설정된다. 4비트로 설정될 때에는 DB7~DB4가 사용되며, 데이터 전송은 상위 4비트에 이어 하위 4비트의 순서로 이루어진다. N과 F에 따른 표시 행수와 문자 폰트의 설정은 [표 1-6]과 같다.

[표 1-6] 표시 행수와 문자 폰트의 설정

| N | F | 표시 라인 | 글자 폰트 | 듀티비 |
|---|---|---|---|---|
| 0 | 0 | 1 | 5x7 도트 | 1/8 |
| 0 | 1 | 1 | 5x10 도트 | 1/11 |
| 1 | * | 2 | 5x7 도트 | 1/16 |

### (7) C.G.RAM 어드레스 설정

C.G.RAM의 어드레스를 설정하며, 어드레스 설정 후에 C.G.RAM의 데이터를 읽고 쓸 수 있다.

### (8) D.D.RAM 어드레스 설정

D.D.RAM의 어드레스를 설정하며, 어드레스 설정 후에 D.D.RAM의 데이터를 읽고 쓸 수 있다.

### (9) BF/어드레스 읽기

LCD의 내부 동작 상태를 알 수 있는 비지 플래그(BF)와 어드레스 카운터의 내용을 읽을 수 있다. BF=1이면 내부 동작이 진행 중이라 명령을 받아들일 수 없으며, BF=0이면 명령을 받아들일 수 있다.

### (10) C.G.RAM, D.D.RAM으로 데이터 쓰기

C.G.RAM 또는 D.D.RAM에 8비트의 데이터를 쓸 수 있다. C.G.RAM 또는 D.D.RAM의 선택은 이전에 어드레스값이 설정된 RAM이 선택되며, 엔트리 모드에 따라 어드레스는 +1 또는 -1 된다.

### (11) C.G.RAM, D.D.RAM으로부터 데이터 읽기

C.G.RAM 또는 D.D.RAM으로부터 8비트의 데이터를 읽는다. 읽기 전에는 반드시 D.D.RAM 또는 C.G.RAM의 어드레스 설정 명령을 실행해야 한다. 읽기 명령 전에 어드

레스 설정 명령을 실행하지 않으면 첫 번째 데이터는 무효가 되고, 두 번째 데이터부터 정상적으로 읽혀진다.

## 1.3 초기화

LCD는 초기화 과정을 거쳐야만 안정적인 동작을 보장할 수 있다. 사양에서 정의된 시간을 지켜야 하며, 시간 지연이 필요한 곳에는 적당한 시간 지연을 주어야 안정적인 동작이 가능하다. [그림 1-4]는 4비트 모드의 경우에 대한 LCD의 초기화 과정을 나타낸다.

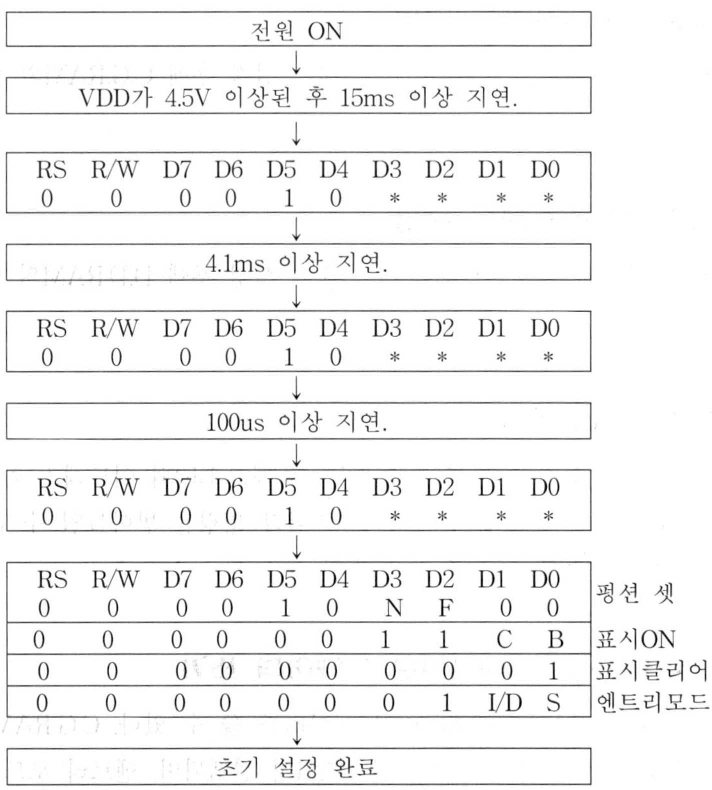


[그림 1-4] LCD 초기(4비트 데이터 버스 방식)

# 1.4 LCD 제어 실험

KUT-128 인터페이스 보드에는 외부에 LCD를 연결할 수 있도록 [그림 1-5]와 같은 독립적인 커넥터가 마련되어 있다. 즉, ATmega128의 D포트에 의해 LCD를 4비트 데이터 방식으로 제어하도록 되어 있으며, [표 1-7]과 같이 포트 D에 연결된다.

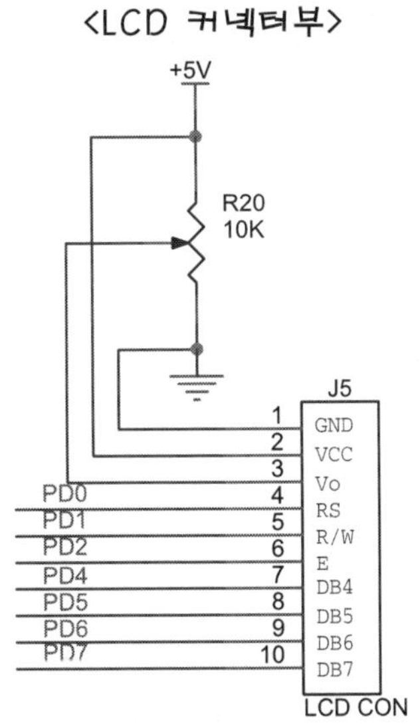


[그림 1-5] KUT-128 인터페이스 보드의 LCD 커넥터

[표 1-7] LCD와 C 포트 연결

| LCD 핀 | C 포트 | LCD 핀 | C 포트 |
|---|---|---|---|
| RS | PD0 | DB5 | PD5 |
| R/ $\overline{W}$ | PD1 | DB6 | PD6 |
| E | PD2 | DB7 | PD7 |
| DB4 | PD4 | | |

예제에서는 D 포트를 직접 제어하여 LCD를 구동하며, Busy Flag(BF)는 따로 조사하는 대신에 시간 지연 함수를 이용한다. 시간 지연 함수는 컴파일러에서 제공하는 함수를 사용하였으며, 반드시 <delay.h> 파일을 포함시켜야 한다.

### [예제 1-1] LCD 문자열 출력 실험

KUT-128 보드의 LCD 커넥터에 LCD를 연결하고 다음과 같은 문자열을 출력하는 프로그램을 작성하라.

| Hello!! KUT-128 |
|---|
| Atmel ATmega128 |

**[예제 1-1] LCD 문자열 출력 실험**

```
// 파일명 : lcd01.c
// 설  명 : LCD에 임의의 문자열을 출력한다.
// 주  의 : 포트를 직접 제어하여 LCD를 사용한다.
//          RS  - PD0
//          R/W - PD1
//          EN  - PD2
//          DB4 - PD4
//          DB5 - PD5
//          DB6 - PD6
//          DB7 - PD7

#include <mega128.h>
#include <delay.h>

#define FUNCSET     0x28        // Function Set
#define ENTMODE     0x06        // Entry Mode Set
#define ALLCLR      0x01        // All Clear
#define DISPON      0x0c        // Display On
#define LINE2       0xC0        // 2nd Line Move

void LCD_init(void);
void LCD_String(char flash *);
void Busy(void);
void Command(unsigned char);
void Data(unsigned char);

void main(void)
{
        LCD_init();

        LCD_String("Hello!! KUT-128");          // 첫 번째 라인에 출력
        Command(LINE2);
        LCD_String("Atmel ATmega128");          // 두 번째 라인에 출력

        while(1);
}
```

**[예제 1-1] LCD 문자열 출력 실험(계속1)**

```
// LCD 초기화
void LCD_init(void)
{
        DDRD = 0xFF;                                    // 포트 D 출력 설정
        PORTD &= 0xFB;                                  //E = 0;

        delay_ms(15);
        Command(0x20);
        delay_ms(5);
        Command(0x20);
        delay_us(100);
        Command(0x20);
        Command(FUNCSET);
        Command(DISPON);
        Command(ALLCLR);
        Command(ENTMODE);
}
// 문자열 출력 함수
void LCD_String(char flash str[])
{
        char flash *pStr=0;

        pStr = str;
        while(*pStr) Data(*pStr++);
}

// 인스트럭션 쓰기 함수
void Command(unsigned char byte)
{
        Busy();

        // 인스트럭션 상위 바이트
        PORTD = (byte & 0xF0);                          // 데이터
        PORTD &= 0xFE;                                  //RS = 0;
        PORTD &= 0xFD;                                  //RW = 0;
        delay_us(1);
        PORTD |= 0x04;                                  //E = 1;
        delay_us(1);
        PORTD &= 0xFB;                                  //E = 0;

        // 인스트럭션 하위 바이트
        PORTD = ((byte<<4) & 0xF0);                     // 데이터
        PORTD &= 0xFE;                                  //RS = 0;
        PORTD &= 0xFD;                                  //RW = 0;
        delay_us(1);
```

**[예제 1-1] LCD 문자열 출력 실험(계속2)**

```
        PORTD |= 0x04;                        //E = 1;
        delay_us(1);
        PORTD &= 0xFB;                        //E = 0;
}

//데이터 쓰기 함수
void Data(unsigned char byte)
{
        Busy();

        // 데이터 상위 바이트
        PORTD = (byte & 0xF0);                // 데이터
        PORTD |= 0x01;                        //RS = 1;
        PORTD &= 0xFD;                        //RW = 0;
        delay_us(1);
        PORTD |= 0x04;                        //E = 1;
        delay_us(1);
        PORTD &= 0xFB;                        //E = 0;

        // 데이터 하위 바이트
        PORTD = ((byte<<4) & 0xF0);           // 데이터
        PORTD |= 0x01;                        //RS = 1;
        PORTD &= 0xFD;                        //RW = 0;
        delay_us(1);
        PORTD |= 0x04;                        //E = 1;
        delay_us(1);
        PORTD &= 0xFB;                        //E = 0;
}

// Busy Flag Check -> 일반적인 BF를 체크하는 것이 아니라
// 일정한 시간 지연을 이용한다.
void Busy(void)
{
        delay_ms(2);
}
```

### [예제 1-2] LCD 문자열 이동 실험

[예제 1-1]에서와 같은 문자열에 대해 다음과 같은 동작을 반복 수행하는 프로그램을 작성하라.

(두 라인에 문자열 표시) -> (0.5초간 LCD ON) -> (0.5초간 LCD OFF) -> (1초간 LCD ON) -> (0.5초 간격으로 16번 오른쪽으로 이동)

**[예제 1-2] LCD 문자열 이동 실험**

```
// 파일명 : lcd02.c
// 설  명 : LCD에 임의의 문자열을 출력한다.
//          표시된 문자열을 한번 깜박거린 후에 우측으로 이동한다.
//          전체가 이동하면 다시 처음부터 반복
// 주  의 : 포트를 직접 제어하여 LCD를 사용한다.
//          RS  - PD0
//          R/W - PD1
//          EN  - PD2
//          DB4 - PD4
//          DB5 - PD5
//          DB6 - PD6
//          DB7 - PD7

#include <mega128.h>
#include <delay.h>

#define FUNCSET        0x28     // Function Set
#define ENTMODE        0x06     // Entry Mode Set
#define ALLCLR         0x01     // All Clear
#define DISPON         0x0c     // Display On
#define DISPOFF        0x08     // Display Off
#define LINE2          0xC0     // 2nd Line Move
#define HOME           0x02     // Cursor Home
#define RSHIFT         0x1C     // Display Right Shift

void LCD_init(void);
void LCD_String(char flash *);
void Busy(void);
void Command(unsigned char);
void Data(unsigned char);

void main(void)
{
        int i;

        LCD_init();

        while(1){
                Command(HOME);
```

**[예제 1-2] LCD 문자열 이동 실험(계속1)**

```
                LCD_String("Hello!! KUT-128");      // 첫 번째 라인에 출력
                Command(LINE2);
                LCD_String("Atmel ATmega128");  // 두 번째 라인에 출력

                delay_ms(500);                      // 0.5초 시간 지연
                Command(DISPOFF);                   // Display Off
                delay_ms(500);                      // 0.5초 시간 지연
                Command(DISPON);
                delay_ms(1000);                     // 1초 시간 지연

                // 16번 오른쪽으로 쉬프트
                for(i=0;i<16;i++) {
                        Command(RSHIFT);
                        delay_ms(500);
                }
        }
}
// LCD 초기화
void LCD_init(void)
{
        DDRD = 0xFF;                                // 포트 D 출력 설정
        PORTD &= 0xFB;                              // E = 0;

        delay_ms(15);
        Command(0x20);
        delay_ms(5);
        Command(0x20);
        delay_us(100);
        Command(0x20);
        Command(FUNCSET);
        Command(DISPON);
        Command(ALLCLR);
        Command(ENTMODE);
}

// 문자열 출력 함수
void LCD_String(char flash str[])
{
        char flash *pStr=0;

        pStr = str;
        while(*pStr) Data(*pStr++);
}
// 인스트럭션 쓰기 함수
void Command(unsigned char byte)
{
        Busy();
```

**[예제 1-2] LCD 문자열 이동 실험(계속2)**

```
        // 인스트럭션 상위 바이트
        PORTD = (byte & 0xF0);                  // 데이터
        PORTD &= 0xFE;                          //RS = 0;
        PORTD &= 0xFD;                          //RW = 0;
        delay_us(1);
        PORTD |= 0x04;                          //E = 1;
        delay_us(1);
        PORTD &= 0xFB;                          //E = 0;

        // 인스트럭션 하위 바이트
        PORTD = ((byte<<4) & 0xF0);             // 데이터
        PORTD &= 0xFE;                          //RS = 0;
        PORTD &= 0xFD;                          //RW = 0;
        delay_us(1);
        PORTD |= 0x04;                          //E = 1;
        delay_us(1);
        PORTD &= 0xFB;                          //E = 0;
}
//데이터 쓰기 함수
void Data(unsigned char byte)
{
        Busy();

        // 데이터 상위 바이트
        PORTD = (byte & 0xF0);                  // 데이터
        PORTD |= 0x01;                          //RS = 1;
        PORTD &= 0xFD;                          //RW = 0;
        delay_us(1);
        PORTD |= 0x04;                          //E = 1;
        delay_us(1);
        PORTD &= 0xFB;                          //E = 0;

        // 데이터 하위 바이트
        PORTD = ((byte<<4) & 0xF0);             // 데이터
        PORTD |= 0x01;                          //RS = 1;
        PORTD &= 0xFD;                          //RW = 0;
        delay_us(1);
        PORTD |= 0x04;                          //E = 1;
        delay_us(1);
        PORTD &= 0xFB;                          //E = 0;
}

// Busy Flag Check -> 일반적인 BF를 체크하는 것이 아니라
// 일정한 시간 지연을 이용한다.
void Busy(void)
{
        delay_ms(2);
}
```

## [예제 1-3] LCD 문자열 연속 이동 실험

아래와 같이 첫 번째 라인에 문자열을 표시한 후 좌측으로 계속 이동시키는 프로그램을 작성하라. 실험에 사용하는 LCD는 한 라인에 16문자밖에 표시할 수 없기 때문에, 음영으로 표시된 부분은 처음에 LCD에 표시되는 부분이고 음영으로 표시되지 않은 부분은 LCD에 표시되지는 않고 메모리에 코드값만 들어있는 부분이다. 문자열이 좌측으로 이동하면 점점 숨겨져 있던 문자열이 보이게 되며, 좌측으로 계속 이동하면 좌측으로 이동하여 보이지 않던 문자열은 다시 LCD의 우측 끝에서 나타나게 된다.

| Hello!! KUT-128 | -- ATMEL ATmega128 |
|---|---|
| | |

### [예제 1-3] LCD 문자열 연속 이동 실험

```
// 파일명 : lcd03.c
// 설  명 : LCD에 임의의 문자열을 출력한다.
//          표시된 문자열을 좌측으로 이동하여 우측에서 문자가 다시
//          출력되도록 한다.
// 주  의 : 포트를 직접 제어하여 LCD를 사용한다.
//           RS  - PD0
//           R/W - PD1
//           EN  - PD2
//           DB4 - PD4
//           DB5 - PD5
//           DB6 - PD6
//           DB7 - PD7

#include <mega128.h>
#include <delay.h>

#define FUNCSET      0x28    // Function Set
#define ENTMODE      0x06    // Entry Mode Set
#define ALLCLR       0x01    // All Clear
#define DISPON       0x0c    // Display On
#define LSHIFT       0x18    // Display Left Shift

void LCD_init(void);
void LCD_String(char flash *);
void Busy(void);
void Command(unsigned char);
void Data(unsigned char);

void main(void)
{
```

**[예제 1-3] LCD 문자열 연속 이동 실험(계속1)**

```
        LCD_init();

        // 첫 번째 라인에 출력
        LCD_String("Hello!! KUT-128 -- Atmel ATmega128");
        while(1){
                Command(LSHIFT);                // Display Left Shift
                delay_ms(300);                  // 0.3초 시간 지연
        }
}
// LCD 초기화
void LCD_init(void)
{
        DDRD = 0xFF;                            // 포트 D 출력 설정
        PORTD &= 0xFB;                          // E = 0;

        delay_ms(15);
        Command(0x20);
        delay_ms(5);
        Command(0x20);
        delay_us(100);
        Command(0x20);
        Command(FUNCSET);
        Command(DISPON);
        Command(ALLCLR);
        Command(ENTMODE);
}

// 문자열 출력 함수
void LCD_String(char flash str[])
{
        char flash *pStr=0;

        pStr = str;
        while(*pStr) Data(*pStr++);
}

// 인스트럭션 쓰기 함수
void Command(unsigned char byte)
{
        Busy();

        // 인스트럭션 상위 바이트
        PORTD = (byte & 0xF0);                  // 데이터
        PORTD &= 0xFE;                          //RS = 0;
        PORTD &= 0xFD;                          //RW = 0;
        delay_us(1);
```

**[예제 1-3] LCD 문자열 연속 이동 실험(계속2)**

```
        PORTD |= 0x04;                          //E = 1;
        delay_us(1);
        PORTD &= 0xFB;                          //E = 0;

        // 인스트럭션 하위 바이트
        PORTD = ((byte<<4) & 0xF0);             // 데이터
        PORTD &= 0xFE;                          //RS = 0;
        PORTD &= 0xFD;                          //RW = 0;
        delay_us(1);
        PORTD |= 0x04;                          //E = 1;
        delay_us(1);
        PORTD &= 0xFB;                          //E = 0;
}
//데이터 쓰기 함수
void Data(unsigned char byte)
{
        Busy();

        // 데이터 상위 바이트
        PORTD = (byte & 0xF0);                  // 데이터
        PORTD |= 0x01;                          //RS = 1;
        PORTD &= 0xFD;                          //RW = 0;
        delay_us(1);
        PORTD |= 0x04;                          //E = 1;
        delay_us(1);
        PORTD &= 0xFB;                          //E = 0;

        // 데이터 하위 바이트
        PORTD = ((byte<<4) & 0xF0);             // 데이터
        PORTD |= 0x01;                          //RS = 1;
        PORTD &= 0xFD;                          //RW = 0;
        delay_us(1);
        PORTD |= 0x04;                          //E = 1;
        delay_us(1);
        PORTD &= 0xFB;                          //E = 0;
}

// Busy Flag Check -> 일반적인 BF를 체크하는 것이 아니라
// 일정한 시간 지연을 이용한다.
void Busy(void)
{
        delay_ms(2);
}
```

### [예제 1-4] LCD에 문자 패턴 등록하고 표시하기

아래의 3문자에 대한 패턴을 C.G.RAM에 등록하고, LCD에 " My Name is 조영준 "을 표시하는 프로그램을 작성하라.

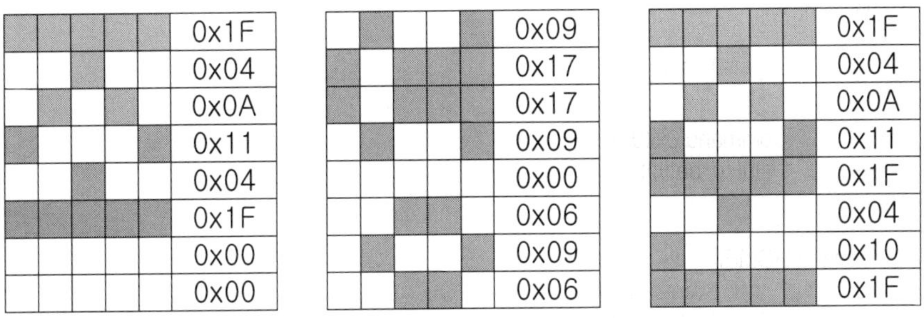


**[예제 1-4] LCD에 문자 패턴 등록하고 표시하기**

```
// 파일명 : lcd04.c
// 설  명 : 문자 패턴 등록후 표시하기
// 주  의 : 포트를 직접 제어하여 LCD를 사용한다.
//          RS  - PD0
//          R/W - PD1
//          FN  - PD2
//          DB4 - PD4
//          DB5 - PD5
//          DB6 - PD6
//          DB7 - PD7

#include <mega128..h>
#include <delay.h>

#define FUNCSET    0x28     // Function Set
#define ENTMODE    0x06     // Entry Mode Set
#define ALLCLR     0x01     // All Clear
#define DISPON     0x0c     // Display On
#define LSHIFT     0x18     // Display Left Shift
#define HOME       0x02     // Cursor Home

flash unsigned char cg_pat[24] =
           {0x1F, 0x04, 0x0A, 0x11, 0x04, 0x1F, 0x00, 0x00,   // '조'
            0x09, 0x17, 0x17, 0x09, 0x00, 0x06, 0x09, 0x06,   // '영'
            0x1F, 0x04, 0x0A, 0x11, 0x1F, 0x04, 0x10, 0x1F};  // '준'

void LCD_init(void);
void LCD_String(char flash *);
void Busy(void);
void Command(unsigned char);
void Data(unsigned char);
```

**[예제 1-4] LCD에 문자 패턴 등록하고 표시하기 (계속1)**

```
void main(void)
{
        int i;

        LCD_init();

        // 첫 번째 라인에 출력
        for(i = 0;i < 24;i++){
                Command(0x40 + i);
                Data(cg_pat[i]);
        }

        Command(HOME);
        LCD_String(" My Name is ");
        Data(0x00);// '조' 또는 0x08
        Data(0x01);// '영' 또는 0x09
        Data(0x02);// '준' 또는 0x0A

       while(1);
}

// LCD 초기화
void LCD_init(void)
{
        DDRD = 0xFF;                    // 포트 D 출력 설정
        PORTD &= 0xFB;                  // E = 0;

        delay_ms(15);
        Command(0x20);
        delay_ms(5);
        Command(0x20);
        delay_us(100);
        Command(0x20);
        Command(FUNCSET);
        Command(DISPON);
        Command(ALLCLR);
        Command(ENTMODE);
}

// 문자열 출력 함수
void LCD_String(char flash str[])
{
        char flash *pStr=0;

        pStr = str;
        while(*pStr) Data(*pStr++);
}

// 인스트럭션 쓰기 함수
void Command(unsigned char byte)
{
```

**[예제 1-4] LCD에 문자 패턴 등록하고 표시하기 (계속2)**

```
        Busy();

        // 인스트럭션 상위 바이트
        PORTD = (byte & 0xF0);                  // 데이터
        PORTD &= 0xFE;                          //RS = 0;
        PORTD &= 0xFD;                          //RW = 0;
        delay_us(1);
        PORTD |= 0x04;                          //E = 1;
        delay_us(1);
        PORTD &= 0xFB;                          //E = 0;

        // 인스트럭션 하위 바이트
        PORTD = ((byte<<4) & 0xF0);             // 데이터
        PORTD &= 0xFE;                          //RS = 0;
        PORTD &= 0xFD;                          //RW = 0;
        delay_us(1);
        PORTD |= 0x04;                          //E = 1;
        delay_us(1);
        PORTD &= 0xFB;                          //E = 0;
}
//데이터 쓰기 함수
void Data(unsigned char byte)
{
        Busy();

        // 데이터 상위 바이트
        PORTD = (byte & 0xF0);                  // 데이터
        PORTD |= 0x01;                          //RS = 1;
        PORTD &= 0xFD;                          //RW = 0;
        delay_us(1);
        PORTD |= 0x04;                          //E = 1;
        delay_us(1);
        PORTD &= 0xFB;                          //E = 0;

        // 데이터 하위 바이트
        PORTD = ((byte<<4) & 0xF0);             // 데이터
        PORTD |= 0x01;                          //RS = 1;
        PORTD &= 0xFD;                          //RW = 0;
        delay_us(1);
        PORTD |= 0x04;                          //E = 1;
        delay_us(1);
        PORTD &= 0xFB;                          //E = 0;
}

// Busy Flag Check -> 일반적인 BF를 체크하는 것이 아니라
// 일정한 시간 지연을 이용한다.
void Busy(void)
{
        delay_ms(2);
}
```

# 1.5 LCD를 이용한 디지털 시계

이 절에서는 기본적으로 시간만 표시되는 간단한 디지털 시계를 만들어 보자. 프로그램은 타이머/카운터1을 일반 모드(모드 0)로 하여 출력 비교 인터럽트를 이용하기로 한다. 즉, 0.5초 마다 출력 비교 인터럽트가 발생하도록 레지스터 OCR1C에 값을 설정하고, 파형출력은 OC1C(PWM)핀에 연결된 LED를 0.5초 단위로 ON/OFF 토글되어 표시하도록 한다. 따라서, 출력 비교 인터럽트가 2번 발생하면 1초가 되므로, 출력 비교 인터럽트가 2번 발생할 때마다 시간을 증가시키면 된다. 여기서, 0.5초의 주기를 얻기 위한 타이머/카운터1의 출력비교 레지스터 OCR1C의 값은 다음과 같이 계산된다.

$$\text{OCR1C 값} = \text{오실레이터 주파수} \times \frac{1}{\text{프리스케일}} \times \frac{1}{2}$$

- 오실레이터 주파수 = 16MHz
- 프리스케일러 값 = 1024
- OCR1C = 16MHz / 1024 / 2 ≒ 7812

프로그램이 실행되면 LCD에 [12:00:00]으로 표시하고, KUT-128 보드의 SW1과 SW2의 스위치를 이용하여 시간을 조정한다. SW1과 SW2는 외부 인터럽트 요구 신호인 INT4와 INT5에 연결되어 있으므로, 프로그램에서는 외부 인터럽트를 이용하기로 한다. 각 스위치를 이용한 시간 조정 방법은 다음과 같다.

① SW1을 한번 누르면 시계의 '분'의 위치에서 커서가 깜박인다.
② 여기서 SW1을 한번 더 누르면 시계의 '시'의 위치에서 커서가 깜박인다.
③ '시'의 위치에서 SW1를 한번 더 누르면 시간 조정을 끝낸다.
④ 각각의 위치에서 SW2를 누르면 시간이 1분/1시간씩 증가한다.

시계의 시간은 위와 같이 조정할 수 있으며, 시간을 조정하는 중에는 시간이 카운트되지 않는다. 그러나, PWM LED는 계속해서 깜박이며, [표 1-8]은 시계의 각 부분에 이용되는 기능을 나타낸다.

[표 1-8] 시계의 각 부분에 이용되는 기능

| 1초 펄스 발생 | 타이머/카운터 1의 비교 매치 인터럽트 이용 |
|---|---|
| 1초 표시 LED | 비교 매치 인터럽트 OC1C핀에 연결되어 있는 PWM LED |
| 시간 조정 자리 수 이동 | 외부 인터럽트4 |
| 분 또는 시의 증가 | 외부 인터럽트5 |
| 시간 표시 | D 포트에 연결되어 있는 LCD |

## LCD를 이용한 디지털 시계

```
// 파일명 : clock.c
// 설  명 : 시간을 조정할 수 있는 디지털 시계 제작
//          타이머를 이용하여 1초 펄스를 발생시킨다.
//          외부 인터럽트 요구 신호를 이용하여 시간을 조정한다.
//          - SW1(INT4) : 시간 조정 자리수 이동
//                        -> 자릿수에 커서가 깜박인다.
//          - SW2(INT5) : 시간 증가
// 주  의 : 시간 조정 중에 시간은 정지

#include <mega128.h>
#include <delay.h>
#include <stdio.h>

#define FUNCSET     0x28    // Function Set
#define ENTMODE     0x06    // Entry Mode Set
#define ALLCLR      0x01    // All Clear
#define DISPON      0x0c    // Display On
#define LINE2       0xC0    // 2nd Line Move
#define HOME        0x02    // Cursor Home
#define CURON       0x0F    // Cursor On

typedef unsigned char BYTE;

int hour=12, min=0, sec=0;
BYTE tog=0,set=0;

void LCD_init(void);
void LCD_String1(char *);
void Busy(void);
void Command(unsigned char);
void Data(unsigned char);
void Timer_Interrupt_Initialize(void);
void External_Interrupt_Initialize(void);
void Time_Display(void);
void Count_up(void);
```

## LCD를 이용한 디지털 시계 (계속1)

```
void main(void)
{
        DDRB = 0xFF;        // OC1C(PB7) 핀 출력방향설정

        LCD_init();
        Timer_Interrupt_Initialize();
        External_Interrupt_Initialize();
        Time_Display();

        #asm ("sei")        // 전역 인터럽트 플래그 셋.

        while(1);           // 무한 루프
}

// LCD 초기화
void LCD_init(void)
{
        DDRD = 0xFF;                // 포트 D 출력 설정
        PORTD &= 0xFB;              // E = 0;

        delay_ms(15);
        Command(0x20);
        delay_ms(5);
        Command(0x20);
        delay_us(100);
        Command(0x20);
        Command(FUNCSET);
        Command(DISPON);
        Command(ALLCLR);
        Command(ENTMODE);
}

// 문자열 출력 함수
void LCD_String1(char str[])
{
        while(*str) Data(*str++);
}

// 인스트럭션 쓰기 함수
void Command(unsigned char byte)
{
        Busy();

        // 인스트럭션 상위 바이트
        PORTD = (byte & 0xF0);              // 데이터
        PORTD &= 0xFE;                      //RS = 0;
        PORTD &= 0xFD;                      //RW = 0;
```

## LCD를 이용한 디지털 시계 (계속2)

```
        delay_us(1);
        PORTD |= 0x04;                          //E = 1;
        delay_us(1);
        PORTD &= 0xFB;                          //E = 0;

        // 인스트럭션 하위 바이트
        PORTD = ((byte<<4) & 0xF0);             // 데이터
        PORTD &= 0xFE;                          //RS = 0;
        PORTD &= 0xFD;                          //RW = 0;
        delay_us(1);
        PORTD |= 0x04;                          //E = 1;
        delay_us(1);
        PORTD &= 0xFB;                          //E = 0;
}

//데이터 쓰기 함수
void Data(unsigned char byte)
{
        Busy();

        // 데이터 상위 바이트
        PORTD = (byte & 0xF0);                  // 데이터
        PORTD |= 0x01;                          //RS = 1;
        PORTD &= 0xFD;                          //RW = 0;
        delay_us(1);
        PORTD |= 0x04;                          //E = 1;
        delay_us(1);
        PORTD &= 0xFB;                          //E = 0;

        // 데이터 하위 바이트
        PORTD = ((byte<<4) & 0xF0);             // 데이터
        PORTD |= 0x01;                          //RS = 1;
        PORTD &= 0xFD;                          //RW = 0;
        delay_us(1);
        PORTD |= 0x04;                          //E = 1;
        delay_us(1);
        PORTD &= 0xFB;                          //E = 0;
}

// Busy Flag Check -> 일반적인 BF를 체크하는 것이 아니라
// 일정한 시간 지연을 이용한다.
void Busy(void)
{
        delay_ms(2);
}
```

### LCD를 이용한 디지털 시계 (계속3)

```
// 타이머 인터럽트 비교 매치 인터럽트 초기화 함수
void Timer_Interrupt_Initialize(void)
{
	// 타이머/카운터 인터럽트 초기화
	ETIMSK = 0x01;			// OCIE1C = 1
	TCCR1A = 0x04;			// COM1Cx = 01 : OC1C 토글
	TCCR1B = 0x05;			// 프리스케일 = CK/1024
	TCNT1 = 0x0000;			// 타이머/카운터1 레지스터 초기값 : 16 비트

	// 타이머/카운터1 비교 매치 B 레지스터 : 16 비트
	OCR1CH = (7812 & 0xFF00) >> 8;
	OCR1CL = 7812 & 0x0FF;
}

// 외부 인터럽트 요구 초기화 함수
void External_Interrupt_Initialize(void)
{
	// 외부 인터럽트 초기화
	EICRB = 0b00001010;		// 외부 인터럽트 4, 5 : 하강 에지
	EIMSK = 0b00110000;		// 외부 인터럽트 4, 5 인에이블
}

// LCD에 시간을 표시하는 함수
void Time_Display(void)
{
	char Time_buf[16];

	sprintf(Time_buf," %02u : %02u : %02u  ",hour, min, sec);
	Command(HOME);
	LCD_String1(Time_buf);
}

// 시간 증가 함수
void Count_up(void)
{
	if(sec != 59) sec++;			// sec count-up
	else{
		sec = 0;
		if(min != 59) min++;		// min count-up
		else{
			min = 0;
			if(hour != 12) hour++;// hour count-up
			else hour = 1;
		}
	}
```

### LCD를 이용한 디지털 시계 (계속4)

```
        Time_Display();        // 시간 표시
}

// 타이머/카운터 1 비교 B 매치 인터럽트 서비스 루틴
// 0.5초마다 인터럽트 발생
interrupt [TIM1_COMPC] void timer1_compc(void)
{
        TCNT1 = 0x0000;     // 타이머/카운터 1 레지스터 초기화

        // 1초 마다 한번씩 카운트한다.
        if(tog == 0) tog++;
        else {
                tog = 0;
                if(set == 0) Count_up();
        }

        // 시간 조정 모드에서의 커서 위치 설정
        if(set == 1) Command(0x88);                  // min의 위치
        else if(set == 2) Command(0x83);             // hour의 위치
}

// 외부 인터럽트 요구 4 서비스 루틴
// 시간 설정 자리수 이동
interrupt [EXT_INT4] void external_int4(void)
{
        Command(CURON);  // 커서 표시

        if(set != 2) set++;      // 자릿수 이동
        else set = 0;            // set=0(표시모드), set=1(분 조정), set=2(시간 조정)
}

// 외부 인터럽트 요구 5 서비스 루틴
// 분과 시를 증가한다.
interrupt [EXT_INT5] void external_int5(void)
{
        if(set == 1){              // min count-up
                if(min != 59) min++;
                else min = 0;
        }
        else if(set == 2){      // hour count-up
                if(hour != 12) hour++;
                else hour = 1;
        }

        Time_Display();                      // 시간 표시
}
```

Chapter 02

# RC 서보 모터

서보 모터는 주어진 신호에 의해서 일정한 각을 유지하거나 일정한 위치를 유지하는 모터로서, 이 장에서 설명하는 RC 서보 모터는 일반적으로 무선 모형 비행기나 자동차에 많이 사용되는 모터이다. 서보 모터는 서보 신호에 의해 특정한 각도를 유지하며, 서보 신호는 PWM 신호로서 일정한 주기의 펄스 폭으로 입력된다. 그리고, 서보 모터는 일반적인 DC 모터나 스텝 모터와는 달리 회전각에 제한이 있으며, 보통 180도 정도의 회전각을 갖는다. 이 장에서 사용되는 서보 모터는 HS-288로서 다음과 같은 사양을 갖는다.

· 토크 : 2.5kg/cm
· 속도 : 0.2sec/60도
· 크기 : 41 x 20 x 35 mm (길이 x 두께 x 높이)
· 중량 : 42g
· 동작전압 : 4~6V

RC 서보 모터는 [그림 2-1]과 같이 일정한 폭을 갖는 펄스에 의해 각도를 제어할 수 있다. 즉, 0.54ms의 신호를 인가하면 오른쪽(0도) 각을 유지하며, 1.32ms의 신호를 인가하면 중심(90도)각을 유지한다. 또한, 2.10ms의 신호를 인가하면 왼쪽(180도) 각을 유지한다. 서보 모터가 현재의 각을 유지하기 위해서는 일정한 주기로 신호를 반복해서 인가해야 하며, 10ms~20ms의 주기로 서보 모터에 PWM 신호를 인가한다.

[그림 2-1]에 나타난 각도 이외의 각에 대해서는 0.54ms~2.10ms의 신호를 발생시키면 원하는 각도를 유지할 수 있다. 펄스폭에 대한 서보 모터의 회전각은 절대적이지는 않지만, 대부분의 서보 모터는 약간의 오차를 가지고 위와 같은 동작을 한다.

서보 모터의 토크는 클수록 힘이 좋지만, 그만큼 속도는 떨어지게 된다. 내부 기어비에 의해 이 두 가지 요소는 양립하며, 속도가 빠르면 토크가 약하고 토크를 좋게 하면 속도가 느려진다.

서보 모터의 외형은 [그림 2-2]와 같으며, 외부에서 공급해 주는 신호는 [그림 2-3]과 같이 단지 3개뿐이며, 전원선을 제외한 하나의 PWM 신호에 의해 제어된다. 따라서, PWM 신호를 [그림 2-1]에서와 같이 RC 서보 모터에 부여하면 원하는 각도로 제어할 수가 있다.

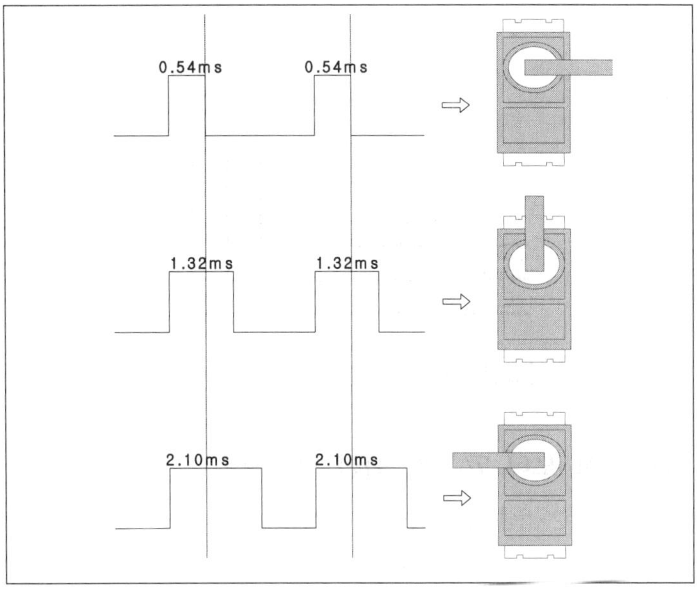


[그림 2-1] RC 서보 모터 제어 방법

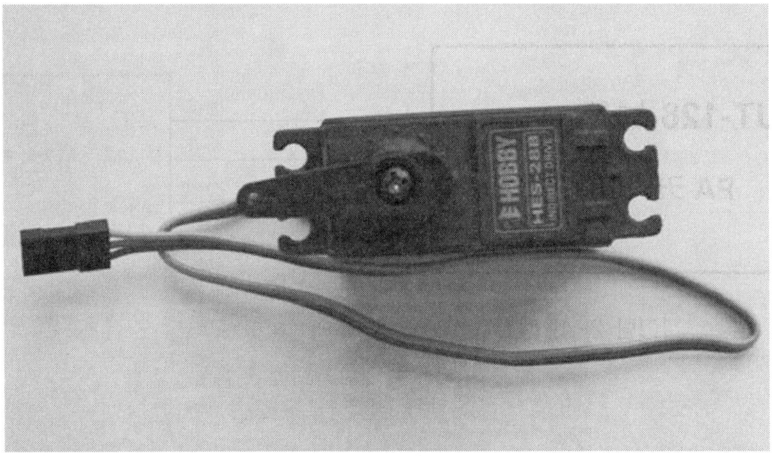

[그림 2-2] RC 서보 모터 외형

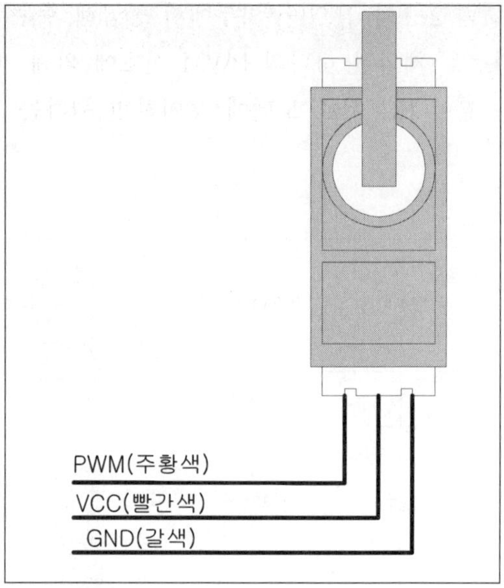


[그림 2-3] RC 서보 모터 신호선

**[예제 2-1] RC 서보 모터 90° 씩 회전 시키기**

RC 서보 모터를 [그림 2-4]와 같이 KUT-128 인터페이스 보드에 연결하고, RC 서보 모터를 0° -> 90° -> 180° -> 0° -> 90°..로 회전시키는 동작을 반복하도록 프로그램을 작성하라.

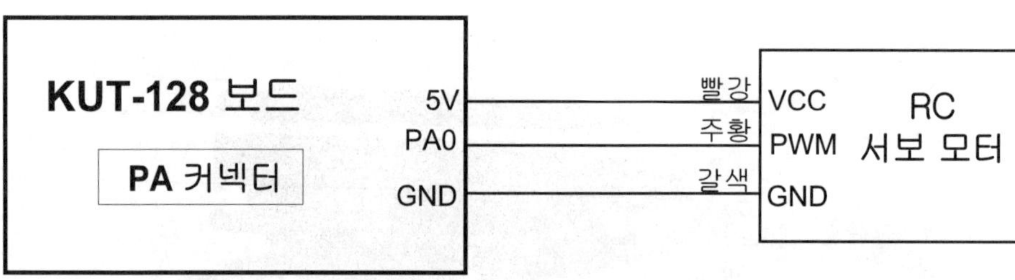


[그림 2-4] KUT-128 보드와 RC 서보 모터의 연결

### [예제 2-1] RC 서보 모터 90° 씩 회전 시키기 1

```
// 파일명 rc_servo1.c
// RC 서보 모터 2초 주기로 0도 -> 90도 -> 180 회전시키기(반복)
// RC 서보 모터 : HS-288

#include <mega128.h>

unsigned int tim0_cnt, mot_pos, change;
unsigned int rc_time[3] = {54, 132, 210}; // 0도, 90도, 180도

void main(void)
{
        DDRA = 0xFF;                    // 포트 A 출력 설정

        tim0_cnt = 0;                   // 타이머/카운터0 오버플로우 횟수 리셋
        mot_pos = 0;                    // 모터 위치 = 0도
        change = 0;                     // 각도 변화 주기 리셋

        // 타이머/카운터 0 인터럽트 주기
        // 이론치 (256-241) x 8분주 x 1/16us = 7us, 실측치 10us
        TIMSK = 0x01;                   // TOIE0 = 1;
        TCCR0 = 0x02;                   // 일반모드, 프리스케일 = CK/8
        TCNT0 = 238;                    // 타이머/카운터0 레지스터 초기값
        SREG = 0x80;                    // 전역 인터럽트 인에이블 비트 I 셋.

        tim0_cnt = 0;
        PORTA = 0xFF;                   // 모터 High 출력

        while(1){
                if(tim0_cnt >= 2000){           // 10us x 2000 = 20ms 주기 체크
                        tim0_cnt = 0;
                        PORTA = 0xFF;   // 모터 High 출력
                        change++;

                        // 20ms x 100 = 2sec 각도 변화 주기 체크
                        if(change == 100) {
                                mot_pos = (mot_pos + 1) % 3;
                                change = 0;
                        }
                }
                if(tim0_cnt >= rc_time[mot_pos]) PORTA = 0x0;  // 모터 Low 출력
        }
}

// 타이머/카운터 0 인터럽트 주기
// 이론치 (256-238) x 8분주 x 1/16us = 9us, 실측치 약 10us
```

**[예제 2-1] RC 서보 모터 90° 씩 회전 시키기 1(계속)**

```
interrupt [TIM0_OVF] void timer_int0(void)
{
        // LED 순차 점멸

        tim0_cnt++;
        TCNT0 = 238;          // 타이머/카운터0 초기값 재설정
}
```

※ 타이머/카운터의 인터럽트 주기가 어느 정도 큰 경우에는 오차비율이 크지 않지만 인터럽트 주기가 작은 경우에는 인터럽트 루틴에서 실행되는 구문들에 의해 오차가 발생하여 누적되어 나타난다. 따라서, 타이머/카운터의 인터럽트 주기가 작은 경우에는 오실로스코프로 계측하여 원하는 주기값이 얻어지도록 초기값을 조정할 필요가 있다.

### [예제 2-2] 스위치에 의한 RC 서보 모터 회전 방향 제어

[예제 2-1]의 [그림 2-4]와 같이 실험회로를 구성하여 SW1(INT4) 스위치가 눌리면 왼쪽으로, SW2(INT5) 스위치가 눌리면 오른쪽으로 정해진 각도씩 회전하도록 프로그램을 작성하라. RC 서보 모터의 초기 위치는 90°도로 하고, 스위치가 눌려질 때마다 10도씩 변화시키도록 한다.

**[예제 2-2] 스위치에 의한 RC 서보 모터 회전 방향 제어**

```
// 파일명 rc_servo2.c
// RC 서보 모터 회전시키기 (RC 서보 모터 : HS-288)
// SW1(INT4) 키가 눌리면 반시계 방향으로 10도씩 회전
// SW2(INT5) 키가 눌리면 시계 방향으로 10도씩 회전

#include <mega128.h>

int tim0_cnt, mot_ang, now_time;
void cal_time(void);        // PWM High 시간 폭 계산

void main(void)
{
        DDRA = 0xFF;                    // 포트 A 출력 설정

        // 외부 인터럽트 초기화
        EICRB = 0b00001010;             // 외부 인터럽트 4, 5  : 하강 에지
        EIMSK = 0b00110000;             // 외부 인터럽트 4, 5 인에이블'

        tim0_cnt = 0;                   // 타이머/카운터0 오버플로우 횟수 리셋
```

**[예제 2-2] 스위치에 의한 RC 서보 모터 회전 방향 제어**

```
	mot_ang = 0;		// 모터 위치 0도
	cal_time();

	// 타이머/카운터 0 인터럽트 주기
	// 이론치 (256-241) x 8분주 x 1/16us = 7us, 실측치 10us
	TIMSK = 0x01;				// TOIE0 = 1;
	TCCR0 = 0x02;				// 일반모드, 프리스케일 = CK/8
	TCNT0 = 238;				// 타이머/카운터0 레지스터 초기값
	SREG = 0x80;				// 전역 인터럽트 인에이블 비트 I 셋.

	tim0_cnt = 0;
	PORTA = 0xFF;				// 모터 High 출력

	while(1){
		if(tim0_cnt >= 2000){		// 10us x 2000 = 20ms 주기 체크
			tim0_cnt = 0;
			PORTA = 0xFF;	// 모터 High 출력
		}

		if(tim0_cnt >= now_time) PORTA = 0x0;		// 모터 Low 출력
	}
}

// 타이머/카운터 0 인터럽트 주기
// 이론치 (256-238) x 8분주 x 1/16us = 9us, 실측치 약 10us
interrupt [TIM0_OVF] void timer_int0(void)
{
	tim0_cnt++;
	TCNT0 = 238;		// 타이머/카운터0 초기값 재설정
}

// 스위치 sw1 : 10도씩 감소
interrupt [EXT_INT4] void ext_int4(void)
{
	if(mot_ang >= -80) mot_ang = mot_ang - 10;
	cal_time();
}
// 스위치 sw2 : 10도씩 증가
interrupt [EXT_INT5] void ext_int5(void)	// High 부분 폭 넓게
{
	if(mot_ang <= 80) mot_ang = mot_ang + 10;
	cal_time();
}

// PWM High 시간 폭 계산
void cal_time(void)
{
	float ff;

	ff = (210.0 - 54.0) / 180.0;
	ff = ff * (float)(mot_ang + 90);
	now_time = (int)ff + 54;		// now_time * 0.01ms
}
```

Chapter 03

# 스텝 모터

## 3.1 스텝 모터 구동법

일반적으로, 직류 모터에서는 회전각이나 회전속도를 제어하기 위해 엔코더 또는 포텐셜 미터를 사용하여 피이드백 제어를 할 필요가 있다. 그러나, 스텝 모터는 모터에 부여되는 펄스신호에 의해 회전각도와 속도를 쉽게 제어할 수 있으며, 마이크로프로세서와의 접속이 용이하기 때문에 많이 이용되고 있다.

스텝 모터의 구동방식에는 유니폴라 구동방식과 바이폴라 구동방식이 있다. 유니폴라 구동방식에서는 [그림 3-1]의 (a)에서와 같이 코일의 센터 탭을 중심으로 한쪽에만 전류를 흘리는 방식으로, CT-A를 중심으로 Φ1 또는 Φ3에만 전류를 흐르게 하고, 또한 CT-B를 중심으로 Φ2 또는 Φ4에만 전류를 흐르게 하는 방식이다. 이에 반해 바이폴라 구동방식에서는 센터 탭을 사용하지 않으며, [그림 3-1]의 (b)에서와 같이 코일의 양단에 전압을 인가하는 방식이다. [그림 3-2]는 유니폴라 방식과 바이폴라 방식에서의 코일에 전류를 가해주는 여러 여자방식을 나타내며, 이 장에서는 유니폴라 구동방식회로에 대해서만 설명하기로 한다.

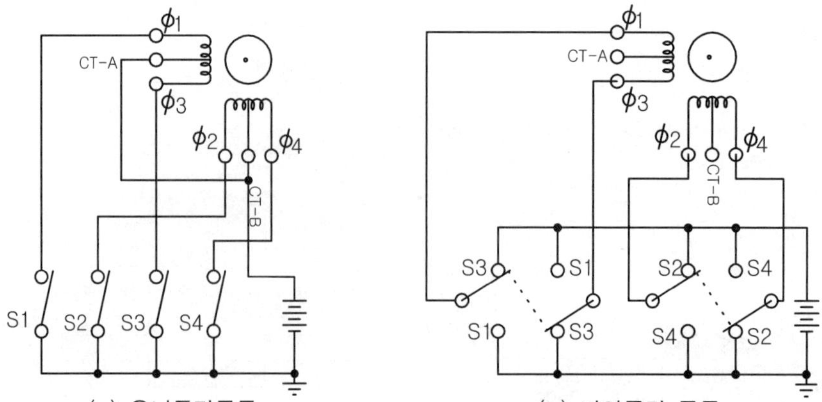


(a) 유니폴라구동 (b) 바이폴라 구동

[그림 3-1] 스텝 모터 구동방식

유니폴라 1상 여자방식은 [그림 3-2]의 (a)에서와 같이 코일의 1개의 상에만 전류를 순차적으로 흐르게 하는 방식으로, 소비전력이 작지만 감쇄진동이 크고 동작이 불안정해지기 쉽다. 2상 여자방식은 [그림 3-2]의 (b)에서와 같이 2개의 상에 동시에 전류를 흐르게 하는 방식으로, 1상에 비해 2배의 전류가 흐른다. 이에 따라, 회전력이 커지며, 감쇄진동이 적어 넓은 주파수 범위에서 사용할 수 있다. 1-2상 여자방식은 [그림 3-2]의 (c)에서와 같이 2상 여자방식과 1상 여자방식이 반복되는 방식으로, 소비전력은 1상 여자방식의 1.5배이지만 회전력은 2상 여자방식과 같아진다. 그리고, 1개의 펄스당 회전하는 회전각이 1상 및 2상 여자방식에 비해 1/2이 된다.

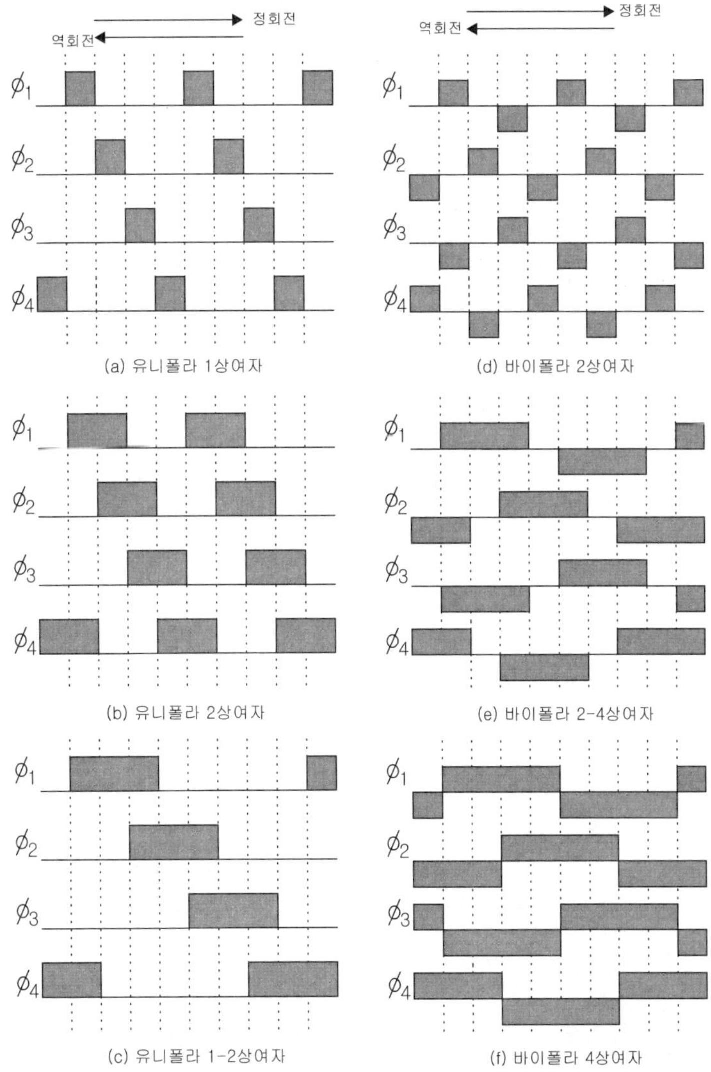


[그림 3-2] 스텝 모터 여자방식

스텝 모터 구동회로는 [그림 3-3]과 같이 구성되며, 펄스분배회로는 모터의 제어 여자 방식에 맞추어 펄스를 발생하는 회로이며, 마이크로프로세서나 전용 IC를 이용하여 구성한다. 전력증폭회로는 펄스분배회로로부터 출력되는 신호에 따라 모터에 전류를 공급하기 위한 회로이며, 전력용 트랜지스터나 전용 IC를 이용하여 구성한다.

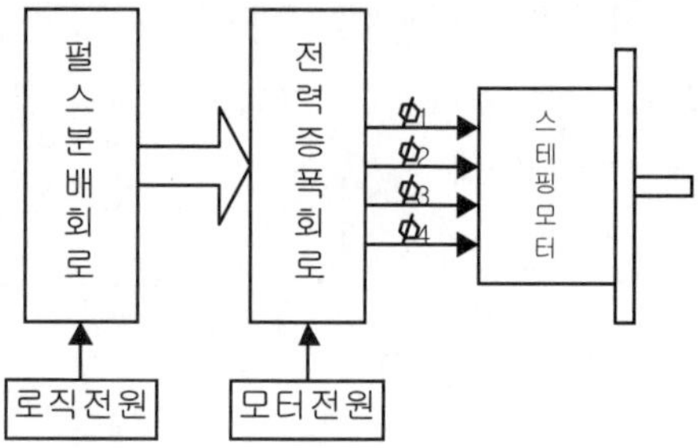


[그림 3-3] 스텝 모터 구동회로 구성도

## 3.2 스텝 모터 구동회로

### (1) 트랜지스터를 이용한 구동회로

[그림 3-4]는 다링톤 TR 2SD560 4개를 이용한 구동회로를 보여주며, 소프트웨어적으로 스텝 모터의 각 상의 펄스를 순차적으로 입력해야 한다. 따라서, 1상 구동의 경우에는 Φ1 -> Φ2 -> Φ3 -> Φ4의 순으로 1상씩 TR이 ON 되게끔 구동회로에 펄스를 출력하면 되므로 [표 3-1]과 같이 PA 포트를 통해 출력하면 된다.

[표 3-1] 1상 구동의 경우 PA포트 출력값

| 펄스번호 | PA3(Φ4) | PA2(Φ2) | PA1(Φ3) | PA0(Φ1) | PA값(상위4비트 0) | 정방향 | 역방향 |
|---|---|---|---|---|---|---|---|
| 1 | 0 | 0 | 0 | 1 | 0x01 | ↓ | ↑ |
| 2 | 0 | 1 | 0 | 0 | 0x04 | ↓ | ↑ |
| 3 | 0 | 0 | 1 | 0 | 0X02 | ↓ | ↑ |
| 4 | 1 | 0 | 0 | 0 | 0x08 | ↓ | ↑ |

그리고, 2상 구동의 경우에는 Φ4 · Φ1 -> Φ1 · Φ2 -> Φ2 · Φ3 -> Φ3 · Φ4의 순으로 2상씩 TR이 ON 되게끔 구동회로에 펄스를 출력하면 되므로 [표 3-2]와 같이 PA 포트를 통해 출력하면 된다.

[표 3-2] 2상 구동의 경우 PA포트 출력값

| 펄스번호 | PA3(Φ4) | PA2(Φ2) | PA1(Φ3) | PA0(Φ1) | PA값(상위4비트 0) | 정방향 | 역방향 |
|---|---|---|---|---|---|---|---|
| 1 | 1 | 0 | 0 | 1 | 0x09 | ↓ | ↑ |
| 2 | 0 | 1 | 0 | 1 | 0x05 | ↓ | ↑ |
| 3 | 0 | 1 | 1 | 0 | 0X06 | ↓ | ↑ |
| 4 | 1 | 0 | 1 | 0 | 0x0A | ↓ | ↑ |

마지막으로, 1-2상 구동의 경우에는 1상과 2상 구동방식을 순차적으로 적용하면 되므로, Φ4 · Φ1 -> Φ1 -> Φ1 · Φ2 -> Φ2 -> Φ2 · Φ3 -> Φ3 -> Φ3 · Φ4 -> Φ4 의 순으로 TR이 ON 되게끔 구동회로에 펄스를 출력하면 되며, PA 포트를 통해 출력할 값은 [표 3-3]과 같다.

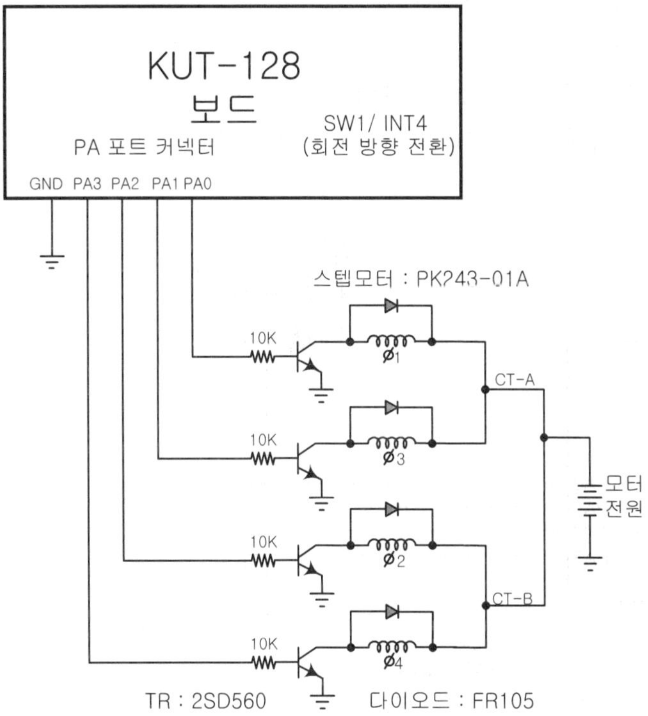


[그림 3-4] 트랜지스터를 이용한 스텝 모터 구동회로

[표 3-3] 1-2상 구동의 경우 PA포트 출력값

| 펄스번호 | PA3(Φ4) | PA2(Φ2) | PA1(Φ3) | PA0(Φ1) | PA값(상위4비트 0) | 정방향 | 역방향 |
|---|---|---|---|---|---|---|---|
| 1 | 1 | 0 | 0 | 1 | 0x09 | ↓ | ↑ |
| 2 | 0 | 0 | 0 | 1 | 0x01 | ↓ | ↑ |
| 3 | 0 | 1 | 0 | 1 | 0X05 | ↓ | ↑ |
| 4 | 0 | 1 | 0 | 0 | 0x04 | ↓ | ↑ |
| 5 | 0 | 1 | 1 | 0 | 0x06 | ↓ | ↑ |
| 6 | 0 | 0 | 1 | 0 | 0x02 | ↓ | ↑ |
| 7 | 1 | 0 | 1 | 0 | 0x0A | ↓ | ↑ |
| 8 | 1 | 0 | 0 | 0 | 0x08 | ↓ | ↑ |

### (2) 전용 IC를 이용한 구동회로

[그림 3-5]는 MOSFET를 탑재한 스텝 모터 유니폴러 구동용 IC SLA7024를 이용한 스텝 모터 구동회로를 보여주며, SLA7024는 [표 3-4]와 같은 정격을 갖는다. [그림 3-5]에서 SLA7024의 INA는 Φ1, /INA는 Φ3, INB 는 Φ2, /INB는 Φ4와 같은 의미를 가진다. 따라서, 이 회로를 이용하여 스텝 모터를 구동하는 방법은 [그림 3-4]의 트랜지스터를 이용한 경우와 같다.

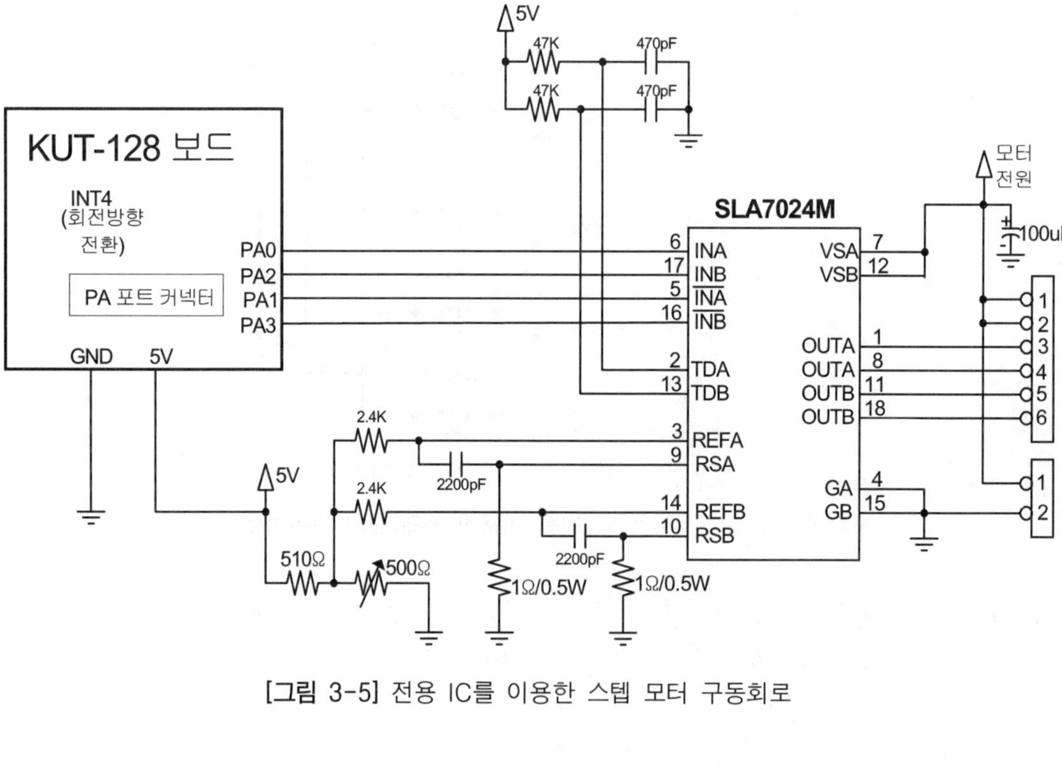


[그림 3-5] 전용 IC를 이용한 스텝 모터 구동회로

[표 3-4] 스텝모터 구동용 IC SLA7024 절대최대 정격

| 절대최대 정격 / 품 명 | 모터전원 전 압 | FET출력 내 압 | 콘트롤 전원전압 (VSA, VSB) | 출력전류 |
|---|---|---|---|---|
| SLA7024M | 46V | 100V | 46V | 1.5A |
| SLA7026M | | | | 3.0A |
| SLA7027M | | | | 0.6A |

# 3.3 스텝 모터 구동 실험

이 절에서 실험에 사용한 스텝 모터는 오리엔탈사의 PK243-01A이며, 이 모터는 마이크로마우스에서 자주 이용하는 모터이기도 하다. 구동전압이 4V이며, 펄스당 1.8°씩 회전한다. 따라서, 1상이나 2상 여자 구동방식에서는 200개의 펄스에 1회전하며, 1-2상 여자 구동방식에서는 400개의 펄스에 1회전하게 된다. 이 실험에 사용할 스텝 모터는 대형의 모터가 아니라면 어느 스텝 모터를 사용하더라도 상관없으며, 구동전압과 펄스당 회전각도를 확인한 후 회로에 적당한 전압을 걸어 사용하면 된다. 일반적으로 스텝 모터의 공급전압은 사양서에 기재된 전압보다 조금 높게 걸어주며, [그림 3-5]의 SLA7024를 사용한 구동회로를 이용하는 경우에는 500Ω의 가변저항을 돌려가며 적당한 전류치를 선택해 주어야 한다. 그리고, 스텝 모터를 이용하는 경우에 주의할 점은 스텝 모터를 너무 갑자기 빠르게 회전시키는 경우에 탈조현상이 발생하여 모터가 제대로 회전하지 않고 떨리는 경우가 발생할 수 있다. 이러한 경우에는 스텝 모터의 회전속도를 낮은 속도부터 시작하여 원하는 속도까지 서서히 증가시키고, 또한 스텝 모터를 정지시킬 때도 서서히 감소시켜 정지시키는 방법이 이용된다.(사다리꼴 모양)

### [예제 3-1] 스텝 모터 1상 여자 구동 실험

[그림 3-4] 또는 [그림 3-5]와 같은 회로를 구성한 후 1상 여자방식으로 구동하고, SW1/INT4 스위치가 눌려질 때마다 회전방향을 바꾸는 프로그램을 작성해보자. 여기서, 1상 여자방식 정방향/역방향에 대한 PA 포트의 출력값은 [표 3-1]에서 설명했듯이

1상 여자 정방향 출력값 : 0x01 -> 0x04 -> 0x02 -> 0x08 -> 반복
1상 여자 역방향 출력값 : 0x08 -> 0x02 -> 0x04 -> 0x01 -> 반복

이 된다. 입력되는 클럭의 주기는 4ms(250Hz)로 하고, *CodeVisionAVR*에서 제공하는 함수 delay_ms(설정값) 함수를 이용하여 작성하라. 그리고, 1회전마다 확인할 수 있도록 포트 C에 연결되어 있는 LED를 반전시키며 On/Off 시키도록 하라.

### [예제 3-1] 스텝 모터 1상 여자 구동 실험

```
// 파일명 stepmot1.c
// 1상 여자 구동방식

#include <mega128.h>
#include <delay.h>

unsigned char CW1[4] = {0x01, 0x04, 0x02, 0x08};          // 정방향 출력 데이터
unsigned char CCW1[4] = {0x08, 0x02, 0x04, 0x01};         // 역방향 출력 데이터
char mot_mod;                        // 모터 모드(00:정방향, 01:역방향)
unsigned char *CW_CCW1;

// main 함수
void main(void)
{
        unsigned char n, i;

        DDRA = 0xFF;                 // 포트 A 출력 설정
        DDRC = 0xFF;                 // 포트 C 출력 설정
        PORTC = 0xFF;

        mot_mod = 0;                 // 모터 정방향
        CW_CCW1 = CW1;               // 정방향 데이터 포인터 설정

        // 인터럽트 초기화
        EICRB = 0b00000010;          // 외부 인터럽트 4 : 하강 에지
        EIMSK = 0b00010000;          // 외부 인터럽트 4 인에이블
        SREG = 0x80;                 // 전역 인터럽트 인에이블 비트 셋

        while(1){
                for(n = 0;n < 50;n++){
                        for(i = 0; i < 4; i++){
                                PORTA = *(CW_CCW1 + i);
                                delay_ms(4);
                        }
                }
                PORTC = PORTC ^ 0xFF;   // LED 반전 표시
                delay_ms(200);
        }
}
```

**[예제 3-1] 스텝 모터 1상 여자 구동 실험(계속)**

```
// 외부 인터럽트 4 서비스 루틴
interrupt [EXT_INT4] void ext_int4(void)
{
        if(mot_mod == 0x00){                // 정방향?
                CW_CCW1 = CCW1;             // 역방향 데이터 선두 어드레스
                mot_mod = 0x01;             // 모터 역방향 모드
        }
        else {                              // 역방향?
                CW_CCW1 = CW1;              // 정방향 데이터 선두 어드레스
                mot_mod = 0x00;             // 모터 정방향 모드
        }
}
```

## [예제 3-2] 스텝 모터 2상 여자 구동 실험

[그림 3-4] 또는 [그림 3-5]와 같은 회로를 구성한 후 2상 여자방식으로 구동하고, SW1/INT4 스위치가 눌려질 때마다 회전방향을 바꾸는 프로그램을 작성해보자. 여기서, 2상 여자방식 정방향/역방향에 대한 PA 포트의 출력값은 [표 3-2]에서 설명했듯이

2상 여자 정방향 출력값 : 0x09 -> 0x05 -> 0x06 -> 0x0A -> 반복
2상 여자 역방향 출력값 : 0x0A -> 0x06 -> 0x05 -> 0x09 -> 반복

이 된다. 입력되는 클럭의 주기는 4ms(250Hz)로 하고, *CodeVisionAVR*에서 제공하는 delay_ms(설정값) 함수를 이용하여 작성하라.

**[예제 3-2] 스텝 모터 2상 여자 구동 실험**

```
// 파일명 stepmot2.c
// 2상 여자 구동방식

#include <mega128.h>
#include <delay.h>

unsigned char CW2[4] = {0x09, 0x05, 0x06, 0x0a};     // 정방향 출력 데이터
unsigned char CCW2[4] = {0x0a, 0x06, 0x05, 0x09};    // 역방향 출력 데이터
char mot_mod;                                         // 모터 모드(00:정방향, 01:역방향)
unsigned char *CW_CCW2;

// main 함수
void main(void)
{
```

**[예제 3-2] 스텝 모터 2상 여자 구동 실험(계속)**

```
    unsigned char n, i;

    DDRA = 0xFF;                // 포트 A 출력 설정
    DDRC = 0xFF;                // 포트 C 출력 설정
    PORTC = 0xFF;

    mot_mod = 0;                // 모터 정방향
    CW_CCW2 = CW2;              // 정방향 데이터 포인터 설정

    // 인터럽트 초기화
    EICRB = 0b00000010;         // 외부 인터럽트 4  : 하강 에지
    EIMSK = 0b00010000;         // 외부 인터럽트 4 인에이블
    SREG = 0x80;                // 전역 인터럽트 인에이블 비트 셋

    while(1){
        for(n = 0;n < 50;n++){
          for(i = 0; i < 4; i++){
                PORTA = *(CW_CCW2 + i);
                delay_ms(4);
          }
        }
        PORTC = PORTC ^ 0xFF;   // LED 반전 표시
        delay_ms(200);
    }
}

// 외부 인터럽트 4 서비스 루틴
interrupt [EXT_INT4] void ext_int4(void)
{
    if(mot_mod == 0x00){ // 정방향?
          CW_CCW2 = CCW2;// 역방향 데이터 선두 어드레스
          mot_mod = 0x01;   // 모터 역방향 모드
    }
    else {                      // 역방향?
          CW_CCW2 = CW2;  // 정방향 데이터 선두 어드레스
          mot_mod = 0x00;   // 모터 정방향 모드
    }
}
```

### [예제 3-3] 스텝 모터 1-2상 여자 구동 실험

[그림 3-4] 또는 [그림 3-5]와 같은 회로를 구성한 후 1-2상 여자방식으로 구동하고, SW1/INT4 스위치가 눌려질 때마다 회전방향을 바꾸는 프로그램을 작성해보자. 여기서, 1-2상 여자방식 정방향/역방향에 대한 PA 포트의 출력값은 [표 3-3]에서 설명했듯이

1-2상 여자 정방향 출력값 : 0x09 -> 0x01 -> 0x05 -> 0x04 -> 0x06 -> 0x02 -> 0x0A -> 0x08 -> 반복
1-2상 여자 역방향 출력값 : 0x08 -> 0x0A -> 0x02 -> 0x06 -> 0x04 -> 0x05 -> 0x01 -> 0x09 -> 반복

이 된다. 입력되는 클럭의 주기는 4ms(250Hz)로 하고, *CodeVisionAVR*에서 제공하는 delay_ms(설정값) 함수를 이용하여 작성하라. 1상과 2상 여자방식에서는 200개의 펄스에 모터가 1회전하지만, 1-2상 여자방식에서는 400개의 펄스로 1회전하는 것을 확인하라.

**[예제 3-3] 스텝 모터 1-2상 여자 구동 실험**

```
// 파일명 stepmot3.c
// 1-2상 여자 구동방식

#include <mega128.h>
#include <delay.h>

unsigned char CW12[8] = {0x09, 0x01, 0x05, 0x04, 0x06, 0x02, 0x0a, 0x08};   // 정방향
unsigned char CCW12[8] = {0x08, 0x0a, 0x02, 0x06, 0x04, 0x05, 0x01, 0x09}; // 역방향
char mot_mod;                                         // 모터 모드(00:정방향, 01:역방향)
unsigned char *CW_CCW12;

// main 함수
void main(void)
{
        unsigned char n, i;

        DDRA = 0xFF;                    // 포트 A 출력 설정
        DDRC = 0xFF;                    // 포트 C 출력 설정
        PORTC = 0xFF;

        mot_mod = 0;                    // 모터 정방향
        CW_CCW12 = CW12;                // 정방향 데이터 포인터 설정

        // 인터럽트 초기화
        EICRB = 0b00000010;             // 외부 인터럽트 4  : 하강 에지
        EIMSK = 0b00010000;             // 외부 인터럽트 4 인에이블
        SREG = 0x80;                    // 전역 인터럽트 인에이블 비트 셋

        while(1){
                for(n = 0;n < 50;n++){
                  for(i = 0; i < 8; i++){
                        PORTA = *(CW_CCW12 + i);
                        delay_ms(4);
                  }
```

**[예제 3-3] 스텝 모터 1-2상 여자 구동 실험**

```
            }
            PORTC = PORTC ^ 0xFF;   // LED 반전 표시
            delay_ms(200);
        }
}

// 외부 인터럽트 4 서비스 루틴
interrupt [EXT_INT4] void ext_int4(void)
{
        if(mot_mod == 0x00){                    // 정방향?
                CW_CCW12 = CCW12;               // 역방향 데이터 선두 어드레스
                mot_mod = 0x01;                 // 모터 역방향 모드
        }
        else {                                  // 역방향?
                CW_CCW12 = CW12;                // 정방향 데이터 선두 어드레스
                mot_mod = 0x00;                 // 모터 정방향 모드
        }
}
```

### [예제 3-4] 스텝 모터 가감속 실험

[그림 3-4] 또는 [그림 3-5]와 같은 회로를 구성한 후 1-2상 여자방식 정방향으로 구동하고, 스텝 모터의 회전속도를 delay_ms(val)를 이용하여 다음과 같이 구동하는 프로그램을 작성하라.

<100Hz부터 시작 -> 서서히 증가 -> 1kHz에서 20회전 -> 서서히 감소 -> 100Hz>

여기서, 100Hz는 주기가 10ms이므로 val = 10이고, 1kHz는 1이므로 val = 1 이 된다. 따라서, val의 값을 10부터 시작해서 1씩 감소시켜가며 모터를 회전시키고, val=1이 되면 20회전 시킨 후에 1씩 증가시키면 된다. 그리고, 1이 되면 다시 증가시키며 같은 동작을 반복하면 된다. 각 주파수에서 스텝 모터의 회전수는 3회전으로 한다. 즉, 1-2상 여자방식이므로 1200개(3회전 x 400펄스)의 펄스가 각 주파수에서마다 공급되어야 한다. 속도가 바뀔 때마다 확인을 위해 포트 C의 LED를 반전시키며 ON/OFF 시키도록 하라.

## [예제 3-4] 스텝 모터 가감속 실험

```
// 파일명 stepmot4.c
// 1-2상 여자 구동방식
// <서서히 증가 -> 정속 -> 감소 -> 증가 > 정속 -> 감소>  동작 반복

#include <mega128.h>
#include <delay.h>

// 정방향 데이터
unsigned char CW12[8] = {0x09, 0x01, 0x05, 0x04, 0x06, 0x02, 0x0a, 0x08};

// main 함수
void main(void)
{
        unsigned char ms, i;
        int n;

        DDRA = 0xFF;        // 포트 A 출력 설정
        DDRC = 0xFF;        // 포트 C 출력 설정

        while(1){
            for(ms = 10;ms > 0;ms--){          // 가속 3회전씩
                PORTC = ms ^ 0xFF;
                for(n = 0;n < 150;n++){
                        for(i=0; i < 8; i++){
                                PORTA = CW12[i];
                                delay_ms(ms);
                        }
                }
            }
            for(n = 0;n < 1000;n++){          // 정속 20회전
                for(i=0; i < 8; i++){
                        PORTA = CW12[i];
                        delay_ms(1);
                }
            }
            for(ms = 2;ms < 10;ms++){          // 감속 3회전씩
                PORTC = ms ^ 0xFF;
                for(n = 0;n < 150;n++){
                        for(i=0; i < 8; i++){
                                PORTA = CW12[i];
                                delay_ms(ms);
                        }
                }
            }
        }
}
```

Chapter 04

# RTC (Real Time Clock)

DS1302는 년, 월, 일, 요일, 시, 분, 초에 대한 정보를 제공하는 RTC IC로서, [그림 4-1]과 같이 8핀으로 구성되어 있다. DS1302는 실시간 시계/달력과 31바이트의 RAM을 내장하고 있으며, 마이크로프로세서와의 인터페이스는 동기화된 3개의 시리얼 통신라인 CE(Chip Enable), I/O(Data), SCLK(시리얼 클럭)에 의해 연결된다. [그림 4-2]는 DS1302의 내부 구성을 보여주며, 3개의 전원단자와 2개의 수정발진기 연결단자, 3개의 인터페이스 단자로 구성되어 있는 것을 알 수 있다.

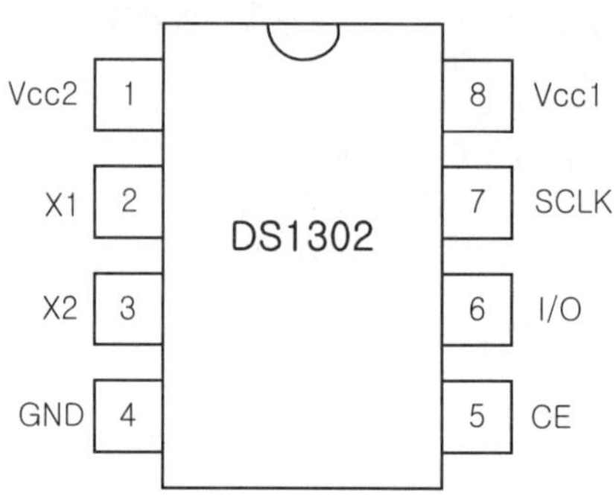


**VCC1** : 백업 전원
**VCC2** : 칩 전원
**SCLK** : 시리얼 클럭 입력단자
**I/O** : 양방향 데이터 핀
**CE** : 읽기 또는 쓰기 인에이블 핀.
(읽기/쓰기 동작 중에는 High 유지)
**X1, X2** : 32.768kHz의 수정발진기 연결

[그림 4-1] DS1302 핀 구조

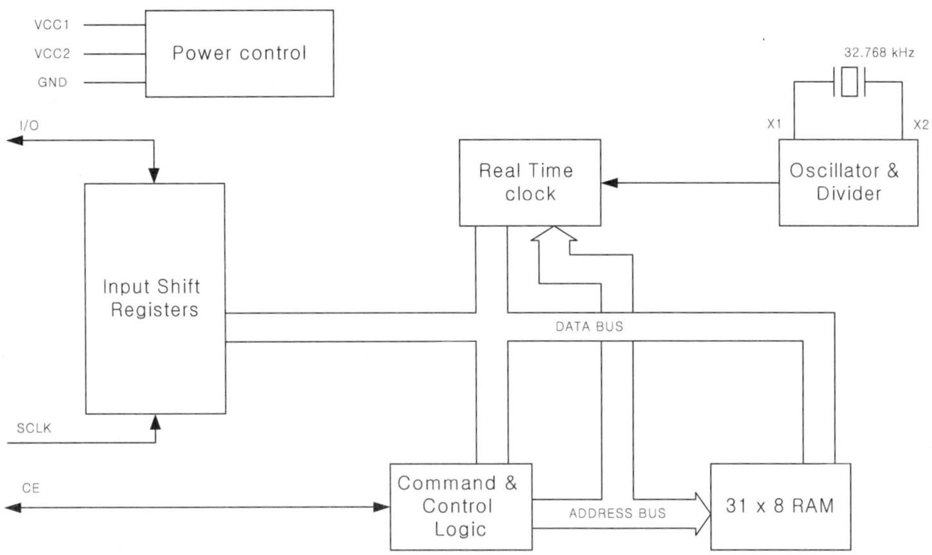


[그림 4-2] DS1302 내부 구조

## (1) Command Byte(명령 바이트)

명령 바이트는 [그림 4-3]과 같이 구성된다. 각 데이터의 전송은 처음에 명령 바이트가 전송되고, MSB(비트 7)는 항상 1이어야 된다. 만일, 이 비트가 0일 경우에는 쓰기 금지 상태가 된다. 비트 6은 0인 경우에는 시계/달력을, 1인 경우에는 RAM을 가리킨다. 비트 1-5는 입·출력을 수행할 레지스터의 주소를 나타내며, LSB(비트 0)는 0인 경우에 입력, 1인 경우에 출력을 나타낸다.

| 7 | 6 | 5 | 4 | 3 | 2 | 1 | 0 |
|---|---|---|---|---|---|---|---|
| 1 | RAM / /CK | A4 | A3 | A2 | A1 | A0 | RD / /W |

[그림 4-3] 명령 바이트

## (2) 리셋과 클럭 제어

모든 데이터 전송은 CE단자를 1로 함으로써 초기화되며, 클럭은 상승 에지에 이어 하강 에지의 순서로 입력된다. 데이터 입력은 클럭의 상승 에지에서 유효하며, 데이터 출력은 하강 에지에서 유효하다. [그림 4-4]는 1바이트의 읽기 및 쓰기의 데이터 전송에 관한 타이밍을 나타낸다.

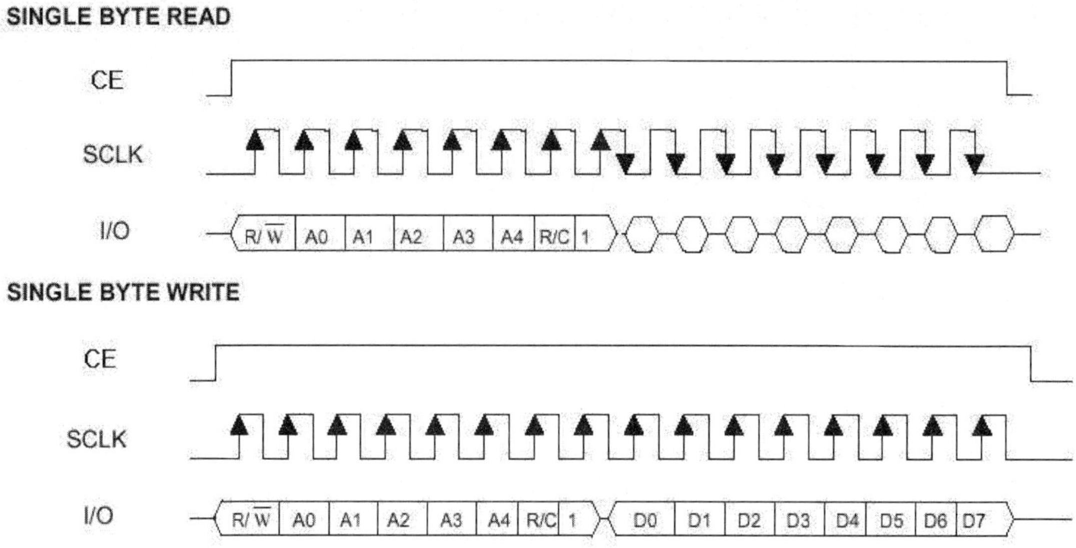


[그림 4-4] 데이터 전송 타이밍도

### (3) 데이터 입력

[그림 4-4]로부터 알 수 있듯이 쓰기명령의 입력 후에 SCLK의 상승 에지에서 데이터가 입력된다. 데이터는 비트 0부터 입력된다.

### (4) 데이터 출력

[그림 4-4]로부터 알 수 있듯이 읽기 명령의 입력 후에 SCLK의 하강 에지에서 데이터가 출력되며, 첫 번째 데이터는 읽기명령의 마지막 비트를 입력한 펄스의 하강 에지에서 출력된다는데 주의해야 한다. 그리고, I/O 핀은 SCLK의 상승 에지에서는 3스테이트 상태로 되며, 데이터는 0비트부터 출력된다.

### (5) 시계/달력

시계/달력은 [그림 4-5]에서 볼 수 있는 것처럼 7개의 읽기/쓰기가 가능한 레지스터를 가지고 있으며, 데이터는 레지스터에 BCD 형태로 저장된다.

### (6) 클럭 정지 플래그

초 레지스터의 비트7은 클럭정지 플래그로 정의되어 있으며, 이 비트가 1일 경우에는 클럭 발진기가 정지되어 DS1302는 100mA 이하의 전류를 소비하는 저전력 상태가 된다. 반면에, 이 비트가 0일 경우에는 클럭발진이 시작되지만, 전원을 on시킨 초기상태에서 이 비트는 정의되어 있지 않으므로 0으로 설정해야 한다.

### (7) AM-PM/12-24 모드

시간 레지스터의 비트7은 12시간제 또는 24시간제를 선택하는 비트로서, 1일 경우에는 12시간제가 선택되며, 비트5로 AM(0)과 PM(1)을 알 수 있다. 그리고, 이 비트가 0인 경우에는 24시간제가 선택되며, 이 때 비트5는 시간의 십자리를 가리킨다.(20-23시)

### (8) 쓰기 보호 비트(WP)

제어(Control) 레지스터의 비트7은 쓰기보호(Write Protect)비트이며, 시계나 RAM을 액세스하기 전에 이 비트는 반드시 0으로 해 두어야 한다. 이 비트가 1이면 다른 레지스터에 대한 쓰기 동작이 금지된다.

### (9) RAM

31바이트의 RAM이 별도의 주소 영역에 정의되어 있다.([그림 4-6])

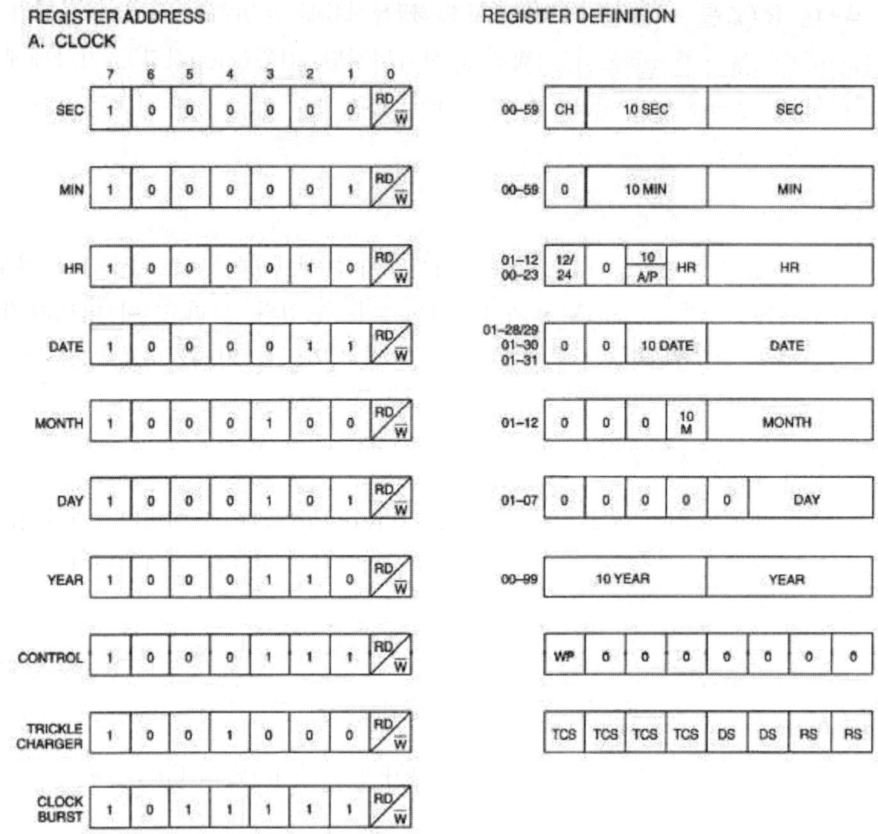


[그림 4-5] 레지스터

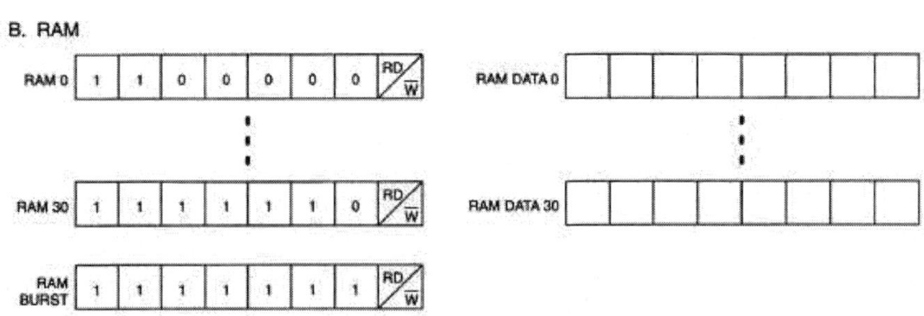


[그림 4-6] RAM

### [예제 4-1] RTC를 이용한 디지털 시계 제작

DS-1302를 이용하여 [그림 4-7]과 같은 회로를 구성하고, KUT-128 보드와는 A포트에 연결하여 LCD에 시간을 표시하는 프로그램을 작성하라. 시간은 다음과 같은 형식으로 표시하며, 초기 시간은 11:59:55로 한다.

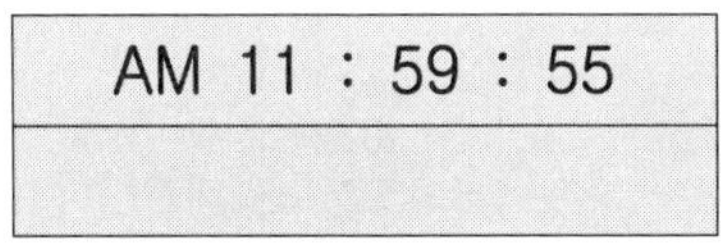


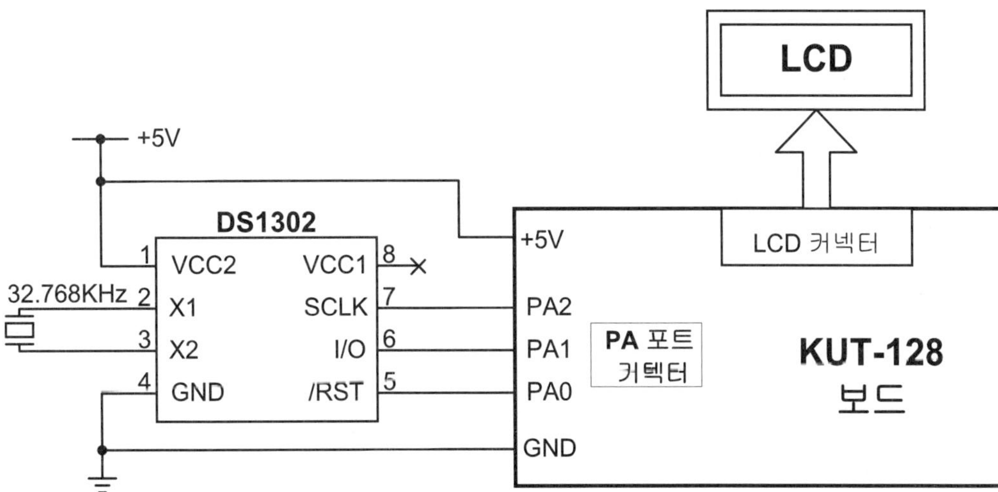


[그림 4-7] RTC 실험 회로

### [예제 4-1] RTC를 이용한 디지털 시계 제작

```
// 파일명 :  rtc.c
// DS-1302를 이용한 디지털 시계
// CE : PA0, I/O : PA1, SCK :  PA2
#include <mega128.h>
#include <delay.h>
#include <string.h>

#define SEC          0x80    // DS-1302 '초' 레지스터
#define MIN          0x82    // DS-1302 '분' 레지스터
#define HOUR         0x84    // DS-1302 '시' 레지스터
#define CONTROL      0x8E    // DS-1302 제어 레지스터
#define FUNCSET      0x28    // Function Set
#define ENTMODE      0x06    // Entry Mode Set
#define ALLCLR       0x01    // All Clear
#define DISPON       0x0c    // Display On
#define LINE2        0xC0    // 2nd Line Move
#define HOME         0x02    // Cursor HOME

void LCD_init(void);
void LCD_String(char flash *);
void Busy(void);
void Command(unsigned char);
void Data(unsigned char);
unsigned char ByteRead(unsigned char cmd);
void ByteWrite(unsigned char, unsigned char);
void atox(unsigned char, unsigned char *);

// main 함수
void main(void)
{
        unsigned char temp[3], i;
        unsigned char hour, min, sec;

        LCD_init();                          // LCD 초기화

        ByteWrite(CONTROL, 0x00);            // DS-1302 초기화
        ByteWrite(HOUR, 0x91);               // 12시간제, AM 11시
        ByteWrite(SEC, 0x55);                // 55초
        ByteWrite(MIN, 0x59);                // 59분

        while(1){
                hour = ByteRead(HOUR);               // '시' 읽기
                min = ByteRead(MIN);                 // '분' 읽기
                sec = ByteRead(SEC);                 // '초' 읽기

                Command(HOME);                       // LCD 커서 홈
```

**[예제 4-1] RTC를 이용한 디지털 시계 제작 (계속 1)**

```
            if((hour & 0x20) == 0) LCD_String(" AM ");
            else LCD_String( " PM ");

            atox((hour & 0x1F),temp);
            i=0;
            while(temp[i]) Data(temp[i++]);
            LCD_String(": ");
            atox(min,temp);                          // '분' 출력
            i=0;
            while(temp[i]) Data(temp[i++]);
            LCD_String(": ");

            atox(sec,temp);                          // '초' 출력
            i=0;
            while(temp[i]) Data(temp[i++]);

            delay_ms(10);                            // 시간 지연
      }
}

// DS-1302에서 한 바이트 읽기
unsigned char ByteRead(unsigned char cmd)
{
      int i;
      unsigned char da = 0x00;

      DDRA = 0xFF;                    // 포트 A 출력 설정
      PORTA = 0b11111011;             // CE(PA0) <- HIGH, SCK(PA2) <- LOW

      cmd = cmd | 0x01;               // 커맨드 읽기로 설정
      delay_us(2);

      // 8비트 커맨드 출력
      for(i=0;i<8;i++){
            if((cmd & 0x01)) PORTA = PORTA | 0b00000010;    // IO(PA1) <- 1 출력
            else PORTA = PORTA & 0b11111101;                 // IO(PA1) <- 0 출력

            PORTA = PORTA | 0b00000100;           // 클럭 SCK(PA2) <- high
            cmd >>= 1;                            // 커맨드 1 비트 쉬프트
            PORTA = PORTA & 0b11111011;           // 클럭 SCK(PA2) <- low
      }

      DDRA = 0b11111101;                          // PA1 입력, 나머지 모두 출력 설정

      // 8비트 데이터 읽기
      for(i=0;i<8;i++){
            da >>= 1;                             // 데이터 버퍼 쉬프트
```

**[예제 4-1] RTC를 이용한 디지털 시계 제작 (계속 2)**

```
            if((PINA & 0x02) != 0) da |= 0x80;          // 데이터 읽기(PA1)

            PORTA = PORTA | 0b00000100;                  // 클럭 SCK(PA2) <- high
            PORTA = PORTA & 0b11111011;                  // 클럭 SCK(PA2) <- low
    }

    delay_us(1);
    PORTA = 0b11111010;                          // 클럭 SCK(PA2) <- low,  CE(PA0)핀 low

    return da;
}

// DS-1302에서 한 바이트 쓰기
void ByteWrite(unsigned char cmd, unsigned char da)
{
    int i;

     DDRA = 0xFF;                   // 포트 A 출력 설정
     PORTA = 0b11111011;            // CE(PA0) <- HIGH, SCK(PA2) <- LOW
     delay_us(2);

     // 1바이트 커맨드 출력
    for(i = 0;i < 8;i++){
            if((cmd & 0x01)) PORTA = PORTA | 0b00000010;     // IO(PA1) <- 1 출력
            else PORTA = PORTA & 0b11111101;                  // IO(PA1) <- 0 출력

            PORTA = PORTA | 0b00000100;                  // 클럭 SCK(PA2) <- high

            cmd >>= 1;                                   // 커맨드 1 비트 쉬프트
            PORTA = PORTA & 0b11111011;                  // 클럭 SCK(PA2) <- low
    }

    // 1바이트 데이터 출력
    for(i = 0;i < 8;i++){
            if((da & 0x01)) PORTA = PORTA | 0b00000010;      // IO(PA1) <- 1 출력
            else PORTA = PORTA & 0b11111101;                  // IO(PA1) <- 0 출력

            PORTA = PORTA | 0b00000100;                  // 클럭 SCK(PA2) <- high
            da >>= 1;                                    // 데이터 쉬프트
            PORTA = PORTA & 0b11111011;                  // 클럭 SCK <- low

    }
    delay_us(1);
    PORTA = 0b11111010;                          // 클럭 SCK(PA2) <- low,  CE(PA0)핀 low
}

// Hex -> 문자열변환 함수
void atox(unsigned char byte, unsigned char temp[])
```

**[예제 4-1] RTC를 이용한 디지털 시계 제작 (계속 3)**

```
{
        temp[0] = ((byte >> 4) & 0x0F) + '0';
        temp[1] = (byte & 0x0F) + '0';
        temp[2] = 0;
}

// LCD 초기화
void LCD_init(void)
{
        DDRD = 0xFF;                        // PORTD의 모든 포트를 출력으로 설정
        PORTD &= 0xFB;                      //E = 0;

        delay_ms(15);
        Command(0x20);
        delay_ms(5);
        Command(0x20);
        delay_us(100);
        Command(0x20);
        Command(FUNCSET);
        Command(DISPON);
        Command(ALLCLR);
        Command(ENTMODE);
}

// 문자열 출력 함수
void LCD_String(char flash str[])
{
        char flash *pStr=0;

        pStr = str;
        while(*pStr) Data(*pStr++);
}

// 인스트럭션 쓰기 함수
void Command(unsigned char byte)
{
        Busy();

        // 인스트럭션 상위 바이트
        PORTD = (byte & 0xF0);              // 데이터
        PORTD &= 0xFE;                      //RS = 0;
        PORTD &= 0xFD;                      //RW = 0;
        delay_us(1);
        PORTD |= 0x04;                      //E = 1;
        delay_us(1);
        PORTD &= 0xFB;                      //E = 0;
```

**[예제 6-1] RTC를 이용한 디지털 시계 제작 (계속 4)**

```
        // 인스트럭션 하위 바이트
        PORTD = ((byte<<4) & 0xF0);         // 데이터
        PORTD &= 0xFE;                      //RS = 0;
        PORTD &= 0xFD;                      //RW = 0;
        delay_us(1);
        PORTD |= 0x04;                      //E = 1;
        delay_us(1);
        PORTD &= 0xFB;                      //E = 0;
}

//데이터 쓰기 함수
void Data(unsigned char byte)
{
        Busy();

        // 데이터 상위 바이트
        PORTD = (byte & 0xF0);              // 데이터
        PORTD |= 0x01;                      //RS = 1;
        PORTD &= 0xFD;                      //RW = 0;
        delay_us(1);
        PORTD |= 0x04;                      //E = 1;
        delay_us(1);
        PORTD &= 0xFB;                      //E = 0;

        // 데이터 하위 바이트
        PORTD = ((byte<<4) & 0xF0);         // 데이터
        PORTD |= 0x01;                      //RS = 1;
        PORTD &= 0xFD;                      //RW = 0;
        delay_us(1);
        PORTD |= 0x04;                      //E = 1;
        delay_us(1);
        PORTD &= 0xFB;                      //E = 0;
}

// Busy Flag Check -> 일반적인 BF를 체크하는 것이 아니라
// 일정한 시간 지연을 이용한다.
void Busy(void)
{
        delay_ms(2);
}
```

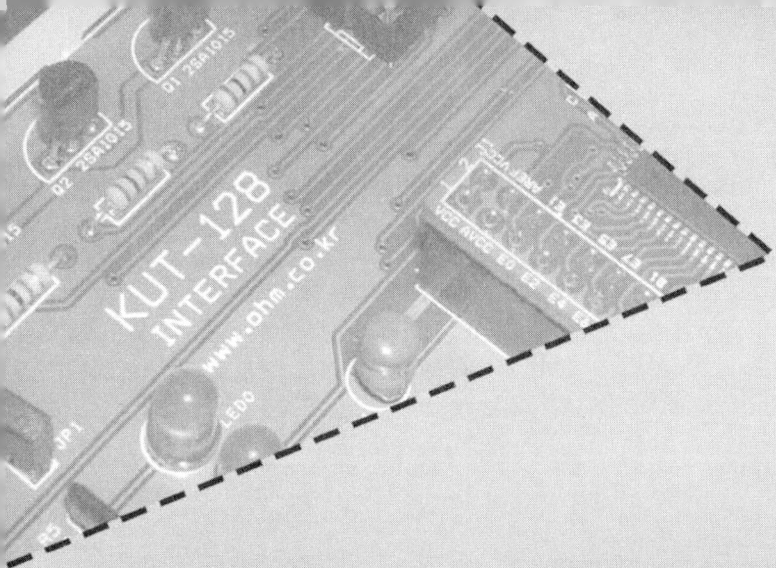


# 부록

4

Chapter 01

# KUT-128 보드 부품 리스트

## (1) CPU 보드

| Item | Quantity | Reference | Part |
|---|---|---|---|
| 1 | 1 | U1 | CPU ATmega128 |
| 2 | 2 | C1, C2 | 20pF(세라믹 콘덴서) |
| 3 | 1 | C3 | 0.1uF(세라믹 콘덴서) |
| 4 | 1 | D1 | LED |
| 5 | 1 | R1 | 10K |
| 6 | 1 | R2 | 330 |
| 7 | 1 | SW1 | Push Button 스위치 |
| 8 | 1 | Y1 | Crystal 16MHz |
| 9 | 2 | J1, J2 | 15x2 Header Pin |
| 10 | 1 | J3 | 5x2 Header Pin |

## (2) 인터페이스 보드

| Item | Quantity | Reference | Part |
|---|---|---|---|
| 1 | 5 | R1~R4 | 1K |
| 2 | 10 | R6~R14, R21 | 470 |
| 3 | 1 | R5 | 470(어레이저항 x 8, 9핀) |
| 4 | 1 | R15 | 10K(어레이저항 x 4, 5핀) |
| 5 | 5 | R16~R20 | 10K(가변저항) |
| 6 | 4 | C1~C4 | 10uF 전해콘덴서 |
| 7 | 5 | C5~C9 | 0.1uF(세라믹콘덴서) |
| 8 | 1 | L1 | 10uH(코일) |
| 9 | 10 | D1~D10 | LED |
| 10 | 4 | 7~Segment(Common Anode) | FND507 또는 SND617SR |
| 11 | 1 | Q1~Q4 | 트랜지스터 2SA1015 |
| 12 | 1 | U1 | ULN2803 (+ 18핀 IC 소켓) |
| 13 | 1 | U2 | MAX232 (+ 16핀 IC 소켓) |
| 14 | 4 | SW1~SW4 | Push Button Switch |
| 15 | 1 | SW5 | Toggle Switch |
| 16 | 2 | JP1, JP2 | 1x2 Header Pin |
| 17 | 2 | J1, J2 | 15x2 Header Pin Socket |
| 18 | 1 | J3 | 3 Pin Connector |
| 19 | 1 | J4 | DC Jack |
| 20 | 4 | J5~J8 | 10 Pin Connector |

Chapter 02

# KUT-128 보드 회로도

## (1) KUT-128 MCU 보드

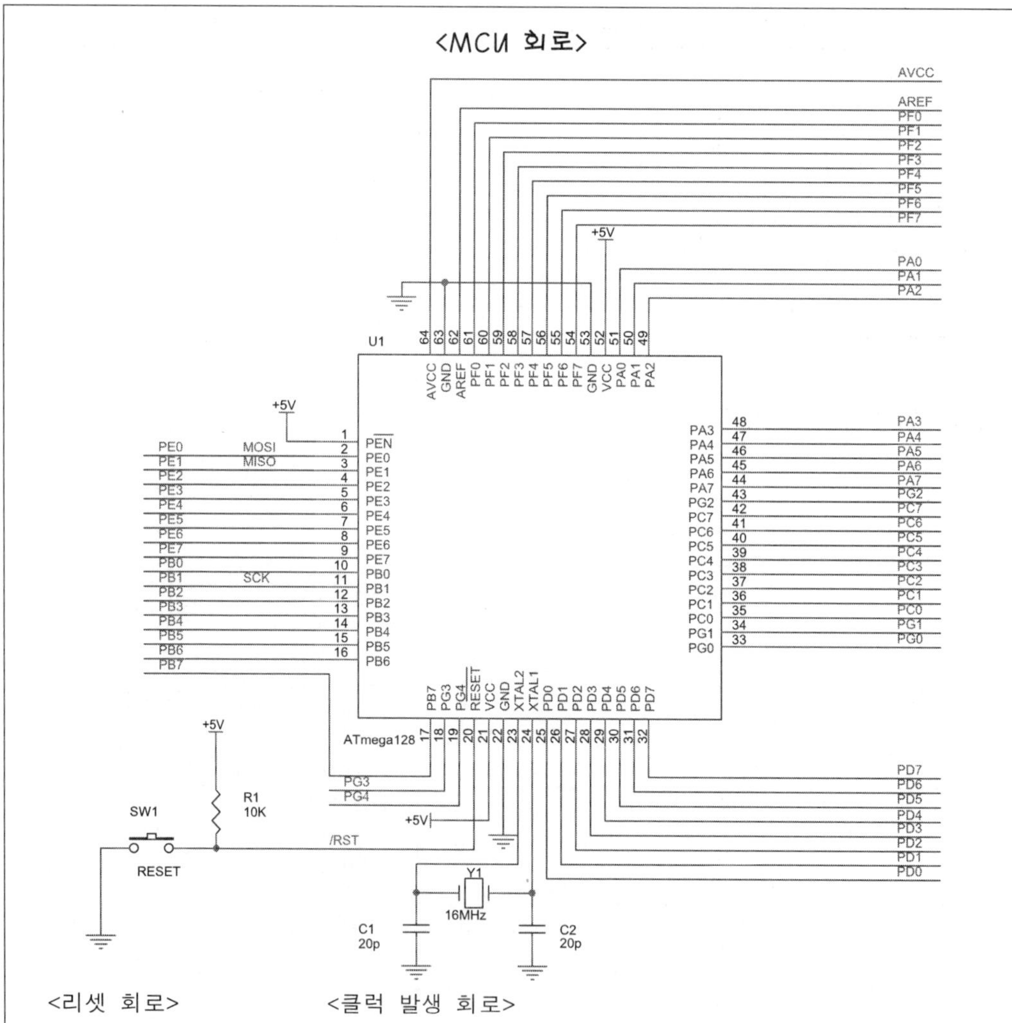

<ISP 다운로더 커넥터>

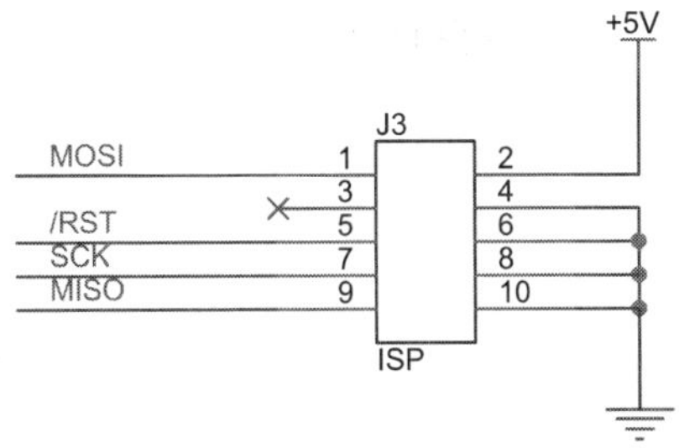


<전원 LED 및 바이패스 콘덴서>

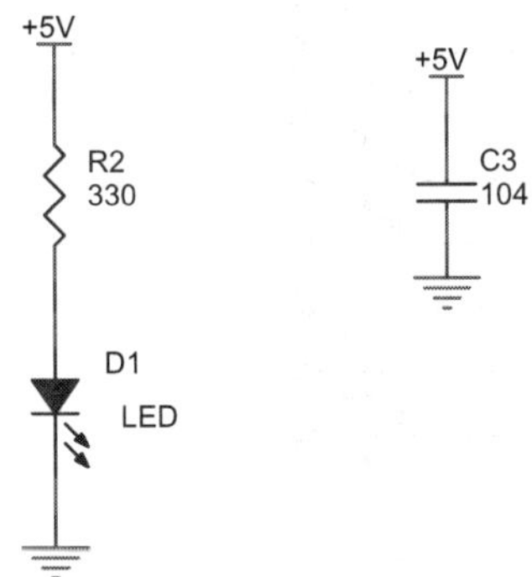


<확장 커넥터>

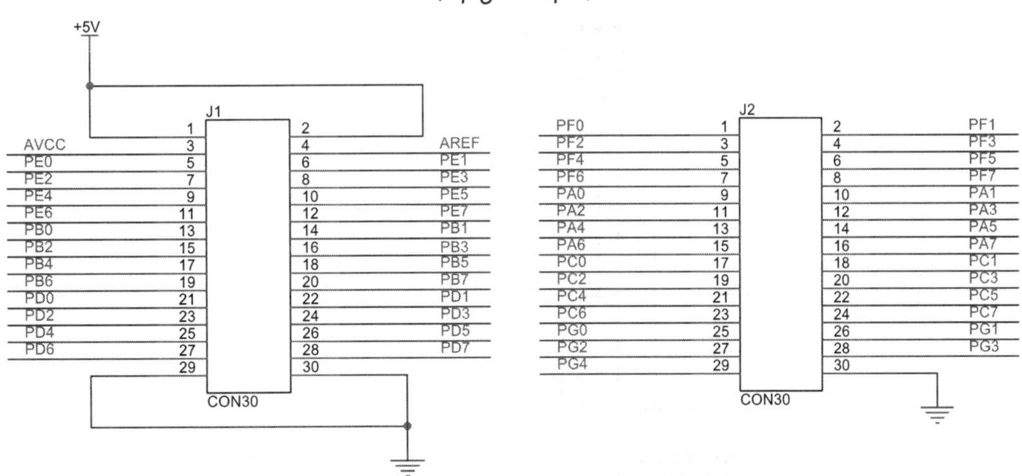

## (2) KUT-128 인터페이스 보드

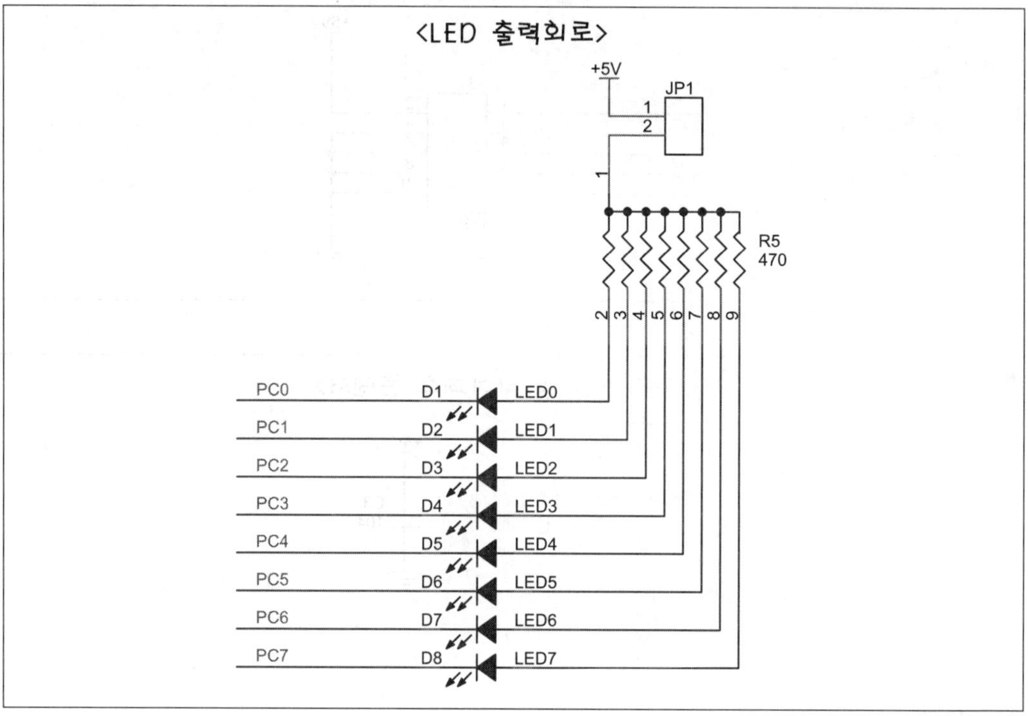


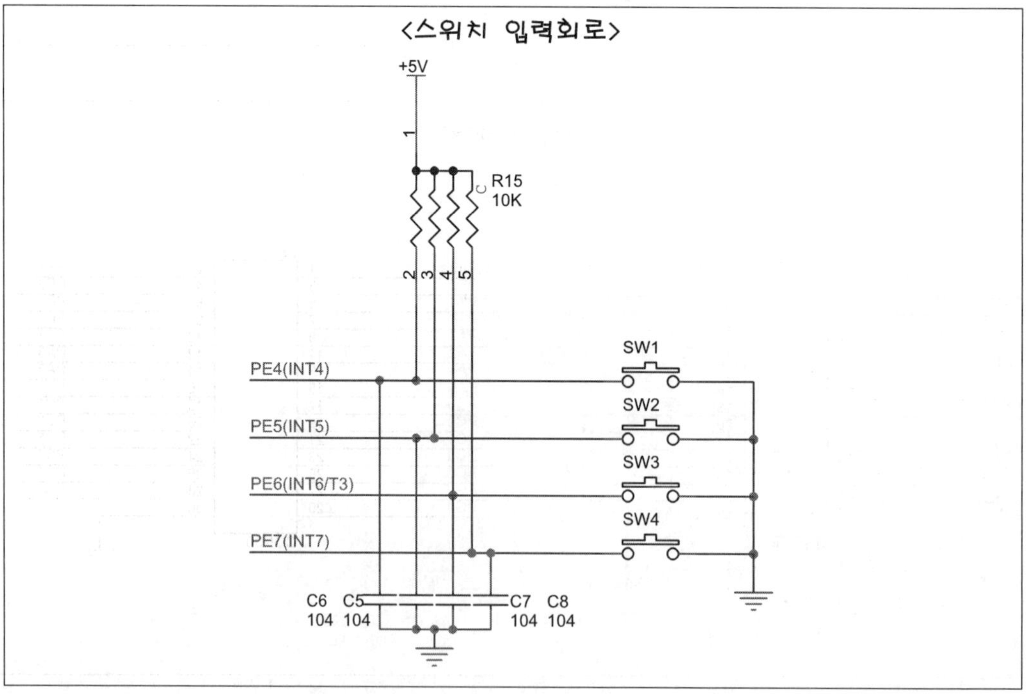

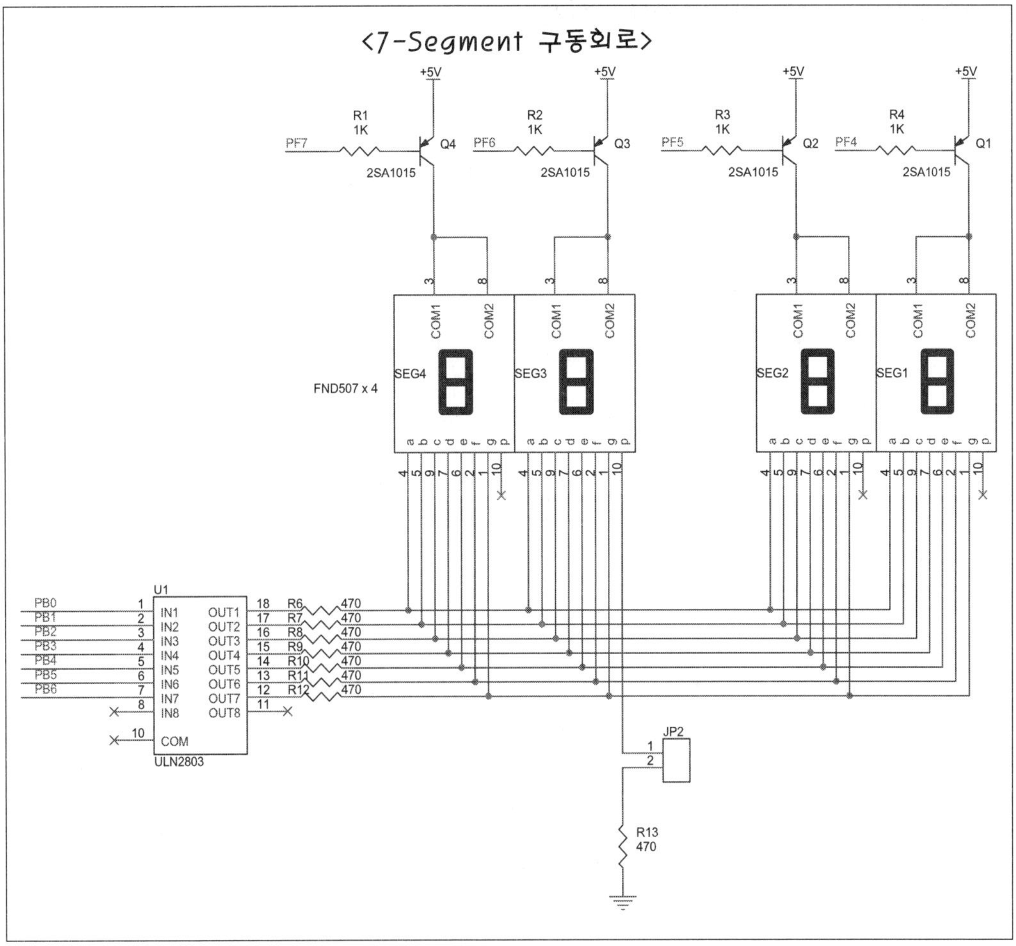
<7-Segment 구동회로>
+5V
R1
1K
PF7
Q4
2SA1015
R2
1K
PF6
Q3
R3
1K
PF5
Q2
R4
1K
PF4
Q1
COM1
COM2
SEG4
SEG3
SEG2
SEG1
FND507 x 4
U1
PB0
PB1
PB2
PB3
PB4
PB5
PB6
IN1
IN2
IN3
IN4
IN5
IN6
IN7
IN8
COM
OUT1
OUT2
OUT3
OUT4
OUT5
OUT6
OUT7
OUT8
ULN2803
R6
R7
R8
R9
R10
R11
R12
470
JP2
R13
470

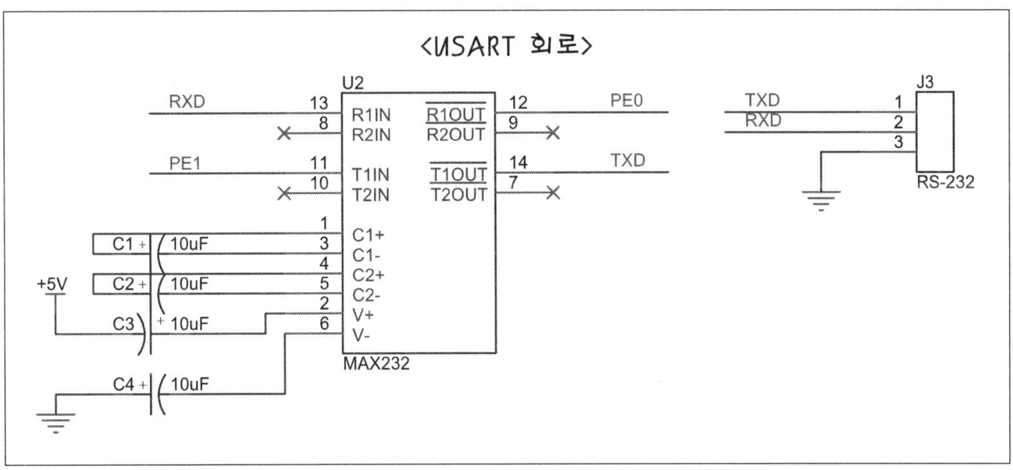
<USART 회로>
U2
RXD
R1IN
R2IN
R1OUT
R2OUT
PE0
PE1
T1IN
T2IN
T1OUT
T2OUT
TXD
C1+
C1-
C2+
C2-
V+
V-
MAX232
C1
C2
C3
C4
10uF
+5V
J3
TXD
RXD
RS-232

<LCD 커넥터>

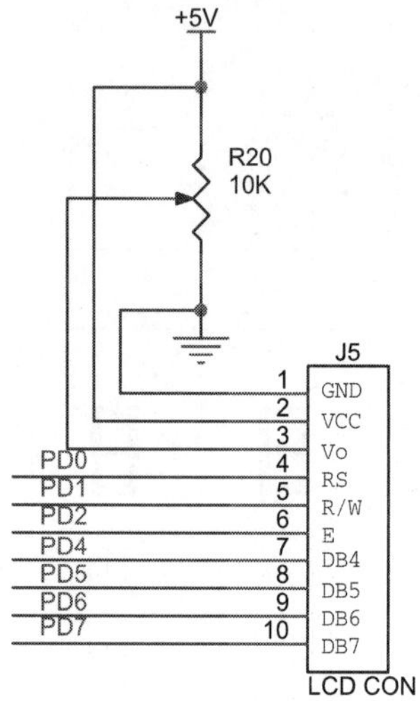


<PWM 출력 및 아날로그 입력회로>

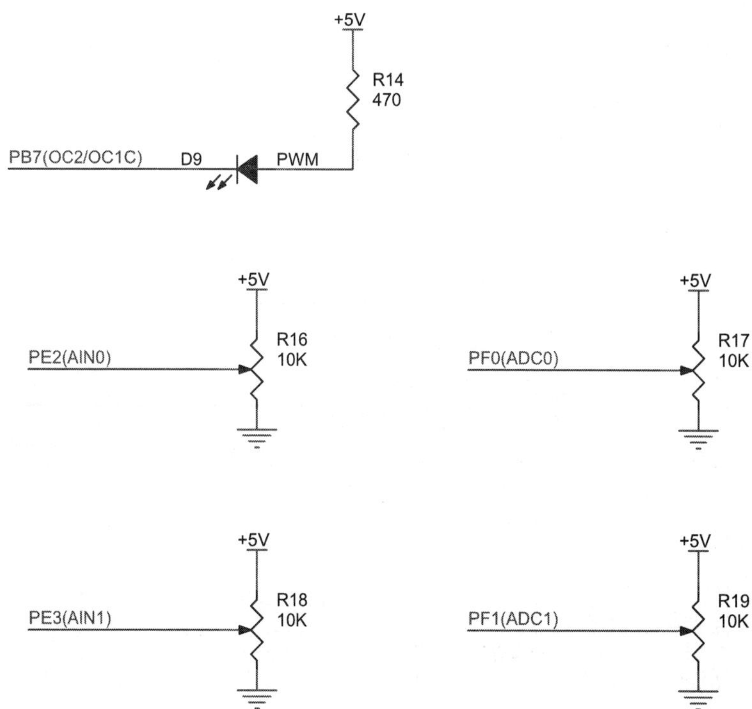

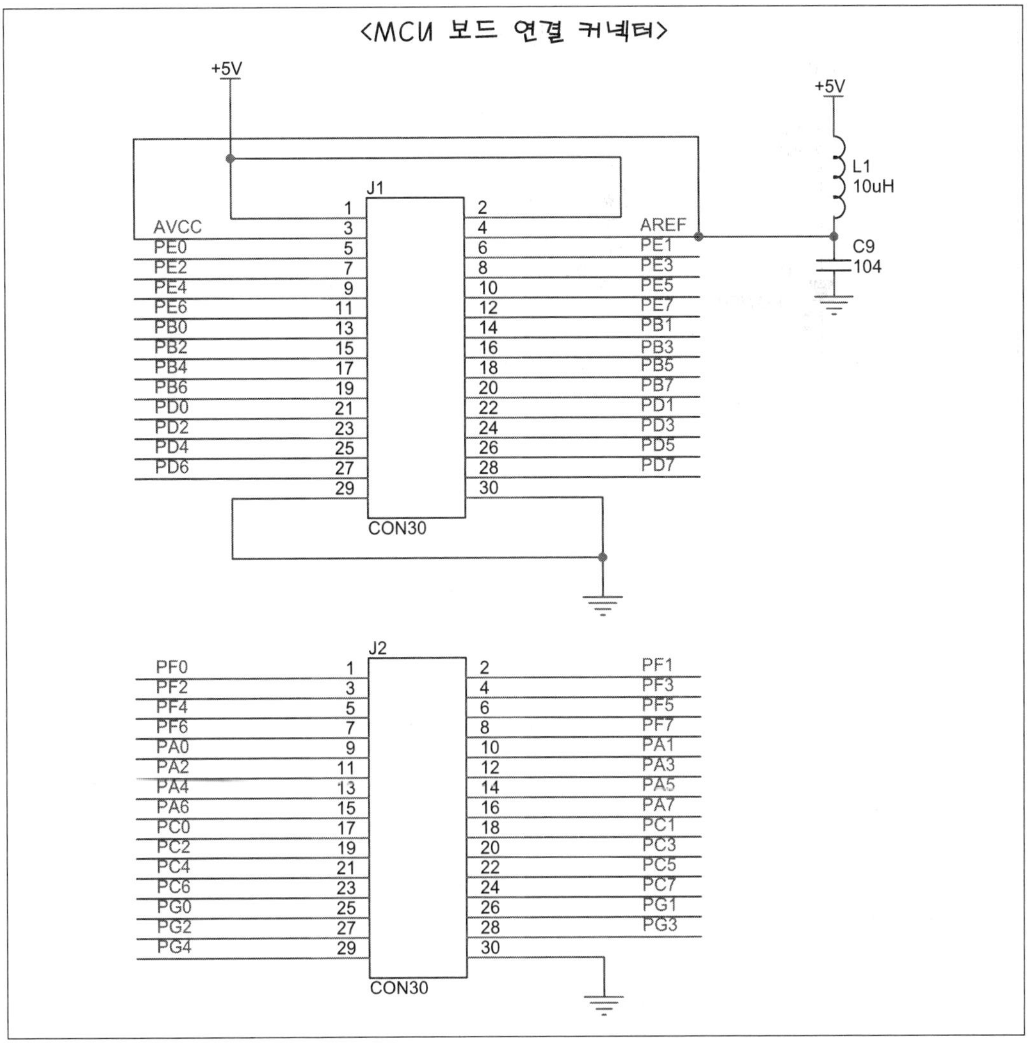
<MCU 보드 연결 커넥터>
+5V
J1
AVCC
PE0 PE2 PE4 PE6 PB0 PB2 PB4 PB6 PD0 PD2 PD4 PD6
AREF
PE1 PE3 PE5 PE7 PB1 PB3 PB5 PB7 PD1 PD3 PD5 PD7
CON30
L1
10uH
C9
104
J2
PF0 PF2 PF4 PF6 PA0 PA2 PA4 PA6 PC0 PC2 PC4 PC6 PG0 PG2 PG4
PF1 PF3 PF5 PF7 PA1 PA3 PA5 PA7 PC1 PC3 PC5 PC7 PG1 PG3
CON30

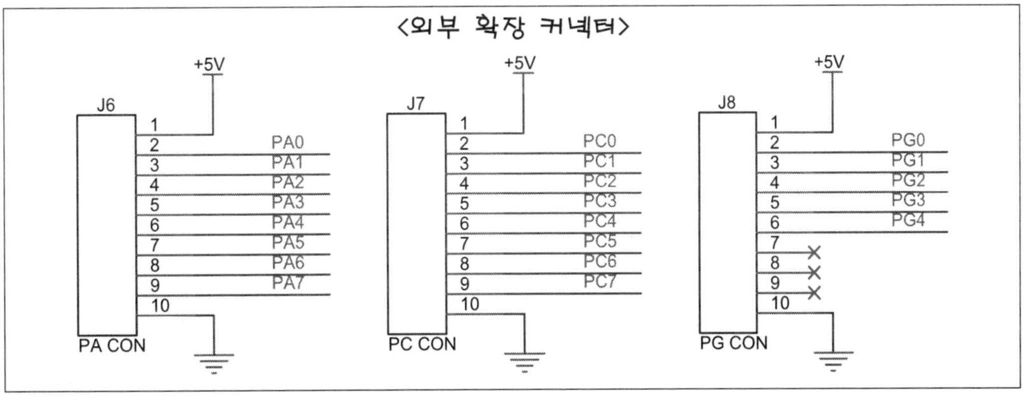
<외부 확장 커넥터>
+5V
J6
PA0 PA1 PA2 PA3 PA4 PA5 PA6 PA7
PA CON
J7
PC0 PC1 PC2 PC3 PC4 PC5 PC6 PC7
PC CON
J8
PG0 PG1 PG2 PG3 PG4
PG CON

<전원부>

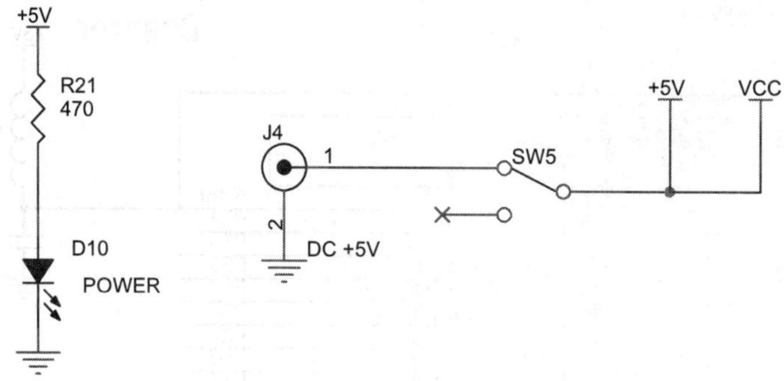

Chapter 03

# 케이블 제작

## 3.1 RS-232C 시리얼 통신 케이블

| 기능 | PC | KUT-128 KIT |
|---|---|---|
| RxD(PC) | 2 | 1(TXD) |
| TxD(PC) | 3 | 2(RXD) |
| GND | 5 | 3(GND) |
| **커넥터 종류** | **9핀 D-SUB 암 커넥터** | **3핀 암 커넥터** |

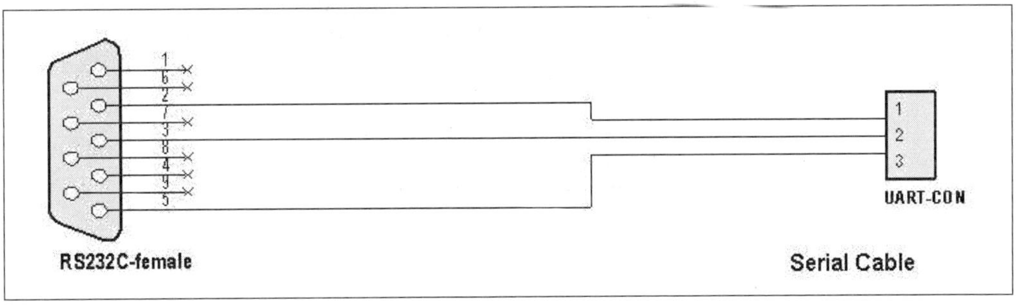

## 3.2 ISP 케이블(OHM사 제공, 별매품)

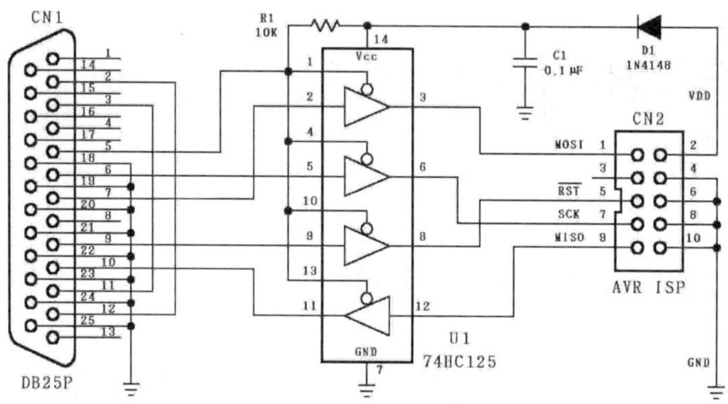


<ISP 케이블 회로도>

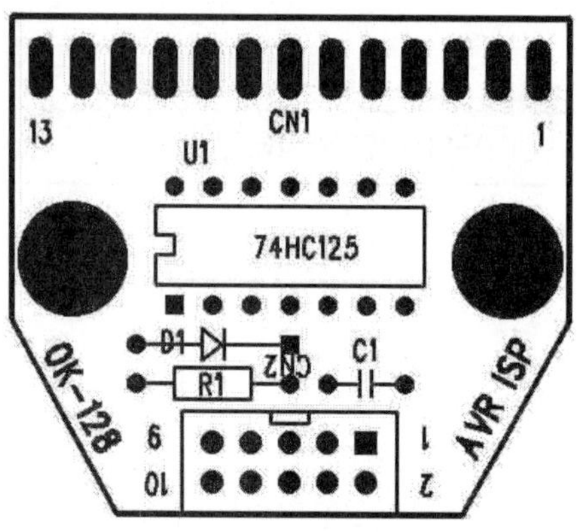


<프린터 커넥터내 ISP PCB>

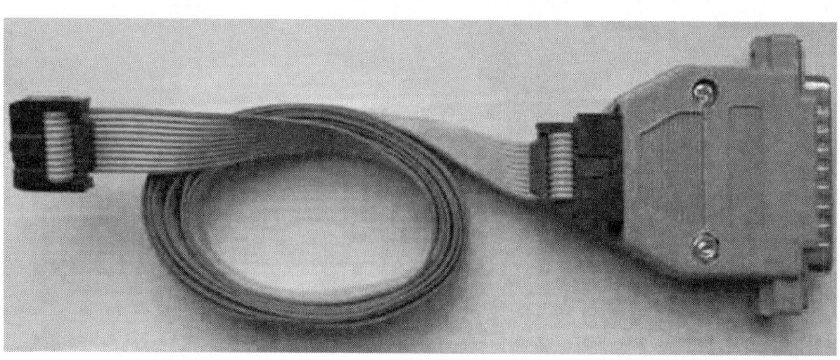

<케이블 외형>

Chapter 04

# KUT-128 완성 보드

KUT-128 CPU 보드

[완성품] KUT-128 CPU 보드+Interface 보드

## 특징

**KUT-128 완성 보드**는 Atmel사의 AVR 8비트 RISC 프로세서 ATmega128 MCU 보드와 인터페이스 보드로 구성되며, ATmega128의 기본적인 기능을 익히고 실험하는데 필요한 최소한의 하드웨어로 구성된 **쉽고 간단하며, 저렴한 트레이닝 키트이다.** 기존의 트레이닝 키트와는 달리 많은 주변기기를 내장하고 있지 않기 때문에 크기가 작아서 PC 옆에 놓고 사용하기에도 편리하다. 그리고, 어느 정도의 기본 학습이 끝나면 단순한 교육용 키트가 아니라 독자 여러분이 제작하는 졸업 작품 또는 응용 시스템의 메인 MCU 보드로도 손쉽게 이용할 수가 있다.

그리고, 책에서 소개된 ISP 케이블과 *CodeVisionAVR* C 컴파일러를 이용하여 사용자가 작성한 프로그램을 PC로부터 다운로드 하여 즉시 실험해 볼 수 있기 때문에 롬 라이터와 같은 별도의 장비가 필요하지 않다.

## 사양

| 항 목 | 사 양 | 비 고 |
|---|---|---|
| 1. MCU | ATmega128 | 16MHz 클럭 사용 |
| 2. 내장 주변장치 | · 포트 B, F :<br>7-Segment × 4<br>· 포트 C : LED × 8<br>· 포트 E : 스위치 × 4<br>· PWM 출력<br>· 아날로그 입력 비교<br>· A/D변환 2 입력 | · 동적 구동<br><br>· 선택적 사용<br>· 인터럽트와 연동 사용<br>· LED로 확인<br>· 가변 저항 이용<br>· 가변 저항 이용 |
| 3. 전원 | +5V | 아답터 잭 |
| 4. 외부 인터페이스 | · 포트 A 커넥터<br>· 포트 C 커넥터<br>· 포트 G 커넥터<br>· RS-232C 커넥터<br>· LCD 커넥터<br><br>· ISP 커넥터 | · 5V, PA0-PA7, GND(10핀)<br>· 5V, PC0-PC7, GND(10핀)<br>· 메모리, I/O 확장 제어신호(10핀)<br>· MAX232 내장(3핀)<br>· 4비트 데이터 버스 방식<br>(16문자 x 2라인 LCD 사용)<br>· ISP 케이블 제작 필요<br>(또는 Ohm사 별매품 이용 가능) |

1. **MCU** : ATmega128
2. **클럭** : 16MHz X-TAL 사용
3. **전원** : 5V
4. **주변기기**
   1) 포트 C와 연결되어 있는 8비트 LED 출력
   2) 포트 B, F와 연결되어 있는 4개의 7-Segment 출력
   3) 인터럽트 입력으로 사용 가능한 4비트 스위치 입력
   4) LED의 밝기로 표시되는 PWM 출력
   5) 아날로그 비교기 입력으로 사용하는 아날로그 신호 입력(가변 저항 사용)
   6) A/D 변환기 입력으로 사용하는 아날로그 신호 입력(가변 저항 사용)
5. **통신** : MAX232 드라이버를 내장한 RS-232 시리얼 통신
6. **프로그래밍** : ISP(In-System Programming) 케이블을 이용하여 PC에서 직접 다운로드 가능
7. **외부 포트** : 포트 A, 포트 C, 포트 G, LCD 커넥터, ISP 커넥터, RS-232C 커넥터
8. **PCB 외형**
   - KUT-128 MCU 보드 : 38mm x 40mm 2층 에폭시 기판
   - KUT-128 인터페이스 보드 : 142mm x 104mm 2층 에폭시 기판

9. **완성 보드를 사용하는데 있어서 필요한 것(Ohm사 별매품)**
   - 5V 아답터 *(보드 전원으로 반드시 필요)*
   - ISP 케이블 *(프로그램 다운로드하기 위해 반드시 필요)*
   - RS-232C 케이블 (시리얼 통신을 할 때 필요)
   - 16문자 x 2라인 LCD

## 저자 소개

**신 동 욱**

- 한양대학교 전자공학과 학사, 공학석사
- 일본 와세다 대학 응용물리학과 공학박사
- 한국기술교육대학교 정보기술공학부 교수

<저서>

쉬운 예제와 Kit로 배우는 8051 기초와 응용, Ohm사
쉬운 예제와 Kit로 배우는 ATmega8515 기초와 응용, Ohm사
PIC 마이컴 보드로 배우는 PIC16F874A/877A, Ohm사
기초전자실습, Ohm사

**오 창 헌**

- 한국항공대학교 항공전자공학과, 공학박사
- 한진전자 기술연구소, 전임연구원
- 삼성전자 네트웍사업부 CDMA 개발팀, 선임연구원
- 한국기술교육대학교 정보기술공학부, 부교수


알·기·쉽·게·배·우·는
**AVR ATmega128**
*KUT-128 보드 별매*

1판 13쇄 2018년 12월 20일
초판발행 2006년 1월 25일

저 자 신동욱·오창헌 공저
발 행 인 곽 종 학
발 행 처 도서출판 Ohm사



주 소 140-150 서울 용산구 갈월동 17.세기B/D
전 화 02-776-4868~9
팩 스 02-779-6757



등록번호 1975년 9월 12일 제3-3호





**http://www.ohm.co.kr E-mail:ohm@ohm.co.kr**



ISBN 89-7101-768-6 정가 23,000원